특히 데이터나 그래프에 대한 설명을 부록에서 취급하는 교재들과 달리 계량경제학에 관한 기본적인 내용을 별도의 장에 담았다. 비록 한 개의 장이지만 핵심 분야로서의 계량경제학을 입문학도에게 소개하는 데 도움이 되리라 기대한다.

셋째, 전체적인 내용은 핵심에 집중하여 압축적이지만 소소한 읽을거리에도 정성을 담고 사례들이 '한국적' 상황에 맞도록 하였다. 본문 내용과 연관된 경제학사적 지식 및 현실 경제에서 나타나는 현상들을 제시하여 흥미를 유발하고자 하였고, 짤막한 '숨고르기' 글을 통해 자칫 지루할 수 있는 이론적인 내용들에 윤활유를 더하고자 하였다. 또한 한국에 맞는 사례와 이름, 화폐단위 사용으로 역서들에서 드러나는 어색한 표현이나 문화적인 이질감과 차별화하였다.

이 책이 세상에 나오게 될 때까지, 그리고 앞으로도 이 책을 위해 애써주실 법문사 관계자 분들에게 감사드린다. 특히 섭외부터 출판까지 세심하게 의견을 조율해 준 김성주 대리, 예쁜 책이 되도록 꼼꼼하게 편집해 준 노윤정 차장께 지면을 통해 고마움을 표하고 싶다.

2020. 1.
저자 일동

감사의 말씀

법문사의 설득이 아니었으면 재판 작업을 할 엄두를 못 냈을 것이다. 관계자께 감사하다. 어느새 17년차에 접어든 동국대에서의 교수 생활 중 인연을 맺은 많은 학생들, 학자들, 중·고교 교사들과의 대화가 이 책의 자양분을 제공했다. 초판의 미시 부분을 꼼꼼하게 봐 주셨던 한양대학교 경제금융학부 김광호 교수께 다시 한 번 감사를 표하고 싶다. 지난 3년 힘든 수험생활을 하면서 바쁜 엄마의 소홀함을 한 번도 탓하지 않았던 큰딸, 엉뚱함과 반짝거림으로 유쾌한 웃음을 주는 작은딸, 정서적 버팀목인 남편 덕분에 앞으로 나아가고 있다. 마지막으로 묵묵히 든든하게 지지해 주시는 양가 어른께 사랑과 존경을 담아 감사드린다.

– 민세진

탈고하고 교과서가 서점에 입고되었다는 소식을 들은 게 엊그제 같은데, 벌써 3년이 지나 개정판을 내게 되었다. 지난 몇 년간 코로나 감염병 여파로 대학들이 정상적으로 수업을 열지 못하고 있던 터라 학생들의 학습권이 침해되는 안타까운 시간이었다. 반면, 온라인 수업으로나마 교과서를 실제로 사용해보며 오탈자를 식별했고 학생들의 사용 후기를 들을 수 있었으므로, 원고를 개선할 수 있는 유용한 시간이기도 했다. 이 책의 기획 의도가 한국 사례와 자료를 사용하여 한국적 맥락의 경제학 입문서를 만든다는 것이었으므로 개정판을 위해 각종 자료와 사례를 업데이트하였다. 이 작업에 도움을 준 동국대 경제학 학석사 연계과정 재학생 정서현과 장지선에게 감사를 표한다. 그리고 이번 개정판에도 매일 자식을 위하는 마음으로 살아가시는 어머니께 감사의 마음을 싣고자 한다.

– 지인엽

차례

차례

필요한 만큼 배우는 경제학

01

경제학?

01

경제학?

경제학을 사회 과학의 꽃, 왕, 또는 여왕이라고 한다. 사회 과학은 개인과 인간 집단의 사회적 삶을 연구하는 학문 분야라고 할 수 있는데, 경제학은 그중에서도 인간의 사회적 삶에 대한 체계적이고 엄밀한 접근으로 그러한 영예를 얻게 되었다. 경제학의 정의는 경제학자들 사이에서도 한 가지로 모아지지는 않지만, 정의 내용은 크게 '무엇'을 연구하는 학문인가와 '어떻게' 사회 현상을 분석하는가 두 가지로 나눌 수 있다.

다양한 가계부 어플리케이션
경제학(economics)의 어원은 'oikonomos'로 '가계(oiko: household)+운영(nomos: rule, manage)'의 뜻을 갖는다.

의 척도를 금과 같은 귀금속 보유량으로 보고, 이를 늘리기 위해 식민지를 개척하고 대외무역을 엄격히 규제해 지속적인 무역수지 흑자를 꾀하는 한편, 왕족에 복종하는 무리들에게 경제적 특권을 보장함으로써 왕실의 권위를 높이고 위계를 유지하려는 이념이었다. 스미스는 산업혁명이 시작되던 무렵인 1776년 대표적 저서 『국부론』을[2] 통해 국부는 귀금속이 아닌 국민의 생활수준으로 측정되어야 하며 국민의 생활수준을 높이는 경제 번영의 원동력은 더 나은 삶을 추구하는 개인의 욕구, 발명, 혁신이라고 설파하였다.

아담 스미스는 모든 인간은 더 나은 삶을 추구하는 자연적 성향을 가지고 있으며, 그러한 '자기 이익(self-interest) 추구'야말로 풍부한 자연 자원으로서 억압되어서는 안 된다고 주장했다. 중요한 점은 자기 이익 추구가 '보이지 않는 손(invisible hand)'이라고 은유된 시장을 통해 조화롭고 서로를 돕는 방향으로 인도될 수 있다고 본 것이다. 시장을 통한 자기 이익 추구는 경쟁에 의해 분업(division of labor)과 발명으로 나타나고 이렇게 생산성이 향상되면 국부가 증가하기 때문에, 스미스는 경쟁을 저해하는 명시적인 경제적 특권뿐만 아니라 기업가들의 독점 및 담합을 비판했고 국가 간 분업의 차원에서 자유무역을 옹호했다. 뉴턴이 자연 현상에 대해 인과 관계를 설명하려 한 것처럼 스미스는 사람과 사회에서 나타나는 현상에 대한 인과 관계를 찾으려 함으로써 자신의 연구가 사회 과학(social science)이 되도록 했다.

데이비드 리카도(David Ricardo, 1772~1823)는 아담 스미스의 다음 세대를 대표하는 인물이라 할 만하다. 리카도는 런던의 주식중개인으로서 쌓은 현실적 지식과 감각을 바탕으로 1817년 『원론』을[3] 출간하고 '비교 우위의 법칙(law of comparative advantage)'을 제시하였다. 아담 스미스가 물품의 수입은 다른 국가가 그 물품에 '절대우위(absolute advantage)'가 있는 경우, 즉 생산 비용이 적게 드는 기술을 보유한 때에만 허용해야 한다고 주장한 것과 달리, 리카도는 어떤 국가들 간에도 각자 상대적으로 적은 기회비용으로 생산되는 물품이 있게 마련이어서 그러한 물품을 서로 수출함으로써 결과적으로 두 나라 모두 더 많은 물품을 소비할 수 있게 된다고 설명했다. 이러한 비교 우위의 법칙은 국가 간 무역의 이득뿐만 아니라 일반적인 교환의 이득을 설명할 수 있기

데이비드 리카도
David Ricardo, 1772~1823.
비교 우위 및 경제적 지대 개
념 정립

2   원제: An Inquiry into the Nature and Causes of the Wealth of Nations
3   원제: On the Principles of Political Economy and Taxation

때문에 시장 경제의 이점을 확인해 주는 것이다. 리카도는 당시 영국의 현안이었던 곡물 수입 제한의 해악을 설명하는 과정에서 생산 요소로서의 토지에 대한 파생 수요(derived demand) 및 경제적 지대(economic rent)와 같은 현대적인 개념들도 정립하였다.

　　존 스튜어트 밀(John Stuart Mill, 1806~1873)은 데이비드 리카도를 포함하여 당대 지식인들과 두루 교류했던 아버지 제임스 밀의 영향으로 일찍이 학문의 길에 들었다. 특히 경제학과 자본주의의 윤리적 기반에 대해 고민했던 밀은 제레미 벤담의 공리주의(utilitarianism)를 개량하여 이른바 질적 공리주의를 주장했다. 실증(positive) 연구와 규범(normative) 연구를 구분하고, 사실을 바탕으로 현상을 실증적으로 분석하여 사회가 나아가야 할 방향에 대한 규범적 가치를 제시하고자 하였다. 밀이 1848년 출간한 『원론』에서는[4] 예컨대 누진적(progressive) 소득세가 근로 의욕을 저하할 것을 우려하여 비례적(proportional) 소득세를 지지하는 한편 상속세(inheritance tax)를 무겁게 부과하여 최대한 평등한 기회가 보장되도록 주장하였고, 같은 맥락에서 공교육의 필요성을 역설했다. 그 결과 시장 경제에 대해 정부 개입을 허용하는 중도적 입장을 취했지만, 정부의 개입은 이로 인해 공공의 이익이 증진될 수 있을 때로 한정되어야 한다는 점을 명확히 했다.

미시경제학과 거시경제학의 출발

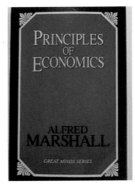

　　앨프리드 마샬(Alfred Marshall, 1842~1924)은 이전까지 정치 경제(political economy)란 명칭으로 역사학이나 윤리 과학(moral science)의 일부로 취급되던 경제학을 독립시킨 인물로 현대 미시경제학의 토대를 마련하였다.[5] 이에 따라 마샬 이후의 주류 경제학을 신고전파 경제학(neoclassical economics)이라 부른다. 이 책의 제3장 및 제4장의 내용은 거의 모두 마샬이 창안한 것이다. 마샬의 사상을 집약적으로 표현하면 한계주의(marginalism)라 할 수 있는데, 1859년 찰스 다윈의 『종의 기원』 출간 후 유럽을 사로잡은 진화의 개념이 경제학에 투영된 것으로

4　원제: Principles of Political Economy
5　독립된 경제학 강의는 1903년 영국 캠브리지 대학에서 마샬에 의해 처음 개설된 것으로 알려져 있다.

해석할 수 있다. 마샬은 소비자와 생산자의 의사 결정 과정을 '다른 모든 조건들이 일정(*ceteris paribus*)'하다는 가정[6] 아래 한 요인이 점진적으로 변화할 때의 반응으로 체계적이고 일관되게 분석하였다. 1890년 처음 출간된 『원론』은[7] 마샬 생전에 총 8판이 나왔으며, 존 메이너드 케인즈, 아서 피구, 조앤 로빈슨과 같은 20세기 전반 걸출한 경제학자들을 직접 양성하였다.

존 메이너드 케인즈(John Maynard Keynes, 1883~1946)는 그 때까지의 경제학자들이 효과적으로 설명하지 못한 경기 변동에 대해 현실적인 분석과 효과적인 대안을 제시한 것으로 평가받으며 거시경제학의 창시자라고 일컬어진다. 마샬까지의 경제학이 실업과 같이 균형을 이탈한 것처럼 보이는 현상을 오래 지속될 수 없는 것으로 가볍게 취급한 것과 달리, 1936년에 출간된 케인즈의 대표적 저서 『일반이론』에서는[8] 개인이 합리적으로 행동하더라도 실업이 장기화될 수 있고 이는 정부의 적극적인 재정 지출을 통해 완화할 수 있다고 설명하였다. 제1차 세계대전과 세계대공황을 겪으면서 다듬어진 케인즈의 생각은, 기업의 투자는 불확실한 상황에서 기업가의 주관적인 사업 전망에 따라 결정되기 때문에 미래에 대한 예상이 전반적으로 비관적이 되면 급속히 감소할 수 있다는 것이었다. 기업의 투자가 축소되면 가계의 소득이 감소하여 소비 역시 줄어들 뿐만 아니라, 미래에 대한 불안으로 현금을 보유하고자 하는 성향이 증가(유동성 선호)한 결과 화폐의 가격이라 할 수 있는 이자율이 상승하여 투자와 소비는 더욱 위축된다. 이러한 전반적인 수요의 감소는 수요 증가로 대처해야하기 때문에 정부 지출이 중요하다는 결론이었다. 케인즈의 생각은 많은 학자들에게 계승되어 케인즈학파(Keyensian)를 형성하게 된다.

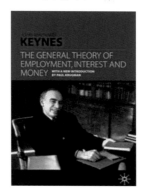

존 메이너드 케인즈
John Maynard Keynes, 1883~1946. 거시경제학의 창시자

논쟁과 발전

프리드리히 폰 하이예크(Friedrich Angust von Hayek, 1899~1992)는 케인즈와 동시대를 살면서 자유 시장 경제를 적극 옹호하고 정부의 시장 개입을 극

프리드리히 폰 하이예크
Friedrich August von Hayek, 1899~1992. 자유 시장 경제의 신봉자

6   라틴어 표현인 "*ceteris paribus*"는 '다른 것들이 같을 때'라는 의미로, 경제학 분석 전반에 적용되는 가장 일반적인 가정이다.

7   원제: Principles of Economics

8   원제: The General Theory of Employment, Interest and Money

로널드 레이건 미국 대통령(1981~1989년 재임)을 만나는 하이예크(오른쪽)

도로 경계하는 면에서 대척점에 섰다. 하이예크는 시장을 가격 기구로 보고 불완전한 인간이 정보의 집합체로서의 가격을 통해 경제적 의사 결정을 할 수 있고, 이것이 다시 정보로서 시장에 반영되면서 정보가 갱신되고 확산되는 체계로서 시장을 신뢰하였다. 케인즈가 경제적 자유를 번영의 수단으로서 필요에 따라 제한될 수 있는 것으로 본 것과 반대로, 하이예크는 1944년 『노예의 길』(Road to Serfdom)을 통해 자유 자체가 목적이며 국가에 의한 모든 계획은 비효율이고 퇴행적일 뿐만 아니라 사람들을 속박하는 치명적 오만이라고 비판했다. 대공황 이후 많은 국가들에서 케인즈의 정책 진단을 따르면서 하이예크의 자유주의는 빛을 잃은 듯 했으나 1974년 노벨경제학상을 공동 수상하면서 다시 조명을 받게 되었다.

밀튼 프리드만
Milton Friedman, 1912 ~2006. 통화주의의 거두

　　밀튼 프리드만(Milton Friedman, 1912~2006)은 1950년 시카고 대학에 합류한 하이예크와 함께 신자유주의(neo liberalism) 경제학을 이끈 학자로, 1970년대 발생한 스테그플레이션을 케인즈학파가 효과적으로 설명하지 못하고 주춤하게 되면서 1980년대 이후 본격적으로 여러 나라의 거시경제정책에 큰 영향을 주었다. 프리드만은 개인의 소비 행태가 장기적으로 매우 안정적이어서 케인즈가 주장한 것처럼 재정정책이 경기를 자극하는 효과는 별로 없으며 오히려 화폐 공급량이 경기에 영향을 줄 수 있다고 주장하였다. 이에 따라 프리드만과 그의 생각을 지지하는 학자들은 통화주의자(monetarist)라 불리게 되었다. 프리드만은 그러면서도 중앙은행이 적극적으로 경기 상황에 따라 통화 정책을 펴는 것은 경계했는데, 통화 정책이 얼마나 걸려 경기에 영향을 줄지 알 수 없기 때문이라고 설명했다. 케인즈와 프리드만 이후의 거시경제학자들은 서로 다른 두 생각을 절충·보완하면서 발전시켜 나가고 있다.

마가렛 대처 영국 수상(1979~1990년 재임)을 만나는 프리드만(가장 왼쪽)

필요한 만큼 배우는 경제학

이상의 간략한 소개에 모두 담지 못한 중요한 경제학자와 사상들은 많다. 20세기 초반 공산주의의 열풍을 가져온 칼 마르크스, 최초의 제도학파(institutionalist)로 불리면서 마샬의 수요의 법칙을 비웃은 쏘스타인 베블렌, 법 제도와 사회 관습 등 다소 비경제적인 현상에 주목하되 신고전파 경제학의 도구를 이용하여 설명하는 신제도학파(new institutionalist), 케인즈학파와 통화주의자가 정부의 역할에 대해 논쟁하는 동안 다양한 이해관계자들이 얽힌 또 다른 비즈니스의 장으로서 정부를 접근한 제임스 뷰캐넌 및 공공선택학파(public choice school), 인간과 시장의 합리성을 극대화하여 해석한 합리적 기대 이론(rational expectations theory)과 인간의 비합리성과 시장에서 나타나는 비합리적 현상에 주목하는 행동경제학(behavioral economics) 등은 그 일

 노벨 경제학상 The Nobel Memorial Prize in Economic Sciences

경제학자에게 주어질 수 있는 가장 큰 영예로 간주되는 노벨 경제학상은 엄밀한 의미에서 노벨상은 아니다. 알프레드 노벨(Alfred Nobel, 1833~1896)이 작성한 유언장에 따라 1895년 만들어진 5개의 수상 분야에는 경제학이 포함되어 있지 않다. 그러나 1968년 스웨덴의 중앙은행인 Riksbank가 설립 300주년을 맞아 노벨 재단에 기부함으로써 경제학상이 시작되어 매년 다른 분야의 상들과 함께 발표되고 시상된다.

노벨 경제학상 수상자는 물리학, 화학 분야와 함께 스웨덴 왕립 과학 학술원에서 선정한다. 1969년 최초의 경제학상이 네덜란드 학자 얀 틴베르헌(Jan Tinbergen)과 노르웨이의 랑나르 프리슈(Ragnar Frisch)에게 수여된 이래 매년 10월 그 해의 수상자가 발표된다. 모든 노벨상이 생존자에게만 수여되기 때문에 예를 들어 노벨 경제학상이 시작되기 전에 사망한 케인즈는 수상하지 못했지만 케인즈와 동시대에 경쟁하면서 장수한 하이예크는 비교적 초기인 1974년에 수상하였다.

노벨상은 학문적 업적에 따라 결정되기 때문에 수상자 집단이 편중되는 경향이 있다. 2022년까지 54회 시상되는 동안 동양인 수상자는 1998년 인도 출신으로 영국과 미국에서 활동한 아마르티아 센(Amartya Kumar Sen)과 2019년 역시 인도 출신으로 미국에서 활동한 아브히지트 배너지(Abhijit Banerjee) 둘 뿐이고, 여성도 2009년 수상한 미국인 엘리너 오스트롬(Elinor Ostrom)과 2019년 수상한 프랑스인 에스더 듀플로(Esther Duflo) 둘 뿐이다. 수상자의 국적은 이중 국적을 포함하여 미국이 46명으로 가장 많고, 그 다음이 영국으로 11명이다. 그러나 미국 외 국적의 수상자 중에는 경력상 주요 시기에 미국에서 활동한 경우가 많아 경제학에 있어서도 동료 학자들과의 논의 환경이나 학술 활동의 재정적 여건 등이 중요함을 짐작할 수 있다.

부다. 이제 수많은 걸출한 학자들이 논쟁하고 정리한 경제학의 세계로 들어가 보자.

01 다음 문장의 괄호 안에 들어갈 적절한 용어는?

> ㄱ. 우리가 무엇을 어떻게 생산할지, 무엇을 얼마큼 소비할지가 중요한 결
>   정의 대상이 되는 이유는 이 과정에서 동원되는 자원의 (   ) 때
>   문이다.
> ㄴ. 경제학은 자원의 희소성에도 불구하고 추구하는 바를 이루려는 개
>   인이나 인간 집단의 행위를 체계적으로 분석하기 위하여 인간의
>   (   )을 가정한다.
> ㄷ. (   )은 경제 및 사회 현상을 설명하는 데 개별 구성원의 의사
>   결정과 그러한 결정들의 상호 작용 결과로 접근하고, (   )은 지
>   역 사회나 국가 단위로 나타난 집계 변수(aggregate variable)들의 움직
>   임을 연구한다.
> ㄹ. 객관적이고 사실에 바탕을 둔 답을 요구하는 질문은 (   ) 경제
>   학의 영역이고, 이러한 연구를 근거로 주관적이고 가치 판단에 바탕을
>   둔 질문에 답하고자 하는 영역은 (   ) 경제학이다.

02 다음의 내용을 설명하는 연구 분야는 미시경제학인가, 거시경제학인가?

> ㄱ. 지난 상반기 일본의 실업률은 10%로 사상 최고치를 경신했다.
> ㄴ. 제일전자는 지난 달 20명의 직원을 해고했다.
> ㄷ. 지난 가을 갑작스런 한파로 감귤 생산이 대폭 줄었고 이에 따라 전반
>   적인 과일 가격이 상승했다.
> ㄹ. 인플레이션을 고려한 중국의 경제성장률은 감소하는 추세로 돌아섰다.
> ㅁ. 스키에서 스케이트로의 관심 변화가 스케이트 신발의 가격을 높였다.

03 근대 경제학의 아버지로 불리며 18세기 뉴턴이 자연 현상에 대해 인과 관계를
설명하려 한 것처럼 사람과 사회에서 나타나는 현상에 대한 인과 관계를 찾으
려 학자는 누구인가?

04 어떤 국가들 간에도 각자 상대적으로 적은 기회비용으로 생산되는 물품이 있
게 마련이어서 그러한 물품을 서로 수출함으로써 결과적으로 두 나라 모두 더
많은 물품을 소비할 수 있게 된다고 설명한 데이비드 리카도의 이론을 무엇이
라 하나?

05 현대 미시경제학의 토대를 마련한 인물로 19세기 유럽을 사로잡은 진화의 개념이 경제학에 투영된 한계주의를 창안한 학자는 누구인가?

06 거시경제학의 창시자라 불리며 경기 변동에 대해 현실적인 분석과 효과적인 대안을 처음 제시한 것으로 평가받는 학자는 누구인가?

07 재정정책이 경기를 자극하는 효과를 부정하며 화폐 공급량이 경기에 영향을 줄 수 있다고 주장하는 일군의 학자들을 일컫는 표현은 무엇인가?

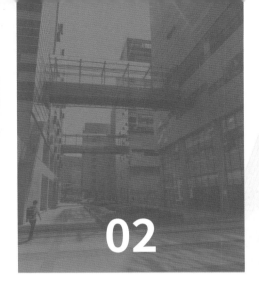

02

미시경제학 들어가기

02

미시경제학 들어가기

> 미시경제학은 결코 일어날 것 같지 않은 상황을 이론적으로 잘 설명하고, 거시경제학은 실제로 흔히 일어나는 일을 이론적으로 잘 설명하지 못한다.
>
> — 인터넷 유머

경제학을 크게 두 분야로 나누면 **미시(微視)경제학**(microeconomics)과 **거시(巨視)경제학**(macroeconomics)으로 나뉜다. '작게 본다'는 의미의 미시경제학이 '크게 본다'는 의미의 거시경제학보다 덜 멋있게 보일지는 모르겠지만, 미시경제학은 경제학의 가장 기본적이고 기초적인 지식 체계를 형성하는 분야이다. 세계 유수 대학의 경제학 학부 교육과정에서 대체로 미시경제학을 거시경제학보다 앞서 배치하는 것도 이 때문이다. 미시경제학이 더 쉽거나 응용 분야가 좁은 것은 아니지만, 미시경제학적 기초 없이 경제학의 다른 분야를 공부하는 것은 불가능에 가깝다.

다른 사회 과학 분야와 마찬가지로 경제학도 흥미롭거나 중요한 사회 현상을 설명하는 것이 1차적 관심사이다. 미시경제학은 사회 현상을 설명하는 데에 개별 구성원의 의사 결정과 그러한 결정들의 상호 작용 결과로 접근하되, 적절한 가정하에 논리적·연역적으로 결론을 도출하는 모형을 수립하는 것이 특징이다. 위의 유머에서 '상황을 이론적으로 잘 설명'한다는 부분은 설정된 상황 안에서 설명이 빈틈없이 엄밀하게 전개된다는 의미이다. 다만 다소 지나치다싶게 단순화된 모형이나 모형의 출발점인 가정이 얼마나 현실적인지 의심스럽다는 비판을 담고 있는 유머이다.

이 장에서는 미시경제학을 그 관심 대상에 초점을 맞추어 살펴본다. 구체적으로 의사 결정의 대상, 경제의 개별 구성원인 경제주체, 의사 결정의 기준, 결정이 집결하는 시장, 시장의 결과를 평가하는 잣대 등을 차례차례 짚어볼 것이다.

의사 결정의 대상: 재화와 서비스 vs. 생산 요소

경제학: 선택의 학문

경제학에서 다루는 의사 결정의 대상에는 제한이 없다. 합리적인 의사 결정이 필요하다면 경제 활동과 직접적인 관련이 없더라도 경제학적으로 분석할 수 있다. 의사 결정은 다른 말로 **선택**(choice)이라고 표현할 수 있어서 경제학을 '선택의 학문'이라 부르기도 한다. 우리는 자유 시간을 뭘 하면서 보낼지, 저녁 식사로 무엇을 먹을지 같은 일상생활의 소소한 문제에서부터 대학에서의 전공은 무엇으로 할지, 어떤 직업을 가질지, 어디에 살지, 결혼을 할지와 같은 비교적 묵직한 질문에 끊임없이 답을 해야 하는 인생을 산다.

이렇게 매 순간 선택에 직면하는 이유는 무엇일까? 우리가 원하는 대부분의 것들이 **희소성**(scarcity)을 갖고 있기 때문이다. 제1장에서 설명한 것처럼 희소성이란 원하는 만큼 충분히 존재하지 않는 특성을 말한다. 당장 원하는 데에 쓸 수 있는 시간과 돈이 제한적이고 원하는 것들은 대가를 지불해야 한다. 광범위한 의사 결정에 일관되게 적용할 수 있는 분석틀을 갖추고 있다는 것은 학문으로서 경제학이 갖고 있는 큰 힘이자 매력이다.

경제 활동의 객체

경제 활동(economic activity)은 재화와 서비스의 생산에서 소비에 이르는 전 과정을 의미한다.[1] 의사 결정의 대상을 경제 활동에 관한 것으로 좁힌다

경제 활동
재화와 서비스의 생산에서 소비에 이르는 전 과정

---

1 고등학교 경제 교과과정에서 경제 활동은 생산, 분배, 소비로 구분된다. 경제 활동이 '재화와 서비스의 생산에서 소비에 이르는 전 과정'이라면, 분배는 생산된 재화와 서비스가 소비를 위해 나누어지는 활동으로 해석될 가능성이 있다. 그러나 이런 설명은 반은 맞고, 반은 틀리다. 맞는 부분은 분배가 소비의 재원이 된다는 점이고, 틀린 부분은 나눠지는 것이 재화 서비스가 아니라는 사실이다. 분배는 '생산의 대가가 생산에 참여한 사람들에게 나눠지는 것'이다. 나눠지는 것이 생산물(재화와 서비스)이 아니라 돈인 것이다. 한편, 분배를 '활동'이라고 보기에는 그 주체가 명확하지 않다. 대가를 나누어 주는 쪽이 주체인지, 나누

게리 베커 Gary S. Becker, 1930~2014

경제학에서 다루는 의사 결정의 대상에는 제한이 없다고 했다. 게리 베커는 이러한 자신 있는 표현을 할 수 있는 계기를 마련한 경제학자이다. 고용 차별을 주제로 한 박사 학위 논문을 시작으로 베커는 정치, 범죄, 결혼, 출산, 교육, 이혼 등 다양한 사회 관심사를 경제학의 분석틀로 접근함으로써 경제학의 지평을 크게 넓혔다. 그 공로로 1992년 노벨 경제학상을 받았다.

베커가 프린스턴 대학과 시카고 대학에서 학부와 대학원 생활을 하던 1940년대 후반에서 1950년대 전반은 제2차 세계대전 직후의 복구 시기였고, 미국은 유럽 국가들에 비해 인적, 물적 피해가 적었기 때문에 특히 급격한 경제 성장의 길로 접어들고 있었다. 그러나 전쟁 중 공장과 사무실에서 활발하게 생산 활동에 참여하게 된 많은 여성들에게 전후 다시 가정으로 돌아가 전통적인 성역할을 수행하라는 사회적 요구는 갈등을 유발하게 되었다. 또한 전반적으로 인권에 대한 의식이 높아진 가운데 인종 차별 문제도 결합되어 1950년대 미국은 시민권 운동이 절정으로 치닫고 있었다.

이러한 배경에서 베커는 사회학의 범주에 속했던 고용 차별을 경제학적으로 분석하기 시작했다. 즉, 고용 차별은 고용주가 여성이나 유색인종과 같은 소수자 인력을 운용하는 데에 '정신적 비용'이 있다고 여기기 때문에 발생하며, 이러한 고용 차별은 경쟁이 심화되고 소수자의 비중이 커질수록 감소한다고 주장하였다. 그러나 고용 차별은 교육에 대한 투자의 차이로 이어질 수 있고, 이는 다시 고용 차별을 강화하는 결과를 낳는다고 우려했다.

베커 이후로 경제학의 관심사로 포함된 또 다른 사례에는 범죄 분야가 있다. 범죄란 정신 질환이나 사회적 억압의 결과라는 기존의 관점에서 벗어나, 베커는 범죄가 범죄로부터의 이익과 붙잡혀 처벌받는 가능성 및 이로 인한 고통을 비교하여 행해진 지극히 이성적인 결정일 수 있다고 접근하였다. 범죄에 대한 학문적 관심을 계기로 저명한 판사이자 경제학자인 리차드 포스너(Richard A. Posner, 1939~)와 공동으로 블로그를 운영하기도 했다.

베커의 다양한 연구 분야 중에서 가장 넓은 범위 사람들의 이목을 끈 주제는 아마도 결혼, 출산, 교육, 이혼 등을 포괄한 이른바 '신 가계 경제학(new home economics)'일 것이다. 사람이 각자에게 주어진 가장 본질적인 자원인 시간을 어떻게 이용하는가에 대한 이론을 바탕으로 개인을 넘어 가족 내 시간 배분의 차원으로 가족 구성과 그 내부의 작동을 설명한 것이다. 베커와 함께 신 가계 경제학을 발전시킨 주요 인물인 제이콥 민서(Jacob Mincer, 1922~2006)는 교육의 경제적 가치를 계산해낸 최초의 학자로 노동 경제학의 개척자로 불린다.

오늘날 경제학계에서 베커의 공로를 의심하는 사람이 없을 정도이지만, 그가 1957년 고용 차별에 대한 책을 출판했을 때만 해도 주제가 '경제학적'이 아니라는 비판이 거셌다. 당시의 주류 경제학은 상거래가 벌어지는 시장의 분석에만 초점이 있었기 때문이다. 주류에 도전하는 학문적 용기가 베커를 세계적 경제학자로 이끌었을 뿐만 아니라 경제학을 더 매력적인 학문으로 만든 것이다.

다양한 종류의 서비스

면 무엇이 얼마나 생산되고 소비되는지가 중요한 문제일 것이다. 이때 '무엇'에 해당하는 것을 크게 재화(goods)와 서비스(services)로 나눈다. 재화는 물리적 형태를 갖춘 대상으로 상거래 대상 물품이라는 의미로 흔히 상품(商品, commodity)이라 불리기도 한다. 의·식·주와 관련된 모든 물품을 포함하여 눈에 보이는 거래 가능한 모든 것이 재화이다.

재화
물리적 형태를 갖춘 생산물

반면 서비스는 형태를 갖고 있지 않은 것으로, 소비되면서 만족감을 주거나 재화와 결합되어 재화의 가치를 높이는 것들을 포괄한다. 음원이나 영화, 이들을 즐길 수 있게 하는 다운로드 기능이나 상영 서비스, 상품을 보관·운반하는 서비스, 은행이나 보험회사, 증권회사에서 살 수 있는 다양한 금융 상품들이 모두 서비스이다. 날씨나 뉴스, 경제 현황처럼 유용한 정보 자체도 서비스가 될 수 있고 정보를 제공하는 행위도 서비스에 포함된다.

서비스
형태를 갖고 있는 않는 생산물

한편, 재화와 서비스를 생산하고 소비하기 위해서는 생산요소의 거래가

다양한 생산요소

어 받는 쪽이 주체인지 모호하다는 뜻이다. 따라서 '나누어주고 받는 활동' 전체를 분배라고 보고 분배 결과에 관심을 갖는 것이 보통이다.

생산요소
생산 과정에 투입되는
자원 및 투입재

전제된다. 생산에 필요한 여러 가지를 **생산요소**(factors of production), 자원(resources) 또는 투입재(inputs) 등으로 부르는데, 사람이 본인의 정신적·육체적 능력을 시간을 들여 제공하는 노동에서부터 땅, 물, 광물과 같은 자연자원까지 다양한 자원이 생산요소에 포함된다. 기업은 재화와 서비스의 생산에 어떤 생산요소를 얼마큼 사용할지 결정해야 하고, 가계는 어떤 생산요소를 얼마큼 판매하여 소득을 얻을지 결정해야 한다. 생산 요소도 기업과 가계의 중요한 의사 결정 대상인 것이다. 제4장에서 공부하게 될 것처럼 생산요소에는 여러 가지가 있지만 대표적으로 노동, 자본, 토지를 꼽는다. 이 중 노동은 대부분의 가계에서 주된 소득원이 된다는 점에서 특히 중요하다.

2 경제주체

경제주체(economic agent)는 경제생활을 영위하는 경제 내의 개별 구성원을 의미한다. 일차적으로 우리 같은 사람 각각, 즉 개인을 경제주체로 볼 수 있을 테지만, 미시경제학에서는 경제주체를 그 경제주체가 주로 하는 경제활동의 특성에 따라 개인 또는 **가계**(household), **기업**(firm), **정부**(government) 등으로 유형화하는 것이 일반적이다. 그 과정에서 각 활동은 주로 자발적인 거래(transaction)를 기반으로 수행되지만, 정부의 징세처럼 강제력에 의해 행해지기도 한다.

가계
소비의 주체이자 생산
요소의 공급자

기업
생산의 주체이자 생산
요소의 수요자

정부
규제를 만들어 적용하고
조세를 징수하여 공적
지출을 이행

가계

개인 및 가계는 주로 소비(consumption)의 주체라고 불린다. 미시경제학에 '소비 이론'이라는 분야가 있는데, 소비 이론에서는 가계가 주어진 예산에서 필요를 충족하고 정신적인 만족감을 누리기 위해 어떻게 재화와 서비스에 대한 소비 결정을 하는지 설명한다. 구매 및 소비에서 얻는 만족감을 포괄적으로 **효용**(utility)이라고 부르기 때문에, 가계의 소비 결정은 '예산 제약하에서 효용을 극대화하는 과정'으로 해석된다. 경제 내의 각 가계가 어떤 재화와 서비스를 얼마나 소비하고자 하는지에 대한 결정은 각 재화와 서비스 시장에서 '시장 수요'로 합쳐진다. 이에 대해서는 제3장에서 자세하게 공부할 것이다.

한편, 개인 및 가계는 재화나 서비스를 생산하는 데 필요한 생산 요소를 제공하는 주체이다. 가계는 생산 요소를 제공한 대가로 소득을 얻고, 이 소득은 소비의 재원, 즉 예산이 된다는 점에서 매우 중요하다. 생산 요소를 거래하는 시장은 제4장에서 다루게 될 것이다.

기업

기업은 생산(production)의 주체이다. 기업은 생산을 위해 조직된 기관으로 실체가 매우 추상적이지만, 그 목적은 생산 후 판매를 통해 돈을 버는 것이다. 미시경제학의 '생산 이론'에서는 기업이 주어진 기술 환경에서 생산 요소를 어떻게 동원하여 재화와 서비스를 얼마큼 생산하는지 설명한다. 생산 및 판매에서 버는 순이득을 이윤(profit)이라고 부르기 때문에, 기업의 생산 결정은 '기술 제약하에서 이윤을 극대화하는 과정'으로 이해할 수 있다. 경제 내의 각 기업이 어떤 재화와 서비스를 얼마나 생산하고자 하는지에 대한 결정

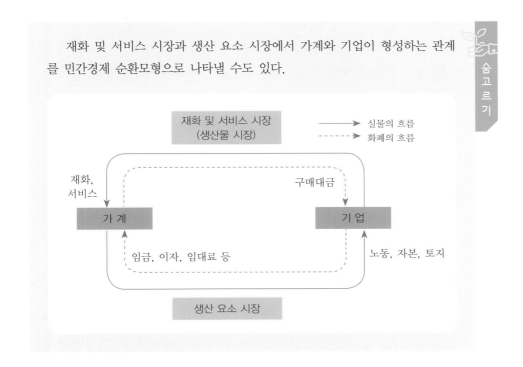

재화 및 서비스 시장과 생산 요소 시장에서 가계와 기업이 형성하는 관계를 민간경제 순환모형으로 나타낼 수도 있다.

은 각 재화와 서비스 시장에서 '시장 공급'으로 합쳐진다. 이에 대해서는 시장 수요와 함께 제3장에서 공부할 것이다.

기업은 생산을 위해 가계로부터 생산 요소를 구입한다. 기업이 가계에 지불하는 생산 요소 구입 대가의 재원은 재화와 서비스의 판매 수입이다. 위에 등장한 이윤은 정확히 말하자면 재화와 서비스의 판매 수입에서 생산 요소 구입에 들어간 비용을 뺀 것이다. 기업이 각 생산 요소를 얼마나 구입하는지는 재화나 서비스를 얼마나 생산하는지와 밀접한 관련이 있다. 즉, 생산 요소 구입 결정과 생산량 결정은 이윤 극대화에서 동전의 양면과 같은 관계이다.

정부

현대 경제에서 정부의 역할은 점점 더 커지고 있다. 또한 정부의 경제 활동은 생산이나 소비 차원으로 단순하게 설명할 수 없는 복잡한 양상을 갖고 있다. 민간 부문의 가계나 기업과 구분되는 정부의 특징은 여러 가지가 있지만, 일단 정부는 경제 활동 전반에 영향을 미치는 규율을 만들고 이를 따르도록 강제할 수단들을 갖췄다는 점에서 다르다. 재산을 소유할 수 있는지, 거래나 계약이 법적으로 인정받는 조건은 무엇인지, 거래나 계약과 관련해서 분쟁이 생기면 어떻게 해결할 수 있는지 등 우리가 일일이 인지하기 어려울 정도로 많은 규율이 경제 환경을 이루고 있다. 정부는 민간 경제주체의 경제 활동에 토대를 이루는 규율을 만들고, 때로는 시장에 직접 개입하여 가격을 통제하거나 거래를 제한하기도 한다.

정부는 또한 생산 활동을 수행한다. 각종 행정 서비스를 제공하고 도로, 철도, 항만 등의 사회간접자본이나 전기, 수도, 가스와 같은 재화를 공급한다. 이러한 재화와 서비스 중에는 정부가 인력 등을 고용해서 직접 제공하는 것도 있고, 정부 소유의 공기업에 의해 생산되거나 민간에 맡겨져 공급되는 것도 있다. 정부의 생산물은 민간의 시장에서처럼 거래되지는 않는다. 예를 들어 일반 도로처럼 강제로 징수된 세금을 재원으로 생산 요소가 구입되어 생산된 후 생산물은 직접적인 대가를 받지 않고 제공되기도 하고, 전기처럼 이용자로부터 사용료를 받되 이윤을 극대화하는 수준으로 사용료가 책정되지는 않는 식이다. 정부의 미시경제학적 역할에 대해서는 제7장에서 공부할 것이다.

　정부 활동의 목적은 '사회 후생(social welfare)의 극대화'라고 할 수 있다. 그러나 정부를 구성하는 입법부, 사법부, 행정부는 각각 하는 일이 다르고, 그 구성원이 개인이나 집단 차원에서 사회 후생과는 별도의 목적을 가질 가능성이 있어서 명확하게 사회 후생 극대화의 행위만이 관찰되지는 않을 수 있다. 민주 사회에서의 정부 선택에 관해서는 제8장에서 다룰 것이다.

3 의사 결정의 기준: 편익과 비용

　앞서 미시경제학에서는 개별 경제주체의 의사 결정 과정을 설명하는 데 1차적 관심이 있다고 하였다. 사실 우리가 관찰할 수 있는 것은 결정 과정이 아니라 결정의 결과이다. 미시경제학에서는 왜 그런 결과가 나타났는지 체계적으로 설명하고자 하는 것이다. 또한 그러한 지식 체계를 이용하여 주어진 환경에 변화가 있을 때 경제주체의 행동이 어떻게 바뀔지 예측하기도 한다. 경제학의 이러한 분석이 항상 100% 맞는 것은 아니지만 상당히 맞기 때문에 경제학이 중요한 학문으로 취급되는 것이다.

　의사 결정 과정을 설명하는 데 가장 중요하고 일관된 분석 방식은 **편익**(benefit)과 **비용**(cost)의 비교이다. 의사 결정의 결과는 행동으로 나타날 텐데, 관찰된 행동은 그 행동으로 인한 편익이 비용보다 큰 결과로 해석한다는 뜻이다. 달리 말해 편익에서 비용을 뺀 것을 **순편익**(net benefit)이라고 정의한다면 순편익이 0보다 큰 경우만 행동으로 나타난다. 일견 당연하고 간단한 설명 방식이라고 느껴질 수 있지만, 몇 가지 주의가 필요한 개념들이 있다. 차근차근 살펴보자.

합리성

　경제학에서 편익과 비용의 비교라는 일관된 분석 방식을 사용하는 데 중요한 전제가 있다. 바로 인간의 **합리성**(rationality)이다. 경제적 합리성이란 최

합리성
경제 주체에 대한 경제학적 가정

행동 경제학 Behavioral Economics

미시경제학에서 주류 경제학으로 불리는 신고전파 경제학은 경제주체의 합리성을 기반으로 모형을 구축한다. 행동 경제학은 이러한 기본적 가정에 의문을 갖고 경제주체의 합리성에 제한이 있다는 관찰로부터 기존의 경제학이 설명할 수 없었던 현상들을 분석하고 해결책을 내놓는 방향으로 발전하고 있다. 그 과정에서 행동 경제학은 전통적 미시경제학 외에도 심리학이나 신경과학의 통찰력을 이용하여 의사 결정이 심리, 인지, 감정, 문화, 사회 등의 요소에 어떻게 영향을 받고 그것이 주류 경제학의 결론과 어떻게 다른지 탐구한다.

아담 스미스나 제레미 벤담과 같은 근대 경제학이 태동하던 시기의 학자들은 경제 활동에 대한 설명에 있어 심리적 요소를 배제하지 않았다고 한다. 그럼에도 불구하고 행동 경제학의 본격적 기원은 허버트 사이먼(Herbert A. Simon, 1916~2001)의 '제한적 합리성(bounded rationality)' 개념에서 찾을 수 있다.

제한적 합리성이란 의사 결정 문제의 복잡성이나 개인의 인지적, 시간적 한계 때문에 합리성에 제한이 있다는 것이다. 이로 인해 의사 결정은 최적(optimal)이 아닌 만족스러운(satisficing) 해결책을 찾는 과정이라는 것이 사이먼의 생각이었다. 그에 따르면 대부분의 인간은 매우 부분적으로만 합리적으로 결정을 내리고 그 외 모든 경우에는 '직관적·경험적 결정

방법(heuristics)'을 이용해 판단해 버린다.

행동 경제학을 분류하는 것은 쉽지 않다. 연구 방법 차원으로 보면 제한된 환경에서 실시된 실험(experiments)을 비교적 많이 이용한다는 공통적 특징이 있지만, 연구 대상 면에서는 기본적으로 주류 경제학에서 설명하지 못하는 현상들을 주목하기 때문에 범위가 넓다. 여기서는 행동 경제학 분야에서 노벨 경제학상을 받은 학자들의 주요 연구 업적을 소개하기로 한다.

다니엘 캐너먼(Daniel Kahneman, 1934~)은 2002년 수상자이다. 캐너먼은 인간의 합리성에 의문을 던지는 실증적 연구들을 제시하고, 사람들이 흔히 이용하는 직관적·경험적 결정 방법들에서 발견되는 인지적 편향과 실수들에 주목하였다. 전망이론(prospect theory)과 닻내림(정박) 효과(anchoring) 등이 주요 업적으로 꼽힌다.

로버트 쉴러(Robert J. Shiller, 1946~)는 2013년 수상자인데, 유진 파마(Eugene Fama), 라스 한센(Lars P. Hansen)과 함께 자산 가격에 대한 실증적 연구의 공로를 인정받은 것이다. 쉴러는 행동 재무학(behavioral finance)이란 분야를 선도했다고 평가받는다. 행동 재무학에서는 금융 시장에서의 거품 형성과 붕괴 등 시장의 비효율성에 대해 이를 설명할 수 있는 시장 참가자들의 비합리적 행동 요인들을 찾아내고 있다.

리차드 세일러(Richard H. Thaler, 1945~)는 우리나라에서 '넛지'라는 책으로도 유명한 2017년 수상자이다. 의사 결정에 심리학적으로 더 현실적인 가정을 결합함으로써 경제학의 설명력을 확대하고 실제로 더 나은 행동을 이끌어 낼 수 있는 대안을 개발하는 길을 제시했다는 평가를 받았다.

소한 두 가지 개념을 의미한다. 첫째, 모든 개인은 각자 주관적 효용을 극대화하려한다는 것이다. 애초에 이렇게 지향하는 목표에 대한 동의가 없으면 행동의 일관된 분석이란 불가능하다. 둘째, 모든 개인은 주관적 효용을 극대화하기 위해 선택할 수 있는 대안들을 알고 있으며 각각의 편익과 비용을 따지고 비교하여 그에 따라 그대로 행동할 수 있는 능력을 갖고 있다는 것이다.

인간이 정말 합리적인가? 사실 경제적 합리성은 오랜 시간 동안 많은 비판을 받아왔다. 자기의 주관적 효용 극대화만 추구하는 인간을 가정하는 것은 바람직하지 않다는 윤리적 공격도 있었고, 모든 사람이 정확하게 대안을 분석할 수 있는 능력을 갖춘 것은 아니라는 현실적인 문제점도 제기되었다. 그럼에도 불구하고 인간의 합리성은 주류 경제학의 기본적인 전제이자 가정으로 여전히 유효하다. 가장 중요한 이유는 설명력이다. 합리성을 전제로 한 미시경제학적 분석이 대체로 현실을 잘 설명하고 어느 정도의 예측력을 보여 왔던 것이다. 비교적 최근에는 '행동 경제학' 분야에서 합리성에 어긋나는 사회 현상 설명에 초점을 맞추어 경제학의 외연을 확대하고 있다.

편익

편익은 쉽게 말해 '좋음'이다. 구매나 소비로부터의 편익(만족감)은 경제학에서 효용이라고 부른다. 생산 및 판매로부터의 편익은 판매수입으로 나타난다. 앞서 언급했던 의사 결정이 필요한 상황 몇 가지에 대해 편익을 생각해 보면, 대학에서의 전공을 무엇으로 할지 고민할 때 각 전공의 편익은 그 전공을 공부하는 것이 얼마나 즐거울지(적성과 흥미), 졸업을 하고 직장을 구하는 데 얼마나 유리할지(금전적 이득) 등으로 따져볼 수 있을 것이다. 직업의 편익 역시 전공과 비슷하게 접근할 수 있다. 이렇게 편익은 금전적인 것과 비금전적인 것 모두를 포함하지만, 의사 결정 시점에 있어서는 본인도 인식하지 못하는 사이에 비금전적인 것도 금전으로 환산하여 고려하는 경우가 많다. 비용과 비교해야하기 때문이다.

편익
경제 주체가 추구하는
만족감이나 금전적 이득

기회비용

경제학에서 비용은 **기회비용**(opportunity cost)을 의미한다. 기회비용은 경제학 공부의 첫 번째 장애물이라 할 수 있다. 온전히 이해하려면 다소 노력이 필요하지만 반드시 이해하고 넘어가야 하는 개념이다. 기회비용은 '어떤 것을 선택하기 위해 포기하는 것 중 가장 가치 있는 것의 가치'라고 정의된다. '포기하는 것'을 '포기하는 기회'라고 생각하면 기회비용이라는 명칭이 이해가 될 것이다. 왜 이렇게 복잡한 개념이 필요할까? 사실 우리가 흔히 사용하는 비용이라는 단어의 뜻은 편익보다 어려울 것이 없다. '쓰게 되는 돈'이라고 매우 명확하기 때문이다. 기회비용이 이 간단한 뜻과 어떻게 다른지, 왜 필요한지 예를 들어 살펴보자.

기회비용
편익을 추구하는 과정에서 발생하는 제반 비용

명시적 비용

명시적 비용
금전적 지출이 발생하는 비용

재민은 10,000원짜리 물건 A를 살지 말지 생각 중이다. 재민이 A를 산다면 10,000원의 비용이 확실히 발생한다. 이렇게 명확하게 금전적 지출이 발생하는 비용을 **명시적 비용**이라고 한다. 그런데 A와 비슷한데 조금 다른 물건 B가 있다. B의 가격도 10,000원이다. 만약 재민이 B를 살 수 있는데도 A를 산다면 A를 사는 데 포기한 것은 단순히 10,000원이 아닌 B를 통해 누릴 편익이 될 수 있다. 그렇다면 재민이 A를 사는 기회비용은 무엇일까? 먼저 재민이 B의 가치(편익)를 10,000원보다 작게 평가한다고 해보자. 이 경우에는 복잡할 것이 없다. B의 편익이 B를 사기 위해 들여야 하는 10,000원보다 작기 때문에 재민은 A가 없더라도 B를 살 리는 없을 것이다. 따라서 이 상황에서 재민이 A를 선택하기 위해 포기해야 하는 것은 10,000원뿐이다.

암묵적 비용

만약 B의 가치가 10,000원보다 크다면? 기회비용의 정의를 적용해보면 A

를 선택하기 위해 포기하는 것 중 가장 가치 있는 것은 이제 B이고, B의 가치가 기회비용이 된다. 재민이 돈으로 환산한 B의 편익이 12,000원이라면 A 구매의 기회비용은 단순히 명시적 비용 10,000원이 아니라 12,000원이 되는 것이다. 그렇다면 금전적으로 발생한 비용 10,000원 외에 추가로 발생한 2,000원을 어떻게 해석할 수 있을까? 이 2,000원은 재민이 B를 10,000원에 산다면 이득을 봤다고 느꼈을 가치이다. 즉, 12,000원의 가치가 있는 물건을 10,000원에 사니 2,000원만큼 남았다고 느낄 것이라는 뜻이다. 그런데 재민이 B가 아닌 A를 산다면, 명시적 비용 10,000원 이외에도 2,000원에 해당하는 이득을 포기하게 된다. 이러한 2,000원을 **암묵적 비용**이라고 부른다. 명시적으로 금전이 지출된 것은 아니지만 포기한 이득을 비용으로 보는 것이다. 따라서 기회비용은 명시적 비용과 암묵적 비용의 합으로 볼 수 있다.

조금 다른 예를 통해 암묵적 비용을 더 탐구해보자. 재민이 선택할 수 있는 A와 비슷한 물건에 C도 있는데, C의 가격은 8,000원이다. C에 대해서 재민이 환산한 편익은 9,000원이라 가정한다. C를 구매하지 않을 때 포기하게 되는 이득을 B와 마찬가지로 계산하면 1,000원이다. 9,000원의 가치가 있는 물건을 8,000원에 산다면 느낄 이득이 1,000원이기 때문이다. 하지만 B를 선택하지 않아 포기하는 이득 2,000원이 C를 선택하지 않아 포기하는 이득 1,000원보다 크기 때문에 A를 선택하는 암묵적 비용은 여전히 2,000원이다. 따라서 A를 선택하는 기회비용은 12,000원이다.

기회비용이 단순히 쓰게 되는 돈, 즉 명시적 비용만이 아닌 것이 이제 분명할 것이다. 그러면 애초에 기회비용의 정의로 배운 '어떤 것을 선택하기 위해 포기하는 것 중 가장 가치 있는 것의 가치'는 '명시적 비용+암묵적 비용'으로 계산한 결과와 같을까? 재민에게 선택할 대안이 A와 B 뿐이면 A 선택의 기회비용은 B의 편익이다. 그런데 가격이 다른 C도 대안이 된다면 C를 선택하지 않을 때 포기하는 가치는 얼마인지 언뜻 간단하지 않다. 단순히 C의 편익 9,000원을 포기한다고 하기에는 C의 싼 가격이 마음에 걸린다. C의 가치를 이렇게 접근해보자. 재민이 환산한 C의 편익 9,000원에 C의 가격이 A나 B보다 싼 2,000원만큼을 더하는 것이다. 이 2,000원으로 다른 재화나 서비스를 구매하여 편익을 얻을 수 있기 때문이다. 따라서 C를 포기하는 대가는 11,000원이다.[2] 이 11,000원이 B를 포기하는 대가 12,000원보다 작으므로

---

2 2,000원으로 이보다 편익이 큰 재화나 서비스를 구매한다면 C를 포기하는 대가는 11,000

A 선택의 기회비용은 12,000원이다.

순편익

순편익
편익에서 기회비용을 제
외한 순수 이득

재민이 A를 사는 기회비용이 12,000원인데 A를 산다면 재민이 평가한 A 의 가치(편익)는 12,000원을 넘는다고 유추할 수 있다. 즉 기회비용보다 큰 편익이 예상되기 때문에 A를 선택하는 것이다. 순편익을 (편익－기회비용)으 로 정의하면 '순편익>0'인 경우에 선택을 한다고 달리 표현할 수 있다. 재 민이 느끼는 A의 편익이 14,000원이라고 가정하고, B와 C의 순편익은 0보 다 작은지 확인해보자. 먼저 B의 편익은 12,000원이었다. B의 기회비용은 명 시적 비용 10,000원에 암묵적 비용을 더해야 한다. 〈표 2-1〉에 (편익－명시 적 비용)으로 계산된 것과 같이 B를 선택한다면 포기할 이득이 A에 대해서 는 4,000원, C에 대해서는 1,000원이므로 둘 중에 더 큰 4,000원이 B 선택의 암묵적 비용이다. 따라서 B의 기회비용은 14,000원이 된다. 그렇다면 순편 익은 －2,000원(＝12,000원 편익－14,000원 기회비용)이다. 순편익이 음(－)의 값인 것을 확인할 수 있다. 마찬가지로 C에 대해서도 순편익을 계산해 보면 －3,000원으로 0보다 작다.

표 2-1 **재민의 선택에 따른 순편익 계산(1)** 단위: 원

	A	B	C
편익	14,000	12,000	9,000
명시적 비용	10,000	10,000	8,000
(편익－명시적 비용)	(4,000)ⓐ	(2,000)ⓑ	(1,000)ⓒ
암묵적 비용	2,000(ⓑ>ⓒ)	4,000(ⓐ>ⓒ)	4,000(ⓐ>ⓑ)
기회비용	12,000	14,000	12,000
순편익	2,000	－2,000	－3,000

원보다 클 것이다. 따라서 2,000원의 액면 가치를 C의 편익에 포함한 11,000원은 C를 포기 하는 대가의 최솟값이라 볼 수 있다. 다만 여기서는 10,000원을 쓸 수 있는 재민이 비슷한 쓰임새의 물건들 중에 선택하는 상황이므로 2,000원으로 할 수 있는 다른 선택의 가치에 대해서는 더 고려하지 않기로 한다.

표 2-2	재민의 선택에 따른 순편익 계산(2)		단위: 원
	A	B	C
편익	14,000	12,000	11,000
기회비용	12,000	14,000	14,000
순편익	2,000	−2,000	−3,000

'포기하는 것 중 가장 가치 있는 것의 가치'라는 기회비용의 정의를 이용하여 순편익을 계산해보자. 이를 계산한 〈표 2-2〉가 〈표 2-1〉과 가장 다른 점은 C의 편익이 11,000원으로 표현된 것이다. 이는 앞서 설명한 것처럼 C를 포기하는 대가이다. 각 재화 선택의 기회비용을 다른 재화를 포기하는 대가를 비교하여 바로 찾을 수 있도록 가격이 다른 C에 대해 일종의 조정된 편익을 사용한 것이다. 그러면 A 선택의 기회비용은 12,000원(>11,000원), B 선택의 기회비용은 14,000원(>11,000원), C 선택의 기회비용은 14,000원(>12,000원)이다. 편익에서 기회비용을 뺀 순편익 결과가 〈표 2-1〉과 같은 것을 확인할 수 있다.[3]

그러나 이렇게 복잡하게 순편익을 따지지 않고도 어떤 것을 고를지 찾는 방법이 있다. 순편익이 0보다 큰 것을 고른다는 의미를 풀어보면 다음과 같이 전개할 수 있다.

$$순편익 = 편익 - 기회비용$$
$$= 편익 - 명시적 비용 - 암묵적 비용 > 0$$
$$\Rightarrow 편익 - 명시적 비용 > 암묵적 비용$$

편익에서 명시적 비용을 뺀 것이 암묵적 비용보다 크면 선택한다는 뜻이다. 그런데 암묵적 비용은 다른 것을 선택한다면 누릴 수 있는 이득 중 가장 큰 것이고, 이 이득은 다른 선택의 편익에서 그 선택의 명시적 비용을 빼고 비교하여 구할 수 있었다.

---

[3] 〈표 2-1〉에서 C의 편익과 명시적 비용에 2,000원씩 더해서 순편익 계산을 접근할 수도 있다. 이는 재화들의 명시적 비용을 맞춰줌으로써 수평비교가 쉽게 되는 장점이 있다. 결과적으로 기회비용=명시적비용+암묵적비용 한계도 항상 성립하게 된다.

편익−명시적 비용>다른 선택들의(편익−명시적 비용) 중 가장 큰 값

따라서 순편익이 0보다 큰 선택은 여러 선택 가능한 대안들 중 (편익−명시적 비용)이 가장 큰 것을 고른 결과라는 의미이다. 〈표 2−1〉에서 보면 (편익−명시적 비용)이 가장 큰 물건이 A인 것을 확인할 수 있다. 순편익을 계산하지 않아도 재민이 A를 선택한 이유를 이해하게 된다. 어떤 물건을 사서 느끼게 될 이득이 가장 큰 선택을 하는 것이다.

합리적 선택

위의 예는 주어진 예산에서 특정 용도 물건에 대한 소비 결정을 하는 경우여서 명시적 비용이 등장했지만, 어떤 선택으로 인해 포기하는 것에 돈이 포함되지 않을 수도 있다. 예를 들어 한 시간의 자유 시간이 있는데 무엇을 할지 선택하는 상황이라면, 선택할 수 있는 활동 각각의 기회비용은 돈이 아닌 다른 활동으로부터의 만족감(편익) 중 가장 큰 것의 가치일 것이다. 이렇게 명시적 비용이 발생하지 않는 경우라도 기회비용은 항상 존재하기 때문에 의사 결정의 기준은 편익에서 기회비용을 뺀 것이 되어야 한다.

의사 결정에 고려되어야 하는 기회비용을 생각할 때 쉽게 빠지기 쉬운 함정 같은 개념이 있다. 바로 **매몰 비용**(sunk cost)이다. 매몰 비용은 의사 결정 시점 이전에 이미 지출되어 회수할 수 없는 비용을 의미한다. 기회비용과 비교하면 선택으로 인해 앞으로 발생할 것인지 이미 발생한 것인지의 차이가 있다. 매몰 비용은 어떤 선택을 하더라도 바꿀 수 없는 비용이기 때문에 장차 하려는 의사 결정에 고려되어서는 안 된다. 하지만 흔히 말하는 것처럼 '본전 생각'을 접기란 쉽지 않기 때문에 사람들은 종종 매몰 비용에 얽매인다.

편익이 기회비용보다 큰 결정을 경제학에서 **합리적 선택**이라고 부른다. 이렇게 합리적 선택에는 객관적이고 일관되게 적용될 기준이 존재하지만, 각 경제주체의 합리적 결정 결과가 같아야 할 이유는 없다. 각자가 평가하는 편익이 다르고 이에 따라 선택의 기회비용도 제각각일 것이기 때문이다. 다양한 경제주체의 다양한 경제적 의사 결정 결과는 주로 시장에서 집결된다. 이제 미시경제학의 중심 주제인 시장에 대해 알아보자.

매몰 비용
의사 결정 시점 이전에 이미 지출되어 회수할 수 없는 비용

합리적 선택
편익이 기회비용보다 큰 결정

필요한 만큼 배우는 경제학

시장의 의미

경제학에서는 구매자와 판매자가 만나 거래가 이루어지는 곳을 **시장**(市場, market)이라고 한다. '거래가 이루어지는 곳'이라고 하면 우리가 흔히 보게 되는 물리적 공간으로서의 시장을 떠올리게 되지만, 경제학에서 시장은 거래가 발생하는 체계나 기구, 과정, 제반 여건 등을 포괄하는 의미이다. 사실 시장의 한자어에서도 드러나듯이 전통적으로 시장은 물리적 장소(場所)에 국한되는 의미를 갖고 있다. 또한 사회학이나 지리학, 인류학 등에서 시장은 특정 지역이나 문화권의 역사를 반영하는 연구 대상으로서 그 다양성이나 개별성이 강조되는 경향이 있다. 그러나 경제학에서 시장은 재화나 서비스가 거래되면서 가격이 형성되고 거래량이 결정되는 과정 자체를 뜻할 정도로, 역사의 어느 시점이나 어느 지역에도 적용할 수 있는 범용적이고 추상적인 개념이다.

시장
구매자와 판매자가 만나
거래가 이루어지는 곳

시장의 구성 요소

이렇게 추상적으로 시장이 정의되면 거래의 주체나 대상에 따라 구체적인 모습은 다양할 수 있지만, 동시에 일관된 분석틀로 다룰 수 있게 된다. 그 대표적인 분석틀이 바로 수요-공급 모형이다. 수요-공급 모형은 시장에서 관찰

되는 가격과 거래량이 왜 그렇게 결정되는지 설명하는 도구로서 미시경제학에서 가장 오래되고 합의된 분석틀이라고 할 수 있다. 제3장에서 공부할 수요–공급 모형에서는 거래의 주체를 시장에서의 역할에 따라 구매자와 판매자로 나누었을 때, 특정 거래 대상 시장에서 관찰되는 가격과 거래량은 그 거래 대상에 대해 구매자가 사고자 하는 양과 판매자가 팔고자 하는 양이 가격을 매개로 맞아떨어진 결과라고 설명한다. 시장 참가자, 거래 대상, 가격, 거래량은 경제학에서 시장을 분석할 때 관찰하게 되는 주요 구성 요소들이다.

시장 참가자는 실제로 거래를 이행하는 사람들뿐만 아니라 잠재적으로 거래에 참여할 수 있는 능력을 갖춘 모두를 포괄한다. 거래 대상을 재화와 서비스로 본다면, 구매자 측면에서는 소득과 같은 구매 능력을 갖춘 가계가, 판매자 측면에서는 생산·판매 능력을 갖춘 기업 모두가 거래의 주체가 될 수 있다. 거래 대상이 생산 요소라면 반대로 생산 능력을 갖춘 기업이 구매자가, 노동력 등을 갖춘 가계가 판매자가 될 것이다.

가격(price)은 시장의 핵심 요소라고 했다. 무엇이든 가격이 있는 것은 시장에서 거래된다고 보면 된다. 그런데 거래되는 대상에 따라 그 가격이 다른 이름으로 불릴 수 있다. 예를 들어 노동의 가격은 보통 임금(wage)이라 불리고, 빌리는 돈에 대해 치르는 대가는 이자(interest)라 불린다. 어느 정도의 이자가 부과되는 지는 이자율(interest rate)로 표현한다. 토지나 점포 공간, 건물 같은 것을 빌릴 때 부담하는 가격은 임대료(rent)라 불린다. 이렇게 가격은 다양한 용어로 쓰일 수 있지만 대체로 화폐 단위로 표시된다. 예외적으로 화폐 단위로 표시하기 어려운 가격도 있다. 바로 화폐 자체의 가격(가치)이다. 화폐 한 단위로 구매할 수 있는 재화나 서비스의 양, 즉 화폐의 구매력으로 화폐의 가치를 생각해 볼 수 있는데 이때 화폐의 가치는 화폐 단위를 이용해 표시할 수 없다.

거래 대상이 무엇이든 대상의 가치는 시장에서 가격으로 표시되고 가격에 의거해 거래된다. 어떤 것에 가격이 매겨져 있다는 것은 시장에서 거래될 수 있다는 것과 같은 의미일 정도로 가격은 시장 경제의 핵심이다. 시장은 가격이 결정되는 체제라고 정의되기도 한다. 가격은 구매자가 그 대상을 어느 정도의 가치로 평가하는지, 판매자가 얼마큼의 비용을 들여 대상을 생산하는지 등 거래 대상에 대한 정보를 농축하고 있다. 가격이 오르거나 내리는 현상은 시장에서 해당 재화나 서비스가 여러 가지 이유로 인해 더 희소해지거나 덜 희소해진 결과를 압축적으로 보여준다. 시장의 가격과 함께 거래량은 증가하거나 감소할 수 있는데, 거래량이 많으면 더 많은 소비자와 생산자가 거래를 통해 이득을 볼 수 있다는 점에서 의미가 있다.

시장 경제 체제

우리가 흔히 듣는 **시장 경제 체제**란 다소 어렵게 표현하면 시장을 통해 자원의 배분이 결정되는 경제 체제이다. 풀어서 말하면 무엇을 얼마나 어떻게 생산하고, 그 생산의 대가가 누구에게 얼마만큼 나눠지는지가 시장의 거래에 의해 정해지는 체제라는 것이다. 거래의 핵심은 자발성이다. 즉 시장 참가자가 거래에 응한다는 것은 거래를 통해 얻는 이득이 있다는 뜻이다. 반대로 잠재적 구매자나 판매자 어느 한 쪽이라도 손해가 날 거래라면 거래에 참여하지 않을 테고 시장도 형성되지 않을 것이다. 따라서 시장 경제 체제의 가장 큰 특징은 시장 참가자의 자유와 자발성을 바탕으로 한다는 점이다. 시장 경제 체제가 종종 자유 시장 경제 체제라고 불리는 것은 우연이 아니다.

오늘날 시장이 전 세계적으로 경제생활의 중심이 된 이유는 시장의 근간인 자유가 인간의 존엄성이 구체적으로 실현되는 가치로서 정치·사회적으로 중요한 의미가 있기도 하지만, 사람들이 자유롭게 자기 이익을 추구한 결과가 경제 전체로 봤을 때 대체로 효율적이라는 사실 때문이다. 이는 역사적으로 공산주의 계획 경제 체제의 붕괴를 통해 어느 정도 증명되었다. 그러나 시장 경제 체제에는 무시할 수 없는 부작용도 있는데, 바로 결과적으로 나타나는 경제적 불평등이다. 이러한 불평등을 완화하기 위해 세계의 많은 정부들이 시장에 개입한다. 고유의 공권력을 동원하여 다양한 재분배 정책을 수행하는 것이 대표적이다. 그 과정에서 불가피하게 개인의 자유가 침해되기 때문에, 경제적 자유와 평등 사이에 적절한 균형점을 찾는 것은 모든 민주 국가의 시민이 지속적으로 당면하는 과제라 할 수 있다.

시장 경제 체제
시장을 통해 자원 배분이 결정되는 경제 체제

자본주의 vs. 사회주의

시장 경제 체제는 종종 자본주의와 짝을 이루지만, 많은 국가의 현대 경제 체제에는 사회주의가 다양한 양상으로 수용되고 있다. 따라서 자본주의와 사회주의의 경제 체제상 의미에 대해 간략하게라도 이해할 필요가 있다. 먼저 **자본주의**(capitalism)에 대해 살펴보자. 사실 자본주의는 흔히 쓰이는 데 비해 정확하게 정의하기는 어려운 개념이다. 특정 사상가나 학파가 정립한 사상이 아니라 18~19세기에 등장한 **사회주의**(socialism) 사상가들이 당시의 현실을 '자본주의'라 비판하여 이름 붙여졌기 때문이다. 그럼에도 불구하고 사회주의의 특징적 가치와 비교해 보면 자본주의는 생산 수단을 개인적으로 소유하는 것이 허용되는 제도라고 볼 수 있다. 반대로 사회주의는 생산 수단의 사회적 소유와 계획 경제를 지향하는 제도나 사상이다.

생산 수단은 경제적 가치를 생산하는 데 쓰이는 물리적, 물질적 요소를 뜻한다. 생산 요소와 비슷하게 느껴질 수 있는데, 생산 요소에서 인간의 지적, 물리적 능력을 제외한 도구, 기계, 공장, 인프라, 자연 자원, 원재료 등이 생산 수단이다. 현대 사회에서 인간을 소유하는 것은 윤리적으로든 법적으로든 불가능하기 때문에 소유가 가능한 생산 요소를 생산 수단이라고 보아도 크게 틀리지 않을 것이다. 사회주의에서는 생산 수단을 소유한 계층이 노동하지 않고도 부유할 수 있는 자본주의적 현실을 비판했기 때문에 생산 수단은 공적으로 소유되어야 한다고 주장한 것이다. 사회주의가 계획 경제와 동반되는 이유는 생산 수단이 공적으로 소유되면 생산 활동이 정부 계획에 의해 수행되는 것은 필연적이기 때문이다.

오늘날 완벽한 자본주의나 완벽한 사회주의가 구현되는 나라는 없고, 나라마다의 역사적 경험을 통해 양자의 다양한 조합이 나타난다. 특히 토지나 자연 자원은 기본적으로 국가의 소유라는 개념은 폭넓게 받아들여지는 편이고, 앞서 정부의 경제 활동에 대해 언급한 것처럼 도로, 철도, 항만 등의 사회간접자본은 정부가 건립하여 소유하는 경우가 많다.

자본주의
생산 수단의 개인적 소유가 허용되는 제도

사회주의
생산 수단의 사회적 소유와 계획 경제를 지향하는 제도

평가의 잣대

한 사회의 경제 상황을 평가하는 데에는 여러 가지 기준이 동원될 수 있지만 경제학에서 사용하는 두 가지 대표적인 잣대는 **효율성**(efficiency)과 **형평성**(equity 또는 equality)이다. 효율적인 상태는 모든 자원이 최적의 곳에 사용되어 더 이상 개선의 여지가 없는 상태이다. 달리 표현하면 어느 한 쪽을 약간이라도 개선하려면 다른 어느 쪽은 희생해야 하는 때가 효율적인 상태다. 형평성은 평등이나 공평성과 비슷한 개념으로 기회의 균등으로부터 일정 수준의 재화, 서비스 소비나 소득의 보장까지 사회 구성원이 얼마나 비슷한 생활수준을 누리고 있는가를 광범위하게 평가하는 개념이다.

효율성
희소한 자원이 낭비 없이 쓰이는 상태

형평성
사회 구성원이 바라는 바를 비슷하게 누리는 상태

배분과 분배

효율성과 형평성을 더 자세하게 표현하면 '배분의 효율성'과 '분배의 형평성'이라고 할 수 있다. 배분(配分, allocation)과 분배(分配, distribution)는 우리말로 글자 앞뒤만 바꾸어 놓은 단어들이지만 경제학에서 의미하는 바는 완전히 다르다. 배분은 보통 '자원 배분'의 맥락으로 쓰고, 자원이 무엇을 생산하는 데 얼마나 동원되는가의 의미이다. 따라서 자원 배분의 효율성은 희소한 자원이 낭비 없이 가장 높은 가치를 창출하는 곳에 제대로 쓰였는지를 평가하는 기준이다. 분배는 보통 '소득 분배'의 맥락으로 쓰고, 생산의 대가가 생산에 참가한 사람들에게 나눠지는 것을 의미한다. 소득 분배의 형평성은 소득이 나누어진 상태가 얼마나 공평하고 균등한지를 평가하는 잣대이다.

효율성

경제학에서는 대체로 시장 경제 체제의 결과가 효율적이라고 본다. 그 근거에는 **후생경제학의 제1정리**라는 것이 있는데, 일정한 조건이 만족될 때 경쟁적인 시장에 의한 자원 배분 결과가 효율적이라는 내용이다. 후생경제학의 제1정리 내용은 몇 줄로 설명하기에는 너무나 중요한 의미를 갖고 있다. 제1

후생경제학의 제1정리
일정한 조건하에서 경쟁적인 시장의 자원 배분이 효율적이라는 정리장에서 소개한 근대 경제학의 아버지로 불리는 아담 스미스는 그의 저서『국부론』에서 수많은 개인이 이기심에 의해 행동한 결과 시장을 통해 의도하지 않은 편익이 발생한다고 설명한 바 있다. 그러면서 시장의 작동 원리를 보이지 않는 손(invisible hand)으로 비유했는데, 이를 이론적으로 증명한 것이 후생경제학의 제1정리이다. 그러나 후생경제학의 제1정리가 성립하기 위해 만족되어야 하는 조건들이 깨질 경우 시장의 결과가 어떻게 되는지에 대해서는 분명한 답이 없다. 시장의 효율성과 한계에 대해서는 제6장에서 공부하게 될 것이다.

형평성

한 사회의 형평성을 판단하기 위해서는 여러 측면을 고려해야 한다. 많은 사람들이 공통으로 추구하지만 그 양이 제한된 것이 한 가지가 아니기 때문이다. 그 중에서 소득 분배의 형평성을 파악하고 개선하는 것이 특히 중요할 수 있다. 보통 소득과 재산이 경제적 측면에서 형평성 판단 대상인데, 소득 중 소비되지 않고 축적된 결과물이 재산이라는 측면에서 소득이 우선적이다. 또한 소득은 사람들이 추구하는 다른 것들과 연관성이 높기도 하다. 소득 분배 상태를 파악한 후에는 개선의 필요성 및 수단에 대한 합의가 필요하다. 형평성에 대한 인식은 사람마다 가치관에 따라 다르게 마련이어서 어떤 분배 상태가 바람직하고 어떻게 상황을 개선해야 하는지에 대해 사회적 합의를 도출하는 것은 쉬운 일이 아니다. 형평성과 사회적 합의에 대해서는 제8장에서 다룬다.

효율성 vs. 형평성

시장 경제 체제가 효율성을 증진시키는 데에 강점이 있다는 것은 역사적으로 어느 정도 검증이 되었으나, 형평성은 전혀 보장하지 못한다는 약점이 있다. 특히 2007~2008년의 세계적 금융위기 이후 빈부 격차의 문제는 선진국에서부터 심각하게 부각되고 있다. 효율성과 형평성은 두 마리 토끼로 종종 비유될 정도로 빈번히 충돌한다. 효율성을 추구하다보면 형평성이 저하되고, 형평성을 좇다보면 효율성이 떨어진다는 것이다. 예를 들어 정부가 형평성을 제고하기 위해 다양한 재분배 정책을 쓸 수 있는데, 기본적으로 고소득자로부터 세금을 거두어 저소득자에게 이전하는 것이어서 고소득자가 되려는 의욕을 꺾고 경제의 활력을 떨어뜨릴 가능성이 있다.

효율성과 형평성의 상충관계는 정책 입안자에게 근본적인 딜레마로 인식된다. 민주주의 국가에서 정책 입안자는 다수 국민이 바라는 바를 반영하고자하기 때문에 국민 각각이 이 문제를 인지하고 입장을 갖는 것이 필요하다. 가장 중요한 것은 어떤 선택에든 기회비용이 따른다는 점을 이해하는 것이다.

요약

01 미시경제학에서는 사회 현상을 설명하는 데 개별 구성원의 의사 결정과 그러한 결정들의 상호 작용 결과를 주목한다.

02 경제주체는 가계, 기업, 정부 등으로 구분되며, 가계는 소비의 주체이자 생산 요소의 공급자, 기업은 생산의 주체이자 생산 요소의 수요자이다. 정부는 사회 후생의 극대화를 목표로 경제 활동에 영향을 미치는 다양한 역할을 수행한다.

03 가계와 기업의 경제적 의사 결정 목표는 편익과 비용의 비교를 통해 순편익을 극대화하는 것이며, 이를 합리적 선택이라고 한다. 합리적 선택에 고려되는 비용은 기회비용으로서 선택에 따라 포기하게 되는 기회의 가치를 의미한다.

04 시장은 구매자와 판매자가 만나 거래가 이루어지는 곳으로 경제주체의 의사 결정이 집결된 결과가 나타나는 곳이다. 시장 경제 체제는 무엇을 얼마나 어떻게 생산하고, 그 생산의 대가가 누구에게 얼마만큼 나눠지는지가 시장의 거래에 의해 자발적으로 정해지는 체제이다.

01 다음 글은 중세 유럽에서 종이를 생산하는 과정을 묘사한 것이다. 생산에 투입된 생산 요소를 노동, 자본, 자연자원으로 구분하라.

> 당시 종이의 재료는 나무가 아니라 넝마였다. 옷을 만드는 섬유는 무엇이든 종이의 재료가 되었지만 그중에 린넨이 으뜸이었다. 당시 넝마장수는 흔하게 눈에 띄었다. 넝마장수가 제지공장에 넝마를 팔면 제지공장의 일꾼들은 먼저 단추부터 제거하였다. 그다음 넝마를 잘게 찢어 물에 담갔다가 젖은 넝마들을 둥글게 뭉쳐 발효시켰다. 박테리아가 섬유조직을 파괴하고 부드럽게 만들면 일꾼들은 넝마를 제지 방앗간에 가져갔다. 제지 방앗간에서는 떨어지는 물로 물레방아를 돌려 돌공이를 이용해 넝마를 펄프로 찧었다. 제지 방앗간에서 가져온 펄프는 제지공들이 크림색으로 염색한 후 물이 든 통에 넣고 걸쭉해질 때까지 저었다. 제지공들은 특수 제작한 발틀을 통에 담가 섬유막을 건져 올리고 건조시켜 종이를 만들었다.

02 다음 각 활동을 생산과 소비로 구분하라.
  ㄱ. 가영은 음악 감상을 위해 헤드폰을 구매하였다.
  ㄴ. 노민은 아르바이트로 하는 디제잉을 위해 헤드폰을 구매하였다.
  ㄷ. 두진은 주민센터에서 근무하며 민원인에게 인감증명서를 발급하였다.
  ㄹ. 라희는 배달업체에서 근무하며 주문음식을 배달하였다.
  ㅁ. 민수는 요리 취미를 위해 유기농 설탕을 구매하였다.

03 야구를 좋아하는 당신에게 프로야구 올스타 경기가 열리는 야구장에서 아르바이트를 할 기회가 생겼다. 이 아르바이트는 시간당 10,000원을 받고 경기 전후를 포함해 다섯 시간 정도 일할 것으로 예상된다. 그런데 경기가 열리는 시간에는 당신이 원래 하고 있는 아르바이트가 잡혀있다. 이 일은 시간당 11,000원을 받고 두 시간 일한다. 당신이 두 아르바이트 중에 무엇을 선택할지 결정하는 데 어떤 것들을 고려하겠는가?

04 당신은 마지막 기말고사가 끝나는 날 해외로 여행을 가려고 비행기표를 예매하면서 비용을 절감하기 위해 출발일자를 확정하고 왕복 100만 원에 환불되지 않는 조건으로 결제를 마쳤다. 그런데 알고 보니 당신이 기말고사 일정을 착각했고 마지막 기말고사는 알고 있던 날짜보다 이틀이 늦다. 기말고사를 보지 않으면 중간고사 점수만으로 학점을 받게 된다. 당신이 계획대로 여행을 갈지,

기말고사를 볼지 선택할 때 어떤 것들을 고려하겠는가? 만약 기말고사를 본다면 기말고사 후 떠나는 여행을 계획하겠는지 설명하라.

05 당신이 새 스마트폰을 사려고 하고 있으며 가장 비싼 스마트폰을 살 예산이 있다고 가정하자. 세 개의 구매 후보 스마트폰을 정하고 이 중 사고 싶은 스마트폰을 고른 후 당신의 선택 과정을 〈표 2-1〉과 같은 표를 만들어 분석하라.

06 〈표 2-1〉에서 A의 편익이 13,000원, C의 편익이 12,000원으로 바뀌면 표의 내용이 어떻게 달라질지 계산하라. 재민은 이 경우 어느 재화를 선택하겠는가?

07 대한민국헌법 제2장 '국민의 권리와 의무'의 제23조 제1항은 '모든 국민의 재산권은 보장된다. 그 내용과 한계는 법률로 정한다.'이다. 또한 제2항은 '재산권의 행사는 공공복리에 적합하도록 하여야 한다.'고 정하고 있다. 이와 관련한 사적 재산권 제한의 구체적 사례를 찾아보라.

08 한국의 국민건강보험제도는 주로 소득에 따라 건강보험료를 징수하여 의료 서비스가 필요한 모든 국민을 대상으로 의료비 및 약제비의 일정 부분을 지원한다. 예를 들어 감기 같은 가벼운 질병으로 의원을 방문한다면 약 15,000원의 진료비 중 환자 본인이 부담하는 몫은 5,000원 미만이고 나머지는 건강보험공단에서 의원에 지급한다. 이러한 국민건강보험제도를 효율성과 형평성 차원에서 평가하라.

09 당신은 공예품을 만드는 아르바이트를 하며 저축하여 모은 돈 500만 원을 은행 예금으로 갖고 있다. 예금 금리는 연 2%이다. 당신은 이 돈과 부모님께 연 4%의 금리로 빌린 500만 원을 합하여 공예품을 파는 인터넷 쇼핑몰을 열어보려 한다. 그러던 중 공예품 디자이너로서 연 3,000만 원을 받을 수 있는 취업 제의가 들어왔다. 주어진 정보로부터 인터넷 쇼핑몰 창업에 따른 기회비용을 계산하고 추가적으로 고려할 만한 기회비용에 어떤 것들이 있는지 생각해보라.

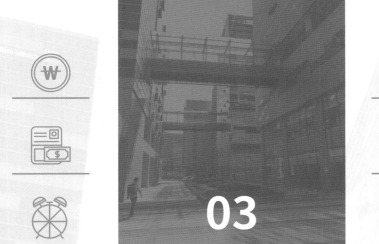

03

수요-공급 모형

수요-공급 모형

석유는 생활에 필수적인 재화이다. 집이나 일터의 냉·난방에 직간접적으로 쓰이고 자동차를 움직이는 주요 동력이며, 다양한 생활필수품의 중요한 원료로도 쓰인다. 따라서 석유 가격이 급등락하는 것은 가계뿐만 아니라 경제 전반에 미치는 영향이 크다. 석유 가격은 어떻게 결정될까? 석유 가격을 예측할 수 있을까? 예측하기 위해 어떤 요인들을 고려해야 할까? 이러한 질문은 누구라도 관심을 가질 만큼 중요한 생활 밀착형 궁금증을 담고 있다.

그런데 이 질문은 좀 더 일반적으로 확대될 수 있다. 우리가 대가를 주고받으며 거래하는 모든 것들의 가격은 어떻게 결정되는 것일까? 상품의 가격들 사이에는 어떤 관계가 있을까? 상품의 가격을 예측할 수 있을까? 예측하기 위해 어떤 요인들을 고려해야 할까? 이러한 질문에 답할 수 있는 체계적 지식을 얻는 것이 바로 이 장의 목표이다.

수요-공급 모형
시장 가격과 거래량의 결정 과정을 설명하는 도구

수요-공급 모형은 시장에서 관찰되는 가격과 거래량이 왜 그렇게 결정되는지 설명하는 도구로서 미시경제학에서 가장 오래되고 합의된 분석틀이라고 할 수 있다. 수요-공급 모형에서는 시장 참가자(market participants)를 시장에서의 역할에 따라 구매자와 판매자로 나누었을 때, 특정 거래 대상 시장에서 관찰되는 가격과 거래량은 그 거래 대상에 대해 구매자가 사고자 하는 양과 판매자가 팔고자 하는 양이 가격을 매개로 맞아떨어진 결과라고 설명한다.

수요
거래 대상에 대해 구매자가 사고 싶은 욕구

공급
거래 대상에 대해 판매자가 팔고자 하는 의도

특정 거래 대상의 시장에서 **수요**(demand)는 그 거래 대상에 대해 구매자가 사고 싶은 욕구이다. **공급**(supply)은 판매자가 팔고자 하는 의도이다. 사실 구매나 판매 행위 자체가 시장 참가자의 목적은 아닐 것이다. 구매자는 구매 후 소비를 통해 필요를 충족하고 정신적인 만족감을 누린다. 또한 판매자는 생산 후 판매를 통해 돈을 벌게 된다. 경제학에서는 구매 및 소비에서 얻는 만족감은 **효용**(utility), 생산 및 판매에서 버는 순이득은 **이윤**(profit)이라 부르고, 소비의 목적은 효용 극대화, 생산의 목적은 이윤 극대화라고 본다. 이제 수요와 공급, 그리고 이 둘이 결합되어 가격과 거래량이 결정되는 시장의 균형에 대해 차근차근 알아보자.

효용
구매자의 편익으로서 소비에서 얻는 만족감

이윤
판매자가 생산 및 판매에서 얻는 순이득

1 수요

가격과 수요량

수요는 구매자가 효용을 얻기 위해 재화나 서비스를 사고 싶은 욕구라고 하였다. 수요–공급 모형에서 수요는 구매자가 거래 대상의 가격(price)에 따라 사고 싶은 양, 즉 **수요량**(quantity demanded)을 결정한 관계로 나타난다. 수요를 가격과 이에 따른 수요량의 관계로 요약하는 것은 모형에 있어서 몇 가지 중요한 의미가 있다.

첫째, 구매자가 재화나 서비스를 얼마큼 살지 결정하는 데 가격을 가장 중요한 요소로 본다는 점이다. 사실 우리가 어떤 것을 살 때 가격만 고려하지는 않는다. 쓸 수 있는 돈이 얼마인지도 중요하고, 그것과 비슷한 다른 것의 가격은 얼마인지도 살펴본다. 그 외에도 따져 볼 요소들이 많을 테지만, 모형에서는 가격 이외의 요소들이 다른 어디에선가 정해져 주어졌다고 가정하고 가격과 수요량의 관계에 주목한다는 의미이다.

둘째, 수요–공급 모형은 시장에서 가격과 거래량이 결정되는 과정을 설명하고자 하는 모형이기 때문에 수요는 궁극적으로 시장가격 결정에 중요한 영향을 끼쳐야 한다. 아래에서 자세히 공부하겠지만, 구매자가 가격에 따라 수요량을 결정한 결과가 시장에서 종합되면 역으로 가격을 결정하는 힘으로 작용한다. 따라서 애초에 수요는 가격과 수요량의 관계에 초점을 두는 것이다.[1]

---

1   모형 안에서 그 값의 결정이 설명되거나 예측되는 변수를 내생변수(內生變數, endogeneous

셋째, 구매자가 가격에 따라 수요량을 결정한다는 것은 가격과 수요량을 각각 변수로 봤을 때 두 변수가 함수(function) 관계에 있다는 뜻이다. 즉, 가격이 주어지면 수요량이 도출되는 수요함수(demand function)가 정의될 수 있고, 이를 그래프로 표현할 수도 있다. 특히 변수가 두 개뿐이기 때문에 그래프를 평면에 그릴 수 있다는 점이 수요-공급 모형의 인기에 한 몫을 한다.

수요표

수요표
가격과 이에 따른 수요량을 표로 나타낸 것

수요곡선
수요표의 내용이나 수요함수를 좌표 평면에 나타낸 것

수요를 구체적으로 표현하는 방법에는 보통 두 가지가 있다. 수요표(demand table)와 **수요곡선**(demand curve)이다. 수요표는 가격과 이에 따른 수요량을 표로 나타낸 것이고, 수요곡선은 수요표의 내용이나 수요함수를 좌표 평면에 나타낸 것이다. 예를 통해 두 가지 방법을 알아보자. 대학생 민서는 캐모마일차 마시기를 좋아한다. 〈표 3-1〉은 캐모마일차 한 잔의 가격에 따라 민서가 한 달에 구매하고 싶은 잔 수가 어떻게 달라지는지를 보여준다. 예컨대, 캐모마일차 한 잔의 가격이 3,600원이면 민서는 한 달에 4잔의 차를 구매하고, 가격이 1,800원이면 40잔의 차를 구매하고 싶어 한다. 비쌀수록 적게, 쌀수록 많이 구매하고자 하는 것이다. [그림 3-1]은 민서의 수요표를 그래프로 나타낸 것이다. 수요량을 가로축에, 가격을 세로축에 표시했을 때 수요표에 나타난 수요량과 가격의 순서쌍들이 적절한 좌표에 표시되어 있다.

수요표와 이를 그래프로 나타낸 것으로부터 짚어봐야 하는 것들이 있다.

우선 [그림 3-1]의 축에 관한 것이다. 두 변수 X, Y에 대해 Y가 X의 함수($Y=f(x)$)이고 이를 그래프로 나타낼 때, 우리는 보통 X를 가로축에, Y를 세로축에 놓는다. 이를 수요함수에 그대로 적용하면 가격이 가로축에, 수요량이 세로축에 놓여야 한다. 수요는 구매자가 가격에 따라 수요량을 결정하여 나타난 관계이므로 가격이 X에, 수요량이 Y에 해당하

variable)라 하는데, 수요-공급 모형에서는 가격과 거래량이 수요와 공급의 결합을 통해 동시에 결정되는 내생변수들이다. 내생변수에 대비되는 개념은 외생변수(外生變數, exogeneous variable)이다. 수요에 한정해서 보면, 가격 외에 수요량에 영향을 미치는 예산, 비슷한 다른 재화의 가격과 같은 것들은 외생변수로 볼 수 있다.

표 3-1 수요표

가격(P) (원/잔)	수요량(Q) (잔 수)
3,600	4
3,400	8
3,200	12
3,000	16
2,800	20
2,600	24
2,400	28
2,200	32
2,000	36
1,800	40

그림 3-1 수요표의 그래프

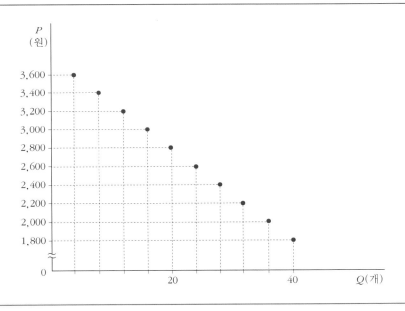

는 것이다. 그럼에도 불구하고 경제학의 역사를 통해 그 반대로 가로축에 수요량, 세로축에 가격을 놓는 전통이 굳어졌기 때문에 모든 경제학 교과서들에서는 이 전통을 따르고 있다. 특히 경제학을 공부하는 초기에는 수요−공급 그래프를 볼 때마다 축이 매우 헷갈릴 수 있다는 점을 유의해야 한다.

미국 하버드 대학의 경제학과 교수이자 경제학 교과서계의 베스트셀러를 다수 집필한 맨큐(Gregory Mankiw)가 자신의 블로그에 수량-가격 평면에 대한 질문에 추측으로 답한 적이 있다. 내용을 간단히 소개하면 다음과 같다. 수요-공급곡선을 오늘날 쓰이는 방식으로 정착시킨 학자는 제1장에서 소개한 앨프리드 마샬인데, 마샬을 비롯한 초기 근대 경제학자들이 당시 흔히 관찰했을 농산물 시장의 경우 단기간 거래될 수 있는 수량은 거의 고정되어 있었다는 것이다. 따라서 주어진 수량만큼 거래되기 위해 조정되는 매개체는 가격이었고, 그 결과 마샬이 생각한 수요함수의 관계는 현재 우리가 이해하는 것과 반대였다는 추측이다. 또 다른 저명 경제학자인 힉스(John Richard Hicks, 1904~1989)는 제6장에서 소개되는 지불의사금액(willingness-to-pay)과 판매의사금액(willingness-to-accept)으로 수요와 공급을 접근하였는데, 이역시 수량이 가격을 결정하는 관계로 보고 있어 가로 수량축-세로 가격축의 경제학 전통이 정립되는 데 기여했다는 지적도 있다.

(http://gregmankiw.blogspot.kr/2006/09/who-invented-supply-and-demand.html)

수요의 법칙

비록 예시이지만 수요표와 그래프에서 주목할 또 다른 점은 가격이 하락(상승)하면 수요량이 증가(감소)하는 관계가 나타난다는 것이다. 이를 수요의 법칙(law of demand)이라고 한다.

> **수요의 법칙**(law of demand)
> 수요량에 영향을 미치는 모든 다른 요인들이 고정되어 있을 때, 가격이 하락(상승)하면 수요량은 증가(감소)한다.

수요의 법칙은 관찰과 경험에 근거한 직관이지 이론적·필연적으로 옳은 불변의 원칙은 아니다. 하지만 '법칙'이라고 이름 붙여질 정도로 흔하게 나타나는 현상인 것은 분명하다. 비록 비쌀수록 인기가 높아진다는 물품들이 있기는 하지만, 일상적으로 구매하는 대부분의 재화와 서비스에 대해 우리는 가격이 올라가면 덜 구매하고, 반대로 가격이 내려가면 더 구매하는 경향을 보이는 것이 사실이다. 그 결과 [그림 3–1]에서 가격과 수요량의 관계는 우하향(downward sloping)하는 점들로 나타났다. 달리 말하면 가격과 수요량이 한쪽이 증가하면 다른 한쪽이 감소하고, 반대로 한쪽이 감소하면 다른 한쪽이 증가하는 음(–)의 상관관계(negative correlation)를 보인다고 할 수 있다.

물론 갑자기 용돈이 늘어나거나 하면 가격에 변함이 없더라도 수요량이 증가할 수 있다. 그 때문에 수요의 법칙에서는 '수요량에 영향을 미치는 모든 다른 요인들이 고정되어 있을 때'라는 단서가 붙는다. 만약 가격 이외의 '다른 요인'에 변화가 생기면 그때는 수요량이 아니라 수요 자체가 증가하거나 감소할 수 있다. 이에 대해서는 다음 절에서 자세히 논의할 것이다.

숨
고
르
기

'모든 다른 요인들이 고정되어 있을 때(all other things being equal)'는 경제학에서 빈번하게 등장하는 가정이다. 이는 *ceteris paribus*라는 라틴어 표현으로 대표된다. 수요의 법칙에 등장하는 이 가정은 공급의 법칙에도 적용되고, 예를 들어 구매자의 소득이 증가할 때 수요가 어떻게 변하는지 생각할 때는 가격을 포함하여 수요에 영향을 미치는 모든 다른 요인들이 고정되어 있을 때로 가정된다.

ceteris paribus
'모든 다른 요인들이 고정되어 있을 때'

수요곡선

수요표가 가격과 수요량의 관계를 구체적인 숫자로 보여주긴 하지만 시장에서 가격과 거래량의 결정 과정을 도식화하고 일반화하여 이해하기에는 불편함이 크다. 따라서 경제학에서는 수요표보다 더 빈번하게 **수요곡선**을 이용한다. 수요곡선은 다음과 같은 **수요함수**를 그래프로 표현한 것이라고 이해하면 된다.

수요함수
가격과 수요량의 관계를 나타내는 함수

$$수요함수: \ Q^D = D(P)$$

여기서 Q^D는 수요량, P는 가격, D는 수요함수를 나타낸다. 수요함수가 정확히 어떤 형태인지는 상황에 따라 다르겠지만, 수요의 법칙을 따른다면 우하향하는 선으로 나타나리라는 것을 짐작할 수 있다.

그림 3-2   민서의 수요곡선

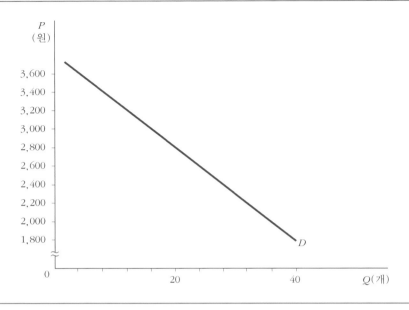

[그림 3-2]는 민서의 캐모마일차 수요를 수요곡선(D)으로 나타낸 것이다.[2] 이 그래프에서 수요곡선은 [그림 3-1]의 점들을 연결하고 연장한 매끄러운 선으로 표시되어 있다. 비록 이 예에서 수요곡선은 곡선이 아닌 직선이지만 이런 경우라도 수요곡선이라는 일반적인 표현을 쓴다.

이렇게 수요곡선을 그리면 앞으로 우리가 자주 다루게 될 것처럼 모형을 추상적으로 구성할 수 있는 장점이 있다. 하지만 다소간 현실성을 잃게 되는 단점도 있다. 예를 들어 캐모마일차 시장에서 가격이 2,934원이나 2,252원 같은 숫자로 매겨지는 경우는 거의 없지만 연속적인 수요곡선에서는 이러한 상황이 이론적으로는 가능하다. 또한 17.3잔이나 32.9잔의 차는 현실적으로 존재하지 않지만 자연수 단위로 끊어지지 않은 수요곡선에서는 이 역시 상상할 수 있는 일이다. 따라서 연속적인 수요곡선 및 공급곡선에는 현실성에 한계가 있다는 점을 기억해 두기 바란다.

---

2   이때 민서의 수요함수는 $Q^D = 76 - 0.02P$가 될 것이다.

개별 수요와 시장 수요

　　지금까지 살펴본 예에서 민서의 음원 수요는 한 개인의 것이다. 이러한 개별 수요는 수요의 개념을 이해하기 위한 좋은 출발점이지만, 많은 시장 참가자가 모인 시장을 대상으로 하는 수요-공급 모형을 공부하기 위해서는 시장 수요로 확대될 필요가 있다.

　　개별 수요들을 어떻게 시장 수요로 합치는지 다시 예를 통해 살펴보자. 캐모마일차 시장에 또 다른 구매자 지환이 있다. 차 한 잔의 가격에 따라 지환이 한 달에 마시고 싶은 잔 수는 〈표 3-2〉의 셋째 열에 나타나 있다. 민서의 수요와 비교해 보면 지환은 캐모마일차에 대한 수요가 상대적으로 작은 것을 알 수 있다. 모든 가격에 대해 민서보다 수요량이 적은 것이다. 이는 캐모마일차를 민서만큼 좋아하지 않아서일 수도 있고, 단순히 차 구매에 쓸 수 있는 예산이 적어서일 수도 있다. 그래프로 보면 [그림 3-3]에서 민서의 수요를 나타낸 (가)의 점들과 비교해서 (나)의 지환의 점들이 세로축과 더 가까이, 상대적으로 왼쪽에 위치해 있다.

　　지환의 캐모마일차 수요가 이렇게 주어졌을 때 민서와 지환의 수요는 각 가격에 대한 수요량을 합해서 구할 수 있다. 〈표 3-2〉의 마지막 열은 그렇게 구한 합계 수요량을 보여준다. 예를 들어, 차 한 잔 가격이 3,200원 이상일 때 지환은 구매 의사가 없기 때문에 민서의 수요량이 곧 합계 수요량이지

표 3-2　개별 수요의 합산

가격(P) (원/잔)	민서의 수요량(Q) (잔 수)		지환의 수요량(Q) (잔 수)		합계 수요량
3,600	4		0		4
3,400	8		0		8
3,200	12		0		12
3,000	16		2		18
2,800	20	+	4	=	24
2,600	24		6		30
2,400	28		8		36
2,200	32		10		42
2,000	36		12		48
1,800	40		16		56

그림 3-3 개별 수요와 시장 수요

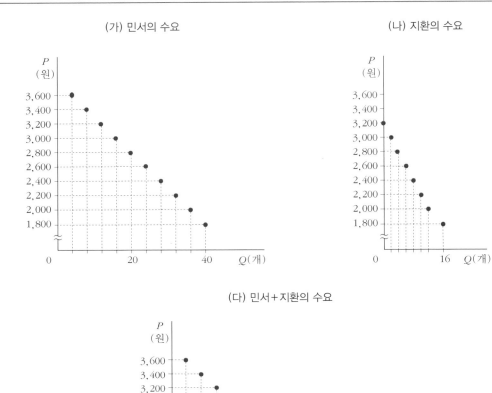

(가) 민서의 수요

(나) 지환의 수요

(다) 민서+지환의 수요

만, 가격이 3,000원이 되면 지환도 2잔을 마시고 싶어하기 때문에 민서와 지환의 수요량을 합친 값은 18잔이 된다. 가격이 1,800원이 되면 합계 수요량은 56잔이다.

이러한 합계 수요를 그래프로는 어떻게 나타낼 수 있을까? [그림 3-3]의 (가)에는 민서의 캐모마일차 수요가, (나)에는 지환의 차 수요가 수요표에 제시된 대로 표시되어 있다. (다)에는 민서와 지환의 합계 수요량이 표시되어

그림 3-4　캐모마일차 시장 수요곡선

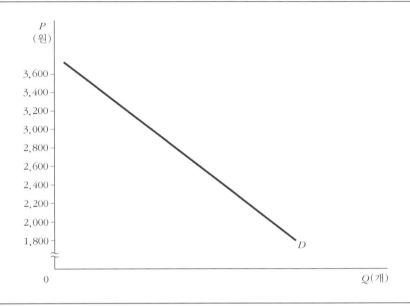

있는데, (다)의 점들은 (가)와 (나)의 점을 가로로 더한 결과(horizontal sum) 인 것을 알 수 있다. 가로축이 수요량을 나타내기 때문에 각 가격에 나타난 민서와 지환의 수요량을 가로로 더해준 것이 합계 수요량이 되는 것이다.

　이러한 방식으로 시장의 모든 구매자들의 개별 수요를 합치면 [그림 3-4] 처럼 시장 수요를 도출할 수 있다. 이론적으로는 구매자들을 모두 기입한 수 요표를 그려 합산할 수도 있고, 개별 수요곡선을 모두 그리고 가로 합을 구 해 시장 수요곡선을 그릴 수도 있다. 그러나 현실적으로는 모든 개별 수요보 다 시장을 통해 드러난 시장 수요를 관찰하는 것이 상대적으로 용이할 것이 다. 다만 그러한 시장 수요곡선이 개념적으로 개별 수요곡선의 가로 합이라 는 것을 기억할 필요가 있다는 의미이다. 시장 수요곡선을 더 추상적으로 표 현할 때에는 원점, 가로축에 수량, 세로축에 가격을 표시한 평면에 우하향하 는 선만 표시하는 것도 일반적이다.

2　공급

가격과 공급량

공급은 판매자가 이윤을 얻기 위해 재화나 서비스를 팔고자 하는 의도라고 하였다. 수요–공급 모형에서 공급은 판매자가 거래 대상의 가격(price)에 따라 팔고 싶은 양, 즉 **공급량**(quantity supplied)을 결정한 관계로 나타난다. 수요와 마찬가지로 공급을 가격과 이에 따른 공급량의 관계로 요약하는 것은 모형에 있어서 중요한 의미가 있다. 우선 공급에 있어서도 판매자가 재화나 서비스를 얼마큼 팔지 결정하는 데 고려하는 요소들이 많이 있겠지만, 가격을 가장 중요한 요소로 본다는 점이다. 이는 수요–공급 모형을 통해 시장에서 가격과 거래량이 결정되는 과정을 설명할 때 공급이 궁극적으로 시장가격 결정에 중요한 영향을 끼친다는 점에서도 의미가 있다. 또한 수요와 마찬가지로 가격과 공급량에 초점을 맞춤으로서 **공급함수**(supply function)를 정의할 수 있고, 그래프 표현도 가능해진다.

공급표

공급표
가격과 이에 따른 공급량을 표로 나타낸 것

공급곡선
공급표의 내용이나 공급함수를 좌표 평면에 나타낸 것

공급을 구체적으로 표현하는 방법에는 수요와 마찬가지로 보통 두 가지가 있다. **공급표**(supply table)와 **공급곡선**(supply curve)이다. 캐모마일차 시장의 예를 통해 두 가지 방법을 알아보자. 카페를 운영하는 규진은 캐모마일차를 판매한다. 〈표 3–3〉은 캐모마일차 한 잔의 가격에 따라 규진이가 한 달에 판매하고 싶은 잔 수가 어떻게 달라지는지를 보여준다. 예컨대, 캐모마일차 한 잔의 가격이 3,600원이면 규진이는 한 달에 52잔을 판매하고, 가격이 2,400원이면 4잔을 판매하고 싶어 한다. 가격이 2,200원 이하이면 카페 운영의 여러 가지 비용을 고려할 때 판매하지 않는

표 3-3 **공급표**

가격(P) (원/잔)	공급량(Q) (잔 수)
3,600	52
3,400	44
3,200	36
3,000	28
2,800	20
2,600	12
2,400	4
2,200	0
2,000	0
1,800	0

그림 3-5 **공급표의 그래프**

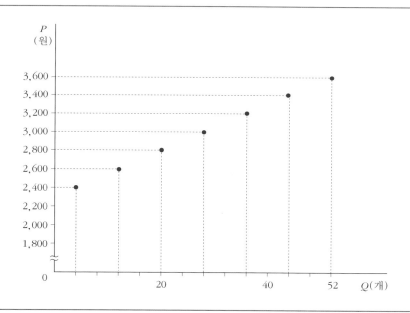

편이 낫다고 생각한다. 즉, 비쌀수록 많이 공급할 의사가 있는 것이다. [그림 3-5]는 규진의 공급표를 그래프로 나타낸 것이다. 공급량을 가로축에, 가격을 세로축에 표시했을 때 공급표에 나타난 공급량과 가격의 순서쌍들이 적절한 좌표에 표시되어 있다.

공급의 법칙

공급표와 그래프에 나타난 주목할 사실은 수요의 경우와 달리 가격이 상승(하락)하면 공급량도 증가(감소)하는 관계가 나타난다는 점이다. 이를 **공급의 법칙**(law of supply)이라고 한다.

> **공급의 법칙**(law of supply)
> 공급량에 영향을 미치는 모든 다른 요인들이 고정되어 있을 때, 가격이 상승(하락)하면 공급량은 증가(감소)한다.

수요의 법칙이 직관적으로 수월하게 받아들여지는 것에 비해 공급의 법칙은 '과연 그럴까?'라는 의문이 생길 수 있다. 비쌀수록 판매자가 많이 팔고 싶어 하는 것은 이해가 되지만, 싸다고 적게 팔고 싶지 않을 것 같기 때문이다. 공급의 법칙에 대한 한 가지 설명은 만약 판매자가 쌀 때 많이 팔 수 있는 여건을 갖추고 있다면 같은 재화나 서비스가 비싸지는 경우 더 많이 팔고 싶을 것이라는 단순한 직관에 의한 것이다. 또 다른 설명은 판매자의 생산 비용과 관련이 있다. 가격이 싸면 가격이 생산 비용보다 크기가 쉽지 않아 많이 만들어 파는 것이 좋지 않을 수 있다. 가격이 비싸지면 그런 걱정이 덜하다. 이처럼 공급의 법칙도 이론적·필연적으로 옳은 불변의 원칙은 아니지만 수요의 법칙과 마찬가지로 흔하게 나타나는 현상이기 때문에 '법칙'으로 이름 붙여진 것이다. 그 결과 [그림 3-5]에서 가격과 공급량의 관계는 우상향(upward sloping)하는 점들로 나타났다. 달리 말하면 가격과 공급량이 한쪽이 증가하면 다른 한쪽도 증가하고, 반대로 한쪽이 감소하면 다른 한쪽도 감소하는 **양(+)의 상관관계**(positive correlation)를 보인다고 할 수 있다.

그러나 생산기술이 좋아져서 생산 비용이 줄어들거나 하면 같은 가격에서도 공급량이 증가할 수 있다. 그 때문에 공급의 법칙에도 수요의 법칙처럼 '공급량에 영향을 미치는 모든 다른 요인들이 고정되어 있을 때'라는 단서가 붙는다. 만약 가격 이외의 '다른 요인'에 변화가 생기면 그때는 공급량이 아니라 공급 자체가 증가하거나 감소할 수 있다. 이에 대해서는 수요의 변동 요인과 함께 다음 절에서 자세히 논의할 것이다.

그림 3-6 규진의 공급곡선

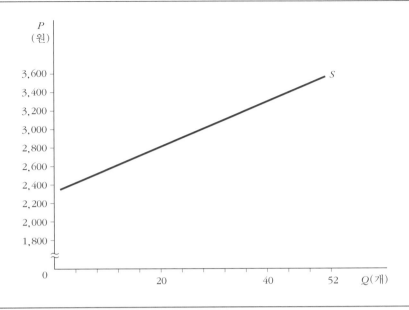

공급곡선

공급곡선은 가격과 공급량의 관계를 도식화한 것으로 공급표보다 더 자주 이용된다. 공급곡선은 다음과 같은 **공급함수**를 그래프로 표현한 것이라고 이 해하면 된다.

> **공급함수**
> 가격과 공급량의 관계를 나타내는 함수

$$공급함수: Q^s = S(P)$$

여기서 Q^s는 공급량, P는 가격, S는 공급함수를 나타낸다. 공급함수의 형 태는 상황에 따라 다르겠지만, 공급의 법칙을 따른다면 우상향하는 선으로 나타날 것이다.

[그림 3-6]은 규진의 캐모마일차 공급을 공급곡선(S)으로 나타낸 것이 다.[3] 이 그래프에서 공급곡선은 [그림 3-5]의 점들을 연결하고 연장한 매끄 러운 선으로 표시되어 있다. 이 예에서 공급곡선은 곡선이 아닌 직선이지만 수요곡선의 경우처럼 공급곡선이라는 일반적인 표현을 쓴다.

수요곡선과 마찬가지로 공급을 구체적인 점들이 아닌 공급곡선으로 나타

---

3 이때 규진의 공급함수는 $Q^s = -92 + 0.04P$가 될 것이다.

내면 모형을 추상적으로 구성할 수 있는 장점이 있지만 현실성을 잃게 되는 단점도 있다. 이러한 단점을 염두에 두고 모형을 대하기 바란다.

개별 공급과 시장 공급

개별 공급들을 시장 공급으로 합치는 방법은 수요의 경우와 같다. 캐모마일차 시장에 또 다른 판매자 채영이 있다고 하자. 캐모마일차 한 잔의 가격에 따라 채영이 한 달에 판매하고자 하는 잔 수는 〈표 3-4〉의 셋째 열에 나타나 있다. 채영의 공급이 이렇게 주어졌을 때 규진과 채영의 공급은 각 가격에 대한 공급량을 합해서 구할 수 있다. 〈표 3-4〉의 마지막 열은 그렇게 구한 합계 공급량을 보여준다. 예를 들어, 내려받는 가격이 2,400원 이하일 때 채영은 판매 의사가 없기 때문에 규진의 공급량이 곧 합계 공급량이지만, 가격이 2,600원이 되면 채영이도 4잔을 공급하고자 하기 때문에 규진과 채영의 공급량을 합친 값은 16잔이 된다. 가격이 3,600원이 되면 합계 공급량은 76잔이다.

이러한 합계 공급을 그래프로 나타내면 [그림 3-7]의 (다)와 같다. (가)에는 규진의 캐모마일차 공급이, (나)에는 채영의 차 공급이 공급표에 제시된 대로 표시되어 있다. 규진과 채영의 합계 공급량을 나타내는 (다)의 점들은 (가)와 (나)의 점을 가로로 더한 결과이다. 수요의 경우와 마찬가지로 가로축

표 3-4 **개별 공급의 합산**

가격(P) (원/잔)	규진의 공급량(Q) (잔 수)		채영의 공급량(Q) (잔 수)		합계 공급량
3,600	52		24		76
3,400	44		20		64
3,200	36		16		52
3,000	28		12		40
2,800	20	+	8	=	28
2,600	12		4		16
2,400	4		0		4
2,200	0		0		0
2,000	0		0		0
1,800	0		0		0

그림 3-7 개별 공급과 시장 공급

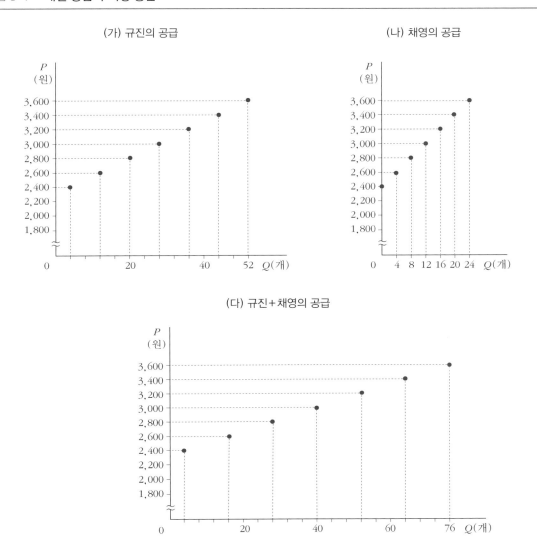

(가) 규진의 공급

(나) 채영의 공급

(다) 규진+채영의 공급

이 공급량을 나타내기 때문에 각 가격에 나타난 규진과 채영의 공급량을 가로로 더해준 것이 합계 공급량이 되는 것이다.

이러한 방식으로 시장의 모든 판매자들의 개별 공급을 합치면 [그림 3-8]처럼 시장 공급을 도출할 수 있다. 시장 수요곡선처럼 공급곡선 역시 더 추상적으로 표현할 때에는 원점, 가로축에 수량, 세로축에 가격을 표시한 평면에 우상향하는 선만 표시하는 것도 일반적이다.

그림 3-8　캐모마일차 시장 공급곡선

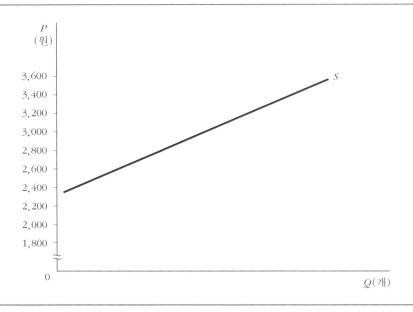

3　시장의 균형과 이동

시장의 균형

시장 균형
수요량과 공급량이 일치
한 상태

균형가격
수요량과 공급량이 일치
한 상태에서의 가격

균형거래량
균형가격에서 일치한 수
요량과 공급량

　수요−공급 모형에서 수요와 공급의 가장 중요한 역할은 이 둘이 만나 시장의 가격과 거래량을 결정하는 것이다. 수요−공급 모형에서 시장의 **균형**(equilibrium)은 수요량과 공급량이 일치한 가격에서 형성된다. 이 가격을 **균형가격**(equilibrium price)이라고 하고, 이때의 거래량을 **균형거래량**(equilibrium quantity)이라고 한다. 물리학에서 균형은 '힘이 평형을 이룬 상태'인데, 그 결과 나타나는 현상은 그 상태가 유지되는 것이다. 이런 의미를 시장의 균형에 적용해 보면, 수요와 공급의 힘이 평형을 이루어 외부 충격이 없는 한 균형가격과 균형거래량이 유지된다는 뜻이다.

　[그림 3−9]는 위의 캐모마일차 시장 예에서 시장의 균형이 3,000원의 가

그림 3-9   캐모마일차 시장의 균형

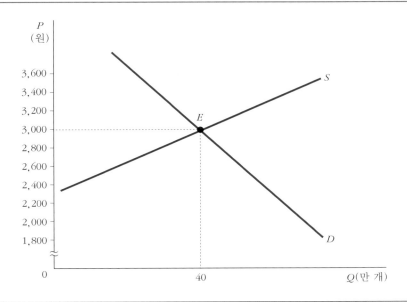

격에서 형성되어 40만 잔의 캐모마일차가 거래되는 상황을 나타낸다. 시장의 균형(E)이 시각적으로는 수요곡선과 공급곡선의 교차점에서 발생하는 것을 알 수 있다.

시장의 균형은 유익한 특징을 갖고 있는데, 어떠한 이유에서 다른 시장가격이 형성되더라도 시간이 지나면 이 균형으로 수렴될 가능성이 크다는 점이다. 예를 들어 [그림 3-10]에 표시된 것처럼 가격이 3,400원이라면 공급량이 수요량을 초과하는 초과공급(excess supply 또는 surplus)이 발생한다. 이 경우 판매자들은 투자해 놓은 설비와 재료에 비해 캐모마일차 판매가 저조한 상황이 된다. 일반적인 재화라면 재고가 쌓이게 될 것이다. 가장 자연스러운 해결 방법은 가격을 낮추는 것이다. 그러면 수요량은 증가하고 공급량은 감소한다. 시장가격이 균형가격에 도달하면 수요량과 공급량이 맞아떨어져 가격이 변동할 이유가 사라진다.

반대로 시장가격이 균형가격보다 낮은 2,600원이면 수요량이 공급량을 초과하는 초과수요(excess demand 또는 shortage)가 발생한다. 구매하고자 하는 수요에 비해 캐모마일차가 부족하거나 카페 줄이 긴 상황이 생길 수 있다. 이 때 가격이 올라가면 수요량과 공급량의 격차가 줄어들면서 문제가 개선될

그림 3-10 시장균형의 특징

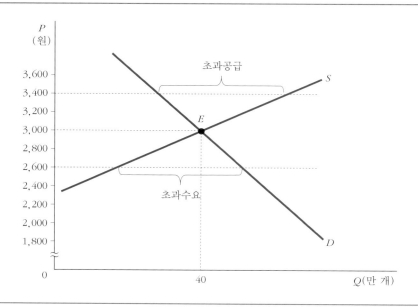

것이다. 이는 균형에 도달할 때까지 계속된다.

　만약 균형가격과 다른 가격에서 거래가 발생하게 되었는데 그 상태에 계속 머물거나 오히려 균형가격과 멀어지는 방향으로 변화가 진행되면, 균형은 이론적으로나 상상할 수 있는 우연에 불과할 것이다. 그러나 일반적인 경우 초과공급이나 초과수요가 발생하면 시장은 자연스럽게 균형을 찾아간다. 물론 초과공급이나 초과수요가 얼마나 신속하게 해소되는지는 현실적인 문제가 될 수 있다. 때로는 정부가 개입하여 아예 균형 달성이 가로막히기도 한다. 정부의 시장 개입에 대해서는 제7장에서 더 자세히 살펴보기로 한다.

수요의 변동 요인

　시장의 균형은 수요곡선과 공급곡선이 주어졌을 때 그 교차점에서 형성된다고 하였다. 만약 수요가 변동하여, 즉 각 가격대에서의 수요량이 변하여 수요곡선이 이동하면 시장의 균형은 바뀌게 된다. 수요를 바꾸는 요인에는 어떤 것들이 있을까? 달리 말하면, 가격은 그대로인데 수요량이 바뀐다면 무엇 때문일까? 경제학에서 대표적으로 꼽는 수요 변동 요인은 소득, 선호, 관련 재화나 서비스의 가격, 기대, 구매자 수 등의 변화이다.

구매자가 처한 다른 여건에는 변화가 없는데 소득이 증가하면 가격이 그대로더라도 일반적으로 수요량이 증가할 것이라고 예상할 수 있다. 쓸 수 있는 돈이 늘어난다면 예컨대 민서는 좋아하는 음악을 더 많이 내려받고 싶을 것이기 때문이다. 이러한 직관에 부합하는 재화나 서비스를 **정상재**(normal good)라고 한다. 우리가 쉽게 떠올릴 수 있는 많은 거래 대상이 이에 해당한다. 정상재의 경우 소득이 감소하면 수요 역시 감소한다. 이와 반대로 소득이 증가할 때 수요가 감소하는 재화를 **열등재**(inferior good)라 한다. 열등재의 예를 드는 것은 쉽지 않지만, 한때 집집마다 김장에 필요해 가지고 있었던 커다란 대야처럼 우리나라의 소득 수준이 향상되면서 소비가 크게 줄어든 품목을 떠올려 보면 대체로 맞을 것이다.

정상재
소득이 증가할 때 수요가 증가하는 재화나 서비스

열등재
소득이 증가할 때 수요가 감소하는 재화나 서비스

열등재의 예를 드는 것이 어려운 이유 중 한 가지는 자칫 예로 든 상품을 사용하는 사람을 불쾌하게 할 가능성이다. 그럼에도 불구하고 조심스럽게 몇 가지 예를 들어보자면, 재래식 화장실이나 장작 떼는 아궁이, 2G 휴대전화, 백열전구 등이 있다. 물론 옛 맛을 재현하기 위해 아궁이에 장작을 떼고 가마솥을 걸어 사용하는 식당도 있고 복잡하고 유혹적인 기능을 피하기 위해

일부러 2G 휴대전화를 쓰는 사람들도 있다. 자동차에 밀려 도심에서는 아이들이나 타던 자전거가 레저용이나 친환경 교통수단으로 다시 각광받는 사례도 있다. 사람마다 열등재 특성을 갖는 재화가 다를 수 있다는 점도 염두에 두는 것이 좋겠다.

새로운 정보나 처한 환경의 변화에 의해 특정 재화나 서비스에 대한 선호가 바뀔 수도 있다. 어떤 가수가 SNS를 통해 색다른 매력을 선보이면 그 가수의 노래를 들어보려는 사람이 늘어난다든지, 외국에서 생활하게 되면 한국 음악을 더 열심히 찾아 듣는다든지 하는 수요의 증가는 선호의 변화에 따른 것이다. 물론 선호의 변화로 수요가 감소하는 경우도 있다.

관련 재화나 서비스의 가격 변화와 관련한 수요의 변동은 경제학에서 크게 두 가지 경우로 나누어 판단한다. 대체재(substitutes)와 보완재(complements)이다. 대체재는 말 그대로 대체할 수 있는 재화나 서비스이다. 카페에서 구매할 수 있는 캐모마일차의 대체재는 집에서 우려마실 수 있는 티백 형태의 캐모마일차나 페퍼민트차 같은 다른 허브차이다. 만약 티백 형태의 캐모마일차 가격이 하락하면 이에 대한 수요량이 증가할 것이고 카페에서 마시는 캐모마일차에 대한 수요는 감소할 것이다. 즉, 대체재의 가격이 하락하면 해당 재화나 서비스의 수요는 감소한다. 반대로 대체재의 가격이 상승하면 해당 재화나 서비스의 수요는 증가한다.

대체재
어떤 재화나 서비스를 대체할 수 있는 속성을 가진 재화나 서비스

보완재
어떤 재화나 서비스를 보환하는 속성을 가진 재화아 서비스

보완재는 어떤 재화나 서비스의 소비에 도움을 주는 재화나 서비스이다. 차와 함께 즐길 수 있는 음식의 가격이 하락하면 캐모마일차에 대한 수요가 증가하는 것이 보완재의 예이다. 즉, 보완재의 가격이 하락하면 해당 재화나 서비스의 수요는 증가한다. 반대로 보완재의 가격이 상승하면 해당 재화나 서비스의 수요는 감소한다. 정확히 대체재와 반대 상황이 벌어지는 것이다.

경우에 따라서는 현재 눈에 띄게 바뀐 것이 없는데도 수요가 바뀌는 경우가 있다. 바로 기대(expectation)에 의해 수요가 바뀔 때이다. 예를 들어 캐모마일 산지의 기상 이변이 발생하면 차의 원료가 되는 캐모마일 가격이 인상되어 캐모마일차 가격도 상승할 것이라는 예상이 생길 수 있다. 이렇게 가격 상승이 예상되면 티백 형태의 캐모마일차 수요가 증가할 수 있다. 가격이 오르기 전에 미리 구매하려는 것이다.

마지막으로 개인의 수요에는 변함이 없는데 구매자의 수가 증가하는 경우 시장 수요가 증가할 수 있다. 장기에 걸쳐 이민에 의해 인구 유출입이 있다든지, 출산율 및 사망률의 변화에 의해 자연 인구가 변하든지 하는 것이 그러한 예이다.

이들은 수요의 법칙에서 '수요량에 영향을 미치는 모든 다른 요인들'에 포함된다. 따라서 이들 요인에 변화가 생기면 가격과 수요량의 음(−)의 상관관계는 유지된 채로 수요곡선 자체가 이동한다. [그림 3-11]의 (가)처럼 모든 가격대에서 수요량이 증가하는 상황이 수요의 증가이고(수요곡선의 오른쪽(위쪽) 이동), (나)처럼 모든 가격대에서 수요량이 감소하는 상황이 수요의 감

그림 3-11 수요의 증가와 감소

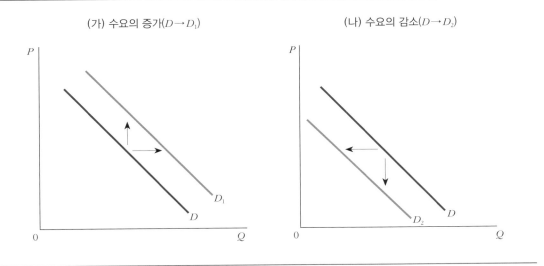

(가) 수요의 증가($D \rightarrow D_1$)　　　　(나) 수요의 감소($D \rightarrow D_2$)

소이다(수요곡선의 왼쪽(아래쪽) 이동).

공급의 변동 요인

공급이 변동해도 시장의 균형은 바뀌게 된다. 각 가격대에서의 공급량이 변하여 공급곡선이 이동하면 수요–공급곡선의 교차점이 달라지는 것이다. 공급을 바꾸는 요인에는 어떤 것들이 있을까? 대표적인 공급 변동 요인으로는 투입요소의 가격, 기술 수준, 기대, 판매자 수 등의 변화가 있다.

생산·판매에 소요되는 투입요소의 가격이 변하면 공급에 영향이 있으리라는 것은 쉽게 짐작할 수 있다. 예컨대 규진이 운영하는 카페에서 구입하는 캐모마일차 원료의 가격이 오르면 캐모마일차의 가격을 올리거나 같은 가격이라면 공급량을 줄이는 결정을 해야 할 수 있다. 또는 카페 임차료 같은 시설 유지 비용이 올라도 공급을 줄일 수 있다. 즉, 투입요소의 가격이 상승하면 공급이 감소하고, 반대로 하락하면 공급이 증가한다.

기술의 진보는 공급 능력을 향상시킨다. 수요와 공급의 변동 요인들은 거의 다 증가와 감소, 양 방향으로 작용할 수 있는 것과 달리, 기술 진보는 일반적으로 공급을 증가시킨다. 기술 진보로 투입요소의 가격이 하락할 수도 있고, 투입요소의 생산성이 증가하거나 서로 다른 투입요소를 결합하는 효율

그림 3-12 공급의 증가와 감소

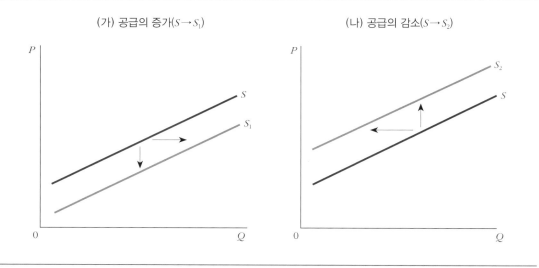

성이 증가하기도 한다. 이런 모든 변화는 공급을 증가시킬 것이다.

수요의 경우와 마찬가지로 기대와 판매자의 수도 공급에 영향을 미친다. 만약 조만간 가격이 올라갈 것 같다고 예상하면 판매자는 높은 가격에 판매하기 위해 현재 공급을 줄일 수도 있다. 특히 저장·보관이 가능한 재화라면 그러한 결정이 용이할 것이다. 한편, 개별 판매자의 공급에는 변함이 없는데 판매자의 수가 증가하는 경우 시장 공급이 증가할 수 있다. 이상의 요인들 외에도 천재지변 등에 의해 공급에 영향을 받는 재화나 서비스가 있을 수 있다. 농산물이나 배송 서비스 등이 그러한 예가 될 것이다.

이들은 공급의 법칙에서 '공급량에 영향을 미치는 모든 다른 요인들'에 포함된다. 따라서 이들 요인에 변화가 생기면 가격과 공급량의 양(+)의 상관관계는 유지된 채로 공급곡선 자체가 이동한다. [그림 3-12]의 (가)처럼 모든 가격대에서 공급량이 증가하는 상황이 공급의 증가이고(공급곡선의 오른쪽(아래쪽) 이동), (나)처럼 모든 가격대에서 공급량이 감소하는 상황이 공급의 감소이다(공급곡선의 왼쪽(위쪽) 이동).

균형의 이동

수요나 공급이 변동하여 수요곡선이나 공급곡선이 이동하면 수요-공급곡

그림 3-13 균형의 이동 I

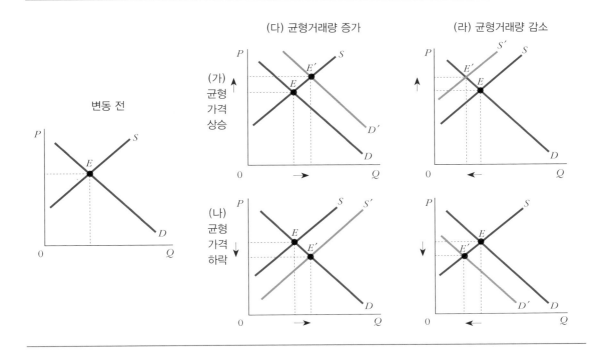

선의 교차점, 즉 균형이 이동한다. 그 결과 균형가격과 균형거래량에 변화가
생긴다. 균형가격은 해당 재화나 서비스의 희소성 변화 방향에 달렸다. 수요
증가나 공급 감소로 희소성이 커지면 균형가격은 상승한다([그림 3-13] (가)
행). 반대로 공급 증가나 수요 감소로 희소성이 작아지면 균형가격은 하락
한다([그림 3-13] (나)행). 수요든 공급이든 증가하면 균형거래량은 증가하고
([그림 3-13] (다)열), 감소하면 균형거래량은 감소한다([그림 3-13] (라)열).

　　만약 수요와 공급이 동시에 변동하는 상황이라면 어떻게 될까? 균형가격
이든 균형거래량이든 그 변화에 상충되는 힘이 발생하게 된다. 예컨대, 수요
가 증가하고 공급은 감소하면 둘 다 희소성이 커지는 변동이므로 균형가격이
상승할 것은 분명하다([그림 3-14] (가)행). 그러나 균형거래량은 수요 증가와
공급 감소 중 더 우세한 변동의 영향으로 결정될 것이다. 이와 달리 수요와
공급 모두 증가하면 균형거래량이 증가할 것이 확실하지만([그림 3-14] (나)
행), 균형가격은 어떻게 될지 확실하지 않다. 수요 증가가 우세하다면 균형가
격 상승, 공급 증가가 우세하다면 균형가격 하락이 야기될 것이다.

그림 3-14　균형의 이동 II

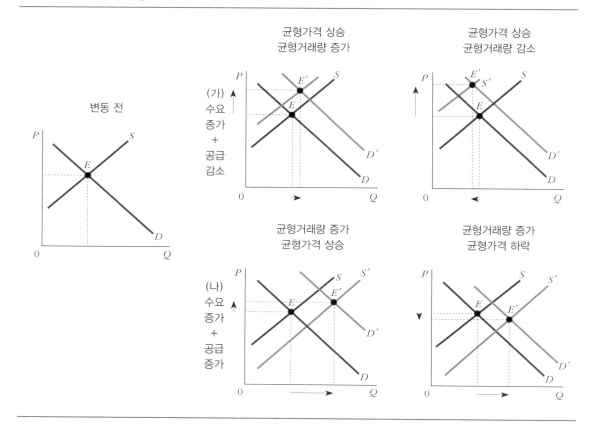

4　탄력성

탄력성이란

　앞서 설명한 것처럼 수요나 공급이 변동하여 수요곡선이나 공급곡선이 이동하면 새로운 균형이 형성된다. 이때 균형가격이나 균형거래량이 얼마나 변하는지는 수요곡선과 공급곡선의 모양에 영향을 받는다. 예를 들어 [그림 3-15]를 보면 동일한 정도로 수요가 증가했을 때 (가)에 비해 (나)에서 균형 가격 변화 정도는 적고 균형거래량 변화 정도는 큰 것을 볼 수 있다. 두 그

그림 3-15 공급곡선의 모양과 균형의 이동

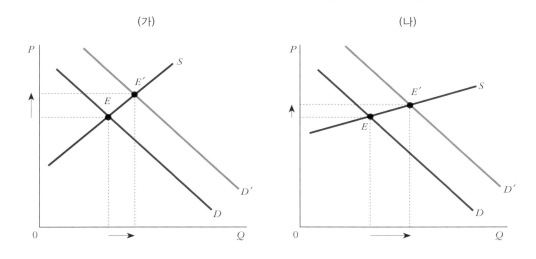

래프에서 다른 점은 공급곡선인데, 특히 (나)의 공급곡선이 (가)에 비해 기울기가 작다.

수요와 공급의 결정 요인에 변화가 생겼을 때 시장에서 어떠한 반응을 일으키는지는 단순히 흥미 차원을 넘어서는 정보가 될 수 있다. 예를 들어 정부 정책이 수요나 공급의 결정 요인에 영향을 미치는 상황에서 시장에서 얼마만큼 변화가 나타나는지를 아는 것은 매우 중요할 것이기 때문이다. 이러한 정보를 담은 개념으로 **탄력성**(elasticity)이 있다. 탄력성은 수요나 공급이 결정 요인의 변화에 얼마만큼 반응하는지를 측정한 것이다.

변화하는 결정 요인에 따라 수요에는 가격탄력성(price elasticity), 소득탄력성(income elasticity), 교차탄력성(cross elasticity 또는 cross price elasticity)이 있고, 공급에는 가격탄력성이 있다. 탄력성은 대상 재화나 서비스의 거래 단위와 무관하게 숫자 한 개로 표현될 수 있도록 결정 요인의 1% 변화에 대응한 수요량이나 공급량 변화의 백분율을 이용한다.

가격탄력성

수요나 공급의 **가격탄력성**은 가격의 변화에 따라 수요량이나 공급량이 반응한 정도를 나타낸다.

가격탄력성
가격의 변화에 따라 수량이 반응한 정도를 나타내는 지표. 수요의 가격탄력성과 공급의 가격탄력성이 있음

소득탄력성
소득의 변화에 따라 수요량이 반응한 정도를 나타내는 지표

교차탄력성
다른 재화나 서비스의 가격 변화에 따라 수요량이 반응한 정도를 나타내는 지표

$$수요의\ 가격탄력성 = \left| \frac{수요량의\ 변화율(\%)}{가격의\ 변화율(\%)} \right|$$

$$공급의\ 가격탄력성 = \frac{공급량의\ 변화율(\%)}{가격의\ 변화율(\%)}$$

　　예를 들어 가격이 3% 상승했을 때 수요량이 6% 감소하면 수요의 가격탄력성은 $2\left(= \left| \frac{-6}{3} \right| \right)$이다. 공급의 경우 공급의 법칙을 따른다면 가격이 상승(하락)할 때 공급량이 증가(감소)하기 때문에 가격탄력성 수식의 분자와 분모 부호가 같다. 그러나 수요는 거의 항상 가격과 수요량이 반대로 움직이기 때문에 분자, 분모의 부호가 반대이다. 이때 단순히 변화율의 비율을 구하면 가격탄력성이 음(−)의 값을 갖게 되어 불편한 면이 있으므로 절댓값을 취하는 것이다. 수요와 공급 모두 가격탄력성이 0에서 1 사이이면 비탄력적(inelastic), 1이면 단위탄력적(unit-elastic), 1보다 크면 탄력적(elastic)이라고 한다. 수요든 공급이든 가격탄력성 수치가 클수록 더 탄력적이라고 본다.

　　[그림 3-15]로 돌아가 보면, 원래의 균형점 E를 중심으로 (가)에 비해 (나)에서 균형가격 변화 정도가 작고 균형거래량 변화 정도가 큰 것은 공급의 가격탄력성이 (가)보다 (나)가 크기 때문이다. 공급의 가격탄력성이 공급곡선의 기울기와 연관이 있음을 이 그림에서 짐작할 수 있다. 좀 더 정확하게 알아보기 위해 다음과 같이 가격탄력성을 표현해 보자.

$$가격탄력성 = \frac{수량의\ 변화율}{가격의\ 변화율} = \frac{\dfrac{\Delta Q}{Q}}{\dfrac{\Delta P}{P}} = \frac{\Delta Q}{\Delta P} \cdot \frac{P}{Q}$$

　　여기서 Q는 수량, P는 가격이고, Δ는 차이를 의미하는 기호이다. 즉 ΔQ는 Q의 변화량을 뜻한다. [그림 3-16]을 통해 가격탄력성 수식과 수요곡선, 공급곡선을 연관지을 수 있다. 수식의 $\frac{\Delta Q}{\Delta P}$는 각 곡선 부분의 기울기의 역수에 해당한다. 따라서 같은 점에서 출발해도 기울기의 절댓값이 클수록, 즉 선이 가파를수록 가격탄력성은 작아진다. 그러나 수요곡선이나 공급곡선이 직선이어서 기울기에 변화가 없더라도 가격탄력성은 어디에서 측정하느냐에 따라 다를 수 있다. 수식의 $\frac{P}{Q}$ 부분 때문이다. [그림 3-16]에서 A부터 B까지의 변화를 측정할 때와 B부터 A까지의 변화를 측정할 때, 기울기는 같지

그림 3-16 가격탄력성과 수요곡선, 공급곡선

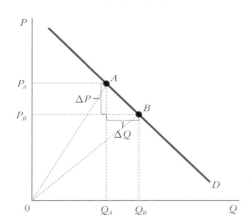

(가) 수요곡선

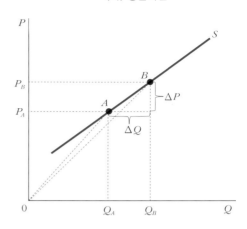

(나) 공급곡선

경제학에는 다양한 그리스 문자가 사용된다. 흔히 사용되는 문자와 뜻을 정리해 보면 다음과 같다.

- Δ(델타): 대문자 D에 해당한다. 영어에서 '차이'를 뜻하는 'difference'가 d로 시작하기 때문에 차이를 표시할 때 Δ가 쓰인다.
- ε(엡실론): 소문자 e에 해당한다. 아주 적은 양을 나타내는 수학 기호로 많이 쓰인다.
- η(에타): 소문자 h에 해당한다. 수요의 가격탄력성을 나타내는 기호로 쓰인다.
- π(파이): 소문자 p에 해당한다. 이윤(profit)을 나타내는 기호로 쓰인다.

정해진 의미가 있는 것은 아니지만 α(알파), β(베타), γ(감마), δ(델타, 소문자), θ(쎄타), λ(람다), μ(뮤), ρ(로), σ(시그마), τ(타우), χ(카이), ω(오메가) 등도 익혀두면 좋다.

만 $\dfrac{P_A}{Q_A}$와 $\dfrac{P_B}{Q_B}$의 값이 다르기 때문에 가격탄력성은 A에서 출발할 때가 B에서 출발할 때보다 크다. $\dfrac{\Delta Q}{\Delta P}$는 일정하지만, $\dfrac{P_A}{Q_A} > \dfrac{P_B}{Q_B}$이기 때문이다.

수요곡선이나 공급곡선의 기울기가 극단적인 경우에는 그 영향이 압도적이어서 극단적인 가격탄력성이 계산될 수도 있다. [그림 3–17]의 (가)처럼 수요곡선이나 공급곡선이 수평선인 경우 기울기가 0이기 때문에 그 역수는 무한대(∞)가 된다. 따라서 $\dfrac{P}{Q}$와 무관하게 가격탄력성은 무한대이다. 반대로

그림 3–17 **가격탄력성이 특이한 경우**

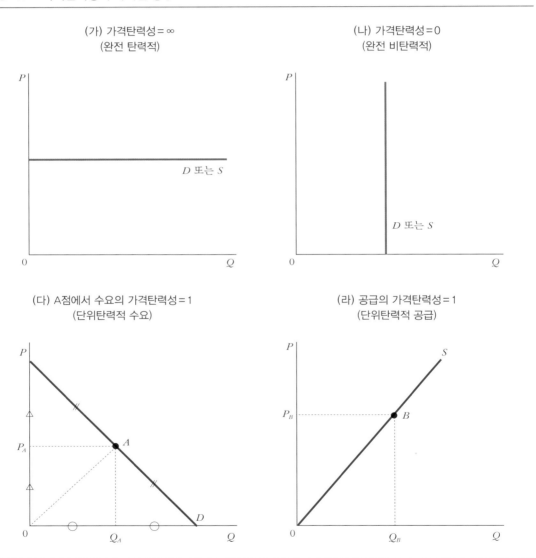

(나)처럼 수직선이 되면 기울기가 무한대이기 때문에 역수는 0이다. 이 경우에도 $\dfrac{P}{Q}$와 무관하게 가격탄력성은 0이 된다.

직선의 수요곡선인 경우 중점에 해당하는 점((다)의 A점)에서의 가격탄력성은 직선의 기울기와 무관하게 1이 된다. $\left|\dfrac{\Delta Q}{\Delta P}\right|$와 $\dfrac{P}{Q}$가 정확하게 서로 역수가 되기 때문이다. 이를 바탕으로 판단해 보면, 중점인 A점을 기준으로 왼쪽은 기울기는 같은데 $\dfrac{P}{Q}$가 A점보다 크기 때문에 가격탄력성이 1보다 크다. 반대로 오른쪽은 $\dfrac{P}{Q}$가 A점보다 작기 때문에 가격탄력성이 1보다 작다. 이처럼 한 수요곡선 안에서도 다양한 가격탄력성이 계산될 수 있다는 점은 기억할 필요가 있다. 한편, 직선의 공급곡선이 원점에서부터 그려지면 이 직선상의 모든 점에서 가격탄력성은 1이다. 역시 $\dfrac{\Delta Q}{\Delta P}$와 $\dfrac{P}{Q}$가 서로 역수가 되기 때문이다. (라)의 B점을 예로 보면 쉽게 확인할 수 있다.

소득탄력성과 교차탄력성

수요의 소득탄력성은 소득의 변화에 따라 수요량이 반응한 정도를 나타낸다.

$$\text{소득탄력성} = \frac{\text{수요량의 변화율}}{\text{소득의 변화율}} = \frac{\dfrac{\Delta Q}{Q}}{\dfrac{\Delta I}{I}} = \frac{\Delta Q}{\Delta I} \cdot \frac{I}{Q}$$

앞에서 공부한 **정상재**는 소득이 증가할 때 수요량이 증가하는 재화나 서비스이므로 소득탄력성이 0보다 크다. 반대로 **열등재**는 소득탄력성이 음($-$)의 값이 될 것이다. 소득탄력성의 크기에 따라 정상재를 더 세분하기도 한다. 소득탄력성이 0에서 1 사이이면 **필수재**(necessity), 1보다 크면 **사치재**(luxury)라고 구분한다. 생활에 필수적인 재화나 서비스는 소득이 늘거나 줄 때 그 소비량이 크게 변하지 않을 것임에 착안한 것이다.

수요의 **교차탄력성**은 다른 재화나 서비스 가격의 변화에 따라 수요량이 반응한 정도를 나타낸다.

$$\text{교차탄력성} = \frac{B\text{재 수요량의 변화율}}{A\text{재 소득의 변화율}} = \frac{\dfrac{\Delta Q_B}{Q_B}}{\dfrac{\Delta P_A}{P_A}} = \frac{\Delta Q_B}{\Delta P_A} \cdot \frac{P_A}{Q_B}$$

필수재
필수적인 재화나 서비스로서 소득탄력성이 1보다 작음

사치재
필수재가 아닌 재화나 서비스로서 소득탄력성이 1보다 큼 교차탄력성의 부호로 대체재와 보완재를 구분할 수 있다. A재와 B재가 대체재 관계일 경우 A재 가격이 하락하면 B재 가격에 변화가 없더라도 수요량은 감소한다. 따라서 교차탄력성 수식의 분자와 분모 부호가 같다. 즉 대체재의 교차탄력성은 양(+)의 값을 갖는다. 이와 달리 A재와 B재가 보완재 관계이면 A재 가격이 하락할 때 B재 가격에 변화가 없더라도 B재 수요량이 증가한다. 교차탄력성 수식의 분자와 분모 부호가 반대인 것이다. 따라서 보완재의 교차탄력성은 음(-)의 값을 갖는다.

가격탄력성에 대한 논의

수요나 공급의 가격탄력성에 따라 균형이 이동할 때 균형가격과 균형거래량의 변화 정도가 다르다는 점은 앞에서 논의를 하였다. 그 외에도 수요의 가격탄력성은 기업의 경영에 있어서 중요한 정보를 줄 수 있는데, 바로 시장 매출 규모에 미치는 영향 때문이다. [그림 3-18] (가)와 같이 수요가 증가하는 경우에는 균형가격과 균형거래량 모두 올라가기 때문에 시장 판매수입 규모, 즉 가격과 거래량의 곱은 항상 증가한다. 그러나 (나)와 같이 공급이 증가하는 경우에는 가격은 하락하고 거래량은 증가하기 때문에 시장 매출 규모가 증가할지, 감소할지 정확히 알기 어렵다.

그림 3-18 **균형의 이동과 시장 판매수입의 관계**

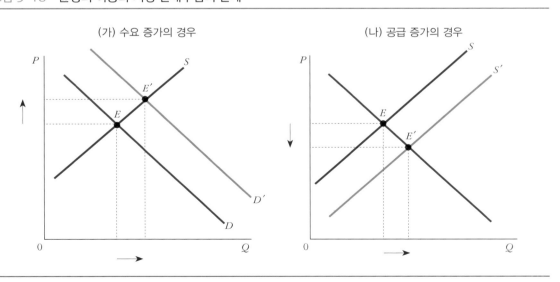

필요한 만큼 배우는 경제학

중독성이 있는 재화는 그 재화에 중독된 구매자의 입장에서는 필수재와 다름없다. 따라서 중독성 있는 재화에 대한 수요의 가격탄력성은 작게 마련이다. 아침에 한 잔씩 커피를 마셔야 하는 사람이라면 커피 가격이 좀 오르거나 내린다고 소비량을 크게 바꾸지 않을 것이다. 마찬가지로 담배가격이 올라도 흡연 인구가 크게 감소하리라 기대하기는 어렵다. 가격탄력성이 작은 구매자는 해당 재화의 가격 등락에 신축적으로 대응하지 못하기 때문에 시장 상황 변화에 취약하다고 말할 수 있다. 따라서 어떤 것에든 중독되지 않도록 주의하는 것이 본인에게 유리하다.

만약 수요의 가격탄력성을 알고 있다면 이에 대해 답할 수 있다. 수요가 가격에 대해 탄력적이면 가격 감소 정도에 비해 수요량 증가 정도가 클 것이기 때문에 시장 매출 규모는 증가한다. 반대로 수요가 가격에 대해 비탄력적이면 가격 감소 정도에 비해 수요량 증가 정도가 작기 때문에 시장 매출 규모는 감소한다. 따라서 예컨대 수요가 비탄력적인데 공급자의 수가 증가하여 시장 공급이 증가하면 시장 매출 규모가 줄어 공급자 간 경쟁이 더욱 치열해지는, 공급자로서는 달갑지 않은 상황이 발생할 수도 있는 것이다.

수요의 가격탄력성에 영향을 미치는 요인에는 대표적으로 필수재 여부, 대체재 존재 여부, 고려 기간 등이 있다. 필수재는 생활에 필수적인 재화나 서비스로 소득탄력성의 크기로 정의하긴 하지만, 속성상 그 수요량이 가격에 크게 영향을 받지 않는 특성도 가지고 있다. 반면 사치재는 대체로 가격탄력성이 크다.

한편, 대체재가 많이 존재하는 재화나 서비스는 수요의 가격탄력성이 크게 마련이다. 가격이 오르면 대체재로 쉽게 옮겨 갈 수 있기 때문이다. 이러한 맥락에서 포괄적으로 정의된 시장보다 좀 더 구체적으로 정의된 시장에서 수요의 가격탄력성이 크다. 예컨대 캐주얼 의류 시장 수요의 가격탄력성보다 청바지 시장 수요의 가격탄력성이 크다고 예상할 수 있다. 캐주얼 의류 전체보다 그 한 분류인 청바지가 대체재를 더 쉽게 찾을 수 있어서이다. 마지막으로 시장의 변화를 관찰하는 기간이 길수록 가격탄력성이 크게 나타난다. 구매자들이 가격의 변화에 따라 대체재를 찾거나 선호를 변화시킬 여지가 시간이 길 때 더 크기 때문이다.

시장의 매출 규모에 중대한 영향을 미치지는 않지만 공급의 가격탄력성에 영향을 미치는 요인에 대해서도 알아보자. 가격이 오르거나 내릴 때 공급을 쉽게 늘리거나 줄일 수 있으려면 투입요소의 조달이 쉽고 수량 변동이 용이한 특성을 가지고 있어야 한다. 재화의 경우 저장이 쉬운지도 가격 변화에 공급량을 신축적으로 대응시킬 수 있는지에 영향을 미칠 것이다. 마지막으로 수요와 마찬가지로 고려 기간이 길수록 공급의 가격탄력성은 클 것이다.

현실 경제의 이슈 | 국제 원유 시장

석유는 에너지원이자 다양한 산업의 기초 원료로써 사용된다. 에너지원으로서는 자동차, 비행기, 선박 등을 움직이는 동력이나 화력발전소, 제철소, 시멘트 공장 등에서 필요한 열을 일으키는 자원으로 쓰인다. 또한 플라스틱, 비닐, 합성섬유, 비료, 농약, 합성고무, 다양한 의약품 등 일상생활에서 석유가 원료로 쓰이는 물품은 무수히 많다.

석유는 일반적으로 액체 및 기체 상태의 원유를 뜻한다. 국제적으로 원유의 생산지역은 제한적이어서 국제 원유 시장은 보통 산지의 이름이 붙은 다양한 종류의 원유로 구성된다. 대표적인 유종은 WTI(서부텍사스산원유), 브렌트유, 두바이유이다. WTI는 미국 텍사스주와 오클라호마주 일대에서 생산되고, 브렌트유는 영국 북해, 두바이유는 중동지역에서 생산된다.

원유의 품질은 황의 함량이 낮을수록 높은데, 황의 함량이 세 유종 중에서 WTI가 가장 낮고, 브렌트유는 WTI보다 약간 높으며, 두바이유가 가장 높다. 이러한 품질 차이 때문에 과거에는 국제 원유 시장에서 두바이유가 가장 싸고 WTI가 브렌트유와 비슷하면서도 가장 비쌌는데, 미국에서 셰일오일이 대량 생산되면서 WTI 가격이 브렌트유는 물론이고 두바이유보다도 싸

지게 되었다. 즉 미국 시장에서 주로 소비되는 WTI의 강한 대체재인 셰일오일 공급이 증가하면서 WTI의 균형가격이 하락한 것이다. 또한 WTI 가격이 상대적으로 낮은 상태에서 유지됐는데, 그것은 WTI, 브렌트유, 두바이유가 가까운 대체재이지만 운송비 등으로 인해 어느 정도 별도의 시장을 형성하고 있다는 의미이다.

2018년 9월~2022년 9월 동안 WTI, 브렌트유, 두바이유의 가격 추이를 보면(아래 그림), 수요나 공급의 변동 요인에 의해 국제 유가가 영향을 받은 것을 확인할 수 있다. 2020년 초 전 세계가 코로나19 바이러스의 빠른 확산에 대대적인 봉쇄로 대응한 결과 경제활동이 크게 위축되고 생산 및 소비활동도 줄어들었다. 이에 따라 원유의 수요도 감소했고 결과적으로 국제 유가는 급격히 하락하였다.

그러나 코로나19에 대한 백신이 등장하고, 바이러스에 의한 병증은 약화되는 동시에 사람들이 바뀐 환경에 적응하면서 수요가 회복되었던 것을 하락 이후 국제 유가 상승으로 알 수 있다. 오히려 억눌렸던 소비활동 전반이 크게 풀리면서 그간 축소되었던 세계적 공급망이 수요를 따라 가지 못해 석유를 비롯하며 주요 원자재 가격이 급등하는 상황이 왔다. 그러다

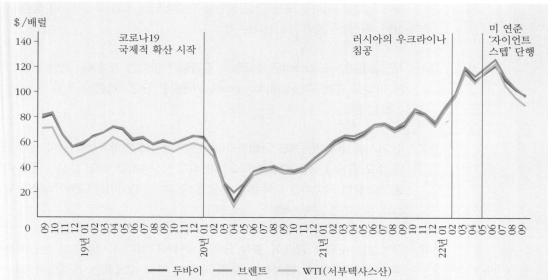

자료: 한국석유공사 석유정보센터(petronet.co.kr)

2022년 2월 러시아가 우크라이나를 침공하여 러시아가 국제 시장에서 중요한 공급원이었던 천연가스 공급에 문제가 생기자 국제 원유 가격은 더욱 상승한다.

에너지원이자 다양한 산업의 기초 원료인 석유 가격의 급등은 전반적인 물가 상승, 즉 인플레이션으로 이어졌다. 이에 많은 중앙은행이 기준금리를 인상하는 등 긴축적 통화정책을 시행했고(제13장 참조) 경기 침체의 우려가 생겨나면서 원유에 대한 수요가 위축되었다. 그 결과 국제 원유 가격은 하락세로 돌아서게 되었다.

요약

01 수요–공급 모형은 시장에서 관찰되는 가격과 거래량이 왜 그렇게 결정되는지 설명하는 도구이다.

02 수요(demand)는 구매자가 효용을 얻기 위해 재화나 서비스를 사고 싶은 욕구이고, 공급(supply)은 판매자가 이윤을 얻기 위해 재화나 서비스를 팔고자 하는 의도이다.

03 수요의 법칙은 수요량에 영향을 미치는 모든 다른 요인들이 고정되어 있을 때, 가격이 하락(상승)하면 수요량은 증가(감소)한다는 것이고, 공급의 법칙은 공급

량에 영향을 미치는 모든 다른 요인들이 고정되어 있을 때, 가격이 상승(하락) 하면 공급량은 증가(감소)한다는 것이다.

04 시장의 균형(equilibrium)은 수요량과 공급량이 일치한 가격에서 형성되며, 그때의 가격을 균형가격(equilibrium price), 거래량을 균형거래량(equilibrium quantity)이라고 한다.

05 수요나 공급이 변동하면 균형가격과 균형거래량에 변화가 생기는데, 균형가격은 수요 증가나 공급 감소로 희소성이 커지면 상승하고 수요 감소나 공급 증가로 희소성이 작아지면 하락한다. 수요든 공급이든 증가하면 균형거래량은 증가하고 감소하면 균형거래량은 감소한다.

06 탄력성은 수요나 공급이 결정 요인의 변화에 얼마나 민감하게 반응하는지를 측정한 것으로, 변화하는 결정 요인에 따라 수요에는 가격탄력성(price elasticity), 소득탄력성(income elasticity), 교차탄력성(cross elasticity 또는 cross price elasticity)이 있고, 공급에는 가격탄력성이 있다.

01 수요의 법칙을 설명하고 이에 어긋나는 사례를 들어보라.

02 카페라테에 대한 가영과 노준의 일주일 수요가 다음 수요표에 나타나 있다. 수
   요표에 따라 각각의 수요곡선과 합쳐진 수요곡선을 그려라.

가격(원)	가영의 수요량(컵)	노준의 수요량(컵)
1300	3	14
1500	2	10
1700	1	8
2000	1	6
2500	1	5

03 가영과 노준이 사는 동네에 A와 B 두 개의 커피전문점이 있고 이들의 카페라
   테에 대한 일주일 공급은 다음 공급표에 나타나 있다. 공급표에 따라 각각의
   공급곡선과 합쳐진 공급곡선을 그려라.

가격(원)	A의 공급량(컵)	B의 공급량(컵)
1300	20	30
1500	30	40
1700	40	50
2000	55	60
2500	70	80

04 가영과 노준이 사는 동네에는 가영과 같은 수요를 갖은 사람이 가영을 포함하
   여 10명, 노준과 같은 수요를 갖은 사람이 노준을 포함하여 10명 있다. 이 동네
   카페라테 시장의 균형가격과 이 가격에서의 균형거래량을 구하라.

05 A와 B 커피전문점이 일주일 동안 지역 특산물 과일을 이용한 음료를 대대
   적으로 홍보하고 할인하는 행사를 하였다. 그로 인해 카페라테에 대한 가영
   의 수요는 영향을 받지 않았지만 노준의 수요량은 모든 가격에서 반으로 줄어
   들었다. 동네 카페라테 시장의 균형가격과 균형거래량은 어떻게 변하는지 구
   하라.

06 특산물 과일 음료 판촉 행사가 끝난 후 A와 B 커피전문점은 무인 주문기계를 도입하였다. 인건비 절감으로 A와 B 커피전문점의 공급량은 모든 가격에서 각각 20컵, 30컵 증가하였다. 동네 카페라테 시장의 균형가격과 균형거래량은 어떻게 변하는지 구하라.

07 가영과 노준이 사는 동네의 카페라테 시장에서 균형가격과 균형거래량이 변화할 수 있는 다른 사례들을 생각해보라.

08 가영과 노준이 사는 동네 밀크티 시장의 수요함수와 공급함수는 다음과 같다.

$$수요함수: Q_D = -\frac{P}{200} + 60$$

$$공급함수: Q_S = \frac{P}{100} - 30$$

밀크티 시장의 상황을 $Q-P$평면에 그리고 균형가격과 균형거래량을 구하라.

09 밀크티 시장 균형점에서 수요의 가격탄력성과 공급의 가격탄력성을 구하고, 밀크티 공급이 다소 증가할 때 밀크티 판매자의 판매수입은 어떻게 변화할지 논하라.

10 가영과 노준이 사는 동네 사람들의 소득이 2% 증가할 때 밀크티 수요량이 4.8% 증가하는 것으로 조사되었다. 밀크티는 이 동네에서 필수재인가, 사치재인가?

11 가영과 노준이 사는 동네에서 카페라테의 가격이 5% 하락할 때 밀크티 수요량이 3% 증가하는 것으로 조사되었다. 밀크티는 카페라테의 대체재인가, 보완재인가?

12 필수재와 사치재의 사례를 들어보라.

13 대체재나 보완재의 사례를 들어보라.

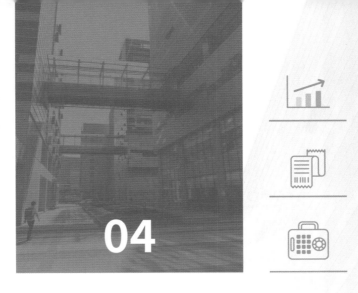

04

기업의 생산 결정

04

기업의 생산 결정

크든 작든 재화와 서비스를 생산·공급하는 주체를 경제학에서는 기업(firm)이라고 한다. 기업의 시장 진입과 경쟁, 퇴출은 학문적 흥미를 넘어 사회 전체에 큰 영향이 있다. 누구나 생활을 영위하기 위해서는 소득이 필요하고, 이 소득은 정부 보조금과 같이 특별한 경우를 제외하고는 생산 활동에 참여한 대가이기 때문이다. 사실 정부가 보조금을 지급할 수 있는 재원인 세금도 궁극적으로 가계와 기업의 소득으로부터 걷는 것이기 때문에 소득의 원천인 기업의 생산 활동은 아무리 강조해도 지나치지 않을 만큼 중요하다. 기업은 무엇을 목표로 생산 결정을 할까? 생산 결정에 영향을 미치는 요인들은 무엇인가? 기업의 생산 결정이 시장의 경쟁을 통해 어떻게 나타날까? 이 과정에서 기업은 어떤 생산요소를 얼마만큼 사용하고 대가를 지불할까? 이 장에서는 이러한 질문들에 답하기 위해 기업의 의사 결정에 관해 공부한다.

기업의 목표와 제약

이윤극대화

기업은 생산의 주체로서 가계가 소비하는 재화와 서비스를 생산하고 생산에 필요한 요소를 가계로부터 공급받는다. 기업의 생산 활동을 이끄는 동인을 경제학에서는 이윤(profit) 추구라고 설명한다. 쉽게 말해 돈을 벌기 위해서라는 것이다. 이윤은 생산한 것을 판매함으로써 거둔 수입에서 생산에 소요된 비용을 빼고 남은 것으로 정의된다. 이를 수식으로 표현하면 다음과 같다.

이윤
판매자가 생산 및 판매에서 얻는 순이득으로 판매수입에서 비용을 빼서 구한다.

$$\pi = R - C$$
$$= P \cdot Q - C$$

여기서 π는 이윤[1], R은 수입(revenue), C는 비용(cost)을 뜻하고, 제3장과 마찬가지로 P는 가격, Q는 수량이다. 이 π를 극대화하는 것이 기업의 목표이다. 제3장에서 가격은 수요와 공급의 균형으로 결정된다고 배웠다. 기업의 입장에서 이렇게 가격이 시장에서 결정되어 주어진 것이라면 그 외에 결정할 수 있는 것은 수량과 비용이다. 뒤에서 공부하겠지만 비용은 수량에 따라 결정되기 때문에 기업이 궁극적으로 결정하는 것은 수량이 된다. 기업이 수량을 결정하는 데에는 기본적으로 생산요소와 기술 여건의 제약을 받는다.

생산요소

생산에 필요한 여러 가지를 생산요소(factors of production)라고 한다. 사람의 힘부터 기계, 설비, 컴퓨터 등은 물론 땅, 물, 광물과 같은 자연자원, 각종 원료, 연료 및 에너지까지 다양한 자원이 생산요소에 포함된다. 생산요소는 이렇게 여러 가지가 있지만 기본적 생산요소로 노동, 자본, 토지를 꼽는다.

노동(labor)은 생산에 이용되는 사람의 정신적·육체적 노력이다. 노동은 시간을 쓰면서 나타나기 때문에 노동을 측정하는 단위는 사람 수일 때도 있

생산요소
생산 과정에 투입되는 자원 및 투입재로서 대표적으로 노동, 자본, 토지가 있다.

노동
생산에 이용되는 사람의 정신적, 육체적 노력

---

1   그리스 문자 π(파이)는 영어 알파벳 p에 해당하여 이윤을 나타내는 기호로 자주 쓰인다.

지만 노동 시간일 때도 있다. 노동은 투입된 산업이나 업무 종류에 따라 구분될 수 있고, 같은 산업이나 업무 내에서 숙련도에 따라 나뉠 수도 있다. 한편, 생산에 투입될 수 있는 사람의 역량으로 노동과 구분하여 인적 자본 (human capital)을 들기도 한다. 인적 자본은 사람 안에 축적된 지식과 경험을 의미하고 교육 및 훈련 등으로 쌓을 수 있는데, 노동의 질적 측면을 결정하는 요인으로 지식이 고도화될수록 그 중요성이 강조되고 있다.

자본
내구성 있는. 생산된 생산요소

자본(capital)은 기계, 설비, 도구, 공장 등 내구성이 있는(durable), 생산된 생산요소를 뜻한다. 생산된 생산요소로는 중간재(intermediate goods)도 있으나 중간재는 원료처럼 생산 중 소진되는 측면에서 자본과 구분된다. 생산요소로서의 자본은 자본재(capital goods)로 표현하는 것이 덜 헷갈릴 수도 있다. 일상생활에서 자본은 사업에 필요한 자금의 의미로 더 많이 쓰이기 때문이다. 기업의 회계에서 자기자본은 자산을 형성하기 위해 조달된 자금 중 부채(빚)를 제외한 부분, 즉 기업의 주인이 남한테 빌리지 않고 스스로 조달한 부분을 의미한다. 또한 사업에 필요한 자금을 융통하는 시장을 자본시장이라 부르는 등, 자본이 돈의 의미로 쓰일 때가 많기 때문에 생산요소로서의 자본과 헷갈리지 않도록 주의해야 한다.

토지
지표 상하와 하천 및 바다 등 자연자원이 포괄되는 생산요소

토지(land) 또는 자연자원은 생산 부지를 포함하여 지표 위의 공기, 하천 및 바다, 지표 아래 지하자원 등을 포괄하는 생산요소이다. 자연자원이 일반적 의미의 토지를 포함하기 때문에 더 적절한 표현일 수 있지만, 근대 경제학이 탄생하던 시기에 여전히 농업이 중요했고 공업에 있어서도 생산이 일어나는 물리적 공간이 주요한 생산요소였기 때문에 자연자원의 대표로서 토지라는 표현을 사용한다.

물론 위의 세 가지 기본적 생산요소 외에도 인적 자본이나 기술 수준, 경영자의 능력을 생산요소로 포함하기도 한다. 또한 최근에는 사회 구성원 간 호의, 신뢰, 교류 등을 의미하는 사회적 자본(social capital)이 중요한 생산요소로 거론되기도 한다.

생산함수

생산함수
생산요소의 양과 산출량의 관계를 나타내는 함수

생산함수(production function)는 생산요소의 양과 산출량의 관계를 나타내는 함수이다. 일반적인 생산함수를 $f(\,\cdot\,)$를 이용하여 표현하면 다음과 같다.

$$Q = f(L, K, N, \ldots)$$

여기서 Q는 산출량, L은 노동, K는 자본, N은 토지 또는 자연자원이다. 결국 미지의 존재 $f(\cdot)$는 투입 생산요소를 산출량으로 연결하는 기술적 집합체이다. 본 장에서는 설명을 최대한 쉽게 하기 위해 노동 투입량만 변화하고 다른 생산요소의 양은 모두 일정하다고 가정하여 표기를 생략하기로 한다. 그러면 생산함수가 이렇게 간단해진다.

$$Q = f(L)$$

생산함수가 너무 추상적이므로 예를 들어 보자. 윤기는 광고 콘텐츠 제작회사를 운영하고 있다. 윤기의 회사가 제작할 수 있는 광고 콘텐츠의 수는 고용된 제작자 수에 달렸다. 〈표 4-1〉은 윤기가 고용하는 제작자 수와 그에 따라 한 달 동안 제작될 수 있는 광고 콘텐츠 수의 관계를 보여 준다. 예컨대 윤기가 제작자를 한 명 고용하면 제작자는 한 달에 2개의 광고 콘텐츠를 제작한다. 한 명 더 고용하면 두 명이 합쳐 5개의 광고 콘텐츠를 제작한다. 또 한 명을 더 고용하면 세 명이 합쳐 9개를 제작한다.

표 4-1 **생산함수 예시표**　　　　　　　　　　　　　　　　　단위: 명, 개

노동(L) (제작자 수)	산출량(Q) (광고 콘텐츠 수)
0	0
1	2
2	5
3	9
4	14
5	18
6	21
7	23
8	24
9	25

그림 4-1　생산함수의 그래프

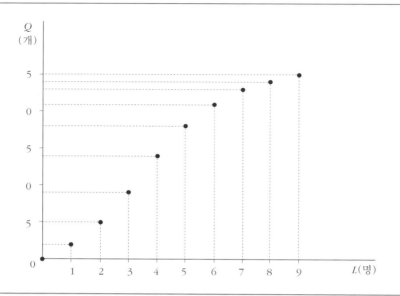

〈표 4−1〉의 표를 그래프로 나타내면 [그림 4−1]처럼 표현된다. 윤기의 회사 생산함수 그래프는 직선이 아닌 것으로 그려져 있다. 즉, 생산요소와 산출량 간 관계가 정비례가 아니다. 사실 제작자 수가 늘어남에 따라 제작되는 광고 콘텐츠 수가 비례해서 늘어나는 것이 직관적으로 타당할 수 있다. 하지만 현실에서는 그러한 직관에서 벗어나는 현상이 종종 관찰된다. 제작자가 혼자 일하고 있다가 한 명의 동료가 생긴 상황을 상상해 보자. 두 사람이 머리를 맞대고 고민하면 혼자 일할 때보다 능률이 오를 수 있다. 한 명이 더 늘어 세 명이 되면 좋은 생각들이 더 많이 나올 수도 있다. 〈표 4−1〉에는 이러한 효과가 4명까지 나타나는 것으로 가정되었다. 다섯 명 째부터는 그 효과가 줄어드는데, 현실적으로 일하는 사람이 늘어나면 사무실 공간이 비좁아진다든지, 컴퓨터 등이 부족해진다든지 하는 문제가 생기는 것을 반영한 상황이다.

평균생산과 한계생산

이렇게 투입요소의 증가에 따라 산출량 증가 정도가 달라지는 것을 더 정확히 설명하기 위해 평균생산과 한계생산에 대해 알아보자. **평균생산**(average product)은 투입된 생산요소가 산출한 평균적인 양을 의미한다. 위의 생산함수를 이용하면 평균생산은 Q/L로 표시된다. **한계생산**(marginal product)을 공부하기 위해서는 먼저 '한계(marginal)'의 의미를 숙지할 필요가 있다. 제2장에서 기회비용이 경제학 공부의 첫 번째 장애물이라고 했는데, '한계'라는 단어는 두 번째 장애물쯤 된다. 그만큼 자주 등장하지만 경제학을 공부하지 않은 사람들에게는 생소하고 어려울 수 있다. '한계'는 바로 뒤에 놓인 단어의 변화량을 고려하도록 하는 개념이다. 한계생산은 생산의 변화량을 뜻하는 것이다. 그런데 그냥 변화량이 아니라 함수 관계에 의해 한 설명 변수가 '아주 조금' 변할 때 나타나는 종속 변수의 변화량이다. 따라서 한계생산은 한 생산요소가 아주 조금 변할 때 나타나는 생산의 변화량이다. 노동만 생산요소로 포함된 생산함수라면 한계생산은 노동 투입량이 아주 조금 변할 때 나타나는 생산의 변화량일 것이다. 이때 한계생산을 $\Delta Q/\Delta L$로 표시해 보자.[2] 윤기네 회사의 평균생산과 한계생산을 구해보면 〈표 4−2〉와 [그림 4−2]처럼 나타날 것이다. 평균생산은 산출량을 투입 제작자 수로 나눈 것이고, 한계생산은 투입 제작자 수가 한 명씩 추가될 때마다 증가한 산출량을 나타낸다.

투입요소의 증가에 따라 산출량 증가 정도가 달라지는 것을 평균생산과 한계생산으로 설명해 보자. 네 번째 제작자가 고용될 때까지 산출량은 정비례 이상으로 증가하는데, 이는 우선 한계생산이 증가하는 것으로 확인할 수 있다. 즉, 네 번째 제작자까지는 추가 고용이 있을 때마다 추가되는 생산량이 증가하는 것이다. 만약 제작자 수에 비례하여 산출량이 증가한다면 한계생산은 일정하게 유지될 것이다. 한계생산이 평균생산보다 크면 평균생산은 증가하게 된다. 추가된 제작자가 이전에 고용된 인력들이 평균적으로 생산하던 양보다 더 많이 생산하면 평균을 끌어올리기 때문이다. 한계생산이 평균생산보다 큰 상태에서 증가하면 평균생산도 순조롭게 증가한다. 하지만 한계

평균생산
투입된 생산요소가 산출한 평균적인 양

한계생산
생산요소가 아주 조금 변할 때 나타나는 생산의 변화량

---

2 Δ는 제3장의 탄력성에서 공부한 것처럼 차이를 의미하는 기호이다. 한계생산은 노동 투입량이 아주 조금 변할 때 나타나는 생산의 변화량이므로 수학적으로는 $\lim\limits_{\Delta L \to 0} \frac{\Delta Q}{\Delta L}$로 표현할 수 있다. 그런데 산출량은 노동 투입량의 함수이므로 결국 한계생산은 생산함수를 노동에 대해 미분한 것, 또는 생산함수 그래프의 접선의 기울기를 구하는 것으로 이해할 수 있다.

노동(L)	산출량(Q)	평균생산(Q/L)	한계생산($\Delta Q/\Delta L$)
0	0		
1	2	2	2
2	5	2.5	3
3	9	3	4
4	14	3.5	5
5	18	3.6	4
6	21	3.5	3
7	23	3.3	2
8	24	3	1
9	25	2.8	1

그림 4-2 생산함수의 그래프

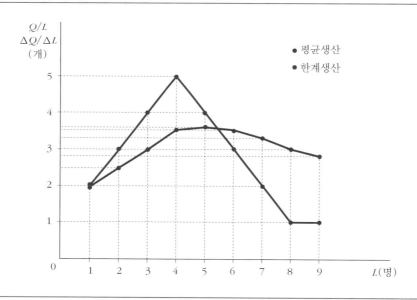

생산이 감소한다고 곧바로 평균생산이 감소하는 것은 아니다. 추가 고용된
제작자의 한계생산이 이전에 고용된 인력들의 평균생산보다 많은 한에는 여

전히 평균을 끌어올리는 효과가 있기 때문이다. 네 번째 고용된 제작자에서 정점을 찍은 한계생산은 다섯 번째부터는 감소하지만 다섯 번째 제작자까지는 한계생산이 평균생산보다 많기 때문에 평균생산은 다섯 번째 제작자까지는 증가하는 것을 확인할 수 있다.

생산요소가 여러 종류라면 평균생산은 계산하기가 애매해진다. 생산요소의 투입량이 동시에 변하는 상황에서 산출량을 한 생산요소의 투입량으로 나눈 수치가 어떤 의미인지 해석하기 쉽지 않기 때문이다. 한계생산의 경우에는 다른 생산요소의 투입은 일정하다고 가정하고 한 생산요소의 투입량만 아주 조금 변할 때 생산의 변화량을 측정하는 개념이다. 따라서 관심 대상이 되는 생산요소에 따라 노동의 한계생산이나 자본의 한계생산과 같이 구분해서 사용할 수 있다. 생산의 초기에는 한계생산이 증가할 수 있지만 현실에서는 생산요소의 종류와 관계없이 생산이 증가할수록 궁극적으로 한계생산이 감소하는 것이 빈번하게 관찰된다. 이를 **한계생산 체감**(diminishing marginal product)이라 부른다.

> **한계생산 체감**
> 생산이 증가할수록 한계생산이 감소하는 현상

2 비용함수

생산비용

생산함수가 생산요소 투입에 따라 산출량이 결정되는 기술적 관계를 나타내는 것이라면, **비용함수**는 역으로 산출량에 따라 투입된 생산요소 구입에 소요되는 비용이 결정되는 함수이다. 비용함수를 $c(\cdot)$라는 기호를 이용해 나타내면 다음과 같다.

> **비용함수**
> 산출량과 소요되는 비용의 관계를 나타내는 함수

$$C = c(Q)$$

여기서 C는 생산비용, Q는 산출량이다.

한 가지 유의할 점은 비용이 생산요소의 구입 비용이라고 했지만 돈을 주고 산 것만 생산비용에 포함되는 것은 아니라는 사실이다. 제2장에서 경제학의 비용은 기회비용을 의미한다고 하였다. 생산비용도 생산에 투입된 모든 요소의 기회비용을 고려해야 한다. 따라서 생산비용도 명시적 비용과 암묵적 비용으로 나뉠 수 있다. 노동력을 고용하고 자본재나 토지, 자연자원을 이용하는 비용이나 원재료 및 에너지를 구입하는 비용은 명시적 비용에 해당될 것이다. 이와 달리 생산에 이용되었지만 명시적으로 지출이 발생하지 않은 생산요소에 대한 기회비용은 암묵적 비용에 포함된다.

대표적인 사례가 기업의 자기자본과 자영업자의 노동력에 대한 기회비용이다. 앞서 기업의 자기자본은 기업의 주인이 남한테 빌리지 않고 스스로 조달한 자금을 의미한다고 하였다. 남한테 빌린 경우 이자를 줘야 하고, 이자는 명시적 지출이 발생한다. 스스로 조달한 자금은 그러한 명시적 지출은 없지만, 그 자금을 사업에 쓰지 않고 예를 들어 예금을 했다면 받을 수 있었던 이자 수입을 포기하는 셈이다. 따라서 포기하는 수입이 암묵적 비용이 된다. 자영업자의 노동력의 경우도 다른 사람을 고용할 때와 같은 명시적 지출은 없지만, 자영업자가 자기 사업을 하지 않고 취업을 했을 때 받을 수 있었던 급여를 포기하는 셈이므로 역시 암묵적 비용이 발생한다.

이렇게 명시적 비용뿐만 아니라 암묵적 비용까지 고려하여 계산한 이윤을 **경제적 이윤**(economic profit)이라 한다. 이와 달리 명시적 비용만 반영한 이윤을 **회계적 이윤**(accounting profit)이라 한다. 회계상 비용이 기회비용에 가까워지는 방향으로 회계 기법이 발달해오기는 했지만, 현실적으로 회계적 이윤은 반영되지 않은 암묵적 비용만큼 경제적 이윤과 차이가 있을 수밖에 없다.

경제적 이윤
수입 − 기회비용

회계적 이윤
수입 − 명시적 비용

고정비용과 가변비용

고정비용
단기적으로 지출 규모에 변동이 없는 비용 부분

가변비용
단기적으로 산출량의 변화에 따라 변동되는 비용 부분

기업의 생산비용을 **고정비용**(fixed cost: FC)과 **가변비용**(variable cost: VC)으로 나눌 수도 있다. 고정비용은 단기적으로 그 지출 규모가 정해져 있는 비용 부분을 뜻하고, 가변비용은 말 그대로 변하는 비용 부분이다. 고정비용과 가변비용 구분과 관련해서 유의할 사항이 두 가지가 있다. 첫째, 어떤 부분의 비용이 변동할 때 그 변화의 원천은 산출량이다. 비용함수에 나타난 것처럼 생산비용은 산출량에 따라 결정되는데, 산출량이 변할 때 변하는 비용 부분을 가변비용이라 하는 것이다. 고정비용을 이러한 관점에서 설명하면 산출량이 변하는데도 지출 규모가 변하지 않는 비용 부분이라고 할 수 있다. 따라서 고정비용은 산출량이 0일 때 발생하여 유지되는 비용이다. 둘째, 단기에만 고정비용이 존재한다. 즉, 산출량이 변하는데도 지출 규모를 바꿀 수 없는 이유는 기간이 짧기 때문이라는 것이다. 앞서 생산함수를 설명하면서 노동 투입량만 변화하고 다른 생산요소의 양은 모두 일정하다고 가정한 적이 있다. 대출로 조달한 자본재나 임대한 공장처럼 생산이 시작되기 전부터 비용이 발생하면서 계약 기간 등 때문에 산출량 변화에 따라 그 지출 규모가 바뀌지 않는 생산요소가 고정비용을 형성하게 된다. 역으로 고정비용이 있는 기간을 미시경제학에서 단기(short run)라고 부른다. 이에 따라 장기(long run)는 모든 비용이 생산량에 따라 변할 수 있는 기간을 뜻한다.

단기의 생산비용은 다음과 같이 고정비용과 가변비용의 합으로 나타낼 수 있다.

$$TC = FC + VC$$

여기서 TC는 총비용, FC는 고정비용, VC는 가변비용이다. 장기의 생산비용은 굳이 말하자면 가변비용뿐이지만 그냥 비용이라고 한다.

단기의 생산비용을 윤기의 회사에 적용해서 살펴보자. 윤기의 회사가 한 달 동안 제작할 수 있는 광고 콘텐츠의 수는 고용된 제작자 수에 달렸기 때문에 이를 거꾸로 말하면 제작자에 지급하는 월급 총액은 생산된 광고 콘텐츠 수에 따라 변하는 가변비용이 된다. 제작자 한 명이 받는 월급이 3백만 원이라고 하자. 그리고 광고 콘텐츠의 수와 관계없이 제작자들이 일하는 공간과 컴퓨터 등을 임대하는 데에 매달 일정 비용이 소요되는데 이 액수가 5백만 원이라고 가정한다. 〈표 4-3〉에는 〈표 4-1〉의 산출량(1열)에 대한 총비용과 고정비용, 가변비용이 나타나 있다. 총비용(2열)은 월 5백만 원으로 주어져 있는 고정비용(3열)과 각 행의 산출량 생산에 투입된 제작자 수에 3백만 원을 곱한 가변비용(4열)의 합인 것을 알 수 있다.

〈표 4-3〉의 단기 비용을 생산함수 그래프와 함께 나타낸 [그림 4-3]을 살펴보자. (가) 생산함수는 비용함수와의 관계를 보이기 위해 [그림 4-1]을 반복한 것이다. 먼저 확인할 것은 생산함수의 세로축인 산출량이 비용함수에서는 가로축이라는 사실이다. 생산함수에서는 산출량이 '결과'이나 비용함수에서는 '원인'이기 때문이다. 제작자 수와 산출량의 관계를 보이는 (가)의 점

단기
고정비용이 존재할 만큼의 짧은 기간

장기
모든 비용이 가변적이 될 만큼 긴 기간

표 4-3　단기 생산비용 예시표

산출량(Q)	총비용(TC)	고정비용(FC)	가변비용(VC)
0	5	5	0
2	8	5	3
5	11	5	6
9	14	5	9
14	17	5	12
18	20	5	15
21	23	5	18
23	26	5	21
24	29	5	24
25	32	5	27

그림 4-3　생산함수와 단기 비용함수

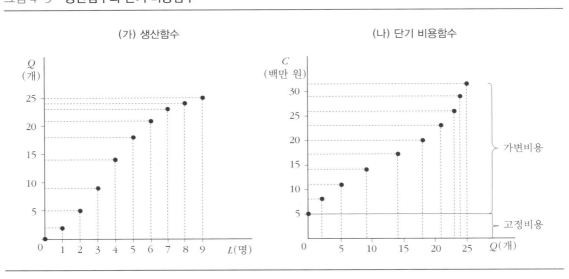

궤적과 산출량과 단기 총비용의 관계를 보이는 (나)의 점 궤적을 비교하면 서로 축만 뒤바꾼 모양인 것을 알 수 있다. 산출량과 관계없이 일정하게 유지되는 고정비용을 제외하면 가변비용은 제작자 수에 월급을 곱한 것이기 때문에 두 그래프의 점 궤적이 마치 역함수 관계처럼 나타나는 것이다.

생산함수에 대해 평균생산과 한계생산을 생각해 본 것처럼 비용함수에 대한 **평균비용**(average cost)과 **한계비용**(marginal cost)도 중요한 의미가 있다. 평균비용은 산출량 한 단위당 투입된 평균적인 비용을 의미하며 비용을 산출량으로 나누어 구할 수 있다. 한계비용은 산출량이 아주 조금 변할 때 나타나는 비용의 변화분이다. 평균비용과 한계비용은 단기와 장기에서 조금 다른 부분이 있기 때문에 먼저 고려 기간에 따라 공부해 보자.

평균비용과 한계비용 – 단기

단기의 평균비용은 다음과 같이 평균 고정비용과 평균 가변비용의 합으로 생각할 수 있다.

$$ATC = \frac{TC}{Q} = \frac{FC}{Q} + \frac{VC}{Q} = AFC + AVC$$

여기서 ATC는 평균 총비용, AFC는 평균 고정비용, AVC는 평균 가변비용을 의미한다. 한계비용은 산출량이 아주 조금 변할 때 나타나는 비용의 변화분이기 때문에 고정비용은 단기의 한계비용에 영향을 미치지 못한다. 고정비용은 산출량이 변해도 변하지 않는 비용 부분이기 때문이다. 따라서 단기의 한계비용은 다음과 같이 설명할 수 있다.

$$MC = \frac{\Delta TC}{\Delta Q} = \frac{\Delta VC}{\Delta Q}$$

MC는 한계비용을 의미한다.

이제 이 개념들을 예를 통해 살펴보자. 윤기의 회사를 예로 든 〈표 4-3〉은 산출량이 한 개씩 순차적으로 증가하지 않아 평균비용과 한계비용을 계산하기가 쉽지 않으니 태형이 운영하는 또 다른 광고 콘텐츠 회사의 비용 구조를 살펴보자. 〈표 4-4〉와 같이 산출량(1열)에서 가변비용(4열)까지 주어진다면 평균비용(5열)부터 한계비용(8열)까지를 계산할 수 있다.[3] 평균비용, 평

---

3 5열~7열의 숫자들은 각각 총비용, 고정비용, 가변비용을 산출량으로 나눈 것인데, 대부분 소수 셋째 자리에서 반올림되었지만 평균 고정비용과 평균 가변비용의 합이 평균비용이 되

표 4-4 평균비용과 한계비용   단위: 개, 백만 원

산출량 (Q)	총비용 (TC)	고정비용 (FC)	가변비용 (VC)	평균비용 (ATC)	평균 고정비용 (AFC)	평균 가변비용 (AVC)	한계비용 (MC)
0	3	3	0				
1	6	3	3	6	3	3	3
2	6	3	3	3	1.5	1.5	0
3	7	3	4	2.33	1	1.33	1
4	8	3	5	2	0.75	1.25	1
5	9	3	6	1.8	0.60	1.20	1
6	10	3	7	1.67	0.50	1.17	1
7	12	3	9	1.71	0.43	1.28	2
8	15	3	12	1.88	0.38	1.50	3
9	19	3	16	2.11	0.33	1.78	4

균 고정비용, 평균 가변비용은 각각 총비용, 고정비용, 가변비용을 산출량으로 나누어 구한다. 한계비용은 산출량이 한 개씩 증가할 때 비용의 증가분이다. 예를 들어, 첫 번째 광고 콘텐츠 생산으로 총비용이 3백만 원에서 6백만 원으로 늘어났으므로 한계비용은 3백만 원이다. 광고 콘텐츠가 6개에서 7개로 증가할 때는 총비용이 천만 원에서 천 2백만 원으로 늘어 한계비용은 2백만 원이다. 이러한 한계비용의 크기는 고정비용과는 관계없이 가변비용의 증가분만으로 결정되는 것을 확인하기 바란다.

태형이 회사의 비용 구조를 나타내는 〈표 4-4〉를 그림으로 보이면 [그림 4-4]와 같다. 그래프를 통해 평균비용과 한계비용을 다른 방식으로 접근할 수 있다. 먼저 평균비용은 특정 산출량에 대응하는 비용의 점을 원점과 연결한 선의 기울기로 볼 수 있다. 광고 콘텐츠 8개를 예로 들어 살펴보자. (가)에서 산출량 8개에 대한 총비용은 천 5백만 원이고 이는 고정비용 3백만 원과 가변비용 천 2백만 원의 합이다. 이때 평균비용(ATC)은 좌표가 (8개, 천 5백만 원)인 점과 원점을 이은 직선(빨간색)의 기울기, 평균 고정비용(AFC)은 좌표가 (8개, 3백만 원)인 점과 원점을 이은 직선(주황색)의 기울기가 된다.

─────────
도록 조정된 숫자도 일부 있다.

그림 4-4 평균비용과 한계비용

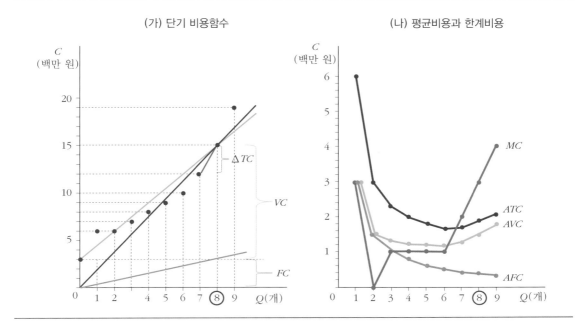

(가) 단기 비용함수   (나) 평균비용과 한계비용

가변비용 자체의 원점은 전체 그래프의 원점이 아닌 고정비용을 제외한 좌표 (0개, 3백만 원)인 점이기 때문에 평균 가변비용(AVC)은 (8개, 천 5백만 원)인 점과 (0개, 3백만 원)인 점을 이은 직선(노란색)의 기울기이다.

한편, 산출량이 8개가 될 때 한계비용(MC)은 (가)에서 산출량 7개의 비용 점과 8개의 비용 점을 연결한 직선(녹색)의 기울기이다. 이 예에서 한계비용 은 산출량이 1개씩 변할 때마다 계산하기 때문에 분모는 1로 일정하고 분자 인 ΔTC의 변화만 관찰하면 된다.

(나)에서 평균비용, 평균 고정비용, 평균 가변비용, 한계비용의 위치 관계 를 확인해 보자. 우선 평균비용곡선(ATC)은 평균 고정비용곡선(AFC)과 평 균 가변비용곡선(AVC)의 세로 합이다. AFC는 산출량과 반비례하기 때문에 산출량 증가에 따라 지속적으로 하락하는 곡선으로 나타난다. ATC와 AVC는 U자 모양인데, U자의 제일 낮은 부분을 한계비용곡선(MC)이 왼쪽 아래에서 오른쪽 위 방향으로 지나간다.

ATC와 MC 간의 상대적 위치를 좀 더 추상적으로 확인해 볼 수도 있다. [그림 4-5] 산출량이 연속적으로 증가한다고 가정하고 그린 비용곡선에 대 해 ATC와 AVC, MC를 도출한 것이다.

그림 4-5 여러 가지 비용곡선

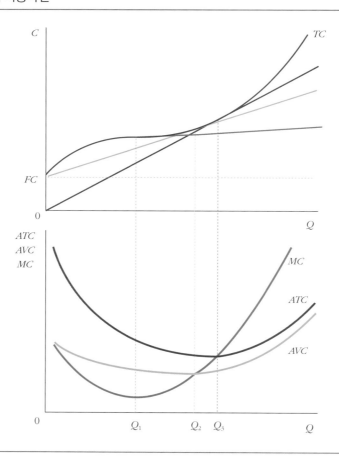

이 세 곡선의 관계를 파악하기 위해 먼저 이해해야 할 것은 한계비용의 그래프 상 특성이다. 각 산출량에서 MC의 높이는 해당 산출량에 대한 비용곡선 위 점에서 접선을 그렸을 때 그 기울기이다. 예를 들어 [그림 4-5]에서 Q_1의 MC 높이는 그 산출량에서 비용곡선에 그려진 녹색 직선의 기울기이다. 태형이 회사의 예에서는 산출량이 1개씩 증가했기 때문에 단순히 총비용(또는 가변비용)이 얼마나 증가했는지가 한계비용이었는데, 산출량이 [그림 4-5]처럼 연속적으로 증가하면 산출량 증가분이 무한대로 작아질 수 있으므로 이때 총비용의 증가분은 해당 산출량에서 그린 접선의 기울기에 끝없이 가까워지는 것이다.

이 점을 염두에 두고 MC가 AVC와 ATC의 가장 낮은 지점을 지나가는 것, 즉 해당 산출량들에서 한계비용과 평균 가변비용 및 평균비용이 같다는 것을 확인해 보자. 이는 각각 좌표 (0, FC)의 점과 원점에서 비용곡선 각 점에 연결한 직선의 기울기가 언제 가장 작아지는지를 통해 알 수 있다. [그림 4-5] 위의 그림처럼 (0, FC) 점에서 그린 직선은 노란색 직선과 같을 때 그 기울기가 가장 작다. 또한 원점에서 그린 직선은 빨간색 직선과 같을 때 기울기가 가장 작다. 다시 말해 평균 가변비용과 평균비용이 각각 Q_2와 Q_3에서 가장 작다. 두 직선 모두 비용곡선에 접한다는 점에 주목해야 한다. 이것은 평균 가변비용과 평균비용이 Q_2와 Q_3에서 각각 한계비용과 일치한다는 뜻이다. 이상의 내용은 아래 그림에서는 AVC와 ATC 최저점이 Q_2와 Q_3에서 나타나고, 이 두 점을 MC가 지나가는 것으로 나타난다.

평균비용과 한계비용 - 장기

장기의 평균비용은 단기에 비해 간단하다. 장기에는 고정비용, 가변비용의 구분 없이 모두 산출량에 따라 변동할 수 있는 비용이기 때문에 전체 비용을 산출량으로 나누어 평균비용을 계산하는 것으로 충분하다. 한계비용은 여전히 산출량이 아주 조금 변할 때 나타나는 비용의 변화분이다.

단기와 장기의 평균비용을 비교하면, 단기에는 변경할 수 없었던 생산요소의 사용 규모를 장기에 바꿀 수 있을 때 어떠한 상황이 기업의 입장에서 바람직할 것인가 알 수 있다. 윤기의 회사 예에서는 제작자들이 일하는 공간이나 컴퓨터 대수 등이 이러한 생산요소에 해당되었다. [그림 4-6]에서 예를

그림 4-6 단기와 장기의 평균비용

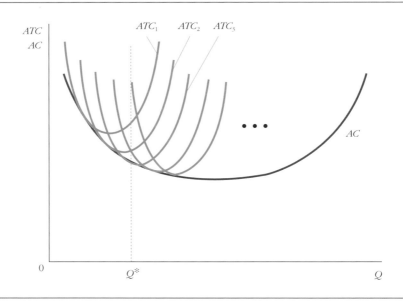

들어 ATC_2가 ATC_1보다 큰 규모의 단기 고정비용을 포함하는 단기 평균비용곡선일 때, 장기의 평균비용곡선이 단기 평균비용곡선들을 넓은 U자로 감싸 안은 모양인 것을 보여준다. 이러한 장기 평균비용곡선은 각 산출량을 가장 낮은 비용으로 달성할 수 있는 생산요소 조합의 비용 수준을 나타낸다. 예를 들어 Q^*는 ATC_1이나 ATC_2에 해당하는 단기적 고정 생산요소 규모에서도 생산할 수 있지만, ATC_3에 해당하는 고정 생산요소 규모에서 평균비용이 가장 낮다. 즉, ATC_3에 해당하는 생산요소 조합으로 Q^*를 생산할 때의 장기 평균비용이 가장 낮고, 이때 ATC_3가 장기 평균비용곡선 AC에 접하고 있다.

장기 평균비용곡선을 통해 눈여겨봐야 할 또 다른 중요한 점은 산출량과 장기 평균비용의 관계이다. 산출량이 증가할 때 장기 평균비용이 감소하면 이를 **규모의 경제**(economies of scale)가 존재한다고 표현한다. 반대로 산출량이 증가할 때 장기 평균비용이 증가하면 **규모의 불경제**(diseconomies of scale)가 존재한다고 한다. 장기 평균비용이 변하지 않는 구간은 **규모의 불변경제**(constant economies of scale)이다. 규모의 경제가 나타나는 산업이나 기업에서는 산출량을 늘릴수록 평균비용이 감소하기 때문에 규모에 따른 경쟁력이 생긴다. 제5장에서 공부할 시장의 유형 중 자연적으로 발생하는 독점은 규모의 경제가 큰 경우이다.

규모의 경제
산출량이 증가할 때 장기 평균비용이 감소하는 상태

규모의 불경제
산출량이 증가할 때 장기 평균비용이 증가하는 상태

규모의 불변경제
산출량에 따라 장기 평균비용이 변하지 않는 상태

그림 4-7 규모의 경제와 불경제

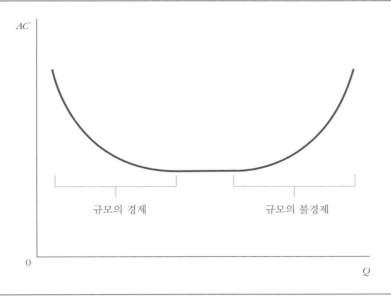

3 경쟁시장에서의 기업의 선택

경쟁시장

생산함수와 비용함수에 대한 이해를 바탕으로 본격적으로 기업의 산출량 결정에 대해 공부해 보자. 앞서 기업의 목표는 이윤 극대화라고 하였다. 이윤의 식을 비용함수를 이용하여 바꿔 표현하면 다음과 같다.

$$\pi = P \cdot Q - c(Q)$$

이 장에서는 경제학에서 이상적이고 대표적으로 간주하는 **경쟁시장** (competitive market)에서의 기업의 결정에 대해 공부하고 다른 유형의 시장에 대해서는 제5장에서 배우기로 한다. 경쟁시장의 가장 순수한 형태인 **완전경쟁 시장**(perfectly competitive market)은 다음과 같은 특성을 갖는다.

완전경쟁시장
이상적이라 간주되는 시장 형태

완전경쟁시장의 특성

- 구매자와 판매자가 매우 많아 어느 누구도 시장 지배력을 갖지 못하고 시장 가격을 주어진 것으로 받아들인다.
- 구매자와 판매자 모두 시장 진입(entry)과 퇴출(exit)이 자유롭다.
- 거래되는 상품이 동질적이다.
- 모든 시장 참가자가 시장에 대한 완벽한 정보를 갖고 있다.

이러한 특성을 완벽하게 갖추지는 못하더라도 구매자와 판매자가 매우 많아 경쟁이 충분하고 시장 진입과 퇴출이 자유로운 경우 경쟁시장이라 부른다. 기업의 산출량 결정에서 경쟁시장이 갖는 의미는 개별 기업의 산출량이 시장가격에 영향을 미치지 못하기 때문에 각 기업은 시장가격을 주어진 것으로 받아들인다는 것이다. 수학적으로는 위 식에서 가격 P가 변하지 않는 숫자로 산출량 Q에 곱해진 계수 취급을 받는다고 표현할 수 있다. 그 결과 이윤도 산출량 Q의 함수가 된다.

이윤 극대화 조건

이러한 상황에서의 이윤 극대화 산출량 결정을 그림으로 설명해 보자. [그림 4-8]의 위 그림은 수입 R과 단기 총비용 TC를 나타낸다. 수입은 $P \cdot Q$이므로 원점에서부터 기울기가 P인 직선으로 그려졌다. 아래 그림은 $\pi = R - TC$인 이윤함수 그래프이다. 예를 들어 산출량이 0일 때 고정비용만큼 이윤이 음($-$)이 되고, Q_1에서 수입직선과 단기 총비용곡선이 교차하기 때문에 이윤이 0이다. 이윤이 어디에서 가장 큰지는 그림을 통해 직관적으로 알 수 있다. 수입직선과 단기 총비용곡선의 격차가 가장 큰 지점인 Q_2일 때이다. 이는 수입직선의 기울기와 단기 총비용곡선의 접선의 기울기가 같을 때이다. 수입직선의 기울기는 가격(P)이고, 비용곡선의 접선의 기울기는 한계비용(MC)이므로 이윤이 가장 클 때의 조건은 다음과 같다.[4]

$$P = MC$$

---

4 $P = MC$라는 조건은 이윤함수 $\pi = P \cdot Q - c(Q)$의 극대화 일계 조건으로부터도 도출된다. 즉, 이윤함수를 Q에 대해 미분한 함수인 $P - MC$가 0이 되는 조건이 그것이다.

그림 4-8 이윤 극대화 산출량

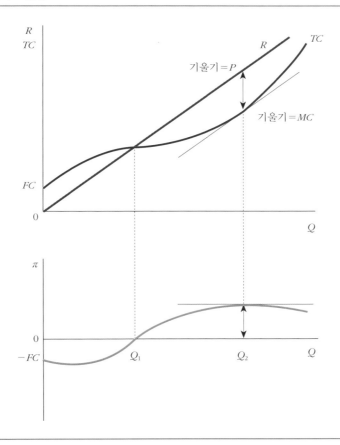

즉, 시장가격이 정해졌을 때 기업은 이 가격이 한계비용과 같아지는 산출량을 찾아 생산하면 이윤이 극대화되는 것이다. 이는 아주 직관적으로 해석할 수 있다. 제2장에서 합리적 선택은 편익이 기회비용보다 큰 결정이라고 했는데, 기업이 산출량을 한 단위 늘린 편익은 가격만큼의 수입이고 그 기회비용은 한계비용이므로 가격이 한계비용보다 클 때는 생산을 계속 늘리다가 같아질 때 멈춘다는 뜻이다.

기업의 단기 공급곡선

경쟁시장에서 기업의 이윤 극대화 조건을 한계비용곡선에 직접 표시해보자. [그림 4-9]에서와 같이 기업의 한계비용곡선이 주어져 있으면 시장가격

그림 4-9 시장가격과 한계비용

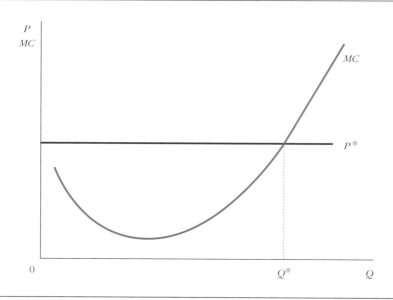

P^*와 일치하는 생산량 Q^*를 찾을 수 있다. 이때 경쟁시장의 가격은 개별 기업의 산출량 규모에 영향을 받지 않으므로 수평선으로 그려져 있는 것을 유의할 필요가 있다.

만약 제3장에서 배운 것과 같이 수요나 공급의 변동 요인이 생겨 시장균형가격이 바뀌게 되면 그에 따라 개별 기업의 이윤 극대화 산출량도 변할 것이다. [그림 4-9]의 가격선이 낮아지면 산출량은 감소해야 하고, 높아지면 증가해야 한다. 즉, 시장가격이 주어지면 한계비용곡선을 따라 기업의 산출량이 결정된다. 그런데 바로 이 관계가 제3장에서 공부한 공급함수이다. 한계비용곡선이 곧 공급곡선의 역할을 하는 것이다.

하지만 한계비용곡선 전체가 공급곡선인 것은 아니다. 우선 그림만 봐도 U자형의 한계비용곡선은 제3장의 우상향 공급곡선과 모양이 다르다. 한계비용곡선의 일부가 공급곡선인데, 어느 부분인지는 기업의 기술 여건에 달렸다. 비용 구조상 주어진 가격에서 생산을 중단하는 것이 나을 상황이 생길 수 있다. 편의를 위해 이윤함수를 다음과 같이 바꾸어 본다. 가격과 평균비용의 차이에 산출량을 곱하여 이윤을 나타낸 것이다.

그림 4-10 단기의 기업 공급

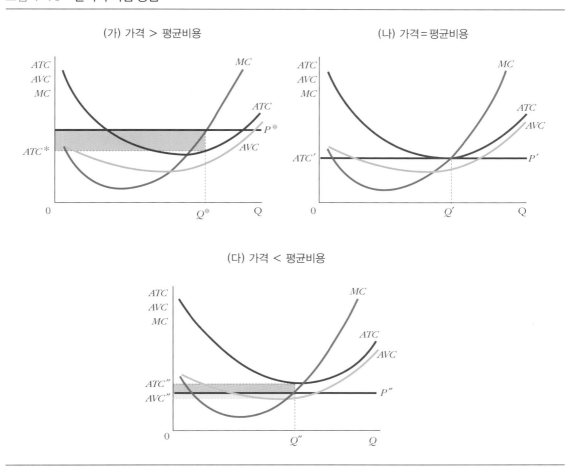

(가) 가격 > 평균비용

(나) 가격 = 평균비용

(다) 가격 < 평균비용

$$\pi = P \cdot Q - c(Q)$$
$$= (P - ATC) \cdot Q$$

그래프를 통해 시장가격에 따른 이윤 규모를 살펴보자. [그림 4−10]의 (가)와 같이 시장가격이 P^*일 때 기업은 Q^*를 생산할 테고 이때 이윤은 $(P^* - ATC^*) \cdot Q^*$이다. 이는 회색 직사각형의 면적과 같다. 만약 가격이 떨어져서 (나)의 P'이 되면 Q'에서 $P' = ATC'$, 이윤은 0이 된다. 따라서 가격이 P'가 될 때까지는 한계비용곡선을 따라 생산 결정을 하는 것에 아무 문제가 없다. 가격이 더 떨어지면 상황이 복잡해진다. 가격이 (다)의 P''이 되면 Q''에서 $P'' < ATC''$로 붉은색 직사각형 면적만큼 손해가 난다. 손해가 나니 생산을

그림 4-11 기업의 단기 공급곡선

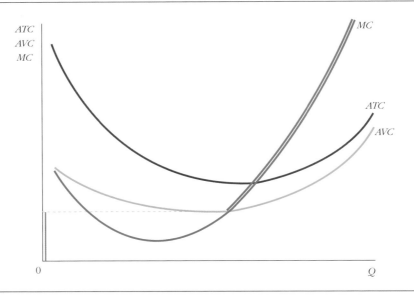

중단해야 할 것 같다. 그런데 이 지점에서 그 동안 잊고 있었던 고정비용이 등장한다. 생산을 중단하더라도 단기적으로 고정비용은 발생한다. 그 규모는 $TC-VC$ 인데, 이를 달리 표현하면 $(ATC-AVC) \cdot Q$가 되고 붉은색 직사각형에 노란색 직사각형을 더한 면적이다. 즉, 생산을 계속하면 붉은색 직사각형 면적만큼 손해이고 생산을 중단하면 여기에 노란색 직사각형 면적만큼 손해가 커진다. 비록 손해가 나더라도 손해 규모를 줄이기 위해 단기적으로 생산을 계속해야 한다는 뜻이다.

이러한 논리를 따라가면 생산을 중단해야 하는 상황은 평균 가변비용이 가격보다 커질 때이다. 달리 말하자면 AVC보다 위에 위치한 MC 부분이 공급곡선이 된다. AVC가 MC와 만나는 점은 AVC의 최저점이기 때문에 가격이 이 최저점보다도 낮으면 기업은 생산을 중단하고 높으면 한계비용곡선을 따라 생산한다. [그림 4-11]은 기업의 이러한 단기 공급곡선을 이중 녹색선으로 보여준다.

상인들이 '남는 것 없다'고 말하면서 물건을 파는 경우가 있다. 주로 물건 값을 깎으려 할 때 나오는 반응이다. 대표적 거짓말로 꼽히기도 하는 이 말은 하지만 기업의 단기 생산 결정을 공부하고 나면 맞을 수도 있겠다고 수긍이 간다. [그림 4-10] (다)처럼 손해를 보면서도 생산을 계속하는 상황이 발생할 수 있기 때문이다. 물론 이러한 상황이 지속되면 점포 임대 계약이 만료되는 시점에서는 계속 장사를 할지 고민이 될 것이다.

기업의 장기 공급곡선과 시장 공급곡선

장기에서는 고정비용이 없으므로 ATC 최저점 위에 위치한 MC가 기업의 장기 공급곡선이 된다. ATC와 MC가 ATC의 최저점에서 만나는데, 가격이 이 점보다 낮은 수준이면 손해가 나기 때문에 이때의 공급곡선은 산출량이 0인 세로축의 일부가 된다. [그림 4-12]에 장기 공급곡선이 이중 녹색선으로 표시되어 있다.

모든 생산요소의 사용량을 변동시킬 수 있는 장기에서 기업이 생산을 하지 않는다는 것은 시장에서 **퇴출**(exit)하는 것을 뜻한다. 이는 단기에서 **생산**

퇴출
기업이 장기에서 생산을 완전히 멈추고 시장에서 나가는 상황

생산 중단
기업이 단기에서 고정비용을 지출하면서 생산을 멈춘 상태

그림 4-12 **기업의 장기 공급곡선**

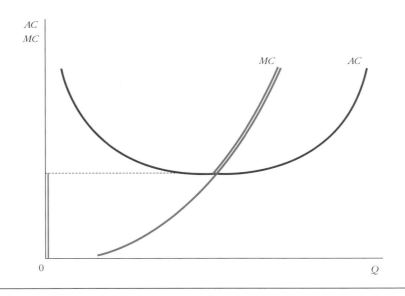

중단(shut-down)하는 상황과는 본질적으로 다르다. 단기에서는 생산을 중단하더라도 고정비용을 지출하고 있고 언제든 가격이 충분히 올라가면 생산을 재개할 수 있다. 그러나 장기에서 생산을 하지 않는다는 것은 공장이나 기계 설비 등까지 처분하거나 임대 계약을 종료하고 시장을 떠난다는 의미이다. 즉, 기업의 입장에서 장기는 시장 진입과 퇴출을 결정할 만큼의 기간이기도 하다.

기업의 장기 공급곡선을 바탕으로 시장 공급곡선을 도출해 보자. 제3장에서 시장 공급곡선은 기업의 개별 공급곡선들을 가로로 합한 것이라고 하였다. 만약 산업 내의 모든 기업의 생산기술이 같다면 비용 구조도 같을 것이고 기업의 장기 공급곡선 모양도 모두 같을 것이다. 이렇게 동일한 장기 공급곡선을 판매자 수만큼 가로로 합하면 시장 공급곡선을 구할 수 있다.

그런데 시장에의 진입과 퇴출이 자유롭고 정보가 완벽한 완전경쟁시장의 공급곡선은 독특한 특성을 갖게 된다. [그림 4-13]을 통해 이를 살펴보자. 예를 들어 광고 콘텐츠 시장이 완전경쟁시장인데 경기가 좋아지면서 광고 콘텐츠 수요가 늘었다고 가정한다. 수요의 증가는 그림의 ①처럼 수요곡선의 오른쪽 이동으로 표시할 수 있다. 그러면 시장균형가격은 P_1으로 상승한다. 상승한 가격에서는 각 기업에서 ②만큼 이윤이 발생한다. 완전경쟁시장에서는 이러한 정보가 순식간에 널리 알려지면서 새로운 판매자들을 시장으로 끌어들인다. 판매자의 수가 증가하면 제3장에서 공부한 것처럼 공급이 증가한다. 공급곡선이 ③처럼 오른쪽으로 이동하는 것이다. 그 결과 시장균형가격은 하락하기 시작하고 각 기업의 이윤은 ④로 줄어든다. 그러나 여전히 이윤이 발생하고 있기 때문에 신규 판매자의 시장 진입은 계속되고, 그 과정은 시장균형가격이 장기 평균비용곡선의 최저점과 같은 수준으로 떨어질 때까지 계속될 것이다.

이 과정이 의미하는 것이 무엇일까? 결과적으로 완전경쟁시장에서는 [그림 4-13]의 마지막 그림처럼 장기 평균비용곡선의 최저점 수준의 가격에서 상품이 무한대로 공급될 수 있다. 가격이 이보다 조금만 높아져도 신규 판매자가 시장에 진입하여 가격을 끌어내리고, 가격이 조금만 낮아져도 손해 발생으로 시장 퇴출이 일어나 가격이 올라갈 것이기 때문이다. 그러나 이는 산업 내의 모든 기업의 생산기술이 같다는 가정 아래 도출된 결론이다. 이 가정으로 각 기업의 장기 평균비용곡선 최저점 위치가 같아졌기 때문이다. 현

그림 4-13 시장 진입의 효과

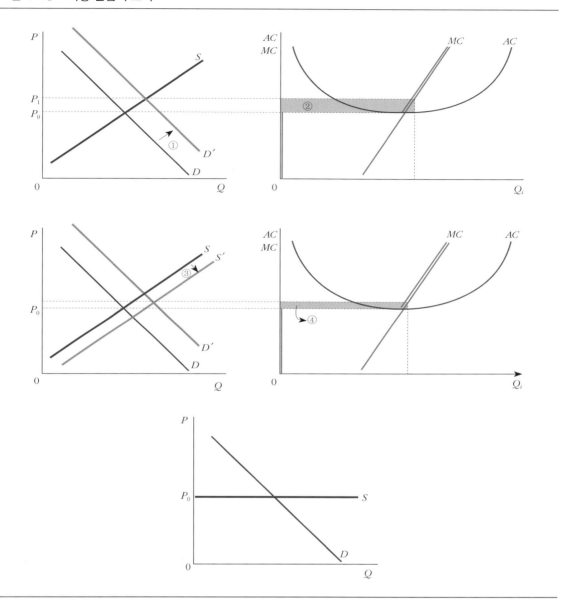

실적으로 기업들이 각기 다른 기술 수준을 갖고 있다면 이 최저점의 위치는 모두 다를 테고, 그러면 가격이 올라갈수록 그 가격에서 이윤을 볼 수 있는 기업이 점점 늘어나 공급량이 증가할 것이다. 즉 우상향하는 공급곡선이 도출된다. 다만 시장 진입과 퇴출이 자유롭고 정보가 빠르게 확산된다면 공급 곡선은 상당히 완만한(탄력적인) 모양을 갖게 되긴 할 것이다.

만약 산업 내 기업들의 생산기술이 엇비슷해서 시장 공급곡선이 수평선에 가깝다면 모든 기업은 장기적으로 전혀 이윤을 기대할 수가 없다. 각 기업이 달성할 수 있는 가장 낮은 평균비용 수준에 가격이 맞춰져 있기 때문이다. 이윤이 없는데도 많은 공급자들이 시장에서 경쟁한다는 것이 의아할 수 있다. 여기서 상기할 점은 지금까지 다룬 이윤이 경제적 이윤이라는 사실이다. 경제적 이윤에는 모든 기회비용이 반영되기 때문에 자기자본이어서 지출하지 않아도 된 이자 비용, 자영업자가 다른 일을 했다면 받을 수 있는 임금 등이 모두 차감되어 있다. 즉, 경제적 이윤이 0이어도 자기자본의 암묵적 이자 비용, 자영업자의 인건비는 벌고 있다는 뜻이다. 이렇게 완전경쟁시장에서 0인 경제적 이윤을 **정상 이윤**(normal profit)이라고 한다. 정상 이윤마저 거둘 수 없는 상태가 되면 시장에서 퇴출될 수밖에 없다.

정상 이윤
완전경쟁시장의 균형가격에서 기업의 경제적 이윤이 0인 상태

현실 경제의 이슈 | **시장 퇴출의 자유**

경기 회복이 더딜 때는 시장에서 퇴출되거나 퇴출 위기에 놓인 기업들에 대한 언론 보도를 종종 접하게 된다. 사실 자유로운 시장 퇴출은 자유로운 시장 진입과 함께 경제가 효율적으로 돌아가게 하는 인프라 같은 것이다. 시장에 기회가 있을 때 새로운 기업들이 신속하게 진입하고, 그러한 기회가 소진되었을 때에는 경쟁력이 뒤처지는 기업들부터 빨리 시장에서 물러날 수 있어야 한정된 자원이 가장 가치 있는 곳에 활용될 수 있기 때문이다. 따라서 '시장에의 자유로운 진입과 퇴출'은 경제학에서 이상적인 형태의 시장이라 간주되는 '경쟁시장'의 중요한 요건이다.

그러나 당사자들에게 시장 퇴출은 자유라 부르기에는 고통스러운 과정일 것이다. 또한 개인적인 고통을 차치하고라도 시장 퇴출은 경쟁시장에서 가정하는 것처럼 순조롭고 신속하게

진행되기 어렵다. 시장 퇴출 과정이 복잡해지는 주요한 원인 중 하나는 대부분의 기업이 빚을 진다는 사실에서 비롯된다. 기업이 자금을 조달하는 방법에는 부채와 자본이 있는데, 부채는 돈이나 물건을 빌려 진 빚이고, 자본은 주인(들)이 투자한 돈이나 물건이다. 부채와 자본의 중요한 차이점은, 주인은 자본을 포기하더라도 채무자로서 채권자에게 진 부채는 갚아야 한다는 것이다.

만약 채무자가 약속한 원리금을 채권자에게 제때 주지 못하면 부도가 난다. 어느 정도 규모가 있는 기업이면서 은행 등의 금융기관(들)이 채권자일 때, 회생 가능성이 있는 기업이라면 부도가 나기 전에 '워크아웃(workout)'에 들어갈 수 있다. 주로 채권자가 주인으로 바뀌고(출자전환) 추가로 자금을 투입하기도 한다. 이미 부도가 난 경우 법원이 기업의 재산을 정리하

는 청산 과정에서 회생 가능성이 있다고 판단하면 '법정관리'를 할 수도 있다. 이때는 법원이 관리인을 파견하면서 주로 부채의 일부를 탕감해 준다.

이렇게 회생 기회가 주어지는 기업들은 그나마 다행이다. 회생 절차가 제한된, 특히 작은 규모 기업의 경영인인 경우 수표가 부도나면 마치 위조수표를 발행한 것처럼 '부정수표방지법'에 걸려 감옥에 갈 수도 있다. 수표가 아니라도 갚을 수 없는 상황인데 갚겠다는 약속으로 어음을 발행했다가 부도가 나면 '사기죄'에 해당돼 역시 감옥에 갈 수 있다. 개인적으로 신용불량자가 되는 경우도 다반사이다.

물론 이러한 처벌은 채무자가 빚을 갚을 수 있는데도 부도를 내는 것을 막는 효과가 있다. 만약 이런 안전장치가 없다면 애초에 기업이 빚을 얻어 쓰기 어려울 수도 있다. 신용(빚)이 없다면 자본주의 경제의 성장은 기대할 수 없을 정도이기 때문에 채권자를 보호하는 것은 중요하다. 그러나 반대로 과도한 처벌은 진즉에 접어야 하는 사업을 질질 끌게 하여 경제의 활력을 저해하는 부작용을 일으킨다.

자유로운 시장 진입을 방해하는 '진입장벽'도 문제지만, 시장 퇴출을 지연하는 장애물들도 중요한 문제이다. 시행착오를 통해 지속적으로 개선해야 할 정부의 숙제이다.

4 생산요소 시장

지금까지 재화나 서비스 시장에서 기업의 생산 결정을 어떻게 설명할 수 있는지 공부했다. 기업의 의사 결정이 필요한 또 다른 중요한 시장은 **생산요소 시장**이다. 기업은 재화나 서비스 시장에서는 판매자가, 생산요소 시장에서는 구매자가 된다. 판매자이든 구매자이든 기업의 목표는 이윤 극대화이기 때문에 기업이 각 생산요소를 얼마나 구입하는지는 재화나 서비스를 얼마나 생산하는지와 밀접한 관련이 있다. 즉, 생산요소 구입 결정과 생산량 결정은 이윤 극대화에 동전의 양면과 같은 관계이다. 이윤함수 $\pi = P \cdot Q - C$를 노동, 자본, 토지를 사용하는 생산함수와 이에 따른 생산비용으로 바꾸어 표현해 보자.

$$\pi = P \cdot f(L,\ K,\ N) - (wL + rK + gN)$$

여기서 w는 임금, r은 자본재 임대료, g는 토지(자연자원) 임대료이다.

생산요소 시장
노동, 자본, 토지 등의 생산요소가 거래되는 시장

생산비용을 계산할 때 자본이나 토지의 구입 비용이 아닌 임대료를 이용하는 것에는 이유가 있다. 우선 노동의 경우 기업이 비용을 지불하고 사는 대상은 사람이 제공하는 노동력이지 사람 자체가 아니다. 이와 대칭적으로 생각해 보면 자본이나 토지 역시 생산에 이용되는 것은 자본재나 토지 자체가 아니라 그것들이 제공하는 서비스라고 분리해 볼 수 있다. 또한 자본재나 토지를 구매했다 하더라도 일정 기간 동안 생산에 따라 발생하는 기회비용은 구매 금액 전체가 아니라 다른 기업에 대여했다면 받을 수 있었으나 직접 이용함으로써 포기한 임대료이다.

이윤 극대화 조건

이윤 극대화를 위해 생산요소를 얼마큼씩 구매해야 하는지 알아보자. 모든 생산요소 시장은 경쟁적이라고 가정한다. 노동을 예로 들어 살펴보는데, 다른 생산요소는 그 양을 일정하게 고정하여 무시하기로 한다. 따라서 다음과 같이 간단한 이윤함수를 고려한다.

$$\pi = P \cdot f(L) - (wL + c)$$

즉, K와 L은 생략하고 이들에 대한 비용은 c로 고정하였다. 그러면 이윤 극대화 산출량을 구했던 것처럼 이윤 극대화 노동 고용량을 그림을 통해서 찾을 수 있다. [그림 4-14]는 [그림 4-8]과 매우 비슷하지만, 가로축이 노동(L)이고 위 그림의 곡선이 생산함수의 모양을 반영한 수입(R), 직선이 비용(C)을 나타낸다는 점에서 다르다. 아래 그림은 노동 고용량의 변화에 따른 이윤을 나타낸다. 수입곡선에서 비용직선을 뺀 간격이 가장 클 때, 즉 이윤이 극대화될 때는 수입곡선의 접선의 기울기와 비용직선의 기울기가 같을 때이다. 비용직선의 기울기가 임금(w)인 것을 확인하고, 수입곡선의 접선의 기울기를 잠시 따져보자. 수입곡선 $P \cdot f(L)$에서 가격은 노동 고용량에 영향을 받지 않으므로, 접선의 기울기는 가격과 생산함수의 접선의 기울기를 곱한 것이다. 비용함수의 접선의 기울기가 한계비용(MC)이듯이 생산함수의 접선의 기울기는 한계생산이다. 이 경우 한계생산은 노동의 한계생산(MP_L)이므로 수입곡선의 접선의 기울기는 $P \cdot MP_L$이 된다. 따라서 이윤 극대화 노동 고

그림 4-14 이윤 극대화 노동 고용량

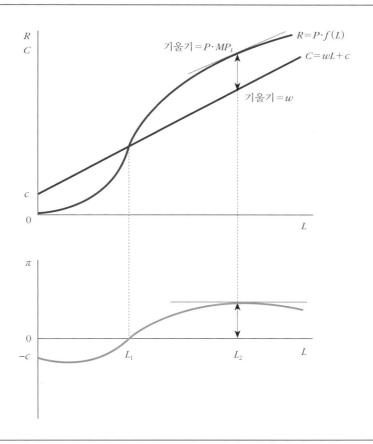

용량 조건은 다음과 같다.[5]

$$w = P \cdot MP_L$$

$P \cdot MP_L$은 노동의 **한계생산 가치**(value of marginal product of labor: VMP_L)라 고 부른다. 기업의 입장에서 노동 고용을 한 단위 늘릴 때 한계생산 가치는 편익이고 임금은 기회비용이다. 따라서 한계생산 가치가 임금보다 큰 동안에 는 고용을 계속 늘리다가 같아질 때 멈추는 것이다. 이러한 논리는 다른 생 산요소에 대해서도 그대로 적용된다. 이윤 극대화 생산요소 고용량의 결정

한계생산 가치
생산요소가 산출한 한계
생산의 시장 가치

---

5 이윤 극대화 산출량을 구할 때와 마찬가지로 $w = P \cdot MP_L$라는 조건 역시 이윤함수 π $= P \cdot f(L) - (wL + C)$의 극대화 일계 조건으로부터도 도출된다. 즉, 이윤함수를 L에 대해 미 분한 함수인 $P \cdot MP_L - w$가 0이 되는 조건이 그것이다.

조건은 다음과 같이 요약할 수 있다.

$$노동: w = P \cdot MP_L$$
$$자본: r = P \cdot MP_K$$
$$토지: g = P \cdot MP_N$$

자본이나 토지에 비해 노동은 사람이 직접 연루된다는 특수성 때문에 현실적으로 고용량이나 임금 수준이 시장균형 상태에서 결정되지 않을 가능성이 있다. 우선 근로자 개인의 한계생산이 명확하게 파악되지 않는 경우가 많다. 회사 조직을 통해 생산이 이루어진다면 각자의 생산 기여 정도를 알기 어려울 수 있다. 그렇다면 임금이 한계생산의 가치대로 결정되지 않을 것이다. 제7장에서 공부하게 될 것처럼 최저임금제도와 같은 정책적 제약 때문에 임금 수준이 균형임금보다 높게 설정될 수도 있다. 이 경우 한계생산 가치가 최저임금보다 낮은 근로자는 실업 상태에 놓일 것으로 예상할 수 있다. 거시경제학 차원의 실업 문제는 제12장에서 학습하기로 한다.

생산요소 수요곡선

시장에서 가격이 주어지면 이 가격이 한계비용곡선을 만나는 점에서 이윤극대화 산출량을 찾았듯이 임금이 주어지면 기업의 한계생산 가치와 같아지는 노동 고용량을 찾을 수 있다. 한계생산 가치를 그림으로 표현해 보자. 현실에서 흔히 관찰되는 것처럼 한계생산 체감이 나타난다면 노동에 대한 한계생산 곡선(MP_L)은 우하향하는 선으로 나타난다. 여기에 가격(P)을 곱해도 기본적인 모양은 변하지 않는다. 따라서 [그림 4-15]처럼 우하향하는 한계생산 가치 곡선(VMP_L)을 그릴 수 있다. 노동 시장이 경쟁적이면 기업은 주어진 균형 임금이 한계생산 가치와 같아지는 고용량을 구매하여 이윤을 극대화할 수 있다. 가격이 구매량을 결정하는 이 관계가 제3장에서 공부한 수요함수임을 상기하자. 한계생산 가치 곡선이 해당 생산요소에 대한 기업의 수요곡선 역할을 하는 것이다. 이러한 의미에서 생산요소에 대한 수요를 파생수요(derived demand)라 한다. 수요가 생산함수와 생산물 가치로부터 유도되기 때

파생수요
생산요소에 대한 수요의 특성으로서 수요가 생산함수와 생산물 가치로부터 유도된다는 의미

필요한 만큼 배우는 경제학

그림 4-15   생산요소 가격과 한계생산 가치

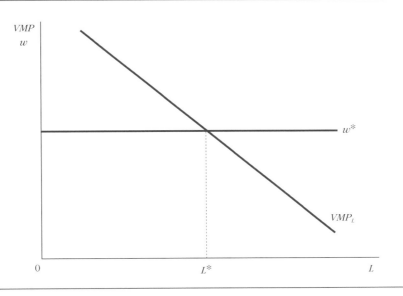

문이다.

　생산요소의 수요곡선이 이동하는 요인에는 무엇이 있을까? 우선 해당 생산요소가 투입되어 산출된 재화나 서비스의 가격(P)이 상승(하락)하면 생산요소 수요곡선은 오른쪽(왼쪽)으로 이동한다. 임금이 변하지 않아 비용이 일정한데 가격 상승으로 판매 수입이 증가하면 기업으로서는 산출량과 고용량을 늘리는 것이 이득이기 때문이다. 한계생산(MP)이 증가(감소)하는 요인이 발생해도 생산요소 수요곡선은 오른쪽(왼쪽)으로 이동한다. 그러한 요인에는 생산함수 자체를 변화시키는 기술의 발달이나 해당 생산요소 이외 생산요소의 공급의 변화가 있다. 기술이 발달하거나 예컨대 노동에 결합되는 자본의 양이 증가하면 노동의 한계생산은 증가하게 되기 때문이다.

생산요소 공급곡선

　생산요소의 공급은 기업이 아닌 가계의 결정 사항이지만, 기업의 생산요소 고용 결정에 중요한 변수인 생산요소의 가격은 시장에서 결정되고 그 과정에서 공급도 중요하다. 따라서 생산요소 시장에 대한 설명을 마무리하기 위해 공급측도 살펴보자. 가계는 생산요소의 판매를 통해 소득을 얻기 때문에 생산요소의 가격이 상승할수록 가계가 생산요소의 공급을 늘리리라는 것은 직관적으로 설득력이 있다. 특히 자본과 토지는 돈을 버는 용도 외에는 쓰일 데가 마땅치 않기 때문에 공급곡선이 가격 상승에 따라 공급량이 증가하는 우상향 모양을 띨 것이다.

다만 공급의 가격탄력성에 따라 기울기는 다를 수 있다. 보통 토지 공급의 가격탄력성은 다른 생산요소에 비해 낮다. 토지 임대료가 올라가도 공급량이 신축적으로 늘기 어렵다는 뜻이다. 개간·간척을 하거나 자연자원 개발기술이 발달하더라도 자연적으로 주어진 총량에 한계가 있다고 보기 때문이다. 따라서 토지 공급곡선은 비교적 가파른 모양으로 그려진다. 자본의 경우 자본재 생산이나 이동에 제약이 있을 수는 있지만 기본적으로 노동이나 토지에 비해 공급량 증가가 용이하고 이동이 수월하기 때문에 공급의 가격탄력성이 높다고 알려져 있다. 따라서 자본 공급곡선은 비교적 완만한 모양으로 그려진다. [그림 4−16]은 자본과 토지의 공급곡선이 기울기가 다른 점을 강조하여 나타내고 있다.

노동의 공급곡선은 자본이나 토지와는 다른 고려가 필요하다. 가장 중요한 원인은 노동을 하지 않는 시간은 즐거움을 위해 여가(leisure)로 쓸 수 있다는 점이다. 노동 공급곡선을 도출하기 위해 [그림 4−17]을 보자. (가)는 여가의 수요곡선을 나타낸다. 여가의 가격이 임금으로 표시된 것을 주목

그림 4-16　**자본과 토지의 공급곡선**

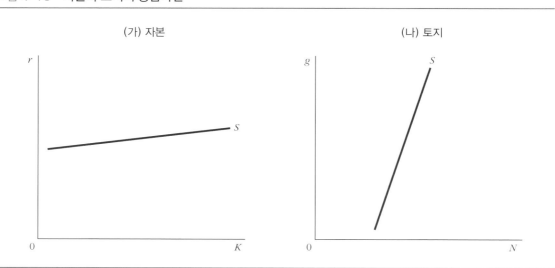

　　　　　　　　　　　　　　　　　　　　　　필요한 만큼 배우는 경제학

그림 4-17 가용 시간 배분과 노동 공급곡선

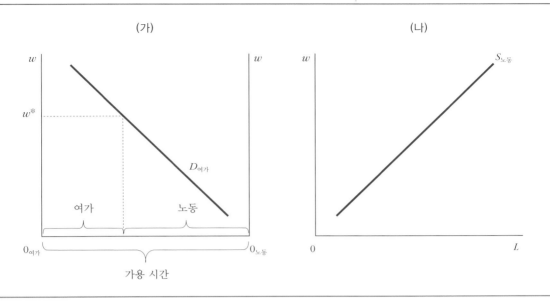

할 필요가 있다. 여가는 노동을 통한 소득을 포기하는 것이므로 임금은 여가의 기회비용이다. 일반적인 수요곡선처럼 여가의 수요곡선도 가격이 하락하면 수요량이 늘어나도록 우하향하게 그려졌다. 그런데 여가는 가용 시간 중에 배분된 시간이므로 (가)처럼 전체 가용 시간을 가로축으로 그리면 여가에 대한 원점의 반대쪽 끝에 노동에 대한 원점을 그릴 수 있다. 예컨대 임금이 w^*이면 해당 임금에 대해 원하는 만큼의 여가를 즐기고 나머지는 노동을 할 것이다. 반대로 임금 수준에 따라 노동 시간을 배분하고 나머지를 여가로 즐긴다고 해석할 수도 있다. 어찌 됐든 여가에 대한 수요곡선을 좌우 대칭으로 뒤집으면 (나)와 같이 노동 공급곡선을 얻을 수 있다.

노동은 소득을 벌어주지만 여가를 희생해야 하기 때문에 임금이 오를 때 지속적으로 노동 공급량이 증가하지 않을 수 있다. 사람에 따라 다르겠지만 어느 수준 이상의 임금에서는 노동 공급량이 감소할 수도 있는 것이다. 노동 공급곡선이 [그림 4-18]처럼 나타날 때 이를 **후방굴절**(backward-bending) 노동 공급곡선이라고 한다. 개별 노동 공급곡선은 이런 모양으로 나타나더라도 사람마다 그 모양이 다를 것이기 때문에 시장 노동 공급곡선은 우상향하는 일반적인 공급곡선의 형태를 띠는 경우가 많다.

그림 4-18 후방굴절 노동 공급곡선

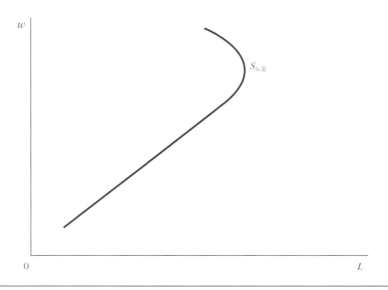

요약

01 기업은 생산의 주체로서 이윤을 추구하고, 가계가 소비하는 재화와 서비스를 생산하는 과정에서 생산에 필요한 요소를 가계로부터 공급받는다.

02 생산함수는 생산요소의 양과 산출량의 관계를 나타내는 함수로 기업이 보유한 기술 상황을 집약한다.

03 비용함수는 산출량에 따라 투입된 생산요소 구입에 소요되는 비용이 결정되는 함수이며, 기업의 생산 결정 기간은 고정비용이 존재하는 단기와 모든 비용이 변동 가능한 장기로 구분할 수 있다.

04 경쟁시장에서 기업은 생산물의 가격이 한계비용과 일치하는 수준에서 산출량을 결정한다. 기업은 생산물의 가격이 단기에 평균 가변비용의 최저 수준에 못 미치면 생산을 중단(shut-down)하며, 장기에 평균비용의 최저 수준에 못 미치면 시장에서 퇴출(exit)한다.

05 기업은 이윤 극대화를 위해 생산요소의 가격이 한계생산 가치와 일치하는 수준의 생산요소량을 구매한다.

01 기업의 생산비용 중 명시적 비용과 암묵적 비용의 예가 될 수 있는 것을 들어
    보라.

02 A 디저트가게에서 하루에 만드는 마카롱 생산 현황은 그림과 같다.

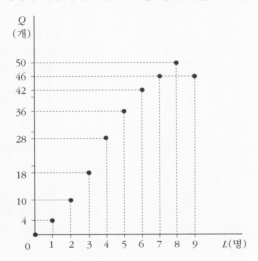

(1) 고용량에 따른 산출량과 평균생산, 한계생산을 [표 4-2]처럼 나타내라.
(2) 평균생산과 한계생산이 가장 높은 고용량은 각각 몇 명인가?
(3) A 디저트가게의 월 고정비용이 70만 원, 근로자 한 명의 월급이 200만 원
    일 때 단기 비용곡선을 [그림 4-3] (나)처럼 나타내라.

03 B 가죽공방에서 한 달에 제작하는 통가죽 가방의 생산비용은 다음과 같다.

단위: 개, 만 원

산출량 (Q)	총비용 (TC)	고정비용 (FC)	가변비용 (VC)	평균비용 (ATC)	평균 고정비용 (AFC)	평균 가변비용 (AVC)	한계비용 (MC)
1	280	100	180		100		
2	350		250				70
3			300				
4	430		330				
5	480			96			
6	530						

7			500		71.4	
8	700		600			

(1) 표의 빈칸을 모두 채워라(소수점 첫째 자리까지 계산).

(2) 통가죽 가방의 시장가격이 100만 원일 때 B 가죽공방은 한 달에 몇 개를 생산하겠는가?

(3) 시장가격이 70만 원으로 떨어지면 B 가죽공방은 어떻게 하겠는가?

04 제약산업은 대체로 큰 규모의 초기투자가 들어가지만 한계비용은 거의 0에 가깝다. 이 경우 총비용곡선과 평균비용곡선이 어떤 형태를 가질 것인지 설명하라.

05 샤프펜슬을 만드는 C 기업의 평균비용함수는 $AC(Q)=\dfrac{100,000}{Q}+1,000+10Q$ 이다. 샤프펜슬은 완전경쟁시장에서 거래된다. 시장가격이 6,000원일 때 C 기업의 이윤극대화 산출량을 구하고 이때 이윤을 계산하라.

06 지우개 산업은 완전경쟁시장을 형성하고 있다. 각 기업의 장기평균비용함수와 장기 한계비용함수는 각각 $AC(Q)=Q+\dfrac{10,000}{Q}$, $MC(Q)=2Q$로 동일하다.

(1) 장기 균형에서 각 기업의 산출량을 구하라.

(2) 시장수요함수가 $Q_D=-100P+21,000$라면 장기 균형에서 몇 개의 기업이 존재하는지 계산하라.

07 노동수요와 노동공급을 변화시키는 사례를 세 가지씩 들어보라.

08 마스크팩을 만드는 D 기업은 생산된 마스크팩을 개당 1,000원에 모두 팔 수 있고, 마스크팩을 만드는 기계를 하루에 대당 10만 원에 원하는 대수만큼 대여할 수 있다. 마스크팩 제조기계의 하루 생산성은 다음과 같다.

제조기계 (대)	총 마스크팩 (개)
1	200
2	380
3	540
4	660

5	760
6	840

(1) 마스크팩 제조기계 시장은 완전경쟁시장인가? 어떻게 알 수 있나?

(2) 제조기계의 한계생산과 한계생산가치를 구하라.

(3) D 기업은 몇 대의 제조기계를 대여하겠는가?

09 E 지역에는 경쟁적인 애플망고 과수원이 10개 있다. 생산된 애플망고는 개당 4,000원에 팔린다. 각 애플망고 과수원 근로자(L)의 하루 한계생산함수는 $MP_L=1,000-2L$로 동일하다.

(1) 일당(w)이 주어져 있을 때 각 과수원의 노동수요함수와 E 지역 전체의 노동수요함수는 무엇인가?

(2) E 지역에 애플망고 과수원에서 일할 수 있는 근로자는 200명으로 고정되어 있다. 일당은 얼마가 되겠는가?

(3) 애플망고의 가격이 개당 2,000원이 되면 일당은 어떻게 되겠는가?

05

시장의 유형

시장의 유형

1995년 인터넷 한글 검색 서비스가 시작된 이후 한국의 인터넷 검색 시장은 한동안 야후 같은 외국 검색 서비스와 다음 등의 국내 서비스 대결 양상을 보였다. 그런데 1999년 설립된 네이버가 2000년대 들어서 약진하며 검색 서비스 점유율에서 다른 서비스들을 제치고 압도적인 1위를 하게 된다. 2000년대 들어 나타난 인터넷 검색 포털 시장 상황을 살펴보면 제4장에서 배운 경쟁시장과는 다른 특징이 나타난다. 검색 서비스의 공급 기업 수가 '매우 많다'고 할 수 없는 점에서 특히 그렇다. 이 적은 공급자도 2009년 엠파스가 네이트로 통합되고 2012년 야후가 국내 서비스를 접는 등 많은 변화를 겪은 후 사실상 네이버의 독주 상태였지만, 전 세계 1위의 검색 사이트인 구글이 한국에서도 상당한 비중을 차지할 만큼 검색 문화는 많이 바뀌었다. 게다가 많은 인터넷 업체가 이른바 '플랫폼'을 지향하며 업태를 바꾸고 있어, 한 회사가 여러 시장에 걸치고 회사의 한 시장에서의 영향력이 다른 시장에 영향을 미치는 등 시장의 구분이 쉽지 않은 중요한 판도 변화가 일어나고 있다.

이렇게 현실 경제에서는 경쟁시장이 아닌 시장에서 거래되는 재화와 서비스도 흔하다. 경제학에서 시장의 유형은 판매자의 수를 중심으로 구분되는데, 판매자가 매우 많으면 경쟁시장, 한 개이면 독점이다. 그 양 극단 사이에 판매자의 수가 소수이면 과점, 다수이면서 차별적인 상품이 판매되면 독점적 경쟁시장 등이 존재한다. 특정 시장 유형이 나타나는 원인은 무엇일까? 각 시장 유형에서 기업의 생산 결정은 어떻게 다를까? 이 장에서는 이러한 질문에 답하기 위해 독점과 과점, 독점적 경쟁시장을 알아본다.

다양한 시장 유형에도 불구하고 기업에 대한 기본적인 가정은 유지된다. 바로 기업이 이윤 극대화를 추구한다는 것이다. 다만 판매자가 매우 많을 때 시장의 가격이 수요와 공급의 균형으로 결정되는 것과 달리 판매자가 유일하거나 소수이면 기업의 생산량이 직접적으로 가격에 영향을 미치게 된다. 따라서 이러한 기업들은 생산량이 가격에 미치는 영향까지 고려하여 이윤 극대화 결정을 한다. 이에 따라 비용뿐만 아니라 가격도 산출량의 함수가 된다.

독점의 발생 원인

어떤 재화나 서비스를 한 개의 기업만이 판매하고 있을 때를 **독점**(獨占, monopoly)이라고 한다.[1] 독점이 발생하는 주된 원인은 세 가지로 분류할 수 있다. 법령에 의한 경우, 생산기술의 특징에 의한 경우, 중요 생산요소가 독점된 경우 등이다.

법령에 의한 경우의 대표적인 사례는 **지식재산권**(intellectual property right) 보호 법규로 독점이 보장될 때이다. 지식재산권은 발명, 상표, 디자인, 문학, 음악, 미술 등에서의 새로운 생각을 재산으로 인정한 것이다.[2] 누군가 어떤 물건을 소유하면 이를 배타적으로 이용하고 사고 팔 수 있듯이 새로운 생각에 대해서도 배타적인 소유를 보장하는 것이 지식재산권이다. 그러나 물건을 소유하면 그 물건 하나를 소유하는 데 그치지만 새로운 생각을 소유하면 그

독점
어떤 재화나 서비스를 한 개의 기업만이 판매하고 있는 상황의 시장

한국 특허청 홈페이지의 지식재산제도 소개

---

1 구매자가 단일할 경우를 독점이라 할 수도 있다. 이때는 일반적인 판매독점과 구분하여 수요독점(monopsony)이란 표현을 쓰기도 한다. 생산요소 시장에서 특정 기술을 보유한 노동력이나 특정 기계를 수요하는 기업이 한 개뿐일 때 보통 수요독점이 나타난다. 이 책에서는 수요독점을 따로 다루지는 않는다.

2 지식재산권은 산업재산권(특허권, 디자인권, 상표권 등), 저작권, 신지식재산권(첨단산업재산권, 정보재산권 등) 등으로 구분되고, 우리나라에서는 '지식재산기본법'에서 지식재산과 지식재산권의 개념을 정의하는 한편 '특허법', '저작권법' 등 관련 법률들을 통해 구체적인 권리를 보호하고 있다.

생각으로 만들 수 있는 것들에 대한 권리까지 소유하게 되어 독점적 공급자가 될 수 있다. 정부가 이렇게 독점적 권한을 부여하는 것은 지식재산의 창출 활동을 장려하고 새로운 생각이 더욱 새로운 생각을 자극하는 긍정적인 파급효과를 내도록 하기 위해서이다.

두 번째로 독점이 형성되는 조건은 생산기술에 규모의 경제가 클 때이다. 막대한 고정비용 지출이 필요한 산업에서 흔히 규모의 경제가 나타나는데, 제4장에서 공부한 것처럼 규모의 경제는 산출량이 증가할 때 평균비용이 감소하면서 생기기 때문이다. 생산 규모가 커질수록 더 저렴하게 생산할 수 있다면 한 공급자가 시장 전체 수요를 감당하는 것이 여러 공급자가 시장을 분할하는 것보다 효율적이다. 규모의 경제가 나타나는 산업이라면 여러 기업이 경쟁하다가도 한 기업만 남기 쉽고, 독점 공급자가 있는데 진입하고자 하는 기업이 있다면 이 후발 주자는 생산비용상 경쟁력이 떨어지는 것을 깨닫고 진입을 포기할 가능성이 높다. 이렇게 형성되는 독점을 **자연독점**(natural monopoly)이라고 한다. 수도, 가스, 전기 공급처럼 대규모 기간 설비가 필요한 산업에서는 독점이 효율적인데, 이 때문에 정부가 공급에 적극 개입하는 나라가 많다.

중요 생산요소가 독점되는 경우는 주로 원료에서 나타난다. 전통적인 사례가 남아프리카공화국의 다이아몬드회사 드비어스(DeBeers)인데, 이 회사는 1980년대에 세계 다이아몬드 시장 매출의 90% 정도를 점유하고 있었다. 그러나 이후 러시아 등에서 경쟁자들이 나타나 2010년대 중반에는 점유율이 30%대로 떨어졌다. 기업이 아닌 국가 차원에서 원료 독점 경향이 나타나는 경우로 중국의 희토류 생산 사례가 있다. 희토류는 17개의 화학원소들로서 여러 산업에 다양하게 쓰이는데, 2000년대에 들어 중국의 희토류 공급 점유율이 80% 안팎에 이르면서 중국이 수출량을 감축할 때마다 희토류 가격이 급등하는 사태가 나타났다. 그러나 그 결과로 대체 생산지가 부상하고 희토류를 적게 사용하거나 대체하는 기술이 촉진되어 중국의 감산에 의한 파급효과는 줄어들 것으로 예상된다.

경쟁적이지 않은 시장에 경쟁자가 진입하기 어려운 제도적·기술적 걸림돌을 **진입장벽**(barrier to entry)이라 한다. 독점의 발생 원인이 무엇이든 독점력은 기술 진보와 경제 환경의 변화에 의해 바뀔 수 있다. 지식재산권의 보호는 기한이 정해져 있고, 규모의 경제는 기술 여건에 따라 커질 수도, 작아질

20세기를 여는 1900년의 4월, 파리는 흥분으로 들썩이고 있었다. 세계 박람회가 4월 14일부터 7개월 가까이 열릴 것이었기 때문이다. 반세기 정도 앞서 런던에서 최초로 세계 박람회가 열린 이래 파리와 런던은 세계 박람회를 놓고도 자존심 대결을 이어오던 터였다.

세계 박람회 전시품은 다양했지만 전시의 초점은 최신 발명품이었다. 발명품은 18세기 후반부터 시작된 산업혁명의 주인공이었다. 1900년 파리 박람회에 등장한 대표적인 발명품들은 면면이 화려하다. 디젤의 내연기관, X레이, 에스컬레이터, 전자식 녹음기, 무선전신기, 유성영화 등이다. 이것들을 난생 처음, 그것도 한꺼번에 보게 된 사람들의 반응이 어떠했을지 쉽게 상상이 가지 않는다. 놀라운 볼거리 중에서도 백미는 전등이 빚어내는 장관이었다. '전기 궁전(Palais de l'Électrique)'을 비롯하여 박람회장 곳곳과 에펠탑, 세느강 다리들에 설치된 수많은 전등은 파리의 야경을 환상 그 자체로 만들었다.

박람회 방문객은 5천만 명 가까이 됐다. 7개월의 기간을 생각하더라도 우리나라 사람 거의 모두가 박람회를 구경한 셈이니 어마어마한 규모다. 하지만 프랑스의 입장에서는 산업의 전통적 강자 영국과 신흥 강자 독일에 뒤떨어지는 기술 수준이 드러난 자리였다. 반면 영국은 비록 독일에 추격당하고 있기는 하지만 자신감을 이어갈 수 있었다. 박람회 자체의 흥행은 프랑스에 뒤졌지만, 박람회를 통해 과시된 기술 성과에서는 세계 최고의 지위를 지킨 것이다.

어떻게 영국은 산업혁명의 발상지가 되었을까. 왜 놀라운 발명품들이 18세기 중반부터 영국에서 쏟아져 나왔을까. 여러 이유가 있겠지만, 근대적 특허(特許, patent) 제도가 영국에서 가장 먼저 확립되었다는 사실이 주목할 만하다. 특허는 정부가 발명자에게 해당 발명품을 이용하여 돈을 벌 수 있는 독점적 권리를 부여하는 것이다. 영국에서는 이미 17세기 초 발명품에 특허를 부여하는 법이 생겼다(1624년 독점 조례).

영국에서 특허 제도가 완전히 새로운 것은 아니었다. 사실 왕이 독점적 권리를 부여하는 관행은 16세기부터 빈번히 일어나고 있었다. 문제는 그러한 권리가 주로 왕에게 재물을 바치는 사람들에게 남발되었다는 데에 있었다. 대중적으로 인기 없는 세금 대신 독점권을 부여하고 상납을 받는 것이 왕실 재정 확대에 나섰던 것이다. 독점권이 얼마나 남용되었는지 생활에 필수적인 소금에까지 독점권이 부여될 지경이었다.

왕의 독점권 남용에 제동을 건 것은 의회였다. 대중의 원성 끝에 탄생한 독점 조례는 기존의 모든 독점권을 무효로 돌리고 '독창적인 발명'에 대해서만 일정 기간 독점권을 인정하는 내용이었다. 독점 조례는 전 세계 특허 제도의 초석이 되었다는 의의가 있지만 진짜 중요한 특허 제도의 변화는 한 세기 가까이 지난 18세기 초에 일어났다. 발명자가 특허를 출원할 때 발명품의 작동 원리를 완벽하게 설명한 내용을 첨부하도록 하여 누구나 볼 수 있게 한 것이다.

발명자에게 발명품에 대한 독점적 권리를 부여하는 주된 이유는 발명을 촉진하기 위해서이다. 발명품은 세상에 나오는 순간 독창적 아이디어가 같이 공개된다. 콜럼버스의 달걀처럼 발상이 어렵지 모방은 쉬운 경우가 많다. 만약 발명품이 독점권으로 보호되지 않으면 고생해서 발명할 의욕이 꺾일 것이라는 게 특허 제도의 존재 근거다. 오늘날 발명을 포함한 지식 재산 전반이 같은 이유로 보호받는다.

왜 이렇게까지 발명을 촉진해야 하는가. 그것은 발명이 사회 전체에 일으킬 긍정적 파장효과 때문이다. 사람들의 상상을 자극하고 새로운 발명을 유발하는 효과 말이다. 발명이 이처럼 다음 기술 진보의 촉매가 되기 위해서는 아이디어의 상세한 공개가 핵심이다. 영국은 18세기 초 어느 나라보다도 먼저 이러한 제도적 기반을 마련하고 있었던 것이다.

그렇다면 왜 영국인가. 사실 체계적인 특허제도는 이태리의 베니스에서 시작되었다고 알려져 있다. 베니스의 유리 공예가 특허의 주요대상이었고, 유리 공예 장인들이 해외로 이주할 때 정착 국가에 비슷한 권리를 요청함으로써 특허 제도가 전파되었다. 프랑스에서도 발명품의 독창성을 검토하여 특허를 부여하는 제도가 있었다.

영국의 특허 제도가 독보적으로 발전한 배경 중 한 가지는 독점 조례를 비롯한 일련의 변화가 지식인과 발명가의 요구로 의회를 통해

실현되었다는 점이다. 당시 영국에서 상공업에 기반한 신교도의 세력이 강했고, 17세기 후반 명예혁명을 거치며 근대적 민주주의가 가장 먼저 자리잡은 것이 특허 제도 발전에 중요한 요소였던 것이다. 프랑스에서도 근대적인 특허 제도는 프랑스 혁명 중에 도입되었다.

특허 제도 확립에서 두드러지는 시사점은 두 가지이다. 첫째, 제도의 힘이다. 산업 혁명을 이끈 바탕은 이래라 저래라 하는 정부 간섭이 아닌 무형의 아이디어에까지 재산권을 인정한 지극히 자본주의적인 제도였다. 둘째, 최고 권력이 아닌 집단 지성이 민주적으로 발현되는 환경에서야 비로소 아이디어가 꽃을 피운다는 것이다.

1900년의 파리 박람회에는 대한 제국도 초대되었다. 황실이 내놓은 물품들과 함께 프랑스인이 개인 소장하고 있던 직지심체요절도 전시되었다. 현존하는 세계 최고의 금속 활자본으로 구텐베르크의 활판인쇄술보다 70여년 앞선 것이다. 그것이 안타깝게도 지식의 확산과 사회 변혁을 일으키지 못하고 프랑스 국립도서관에 소장되어 있다. 인공지능의 발달로 새로운 산업 혁명이 다가오는 지금, 진정한 창조경제는 어떻게 만들어야 하는 것인지 여러 모로 고민할 때이다.

수도 있다. 생산요소의 독점으로 인한 독점력도 위에서 살펴 본 것처럼 영속적이지 않다. 독점이 어떤 배경에서 형성되었는지, 지속 가능성은 어떠한지 이해하는 것은 독점에 대한 관점을 정하는 데 중요할 수 있다.

독점 기업의 수입

판매자 입장에서 독점과 경쟁시장의 가장 큰 차이는 가격에 미치는 영향력이다. 경쟁시장에서는 판매자가 많기 때문에 개별 판매자의 공급량은 시장가격에 영향을 미치지 못한다. 이 때문에 각 기업은 시장가격을 주어진 것으로 받아들인다. 그러나 독점 판매자는 자신의 공급량이 곧 시장 공급량이기 때문에 시장가격에 직접 영향을 미친다. 동시에 독점 판매자는 시장 수요가 온전히 자신에 대한 수요가 된다. 판매자의 입장에서 수입은 가격과 판매량의 곱이기 때문에 가격이 높을수록 판매량이 많을수록 좋겠지만, 수요의 법칙에 의해 가격이 높을 때는 수요량이 적고 가격이 낮을 때에야 수요량이 많아진다. 즉 수요는 독점 판매자가 수입을 마냥 늘릴 수 없는 제약으로 작용한다. 각 가격에 따라 구매자가 사고자 하는 수량의 관계가 수요함수인데, 이를 뒤집어 역함수를 생각하면 각 수량에 따라 구매자가 내고자 하는 가격의 관계로 해석할 수 있다.[3] 이때 살 수 있는 수량이 적으면 내고자 하는 가격이 높고, 많으면 가격이 낮을 것이다. 아래의 이윤 식에서 가격 P는 독점의 산출량에 따라 결정되는 수요함수의 역함수를 나타낸다.[4]

$$\pi = R - C$$
$$= P(Q) \cdot Q - c(Q)$$

예를 들어 보자. 수제 안경을 파는 가게가 있다. 특정 렌즈를 독점 수입하고 테 제작에 특허를 보유하고 있는 독점이다. 〈표 5-1〉의 첫 열은 이 안경점이 제작하는 안경 개수, 둘째 열은 이 안경에 대한 수요를 반영한 개당 안경 가격이다. 예를 들어 한 개가 제작될 때 그 안경을 사려는 사람은 300만 원을 내고 살 용의가 있고, 두 개가 제작될 때 구매자는 안경 한 개에 280만 원을 낼 용의가 있다. 수요의 측면으로 해석한다면 안경이 300만 원일 때 한 개만 수요되고, 280만 원이면 두 개가 수요되는 것으로 설명할 수 있다. 셋째 열은 수량과 가격을 곱한 총수입이고 넷째 열은 개당 **평균수입**

평균수입
산출량 한 단위의 평균적 판매 수입

---

3 각 수량에 따라 구매자가 내고자 하는 가격을 '지불의사금액(또는 지불용의금액)'이라 부르기도 한다. 이에 대해서는 제6장에서 자세하게 공부할 것이다.
4 제3장에서 수요함수를 $Q^D = D(P)$로 나타냈다. 따라서 이윤 식의 가격은 수요함수의 역함수 $D^{-1}(\cdot)$를 이용하면 $P = P(Q) = D^{-1}(Q)$로 이해할 수 있다.

표 5-1　독점 기업의 수입 예시표　　　　　　　　　　　　　　　　　　단위: 개, 만 원

수량 (Q)	가격 (P)	총수입 (R)	평균수입 (AR)	한계수입 (MR)
1	300	300	300	300
2	280	560	280	260
3	260	780	260	220
4	240	960	240	180
5	220	1,100	220	140
6	200	1,200	200	100
7	180	1,260	180	60
8	160	1,280	160	20
9	140	1,260	140	−20
10	120	1,200	120	−60

그림 5-1　평균수입과 한계수입

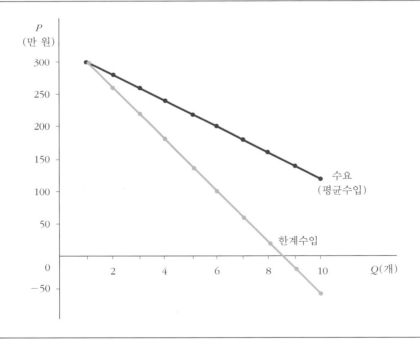

(average revenue)이다. 평균수입은 개당 수입이므로 가격과 같다는 점에 유의하자. [그림 5-1]에는 수요곡선과 평균수입곡선이 동일한 빨간 점과 선으로 표시되어 있다. 〈표 5-1〉의 다섯 째 열은 **한계수입**(marginal revenue)으로 안경을 한 개씩 추가로 판매할 때마다 기대되는 수입의 증가액이다. 한계수입은 각 개수에 대한 총수입에서 바로 전 개수의 총수입을 빼서 구할 수 있다. 예를 들어 두 개째 안경의 한계수입 260만 원은 2개에 대한 총수입 560만 원에서 1개에 대한 총수입 300만 원을 뺀 것이다. 한계수입곡선은 [그림 5-1]에서 연두색의 점과 선으로 표시되었다.

한계수입
산출량이 아주 조금 변할 때 나타나는 판매 수입의 변화분

　　[그림 5-1]에 나타나듯이 독점의 한계수입은 평균수입보다 작다.[5] 이는 독점이 산출량을 늘리면 가격이 떨어지는데, 떨어진 가격이 추가된 산출물뿐만 아니라 전체 산출물에 동일하게 적용되기 때문이다. 예를 들어 안경을 한 개 생산할 때는 300만 원을 받다가 두 개 생산하게 되면 두 번째 안경만 280만 원을 받는 것이 아니라 둘 다 280만 원을 받게 된다. 따라서 두 번째 안경의 한계수입은 첫 번째 안경보다 20만 원이 아닌 40만 원 감소하는 것이다. 즉 한계수입이 가격 280만 원보다 작다.

　　독점이 산출량을 늘리면 가격이 하락하기 때문에 산출량을 늘릴 때 총수입이 증가할지 감소할지는 구체적인 상황에 달렸다. 만약 모든 제품에 더 낮은 가격을 적용하여 수입이 감소하는 부분이 추가 판매로 수입이 증가하는 부분보다 크다면 총수입은 감소한다. 즉 한계수입이 음수(-)가 된다. 예를 들어 9개의 안경을 판매하면 8개를 팔 때보다 개당 20만 원씩 적게 받게 되어 총수입에 160만 원 감소 요인이 발생한다. 이 금액이 한 개 더 생산하여 추가로 얻는 140만 원의 수입보다 크기 때문에 아홉 번째 안경의 한계수입은 -20만 원이 된다.

이윤 극대화 조건

　　잠시 경쟁시장에서 활동하는 기업의 이윤 극대화 조건을 상기해 보자. 수입직선과 비용곡선의 격차가 가장 클 때 이윤이 극대화되므로 수입직선의 기울기인 가격(P)과 비용곡선의 기울기인 한계비용(MC)이 같은 것이 이윤 극

5　제4장의 경쟁시장의 경우 가격이 곧 평균수입이자 한계수입이었다. 이는 각 기업이 얼마만큼 생산하든 시장가격이 변하지 않기 때문이다.

그림 5-2 독점의 이윤 극대화

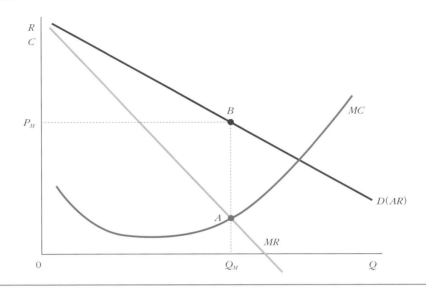

대화 조건이었다. 이를 직관적으로 해석하면 기업이 산출량을 한 단위 늘린 편익은 가격만큼의 수입이고 그 기회비용은 한계비용이므로 편익이 기회비용보다 클 때는 계속 생산을 늘리다가 같아질 때 멈춘다는 것이다. 독점의 이윤 극대화 조건에도 똑같은 논리가 적용된다. 산출량을 한 단위 늘린 편익이 한계비용과 같아질 때까지 생산한다. 경쟁시장과 다른 점은 산출량을 한 단위 늘린 편익이 가격이 아닌 한계수입(MR)이라는 점뿐이다.

이 조건을 그림으로 나타내면 [그림 5-2]와 같다. 그림의 A점은 독점의 이윤 극대화 조건을 나타낸다.

$$MR = MC$$

독점은 이 조건이 만족되는 산출량 Q_M을 생산할 것이다. 그런데 이때 시장가격은 한계비용 수준이 아니다. 독점이 Q_M에서 이윤이 극대화되는 것은 이 산출량에 대해 구매자들에게 받을 수 있는 최고 가격인 P_M 수준으로 가격을 받기 때문이다. 따라서 독점의 이윤 극대화 산출량은 $MR = MC$를 만족하는 A점에서 결정되고, 가격은 이 산출량에 대한 수요곡선의 높이 B점에서 결정된다.

그림 5-3 독점의 이윤

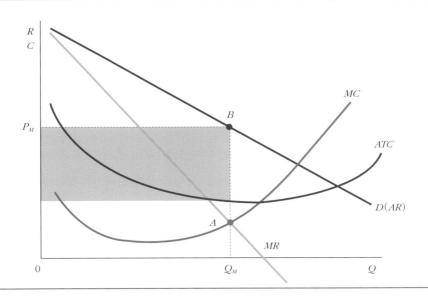

그 결과 독점은 양(+)의 이윤을 얻게 된다. 이윤을 가격(평균수입)과 평균비용을 이용하여 다시 표현하면 다음과 같다.

$$\pi = P(Q) \cdot Q - c(Q)$$
$$= (P(Q) - ATC) \cdot Q$$

따라서 구체적인 이윤의 크기는 독점 산출량에서의 가격(평균수입)과 평균비용의 차이에 산출량을 곱하여 결정될 것이다. [그림 5-3]에는 독점의 이윤이 회색 직사각형으로 표시되어 있다. 경쟁시장에서는 단기에 양의 이윤이 발생하면 장기에 신규 판매자들이 시장에 진입하여 공급을 증가시킨 결과 이

표 5-2 **경쟁시장 vs. 독점**

	경쟁시장	독점
판매자의 수	다수	1
이윤 극대화 조건	$P = MR = MC$	$P > MR = MC$
이윤 규모	단기: 양의 이윤 가능 장기: 정상 이윤으로 수렴	양의 이윤 유지

윤이 지속적으로 줄어들 것이지만 독점에서는 신규 판매자의 시장 진입이 불가능하므로 양의 이윤이 유지된다.

경쟁시장과 독점의 차이를 요약하면 〈표 5-2〉와 같다.

가격차별

가격차별
기업이 구매자에 따라
다른 가격을 부과하는
행태

독점은 경우에 따라 위에서 본 이윤보다 더 큰 이윤을 거둘 수도 있다. 바로 가격차별을 통해서이다. **가격차별**(price discrimination)이란 기업이 구매자에 따라 다른 가격을 부과하는 행태를 일컫는다. 독점이 왜 가격차별을 원할지 그림을 통해 살펴보자. 분석의 편의를 위해 단위당 생산비용이 일정하다고 가정한다. 즉 산출량에 관계없이 평균비용(ATC)이 같다는 가정인데, 이렇게 되면 한계비용(MC)도 일정하면서 평균비용과 같게 된다.[6]

[그림 5-4]의 (가)와 (나)에는 각기 다른 수요함수를 갖는 두 구매자 집단의 수요곡선이 나타나 있다. '가' 구매자 집단의 수요곡선이 '나' 구매자 집단보다 양축에 더 가까이 있어 수요의 규모가 작다. 만약 독점이 두 구매자 집단을 분리하여 다른 가격을 부과할 수 있다면 이에 따라 발생할 연두색의 한계수입곡선도 다르게 된다. 이렇게 가격차별을 한다면 독점은 각 구매자 집단에 대해 한계수입(MR)이 한계비용(MC)과 일치하는 점 $A_가$, $A_나$에서 각각의 산출량을 결정한다. 즉 다음의 조건이 만족된다.

$$MR_가 = MR_나 = MC$$

가격은 이 산출량에 대해 받을 수 있는 최대 가격인 $P_{M가}$, $P_{M나}$를 부과할 것이다. $P_{M가}$가 $P_{M나}$보다 낮다는 점을 기억하자. 그 결과 이 독점이 거둘 수 있는 이윤은 (가)와 (나)에 표시된 회색 사각형 면적의 합이다.

만약 이렇게 가격차별을 하지 않고 전체 구매자들에 대해 단일 가격을 부과한다면 (다)에 표시된 것처럼 전체 구매자의 수요곡선($D_{가+나}$)으로부터 도출된 한계수입($MR_{가+나}$)이 한계비용(MC)과 일치하는 점 $A_{가+나}$에서 산출량을

---

6 평균비용이 일정하다는 것은 고정비용은 없고 가변 비용만 단위당 일정 금액이 소요된다는 뜻이다. 이 경우 제4장에서 공부한 비용함수의 그래프가 원점을 지나는 직선으로 나타나기 때문에 각 산출량에서의 비용곡선의 기울기인 한계비용 역시 일정하고 이 수치가 평균비용과 같다.

그림 5-4 독점의 가격차별과 이윤

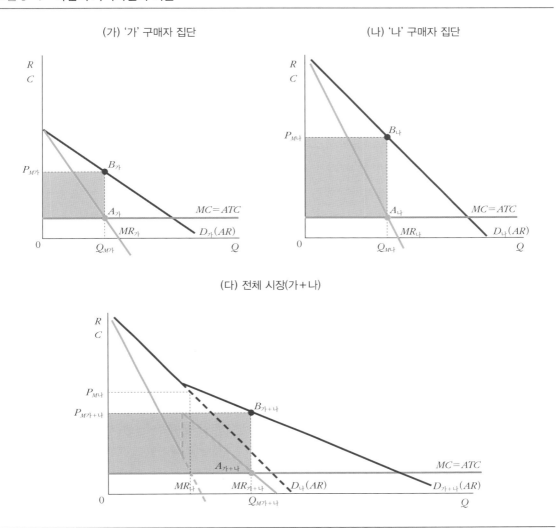

(가) '가' 구매자 집단

(나) '나' 구매자 집단

(다) 전체 시장(가+나)

결정하고, 이 산출량에 대한 수요곡선의 높이인 $P_{M가+나}$만큼을 부과할 것이다. 이때 이윤은 (다)에 표시된 회색 사각형의 면적이다.

가격차별할 때의 이윤인 (가)와 (나)의 회색 사각형 면적 합이 단일 가격을 적용할 때의 이윤인 (다)의 면적보다 큰지 그림으로는 명확하지 않다. 그러나 이윤을 증가시킬 수 있다면 독점은 가격차별을 하고자 할 것이다. [그림 5-4]처럼 독점이 가격차별로 이윤을 증가시킬 수 있을 때는 서로 다른 구매자 집단에 다른 가격을 적용하여 산출량을 크게 늘릴 수 있을 때이다. 경로 우대 요금이나 청소년 할인 요금이 책정된 경우, 요일 할인이나 온·오프라인에서 할인권이 제공되는 경우 등이 이에 속한다.

[그림 5-4]의 경우 '나' 집단의 수요곡선은 (다)에 다시 표시되어 있는데, 한계비용이 $MR_나$와 만나는 산출량 수준 $Q_{M나}$가 $MR_{가+나}$와 만나는 산출량 수준 $Q_{M가+나}$보다 적지만, $P_{M나}$가 $P_{M가+나}$보다 높다. 또한 가격차별시 '가' 집단에서 발생하는 이윤이 커진다. 수요 규모가 작은 '가' 집단에게는 (다)의 단일 가격이 다소 높아서 그 가격에는 '가' 집단이 많이 사지 않는데 차별 가격에서는 구매량을 늘리기 때문에 이윤이 증가할 수 있다.[7]

모든 가격차별에는 중요한 전제 조건이 있다. 구매자를 특성에 따라 구분할 수 있고, 식별된 구매자 집단에 따라 다른 가격을 받아낼 수 있어야 한다. 성인이 청소년 할인권으로 영화를 볼 수 있으면 극장의 이윤은 가격차별을 하지 않는 경우보다 적을 수도 있다.

가격차별의 사례는 우리 주변에서 많이 찾아볼 수 있다. 연령대에 따라 휴대전화 통신료가 다른 것, 대중교통 요금의 조조할인, 놀이공원이나 유원지의 입장료 차등 등 인식하고 둘러보면 가격차별이 만연하다는 것을 알게 될 것이다. 때로는 가격차별이 동일한 상품이 아니라 약간 다른 상품으로 구성되어 적용되기도 한다. 놀이공원 입장료와 자유이용권 차이라든지, 데이터 이용 한도에 따라 비례적이지 않은 방법으로 통신료가 부과된다든지, 묶음으로 파는 상품이 같은 수량의 상품을 개별적으로 살 때보다 싸다든지 하는 등이다. 판매자가 왜 그러한 방식으로 가격차별을 하는지 생각해 보는 것도 경제학을 배우는 재미를 더해 줄 것이다.

---

[7] 엄밀하게 말하면 한계수입이 같은 상태에서 수요의 가격탄력성이 더 큰 집단이 더 낮은 가격을 지불하게 된다. 이에 대한 증명은 이 책의 범위를 벗어나므로 생략한다.

필요한 만큼 배우는 경제학

과점의 발생 원인

어떤 재화나 서비스를 소수의 기업만이 판매하고 있을 때를 **과점**(寡占, oligopoly)이라고 한다. 과점의 발생 원인은 독점과 크게 다르지 않다. 법령에 의한 경우, 생산기술의 특징에 의한 경우, 중요 생산요소가 소수의 기업에 점유된 경우 등이 과점을 형성하는 원인이 된다.

영업을 하는 데 법령에 의해 정부의 허가가 필요한 경우 과점이 형성될 가능성이 크다. 예를 들어 서비스업 중 무선 통신업이나 복권 발행 및 판매업 등은 정부의 허가가 필요하기 때문에 판매자가 경쟁시장을 형성할 정도로 많을 수가 없다. 〈표 5-3〉을 참고해 보면, 담배의 경우 과거 재배된 담배를 정부에서 전량 매입하여 담배로 제조·판매한 전력의 영향으로 과점으로 남아 있다.

생산기술상 규모의 경제가 독점을 형성할 정도는 아니더라도 충분히 커서

> 과점
> 어떤 재화나 서비스를 소수의 기업이 판매하고 있는 상황의 시장

표 5-3 **제조업 과점의 사례**

소비재		중간재 및 자본재	
산업명	상위 3개 회사 시장점유율 합계	산업명	상위 3개 회사 시장점유율 합계
담배	99.8	펄프	100
맥아 및 맥주	98.4	제철	96.9
텔레비전	94.1	설탕	96.4
승용차 및 기타 여객용 자동차	90.5	화물자동차 및 특수목적용 자동차	96.0
영상게임기	88.6	타이어 및 튜브	91.8
이동전화기	87.8	액정 표시장치	83.6
소주	81.8	제강	79.6

자료: 공정거래위원회 『2019년 기준 시장구조조사 결과』, 2021년 12월 31일 공개

과점을 형성할 수도 있다. 승용차 제조나 제철과 같이 막대한 설비 투자가 필요한 경우, 이동전화기 제조처럼 대규모 연구·개발(research & development: R&D) 투자가 선행되어야 하는 경우 등이 그러하다. 서비스업에서도 항공 여객 운송업이나 영화관 운영업 등은 영업을 위해 갖추어야 하는 자산 규모가 크기 때문에 과점이 형성되게 마련이다.

게임이론의 적용

과점의 기업들은 어떻게 생산 결정을 할까? 경쟁시장의 공급자들처럼 시장가격을 주어진 것처럼 받아들이기에는 산출량이 가격에 미치는 영향이 눈에 보이고, 독점처럼 가격을 높게 설정하기에는 경쟁자들이 신경 쓰이는 것이 과점 기업들이 처한 상황이다. 즉 그들의 생산 결정이 시장가격뿐만 아니라 서로의 이윤에도 영향을 미치기 때문에 과점 기업의 생산 결정에는 별도의 분석 도구가 필요하다.

경제학에서 과점의 분석에 가장 보편적으로 이용되는 접근 방법은 게임이론이다. 게임이론은 나의 후생이 나뿐만 아니라 다른 사람의 행동에 의해 영향을 받는 상황(전략적 상황)에서 어떤 의사 결정을 하는지 연구하는 학문이다. 한 기업의 생산 결정이 과점 내 다른 기업들에게 영향을 미치는 과점 역시 전략적 상황이기 때문에 게임이론을 적용하기에 적합하다. 보통 학부 수준의 게임이론에서는 게임 참가자가 두 명인 경우를 다루기 때문에 과점에서도 기업이 두 개인 **복점**(複占, duopoly)을 중심으로 공부한다.

복점
두 개의 기업만 존재하는 상황의 시장

예를 들어 살펴보자. 설탕 제조 산업에 A, B 두 기업이 있다. 분석의 편의상 두 기업의 생산기술은 같고 선택할 수 있는 산출량은 '적음' 또는 '많음'의 두 가지 수준이라고 가정한다. 두 기업은 동시에 독립적으로 산출량을 결정한다. 이들이 만드는 설탕은 품질이 같고 소비자들 역시 그렇게 생각한다.[8] 만약 두 회사 모두 '적음'을 선택하면 산출량의 합이 마치 두 회사가 한 회사, 즉 독점이었다면 선택할 산출량 수준과 같다고 하자. 산출량이 이러하

---

8 이는 과점 모형 중 꾸르노(Cournot) 모형에 해당한다. 꾸르노 모형에서는 동질적인 재화를 만들고 생산기술이 같은 기업들이 산출량 결정을 통해 시장에서 경쟁하는 상황을 가정한다. 이와 달리 과점 기업들이 가격을 통해 경쟁하는 상황을 가정한 대표적인 모형으로 베르트랑(Bertrand) 모형이 있다.

표 5-4 **복점 기업의 산출량 결정에 따른 이윤**

		B	
		적음	많음
A	적음	18, 18	15, 20
	많음	20, 15	16, 16

면 시장 수요에 의해 결정된 가격이 독점일 때의 가격과 같다. 그 결과 생산 기술이 같은 두 회사는 독점이었다면 누릴 수 있는 이윤을 반씩 나누어 갖게 된다. 이때 각 기업이 갖게 되는 이윤을 18이라고 하자. 만약 두 회사 모두 '많음'을 선택하면 시장가격은 둘 다 '적음'을 선택할 때보다 크게 떨어져서 각 기업이 갖게 되는 이윤은 16으로 감소한다. 그러나 A가 '많음'을 선택하고 B는 '적음'을 선택한다면 가격이 둘 다 '적음'일 때보다는 낮고 둘 다 '많음'일 때보다는 높게 된다. 그런데 A는 산출량을 늘렸기 때문에 이윤이 20으로 커지고, 반대로 B는 15로 감소한다. A가 '적음'을 선택하고 B가 '많음'을 선택하면 이번엔 A의 이윤이 15, B의 이윤이 20이 될 것이다. 이러한 상황을 게임이론에서 많이 쓰는 **보수행렬**(payoff matrix)을 이용하여 표현하면 〈표 5-4〉와 같다. 이 보수 구조는 A, B 모두 알고 있다.

보수행렬에서는 편의상 첫 번째 게임 참가자를 표의 왼쪽에 표시하고 그의 선택 대안, 즉 전략(strategy)을 그 오른쪽에 행을 구분하여 기입한다. 두 번째 게임 참가자는 표의 위쪽에 표시하고 그의 전략은 그 아래쪽에 열을 구분하여 기입한다. A와 B의 복점 게임에서 각자가 선택할 수 있는 전략 '적음'과 '많음'이 어떻게 조합되는가에 따라 4개의 경우가 생긴다. 이에 따라 각 조합에 대한 이윤의 쌍이 보수행렬을 구성하고 있다. 각 칸에서 첫 번째 숫자는 첫 번째 게임 참가자인 A의 이윤이고, 두 번째 숫자는 B의 이윤이다. 예를 들어 A의 '적음'과 B의 '많음'이 결합된 결과 A는 15, B는 20의 이윤을 얻는 것이 보수행렬의 노랑 칸에 나타나 있다.

보수행렬
게임이론에서 경기자가 2인이고 전략의 개수가 제한적일 때 전략적 상황을 요약한 표

과점 기업의 의사 결정

이렇게 각자의 선택이 서로에게 영향을 주는 복점 게임 상황에서 각 기업

A		B	
		적음	많음
A	적음	18, 18	15, 20
	많음	<u>20</u>, 15	<u>16</u>, 16

최적대응
상대방의 전략을 가정한 상태에서 본인에게 최선인 전략

은 어떻게 산출량을 결정할까? 많이 쓰는 방법은 상대방의 선택을 가정하고 나의 **최적대응**(best response)을 찾는 것이다. 그 결과 각자의 최적대응이 어긋나지 않고 조합으로 묶인다면 그러한 최적대응 전략집합을 게임의 **균형**으로 정의한다. 먼저 위에 제시된 게임에서 각 기업의 최적대응을 찾아보자. A의 입장에서 B의 선택을 가정한다는 것은 B가 '적음'을 선택할 때와 '많음'을 선택할 때를 나누어 생각한다는 뜻이다. 만약 B가 '적음'을 선택하면 A는 '적음'을 선택할 때 18, '많음'을 선택할 때 20의 이윤을 얻기 때문에 '많음'을 선택하는 것이 최적대응이다. B가 '많음'을 선택하면 A는 '적음'을 선택할 때 15, '많음'을 선택할 때 16의 이윤을 얻어 역시 '많음'을 선택하는 것이 최적대응이다. 이렇게 상대방의 선택에 따라 최적대응을 찾아나가다 보면 헷갈릴 수 있기 때문에 보통 최적대응에 대한 결과(이 경우 더 큰 이윤)에 밑줄을 쳐서 최적대응을 알아보기 쉽게 한다. A의 최적대응에 대한 결과에 밑줄을 치면 〈표 5-5〉처럼 된다.

　B에 대해서도 같은 방법으로 최적대응을 찾을 수 있다. 이번에는 A의 선택을 가정하고 B에게 더 이득인 전략을 찾으면 되는데, 이 게임에서는 A와 B의 상황이 정확하게 대칭이라 B의 최적대응도 A의 각 선택에 대해 모두 '많음'인 것을 알 수 있다. 이렇게 상대방의 선택에 관계없이 최적대응인 전략을 **우월전략**(dominant strategy)이라고 부른다. B의 최적대응까지 보수행렬에 표시하면 〈표 5-6〉이 된다.

우월전략
상대방의 선택에 관계없이 최적대응인 전략

　A와 B의 최적대응이 서로 어긋나지 않고 조합으로 묶인 경우는 (A의 전략, B의 전략)=(많음, 많음)일 때이다. 바로 이 전략집합이 게임의 균형이다.[9] (많음, 많음)이 균형이라는 것은 상대방이 '많음'을 선택할 때 내가 '많

9　모든 게임 참가자가 상대방의 전략에 대해 최선의 선택을 하고 있는 상황을 이를 착안한 학자의 이름을 따서 내쉬균형(Nash equilibrium)이라 부르는데, 제시된 복점 게임에서 (많

표 5-6   최적대응에 대한 결과 표시

		B	
		적음	많음
A	적음	18, 18	15, <u>20</u>
	많음	<u>20</u>, 15	<u>16</u>, <u>16</u>

음'이 아닌 다른 선택을 할 까닭이 없다는 뜻이다. 최적대응을 묶어놓은 것이 균형이기 때문이다. 그런데 보수행렬을 자세히 보면 (많음, 많음)일 때보다 (적음, 적음)일 때 두 기업 모두 이윤이 커지는 것을 알 수 있다. 명백하게 둘 다에게 좋은 결과가 있는데 (많음, 많음)이 균형이 되는 것이 의아할 수 있다. 하지만 (적음, 적음)은 균형으로 유지될 수가 없다. 만약 상대방이 '적음'을 선택한다면 나는 '많음'을 선택하는 것이 유리하기 때문이다.

이러한 복점 모형은 이른바 **죄수의 딜레마**(prisoners' dilemma)라 불리는 유명한 게임 모형의 한 사례이다. 둘 다에게 더 좋은 결과를 가져올 전략조합이 있음에도 불구하고 그보다 못한 전략조합이 균형이 되는 게임이다. 하지만 이는 복점 기업의 관점에서 그렇다는 것이고 소비자의 입장에서 보면 독점일 때보다 과점일 때 더 많은 재화를 더 낮은 가격에서 소비할 수 있게 된다. 과점 모형은 매우 다양하고 모형마다 기업의 의사 결정 결과가 달리 도출되지만, 위의 복점 모형은 게임이론을 과점에 어떻게 적용할 수 있는지 비교적 쉽게 보여주는 좋은 사례이다.

죄수의 딜레마
게임이론에서 유명한 게임 모형의 한 사례

담합과 카르텔

위의 복점 모형에서는 두 기업이 경쟁하는 가운데 둘 다에게 더 큰 이윤을 줄 수 있는 전략을 선택하지 않는다는 결론이 났다. 그런데 만약 두 기업이 서로를 충분히 신뢰하고 협조할 수 있다면 어떻게 될까? 기업의 세계에 '신뢰'나 '협조' 같은 단어들이 어울리지 않아 보일 수 있지만 이를 통해 더 높은 이윤을 지속할 수 있다면 시도해 볼만한 일일 것이다. 기업들이 가격이

음, 많음)이 내쉬균형이다. '많음'은 우월전략이기 때문에 제시된 복점 게임의 균형은 우월전략 균형이기도 하다. 우월전략 균형은 내쉬균형에 포함된다.

담합
과점 기업들이 가격이나
산출량을 협의하여 결정
하는 것

카르텔
담합에 참여한 기업들의
집단

나 산출량을 협의하여 결정하는 것을 **담합**(collusion)이라고 하고 담합에 참여한 기업들을 집단으로서 **카르텔**(cartel)이라고 일컫는다.

역사적으로 유명한 담합 사례로는 1970년대에 원유 생산의 대부분을 차지하는 국가들이 결성한 석유수출국기구(OPEC)라는 카르텔에서 생산량 감축을 통해 원유 가격을 급등시킨 오일 쇼크(oil shock)를 들 수 있다. 국내에서도 가끔씩 담합에 대한 언론 보도가 나오곤 한다. 담합은 많은 나라에서 공정 거래를 해치는 행위로 규제하고 있고, 우리나라에서는 공정거래위원회가 '독점규제 및 공정거래에 관한 법률'을 근거로 담합을 적발한다.

위의 복점 모형 사례에서는 카르텔이 형성되더라도 자연스럽게 깨질 수 있는 상황을 보여주지만 어떤 이유에서든 카르텔이 유지된다면 카르텔 외부에서 담합을 찾아내는 것은 어려울 것이다. 이 때문에 공정거래위원회는 자진신고 감면제도(leniency)를 운영한다. 이는 담합에 참여한 기업이 그 사실을 자진신고하거나 조사에 협조하는 경우 시정조치나 과징금 등의 제재 수준을 감면함으로써 담합 적발을 용이하도록 한 제도이다.

숨고르기

죄수의 딜레마는 아마도 게임 이론에서 가장 널리 알려진 게임일 것이다. 게임이 이렇게 명명된 상황은 다음과 같다. A와 B 두 사람이 어떤 사건의 용의자로 체포된다. 검사는 이들이 범인이라는 심증은 있지만 물증이 없다. 두 용의자를 서로 다른 방에서 심문하는 검사는 각 용의자에게 이렇게 제시한다. "만약 한 명은 자백하고 다른 한 명은 범행을 부인하면, 자백한 사람은 방면하고 부인한 사람은 5년형을 살도록 할 것이다." 하지만 둘 다 자백하면 각각 법에 따라 3년형을 살게 되고, 둘 다 부인하면 증거가 부족한 검사는 다른 혐의를 찾아 1년 이하 형을 살게 할 것이다. 이 전략적 상황을 보수행렬로 나타내고 배운 대로 풀어내면 (자백, 자백)이 균형이다. 두 용의자 모두에게 분명히 더 좋은 (부인, 부인)의 조합이 있음에도 불구하고 이렇게 안타까운(?) 결과가 예상되기 때문에 딜레마라고 불리는 것이다. 아직 죄가 확정되지 않은 상황을 바탕으로 하므로 용의자의 딜레마라 불리기도 한다.

'플랫폼의 시대'라고 해도 과언이 아닐 만큼 세계 산업의 각 영역에서 이른바 플랫폼 기업의 성장이 주목을 받고 있다. 플랫폼 기업은 이른바 '네트워크 효과'로 인해 완전경쟁시장의 기업과 다른 행태를 보인다.

플랫폼은 원래 기차역에서 승객이 기차를 기다리는 공간이다. 플랫폼은 제한된 공간에서 도착지가 다양한 기차와 목적지가 다양한 승객이 연결되는 속성 때문에, 서로 다른 이용자 집단이 서로에게 닿을 수 있도록 제공되는 서비스나 물리적 공간에 비유적으로 쓰이게 된 것이다. 네트워크 효과는 한 측면의 이용자가 얻는 효용이 다른 측면의 이용자의 수 또는 이용량에 영향을 받는 것을 뜻한다. 네트워크 효과는 이용자가 얻는 효용이 제3자로부터 영향을 받지만 이에 대한 대가를 직접 주고받지 않기 때문에 제6장에서 공부할 '외부성'에 부합한다. 따라서 '네트워크 외부성'이라 불리기도 한다.

물리적 공간인 플랫폼으로는 쇼핑몰이나 은행 등을 예로 들 수 있다. 쇼핑몰은 독립적인 사업자가 입점하여 다양한 구매자에 노출되고, 은행은 은행 고유의 예·적금뿐만 아니라 다른 금융회사의 보험상품이나 금융투자상품이 판매되고 있기 때문이다. 비교적 오래된 플랫폼 서비스로는 신용카드 서비스가 있다. 신용카드 서비스는 특정 신용카드를 통해서 이를 결제수단으로 받아들이는 가맹점과 카드를 소유한 이용자를 연결한다. 가맹점 입장에서는 자신이 받는 신용카드의 이용자수가 많을수록 좋고, 신용카드 소유자는 자신의 카드로 결제할 수 있는 가맹점이 많을수록 좋기 때문에 네트워크 효과가 존재한다.

이렇게 플랫폼의 속성을 갖는 사업은 이전부터도 있었지만, 플랫폼이란 용어 자체는 2000년대 이후 온라인으로 이뤄지는 중개 서비스에 주로 이용된다. 온라인의 특성상 물리적 장벽이 최소화되어 양측 이용자 규모가 매우 커질 수 있기 때문에 대기업이 속속 출현한 것이 그 배경이다. 미국에서 시작된 Amazon, Uber, Airbnb 등이 대표적이지만 Apple 같은 기업은 앱스토어 등을 통해 플랫폼 사업을 영위하고 있고 Youtube를 보유한 Google도 검색 사이트를 광고 플랫폼으로 이용하는 등 플랫폼은 21세기 경제에 핵심어로 자리잡았다.

우리나라에서도 네이버, 다음카카오 등을 필두로 플랫폼 기업의 영향력이 커지고 있다. 주목할 문제는 플랫폼이 유발하는 네트워크 효과 때문에 성공적인 플랫폼 기업이 존재하는 사업 영역에 경쟁자로 뛰어들기 쉽지 않다는 사실이다. 즉, 네트워크 효과가 진입장벽의 역할을 할 수 있다.

이러한 문제 때문에 플랫폼 기업이 공정 경쟁을 해치는 일이 없는지가 여러 나라 정부의 중요한 관심사가 되고 있다.

독점적 경쟁시장의 특성

독점적 경쟁시장
많은 판매자가 비슷하지만 차별적인 상품을 판매하고 있는 상황의 시장

독점적 경쟁(monopolistic competition)시장이란 많은 판매자가 비슷하지만 차별적인 상품을 공급하는 시장이다. 차별적인 상품 각각의 판매자는 해당 상품에 대해 독점이다. 하지만 대체적 성격의 상품이 많다는 점에서 다수의 판매자와 경쟁해야 한다. 또한 시장에의 진입이 자유롭기 때문에 판매자가 많은 경우가 대부분이라 독점적 경쟁시장은 '자유로운 시장 진입'이라는 경쟁시장의 특성도 갖고 있다.

다수의 판매자가 차별적인 상품을 공급하는 시장은 현실에서 흔히 찾아볼 수 있다. 배달 음식으로 인기 많은 치킨은 판매자가 매우 많지만 조리법에 따라 그 종류가 다양하다. 심지어 단순하게 튀긴 닭이라도 사람들은 브랜드에 따라 맛이 다르다고 생각한다. 온라인 게임 역시 전 세계적으로 많은 기업이나 개발자들이 공급하고 있지만 특정 게임을 즐기는 사람에게 그 게임은 독점적 영향력을 미칠 수 있다. 쌀, 시금치, 고구마, 사과 같은 농산물도 어디에서 생산되었는가에 따라 차별적인 상품으로 받아들여지고 의류 및 신발을 포함한 다양한 공산품, 식당이나 음원 같은 서비스도 독점적 경쟁시장에서 거래된다.

상품이 동질적인지 차별적인지를 어떻게 구분할 것인지 애매할 수 있다. 완전경쟁시장에서 '거래되는 상품이 동질적'이라는 가정은 현실에서 유지되기 어렵다는 측면에서 독과점을 제외한 거의 모든 시장이 사실상 독점적 경쟁시장이라 볼 수도 있다. 다른 한편에서는 판매자가 독점력을 가질 만큼 차별적이 아니라면 제4장의 경쟁시장 분석 방법이 더 간단하고 유용할 것이다. 결국 중요한 것은 구매자들이 상품을 차별적으로 받아들이는지 여부이다. 상품에 대한 구매자들의 인식에 중요한 영향을 미칠 수 있는 요소가 광고이다.

광고는 독점적 경쟁시장에 특히 두드러지게 나타난다. 이러한 시장의 판매자는 많은 경쟁자들 사이에서 자기가 파는 상품의 차별성을 알리거나 브랜드를 통해 차별성이 있는 것 같은 이미지를 만드는 것이 매우 중요하기 때문이다.

단기 균형

독점적 경쟁시장에서는 자유로운 시장 진입이 가능하기 때문에 판매자의 수가 고정된 단기에서의 균형과 판매자의 진출입이 일어나는 장기에서의 균형으로 시장 상황을 나눌 수 있다.

독점적 경쟁시장에서의 단기 분석은 독점에 대한 분석과 같다. 각 제품에 대해 판매자는 독점이기 때문에 해당 제품에 대한 시장 수요 전체가 자신의 수요가 된다. 경쟁하는 대체재가 많기 때문에 수요가 가격에 대해 탄력적이어서 수요곡선이 다소 완만할 수는 있지만 우하향하는 시장 수요곡선 전체가 독점적 경쟁시장의 기업이 직면하는 수요곡선이다. [그림 5-5]는 독점적 경쟁 상황 기업의 단기 균형을 보여준다. 기업의 이윤 극대화 산출량은 독점과 마찬가지로 $MR=MC$를 만족하는 A점에서 결정되고, 가격은 이 산출량에 대한 수요곡선의 높이 B점에서 결정된다. 이때 기업의 이윤은 수요와 비용의 상황에 따라 왼쪽 그림처럼 양(+)의 회색 직사각형이 될 수도 있고 오른쪽 그림처럼 음(−)의 회색 직사각형이 될 수도 있다. 오른쪽과 같이 손해를 보

그림 5-5 　 **독점적 경쟁시장의 단기 균형**

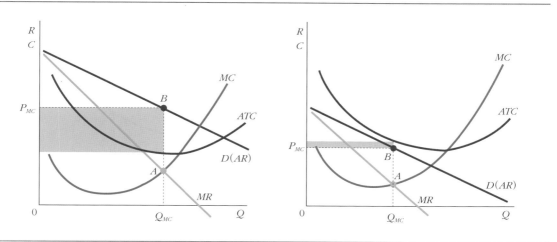

지만 조업을 계속할 때에는 가격이 단기의 평균 가변비용보다 높아서 $MR =$ MC에서 생산을 계속하는 것이 손실을 최소화하는 경우이다.

장기 균형

독점적 경쟁시장에 있는 판매자가 양의 이윤을 얻고 있을 때에는 경쟁시장처럼 장기적으로 시장에 새로운 판매자들이 진입한다. 이렇게 신규 진입이 발생하면 경쟁시장에서라면 공급이 증가하지만 독점적 경쟁시장에서는 완전히 같은 상품에 대한 공급이 증가한 것이 아니라 대체재가 늘어나는 것이므로 기존 상품에 대한 수요가 줄어들게 된다. 이는 기업의 입장에서 왼쪽으로 이동하는 수요곡선으로 나타난다. 수요가 감소함에 따라 이윤도 줄어든다. 하지만 양의 이윤이 존재하는 한 신규 진입은 계속 발생할 것이다. 반대로 판매자가 손해를 보고 있다면 기업들이 시장에서 퇴출된다. 시장 퇴출로 경쟁이 감소하게 되면 살아남은 상품에 대한 수요는 증가한다. 기업의 입장에서 보면 수요곡선이 오른쪽으로 이동하는 것이다. 수요가 증가함에 따라 손해도 줄어든다. 시장 퇴출은 기존 기업들이 손해를 보는 한 계속된다.

이러한 진입과 퇴출 과정은 이윤이나 손해가 0이 될 때까지 진행된다.

그림 5-6 **독점적 경쟁시장의 장기 균형**

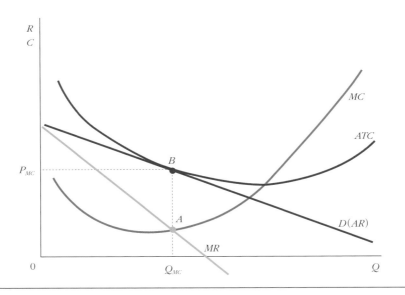

[그림 5-6]과 같이 기업의 이윤 극대화 산출량에서 평균비용곡선이 수요곡선에 접해야 이윤이나 손해가 0이 된다. 평균비용곡선이 수요곡선과 교차하면 이윤이 발생하는 다른 산출량이 있다는 의미이기 때문에 교차점에서 이윤 극대화 산출량이 나타날 가능성은 없다. 기업의 이윤 극대화 산출량에서 평균비용곡선이 수요곡선에 접하는 상태가 독점적 경쟁시장의 장기 균형이다. 독점적 경쟁시장의 장기 균형에서는 경쟁시장처럼 가격과 평균비용이 일치하여 기업들은 **정상 이윤**을 얻는다. 그러나 이 가격은 독점처럼 한계비용을 초과한다.

독점적 경쟁시장의 기업이 장기에서 0의 이윤을 얻는 것은 경쟁시장의 기업 상황과 같지만 차이점도 있다. 경쟁시장에서는 [그림 4-13]처럼 시장균형 가격이 평균비용곡선의 최저점과 같은 수준에서 장기 균형이 형성되는데, 독점적 경쟁시장에서는 평균비용곡선의 최저점일 때보다 적은 수준의 산출량에서 장기 균형이 형성된다. 즉 평균비용이 최소일 때의 산출량을 **효율적 생산규모**(efficient scale)라고 하는데, 독점적 경쟁시장의 기업은 효율적 생산규모보다 적게 생산하기 때문에 설비에 낭비가 생기는 것이다. 이를 **초과설비**(excess capacity)라고 부른다.

독점과 비슷하게 가격 P_{MC}가 Q_{MC}의 한계비용보다 높은 점은 초과설비와 관련해서 기업이 가격 인하 외에 다른 방법으로 판매를 늘리고자 할 가능성이 높다는 것을 뜻한다. 광고나 브랜드 구축은 독점적 경쟁시장 기업들이 흔히 쓰는 판촉 전략이다. 앞에서 예를 든 치킨이라든지 온라인 게임에 대한 광고를 자주 접할 수 있는 것이나, 쌀이나 사과 같은 농산물을 지역에 따라 브랜드를 만들어 차별화하려는 것도 한계비용보다 높은 가격을 유지하면서도 더 낮은 평균비용에서 추가 생산이 가능하기 때문일 수 있다. 또는 광고나 브랜드를 통해 상품의 차별성을 강조하여 기업이 직면하는 수요곡선의 가격탄력성을 줄여(수요곡선을 덜 완만하게 만들어) 독점적 성격을 강화하고 가격과 한계비용의 격차를 늘리려는 노력일 수도 있다. 물론 광고나 브랜드를 통해 상품에 대한 정보가 구매자에게 쉽게 전달되는 효과도 있겠지만, 기업의 이윤 추구 동기가 독점적 경쟁시장에 광고와 브랜드 구축이 종종 관찰되는 중요한 이유일 것이다.

효율적 생산규모
평균비용이 최소일 때의 산출량

01 어떤 재화나 서비스를 한 개의 기업만이 판매하고 있을 때를 독점이라 한다. 독점은 지식재산권의 보호와 같이 법령에 의한 경우, 규모의 경제가 큰 생산기술에 의한 경우, 중요 생산요소가 독점된 경우 형성된다.

02 이윤 극대화를 추구하는 독점 기업은 한계수입과 한계비용이 일치하는 산출량에서 생산을 결정하고 이 산출량에 대해 구매자들에게 받을 수 있는 최고 가격을 부과하여 이윤을 극대화한다.

03 어떤 재화나 서비스를 소수의 기업만이 판매하고 있을 때를 과점이라 한다. 과점은 한 기업의 생산 결정이 과점 내 다른 기업들에게 영향을 미치는 전략적 상황이기 때문에 게임이론을 적용하여 분석한다.

04 기업들이 가격이나 산출량을 협의하여 결정하는 것을 담합이라고 하고 담합에 참여한 기업들을 집단으로서 카르텔이라고 일컫는다.

05 독점적 경쟁시장이란 많은 판매자가 비슷하지만 차별적인 상품을 공급하는 시장으로서, 진입 장벽이 없고 많은 판매자가 경쟁한다는 점은 경쟁시장과 비슷하지만 차별적인 상품이 구매자들에게 어느 정도 독점력을 발휘한다는 점에서 독점과도 가깝다.

06 독점적 경쟁시장은 단기에는 독점처럼 작용하고 시장 내 기업은 양이나 음의 이윤을 얻을 수 있지만 장기에는 판매자의 신규 진입이나 퇴출로 인해 0의 이윤만을 기대할 수 있다.

01 독점의 형성 원인을 기술하라.

02 독점기업 A가 직면하는 수요함수는 $Q_D = 25,000 - P$이다. A의 한계비용이 5,000으로 일정할 때 A의 이윤극대화 산출량과 가격을 구하라.

03 독점기업 B의 산출량에 따른 평균수입과 한계비용은 다음과 같다.

산출량(개)	평균수입(만 원)	한계비용(만 원)
1	20	4
2	18	5
3	16	6
4	14	8
5	12	10
6	10	12

(1) 산출량에 따른 한계수입을 계산하라.

(2) B의 이윤극대화 산출량과 가격을 구하라.

04 독점기업 C의 상품 구매자는 두 집단으로 구분된다. 1집단의 수요함수는 $Q_1 = 50 - \dfrac{P}{2}$이고 2집단의 수요함수는 $Q_2 = 50 - P$이다. C의 평균비용과 한계비용은 10으로 일정하다.

(1) C가 단일 가격을 책정할 때 이윤극대화 산출량과 가격을 구하라.

(2) (1)의 경우 C의 이윤은 얼마인가?

(3) C가 두 집단을 완벽하게 구분하여 다른 가격을 책정할 수 있다면 각 집단에 얼마의 가격을 부과하겠는가? 이때 C의 이윤은 얼마인가?

05 동네에 두 개밖에 없는 마트 A와 B가 불황을 맞아 진열 상품을 줄일지 아니면 오히려 늘릴지 고민하고 있다. A와 B가 택할 수 있는 전략들과 이에 따른 이익을 보수행렬로 나타내면 다음과 같다.

		마트 B	
		진열 상품 감소	진열 상품 증가
마트A	진열 상품 감소	10, 10	5, 9
	진열 상품 증가	8, 4	7, 7

(1) A와 B의 최적대응을 구하라.
(2) 최적대응이 우월전략인가?
(3) 이 게임의 균형은 무엇인가?

06 카르텔이 유지된다면 어떠한 경우일지 기술하라.

07 독점적 경쟁시장의 장기균형을 그래프로 그리고, 왜 기업들이 양의 이윤을 기대할 수 없는지 설명하라.

08 독점적 경쟁시장의 기업이 브랜드 구축에 성공할 경우 어떤 효과를 기대할 수 있겠는가?

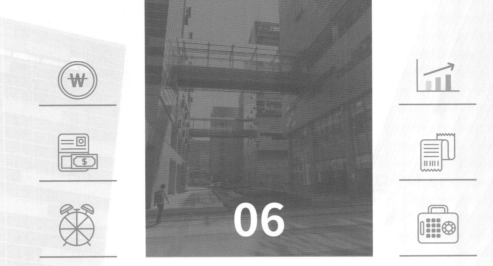

06

시장의 효율성과 한계

시장의 효율성과 한계

우리가 저녁식사를 할 수 있는 것은 정육업자, 양조업자, 제빵업자들의 자비심 때문이 아니라 그들이 자신의 이익 추구를 위해 노력한 덕분이다. 사람은 누구나 생산물의 가치가 극대화되는 방향으로 자신의 자원을 활용하려고 노력한다. 그들은 공익을 증진할 의도도 없었으며 또 자신의 노력으로 얼마만큼 공익을 증대시킬 수 있는지도 알지 못한다. 그는 단지 자신의 안전과 이익을 위하여 행동할 뿐이다. 그러나 이렇게 행동하는 가운데 '보이지 않는 손'의 인도를 받아 원래 의도하지 않았던 목표를 달성할 수 있게 된다. 이와 같이 사람들이 자신의 이익을 열심히 추구하는 가운데 사회나 국가 전체의 이익이 증대된다.

— 아담 스미스, 『국부론』

나를 비롯해 여러 경제학자들이 개발해온 이론들은 규제 받지 않는 시장이 단지 사회적 정의를 해칠 뿐만 아니라 효율적인 결과도 이끌어내지 못한다는 점을 설명한다. 흥미롭게도 아담 스미스의 보이지 않는 손의 진위에 대한 지적인 도전이 없었다. (아담 스미스의 주장과 달리) 일반적으로 각자의 이익을 추구하는 개인이든 회사든 보이지 않는 손에 이끌린 것처럼 경제적 효율성을 달성하게 되지는 않는다.

— 조셉 스티글리츠(2001년 노벨 경제학상 수상자), The pact with the devil by Joseph E. Stiglitz in Beppe Grillo's Blog (2007년 인터뷰)*

---

* http://web.archive.org/web/20150124040716/http://www.beppegrillo.it/eng/2007/01/stiglitz.html

우리는 제3장에서 수요-공급 모형을 통해 재화나 서비스의 가격과 거래량이 경쟁시장에서 어떻게 결정되는지 살펴보았다. 또한 제5장에서는 다른 유형의 시장균형이 경쟁시장과 어떻게 다르게 나타나는지 공부했다. 이 장에서는 사회적 후생이라는 개념을 통하여 경쟁시장의 효율성을 평가하고 다른 유형의 시장균형과 비교해본다. 경쟁시장의 효율성에 대한 이론적 근거와 함께 시장실패라고 불리는 시장의 한계를 논의할 것이다.

이렇게 경제 전체의 복지를 평가하는 데 미시경제학의 방법론을 이용하는 학문 분야를 후생경제학(welfare economics)이라고 부른다. 2007~2008년 미국에서 시작된 세계 금융 위기 이후 자유 시장 경제 체제에 대한 불만과 반성이 계속되고 있어, 시장의 후생경제학적 의미를 이해하는 것은 단순히 학문적 가치를 넘어 정치적 의사 결정을 해야 하는 모든 시민에게 더욱 중요한 과제가 되었다고 볼 수 있다.

1 사회적 후생의 평가

후생(厚生, welfare)의 사전적 의미는 '사람들의 생활을 넉넉하고 윤택하게 하는 일'이다. 개인의 생활이 안온하고 풍요로운 것도 중요하지만 후생이라는 단어는 국가나 지역 사회처럼 집단의 상태에 강조점이 있다. 이를 좀 더 명확하게 **사회적 후생**(social welfare)이라 한다. 개인의 경제적 만족도를 파악하는 것도 어려운데 사회적 후생을 고려하는 것이 쉬울 리가 없다. 그러나 다양한 원인으로 발생하는 시장의 균형 변화나 정부 정책의 영향을 평가하기 위해서는 사회적 후생의 측정·비교가 불가피하다. 경제학에서는 소비자잉여와 생산자잉여라는 개념을 도입하여 집단의 후생을 체계적으로 접근하고 이들의 합으로 사회적 후생을 정의한다.

사회적 후생
사회 전반의 생활을 윤택하게 하는 일 또는 생활 수준 자체

소비자잉여

잉여(surplus)는 '나머지'라는 의미를 갖고 있다. 소비자잉여(consumer surplus)는 어떤 재화나 서비스에 대해 소비자가 지불할 의사가 있는 금액에서 실제로 지불한 금액을 뺀 나머지를 뜻한다. 이때 소비자가 지불할 의사가 있는 최고 금액을 **지불의사금액**(willingness to pay, 또는 지불용의금액)이라 한다.

소비자잉여
소비자가 시장 거래에서 이득을 봤다고 느끼는 정도.
[지불의사금액-실제 지불 금액]

지불의사금액
구매자가 어떤 재화나 서비스에 대해 지불할 의사가 있는 최고 금액

구매자가 마음속에서 '얼마보다 싸면 사겠다'라고 정한 금액이 지불의사금액인 것이다. 지불의사금액을 이용하여 소비자잉여의 개념을 정리하면 다음과 같다.

$$소비자잉여 = 지불의사금액 - 실제 \ 지불 \ 금액$$

소비자 입장에서 그 재화나 서비스로부터 느낄 효용을 생각하면 얼마까지는 돈을 내고 살 용의가 있었는데, 그보다 적은 가격으로 구매하게 되면 그 차액만큼 이득을 봤다고 느낄 것이다. 그렇게 이득을 봤다고 느끼는 부분이 소비자잉여이다. 모든 잠재적 구매자의 지불의사금액이 해당 재화나 서비스의 시장가격보다 높지는 않을 것이다. 그러나 소비라는 행위를 선택한 구매자의 지불의사금액은 시장가격보다 높을 것이 확실하기 때문에 소비자잉여는 양(+)의 값으로 나타난다.

예를 들어보자. 남준, 석진, 호석, 지민이 같은 종류의 사무용 의자를 새로 사려고 한다. 의자에 대한 지불의사금액은 남준, 석진, 호석, 지민이 각각 40만 원, 35만 원, 30만 원, 25만 원이다. 그런데 이 의자의 가격은 20만 원이다. 그 결과 네 사람은 〈표 6-1〉과 같이 소비자잉여를 얻게 된다.

소비자잉여는 그래프로도 나타낼 수 있는데, 이를 위해 필요한 단계는 구매자들의 지불의사금액들로부터 수요표와 수요곡선을 도출하는 것이다. 지불의사금액은 구매자가 지불할 의사가 있는 최고 금액을 뜻하기 때문에 가격이 이와 같거나 낮으면 구매자는 소비를 결정할 것이다. 즉, 가격이 지불의사금액과 같으면 해당 구매자로부터 수요량이 한 개 확보되는 셈이다. 가격이 낮아지면 이보다 지불의사금액이 높은 구매자가 늘어나면서 수요량도 점차 증

표 6-1 **사무용 의자 구매의 소비자잉여** 단위: 만 원

구매자	지불의사금액	가격	소비자잉여
남준	40		20
석진	35		15
호석	30	20	10
지민	25		5

필요한 만큼 배우는 경제학

표 6-2 의자의 수요표

가격(P) (만 원/의자 1개)	수요량(Q) (의자 수)
40	1
35	2
30	3
25	4
20	4

그림 6-1 의자의 수요곡선

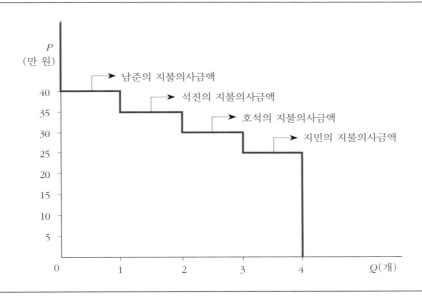

가하게 된다. 위의 예에서 의자의 가격이 40만 원이면 남준만 구매할 의사가 있겠지만 가격이 35만 원으로 낮아지면 석진까지 구매할 것이기 때문에 수요량은 2개가 된다. 따라서 〈표 6-1〉의 지불의사금액을 반영하여 수요표와 수요곡선을 나타내면 〈표 6-2〉와 [그림 6-1]이 된다.

수요량이 한 개씩 늘어날 때 수요곡선의 높이가 지불의사금액이 높은 사람에서 낮은 사람 순서의 지불의사금액인 것에 주목하자. 첫 번째 수요량에 대응하는 가격은 지불의사금액이 가장 높은 남준의 지불의사금액이고, 두 번째 수요량에 대응하는 가격은 두 번째로 높은 석진의 지불의사금액이다. 가격이 40만 원보다 높을 때는 구매할 사람이 전혀 없다가 40만 원으로 떨어지면 남준이 한 개 사고, 35만 원으로 떨어지면 남준은 물론 석진도 한 개 살 것이기 때문이다.

제3장에서 수요곡선은 수요함수를 반영하고 수요함수는 가격이 주어지면 수요량이 도출되는 관계를 나타낸다고 했는데, [그림 6-1]과 같이 수요곡선을 도출하면 수요곡선을 전혀 다른 각도로 바라보게 된다. 즉, 어떤 상품의 수요곡선의 높이는 그 상품을 한 단위 더 구매하려는 사람의 지불의사금액인 것이다. 가격이 주어지면 수요량이 도출되는 것과 반대로, 수요량이 주어지면 그에 대응하는 가격이 해당 추가 구매자의 지불의사금액으로 나타나는 관계이다.[1]

의자의 가격이 20만 원일 때 소비자잉여는 시각적으로 [그림 6-2]처럼 나타낼 수 있다. 구매자의 소비자잉여는 지불의사금액과 실제 가격의 차이므로 각 수요량에 대응되는 수요곡선의 높이와 가격과의 차이가 소비자잉여이다. 예를 들어 지민의 소비자잉여는 그의 지불의사금액 25만 원과 가격 20만 원

그림 6-2 수요곡선과 소비자잉여

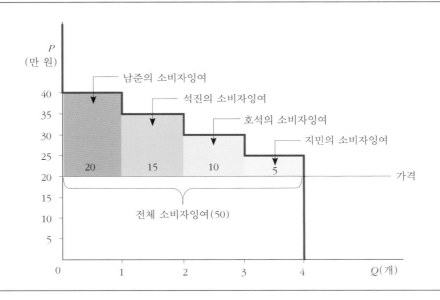

---

1 따라서 수요량과 지불의사금액의 관계는 가격과 수요량의 관계를 나타내는 수요함수의 역함수로 해석할 수 있다.

필요한 만큼 배우는 경제학

의 차이인 5만 원으로, 그림에서 녹색의 공간으로 표시되었다. 네 명 전체의 소비자잉여는 각 구매자의 소비자잉여를 합한 값으로, 그림에서 수요곡선과 가격을 나타낸 선 사이에 있는 공간이 된다.

바로 위에서 소비자잉여는 가격선 위, 수요곡선 아래 공간이라고 하였다. 이쯤에서 시장수요곡선을 형성하는 '구매자(buyer)'와 소비자잉여를 누릴 수 있는 '소비자(consumer)'를 구분할 필요가 있을 것 같다. 제3장의 수요-공급 모형에서 수요를 설명할 때 '거래 대상에 대해 구매자가 사고 싶은 욕구(demand)'라고 했다. 여기서 구매자는 사고 싶은 욕구를 가진 잠재적 소비자 모두를 일컫고, 소비자는 구매자 중 소비(consumption) 행위를 한 사람으로 한정된다. 따라서 소비자잉여는 특정 재화나 서비스에 대해 시장가격보다 높은 지불의사금액을 가져 실제 소비한 사람에게만 발생한다. 욕구로서의 수요와 행위인 소비가 다르기 때문에 구매자 vs. 소비자라는 용어 구분도 필요하다. 마찬가지 논리가 '판매자(seller)'와 '생산자(producer)'에도 적용된다. 판매자가 팔고자 하는 의도인 공급(supply)은 분명 생산자가 이행하는 생산(produce)이라는 행위와는 다른 것이다.

생산자잉여

생산자잉여(producer surplus)는 어떤 재화나 서비스에 대해 생산자가 실제로 받은 금액에서 생산비용을 뺀 나머지를 뜻한다. 이때 생산비용은 제4장에서 공부한 대로 명시적 비용과 암묵적 비용을 모두 포함한 경제적 비용이며 한계비용을 의미한다. 생산비용은 판매자가 해당 상품을 판매할 의사가 있는 최저 금액이기 때문에 **판매의사금액**(willingness to sell, 또는 수용용의금액, willingness to accept)이라 할 수 있다. 판매자가 마음속에서 '얼마보다 비싸면 팔겠다'라고 정한 금액이 생산비용에 달렸기 때문에 해당 상품의 생산비용이 곧 판매의사금액인 것이다. 따라서 생산자잉여는 다음과 같다.

생산자잉여＝실제 수취 금액－생산비용

생산자잉여
생산자가 시장 거래에서 이득을 봤다고 느끼는 정도.
[실제 수취 금액－생산비용]

판매의사금액
구매자의 지불의사금액에 대응되는 판매자가 판매할 의사가 있는 최저 금액

생산자 입장에서 그 재화나 서비스를 생산하는 데 들어간 비용을 생각할 때 얼마만 넘으면 팔 용의가 있었는데, 그보다 비싼 가격으로 판매하게 되면 그 차액만큼 이득을 봤다고 느낄 것이다. 그렇게 이득을 봤다고 느끼는 부분이 생산자잉여이다. 모든 잠재적 판매자의 생산비용이 해당 재화나 서비스의 시장가격보다 낮지는 않을 것이다. 그러나 생산이라는 행위를 선택한 판매자의 생산비용은 시장가격보다 낮을 것이기 때문에 생산자잉여는 양(+)의 값으로 나타난다.

의자의 예로 돌아가보자. 이번에는 태형, 정국이 같은 종류의 사무용 의자를 판매하려고 한다. 의자에 대한 생산비용은 태형, 정국이 각각 10만 원, 15만 원이다. 일주일에 태형과 정국은 각각 2개씩의 의자를 생산할 수 있다. 이 의자의 시장가격은 20만 원이다. 그 결과 두 사람은 〈표 6-3〉과 같이 생산자잉여를 얻게 된다.

소비자잉여와 마찬가지로 생산자잉여도 그래프로 나타낼 수 있는데, 역시 판매자들의 생산비용으로부터 공급표와 공급곡선을 도출해야 한다. 생산비용은 판매자가 판매할 의사가 있는 최저 금액을 뜻하기 때문에 가격이 이와 같거나 높으면 판매자는 생산을 결정할 것이다. 즉, 가격이 생산비용과 같으면 해당 판매자로부터 공급량이 확보되는 셈이다. 가격이 높아지면 이보다 생산비용이 낮은 판매자가 늘어나면서 공급량도 점차 증가하게 된다. 위의 예에서 의자의 가격이 10만 원이면 태형만 2개 판매할 의사가 있겠지만 가격이 15만 원으로 높아지면 정국까지 2개 판매할 것이기 때문에 공급량은 4개가 된다. 따라서 〈표 6-3〉의 생산비용을 반영하여 공급표와 공급곡선을 나타내면 〈표 6-4〉와 [그림 6-3]이 된다.

공급량이 한 개씩 늘어날 때 공급곡선의 높이가 생산비용이 낮은 사람에서 높은 사람 순서의 생산비용인 것에 주목하자. 첫 번째 공급량에 대응하는 가격은 생산비용이 가장 낮은 태형의 생산비용이고, 그 가격은 두 번째 공급

표 6-3 사무용 의자 판매의 생산자잉여 단위: 만 원

판매자	가격	생산비용	판매 수량	생산자잉여
태형	20	10	2	20
정국		15	2	10

표 6-4 의자의 공급표

표 6-4   의자의 공급표

가격(P) (만 원/의자 1개)	공급량(Q) (의자 수)
10	2
15	4
20	4

그림 6-3   의자의 공급곡선

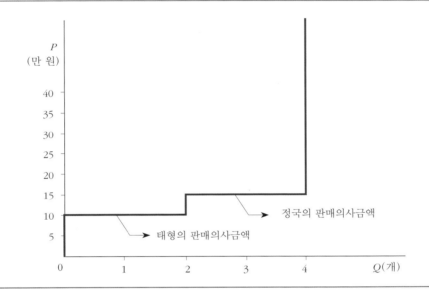

량까지 유지된다. 세 번째와 네 번째 공급량에 대응하는 가격은 그 다음으로 생산비용이 높은 정국의 생산비용이다. 가격이 10만 원보다 낮을 때는 판매할 사람이 전혀 없다가 10만 원으로 높아지면 태형이 두 개 생산하고, 15만 원으로 높아지면 태형은 물론 정국도 두 개 생산할 것이기 때문이다.

[그림 6-3]과 같이 도출한 공급곡선의 높이는 해당 상품을 한 단위 더 판매하려는 사람의 생산비용이다. 제4장에서 기업의 한계비용곡선의 일부가 경쟁시장의 공급곡선이라고 배웠던 점을 떠올리기 바란다. 공급함수가 가격이 주어지면 공급량이 도출되는 관계라면, 한계비용곡선은 공급량이 주어지면 그에 대응하는 생산의 한계비용을 나타내는 관계이므로, 공급곡선의 높이가

그림 6-4　공급곡선과 생산자잉여

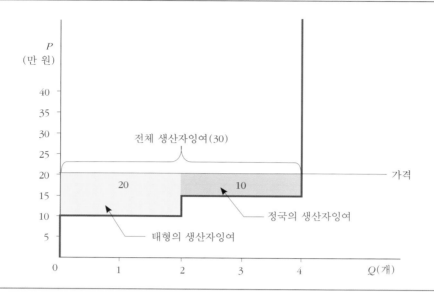

한 단위 추가 생산에 따른 한계비용과 일치하는 것은 모두 맥락이 같은 이야기이다.

의자의 가격이 20만 원일 때 생산자잉여는 시각적으로 [그림 6-4]처럼 나타낼 수 있다. 판매자의 생산자잉여는 실제 가격과 생산비용의 차이므로 각 공급량에 대응되는 공급곡선의 높이와 가격과의 차이가 생산자잉여이다. 예를 들어 태형의 생산자잉여는 그의 생산비용 10만 원과 가격 20만 원의 차인 10만 원에 판매 의자수를 곱한 20만 원으로, 그림에서 하늘색의 공간으로 표시되었다. 두 명의 전체 생산자잉여는 각 판매자의 생산자잉여를 합한 값으로, 그림에서 공급곡선과 가격을 나타낸 선 사이에 있는 공간이 된다.

사회적 후생

사회적 후생은 소비자잉여와 생산자잉여의 합이다. 즉, 시장에서 창출되는 전체 후생의 크기는 시장에 참가하는 소비자 집단과 생산자 집단이 거래를 통해 이득을 봤다고 느끼는 만큼인 것이다. 위의 의자 시장에서 창출된 사회적 후생은 [그림 6-5] (가)에 소비자잉여와 생산자잉여를 합친 면적으로 나타나 있다.

그림 6-5   사회적 후생: 소비자잉여+생산자잉여

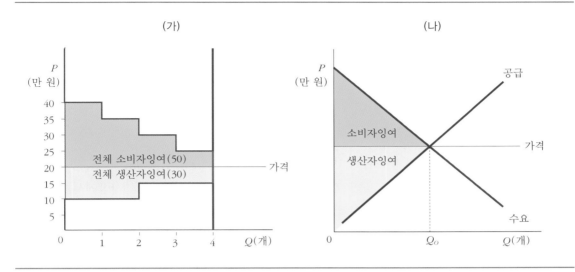

이때 전체 소비자잉여는 수요곡선과 가격을 나타낸 선 사이에 있는 공간이고, 전체 생산자잉여는 공급곡선과 가격을 나타낸 선 사이에 있는 공간이다. 이러한 개념은 일반적인 수요곡선과 공급곡선에도 그대로 적용된다. 시장 참가자가 매우 많고 거래되는 재화나 서비스의 수량이 많으면 [그림 6-1]이나 [그림 6-3]에서 나타난 계단식 선의 계단 간격이 매우 촘촘해져 매끈한 선으로 나타날 것이다. 그 결과 사회적 후생은 [그림 6-5] (나) 같이 수요곡선과 공급곡선, 가격 축으로 둘러싸인 면적으로 나타난다. 시장에서 나타난 변화의 결과 사회적 후생이 어떻게 달라질 것인지는 이 면적의 변화로 평가할 수 있다.

2 경쟁시장의 효율성

[그림 6-5]의 (나)와 같은 소비자잉여와 생산자잉여는 경쟁시장의 균형으로부터 도출된다. 사실 제3장의 수요-공급 모형은 특정 상품에 대해 구매자와 판매자가 다수인 시장에서 나타나는 수요와 공급을 바탕으로 한 것이다.

특히 제4장에서 공부한 것처럼 한계비용을 반영한 공급곡선은 완전경쟁시장의 특징이다. 즉, 수요곡선과 공급곡선이 만나는 점에서 균형이 형성된 것 자체가 이 시장이 경쟁시장이라는 것을 의미한다. 이렇게 지불의사금액과 한계비용이 일치할 때의 생산량 Q_O를 **사회적 최적**(social optimum) **생산량**이라 한다. 이 생산량에서 사회적 후생이 가장 크기 때문이다. 이는 제5장에서 공부한 다른 유형의 시장균형과 비교하면 더 명확하게 드러난다. 이 절에서는 경쟁시장균형을 기준으로 다른 유형의 시장균형이 사회적 후생 차원에서 어떻게 다른지 비교한다. 이를 통해 경쟁시장의 사회적 후생이 다른 시장보다 크다는 결론을 도출할 것이다. 경쟁시장의 효율성이란 바로 시장에서 창출되는 거래의 이득인 사회적 후생이 경쟁시장에서 가장 크다는 것을 뜻한다.

사회적 최적
사회적 후생이 가장 큰
자원 배분 상태

독점과의 비교

독점이 이윤을 극대화하기 위해서는 한계수입이 한계비용과 일치하는 [그림 6-6]의 A점에서 산출량(Q_M)을 결정하고, 이 산출량이 수요곡선과 만나는 B점에서 가격(P_M)을 결정한다. 이 가격은 해당 산출량에서의 수요곡선의 높이, 즉 지불의사금액이다. 만약 한계비용 구조가 그림과 같은 재화나 서비스가 독점이 아닌 경쟁시장에서 거래된다면 균형은 어디에서 형성될까? 경쟁시장에서 기업은 한계비용에 따라 공급량을 결정하므로 공급곡선은 한계비용곡선을 따라 존재한다. 따라서 이 시장이 경쟁시장이라면 균형은 수요곡선과 공급곡선이 일치하는 [그림 6-6]의 C점에서 형성된다. 이때 균형가격은 P_C, 균형거래량은 Q_C이다. 독점은 경쟁시장에 비해 적은 양이 높은 가격에 거래되는 것이다.

균형점이 다르기 때문에 독점과 경쟁시장의 소비자잉여와 생산자잉여도 다르다. [그림 6-7]의 (가)와 (나)는 각각 독점과 경쟁시장에서의 소비자잉여와 생산자잉여를 나타낸다. 세 가지 사항을 주목할 필요가 있다.

첫째, 경쟁시장에 비해 독점에서 소비자잉여는 감소한다. 독점에서 구매자는 더 적은 양을 더 높은 가격에서 소비하게 되기 때문에 소비자잉여가 축소될 수밖에 없다. 구체적으로는 사각형 $P_M P_C CB$의 면적만큼 감소한다. 감소한 소비자잉여는 두 부분으로 나눌 수 있다. 한 부분은 독점에서도 소비를 하지만 경쟁시장보다 비싸게 사게 된 구매자들의 잉여 감소분인 사각형

그림 6-6   독점과 경쟁시장의 균형 비교

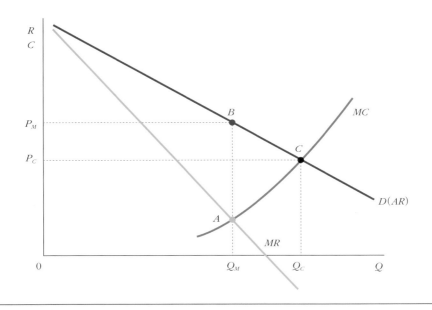

$P_M P_C DB$이다. 이 부분은 경쟁시장에서라면 소비자잉여일 텐데 독점에서 생산자잉여가 되는 부분이다. 다른 부분은 감소한 거래량만큼 상실된 잉여인 삼각형 CBD이다.

둘째, 경쟁시장에 비해 독점에서 생산자잉여는 증가한다. 이는 판매자가 Q_C를 생산할 수도 있는데 Q_M을 선택한 것을 보아 당연한 결과이다. 그러나 판매자 입장에서 산출량을 줄이는 것이 좋기만 한 것은 아니다. 감소한 거래량에 대해 소비자잉여뿐 아니라 생산자잉여도 감소하기 때문이다. 삼각형과 비슷하게 생긴 도형 CAD는 경쟁시장에서라면 생산자잉여에 포함되지만 독점에서는 상실되는 부분이다. 다만 거래량이 감소하며 상승한 가격 때문에 소비자잉여에서 생산자잉여로 바뀌는 사각형 $P_M P_C DB$가 도형 CAD보다 면적이 크기 때문에 판매자에게 독점이 유리하다는 것이다.

셋째, 경쟁시장에 비해 독점에서 사회적 후생은 감소한다. 경쟁시장보다 적은 거래량 때문에 독점에서 소비자잉여는 삼각형 CBD만큼, 생산자잉여는 도형 CAD만큼 상실된다. 결과적으로 독점은 경쟁시장에 비해 도형 CBA만큼 사회적 후생이 적다. 이만큼의 **경제적 순손실**(deadweight loss, 또는 자중손실)을 독점의 비효율성이라 볼 수 있다. 구매자 입장에서는 사각형 $P_M P_C DB$

경제적 순손실
완전경쟁시장에서의 사회적 후생과 비교하여 손실이 발생한 정도

그림 6-7 독점과 경쟁시장의 사회적 후생 비교

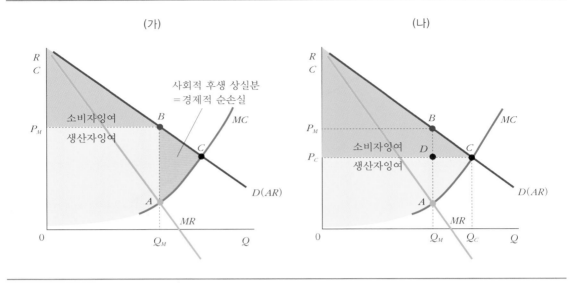

만큼 소비자잉여가 감소한 것 역시 달갑지 않겠지만, 이 부분은 판매자라도 몫으로 챙기기 때문에 사회적으로 순손실이 발생한다고 볼 수는 없다. 즉, 독점의 비효율성은 경쟁시장에 비해 거래 기회가 감소한 것에서 유발된다.

경쟁시장과 비교한 독점의 후생적 특성은 위와 같이 요약할 수 있으나 모든 독점에서 경제적 순손실이 발생하는 것은 아니다. 예를 들어 **1급 가격차별**(First-degree price discrimination)은 독점기업이 소비자를 완전하게 구분하여 각 소비자의 지불의사금액만큼을 가격으로 책정하여 받는 경우이다.[2] 이때

1급 가격차별
독점기업이 각 소비자의 지불의사금액만큼 가격으로 책정하는 가격차별 유형

> **숨고르기**
>
> 독점시장에서 발생하는 경제적 순손실이나 제7장에서 보게 될 조세 또는 정부 가격규제로 인한 경제적 순손실은 하버거 삼각형(Harberger's triangle)이라 부르기도 한다. 경제학자 아놀드 하버거(Arnold Harberger, 1924~)가 1954년 독점으로 인한 미국 내 경제적 순손실을 추정하는 논문을 발표하고, 이후 다양한 정부정책에 기인한 경제적 순손실을 지적하고 계량한 결과 경제적 순손실을 의미하는 명칭에 그의 이름이 붙게 된 것이다.

---

2 이 때문에 1급 가격차별을 다른 말로 완전 가격차별(perfect price discrimination)이라고도 한다.

그림 6-8   1급 가격차별의 사회적 후생

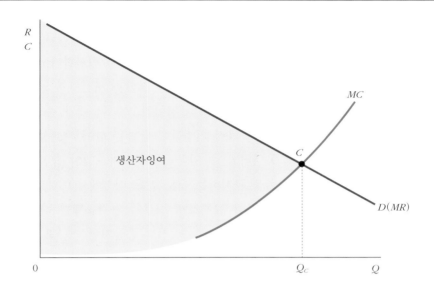

독점기업의 한계수입은 수요곡선과 일치하게 된다. 각 단위의 재화나 서비스를 판매할 때마다 발생하는 수입이 수요곡선의 높이인 지불의사금액에 따라 결정되기 때문이다. 기업이 이윤을 극대화하기 위해서는 한계수입이 한계비용과 같아지는 점에서 산출해야 하기 때문에 1급 가격차별을 하는 독점기업은 [그림 6-8]의 C점에서 산출량(Q_C)을 결정한다. 이 산출량은 사실상 경쟁시장의 균형거래량과 다를 바가 없다. 따라서 거래량 감소로 인한 경제적 순손실은 1급 가격차별에서는 발생하지 않는다. 그러나 소비자잉여가 전혀 발생하지 않고 거래의 이득을 모두 생산자가 가져간다는 측면에서 문제가 전혀 없다고는 할 수 없다.

독점에 대한 규제

독점에서 경쟁시장에 비해 적은 양이 높은 가격에서 거래될 경우 소비자잉여가 감소하고 전체적인 사회적 후생도 감소할 수 있다. 이 때문에 정부가 독점을 규제하는 경우가 많다. 규제의 방법은 다양

할 수 있지만 두 가지 유형으로 나눌 수 있다. 첫째, 독점이 출현하지 못하도록 규제하는 것이다. 예를 들어 우리나라의 공정거래위원회는 '독점 규제 및 공정 거래에 관한 법률'에 의거하여 기업들이 결합하고자 할 때 결과적으로 탄생할 기업이 경쟁을 제한할 위험이 있는지 심사한다. 만약 그러한 위험이 크다면 공정거래위원회는 해당 기업 결합을 허가하지 않을 수 있다. 과점의 기업들이 인수·합병 등을 통해 결합하고자 할 때가 주로 해당된다. 기업 결합의 경우가 아니라도 과점 기업들이 담합을 하여 사실상 독점처럼 행동한다면 독점의 폐해가 나타날 수 있다. 따라서 카르텔이 출현하지 못하도록 공정거래위원회가 담합을 규제하는 것도 같은 맥락에서 이해할 수 있다.

둘째, 자연독점에 대한 규제로서 정부가 가격규제를 하거나 아예 국유화하는 것이다. 예를 들어 수도, 가스, 전기 공급처럼 대규모 기간 설비가 필요해서 규모의 경제가 큰 산업에서는 독점이 효율적이기 때문에 독점의 출현을 막는 것이 바람직하지 않다. 이때는 자연독점이 적은 양을 비싸게 팔지 못하도록 해야 하므로 독점이 임의로 가격을 결정하지 못하게 규제하거나 독점을 정부가 소유해 직접 산출량과 가격을 정할 수도 있다.

[그림 6-9]는 가격규제의 방법을 예시한다. 제4장에서 공부한 것처럼 규모의 경제를 특징으로 하는 자연독점의 평균비용은 산출량이 증가할수록 감소하고, 평균비용이 감소할 때 한계비용은 평균비용보다 낮게 마련이다. 그

그림 6-9 **자연독점과 정부의 개입**

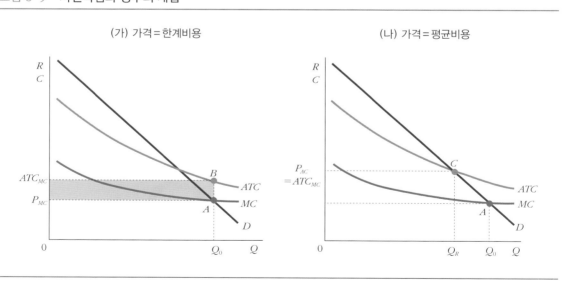

림에서 우하향하는 평균비용곡선과 그 아래 위치한 한계비용곡선을 확인할 수 있다. 가격규제의 한 가지 방법으로 (가)에서처럼 사회적 후생을 극대화하기 위해 수요곡선과 한계비용곡선이 만나는 수준(A점)에서 정부가 가격을 결정(P_{MC})할 수 있다. 이때 문제는 이 가격이 해당 산출량에서의 평균비용(ATC_{MC})보다 낮기 때문에 회색 사각형의 면적만큼 손실이 발생한다는 것이다. 손실이 지속되면 기업이 생존할 수 없기 때문에 정부는 최소한 손실을 보전해줘야 한다. 만약 정부가 세금을 걷어 독점 기업에 보조금을 준다면 기업이 존속할 수 있겠지만, 일반적으로 세금을 걷는 과정에서 불가피하게 비효율이 발생하기 때문에 완전한 방법은 아니다. 다른 방법으로 가격을 (나)와 같이 수요곡선과 평균비용곡선이 만나는 수준(C점)에서 결정한다면($P_{AC} = ATC_{AC}$) 기업이 손실을 보는 문제는 막을 수 있다. 그러나 이때 산출량 Q_R은 사회적 최적 생산량 Q_0보다 적기 때문에 경제적 순손실이 발생한다.

경제적 순손실 이외에 가격규제가 갖는 문제점은 정부가 비용에 의거하여 가격을 정할 경우 기업의 입장에서는 비용을 절감할 노력을 할 필요가 없다는 점이다. 총비용을 회수할 수 있을 정도로 정부가 가격이나 보조금을 책정한다면 기업은 오히려 비용을 많이 쓰려고 할 수도 있고, 이에 대한 부담은 구매자와 납세자가 지게 될 것이다. 정부가 자연독점 기업을 국유화하여 직접 산출량과 가격을 결정하더라도 가격규제의 경우에 발생하는 문제를 똑같이 갖는다. 그러나 기업의 운영 주체가 민간인지 정부인지 여부는 분명히 결과에 차이를 가져올 것이기 때문에 자연독점에 대한 국유화와 민영화 간의 선택은 많은 나라에서 중요한 정치적 결정 사항이다.

독점적 경쟁시장과의 비교

독점적 경쟁시장은 많은 판매자가 비슷하지만 차별적인 상품을 공급하는 시장이다. 각각의 차별적인 상품에 대해 판매자는 독점이기 때문에 [그림 6-10]의 (가)와 같이 한계수입이 한계비용과 일치하는 A점에서 산출량(Q_{MC})을 결정하고, 이 산출량이 수요곡선과 만나는 B점에서 가격(P_{MC})을 결정한다. 그러나 독점적 경쟁시장의 기업은 대체재 성격의 상품을 공급하는 다른 기업들과 경쟁해야 한다는 점에서 독점과 다르다. 경쟁과 자유로운 시장 진입 때문에 독점적 경쟁시장의 기업은 장기에서 0의 이윤을 얻을 수밖에 없

그림 6-10　독점적 경쟁시장과 경쟁시장의 균형 비교

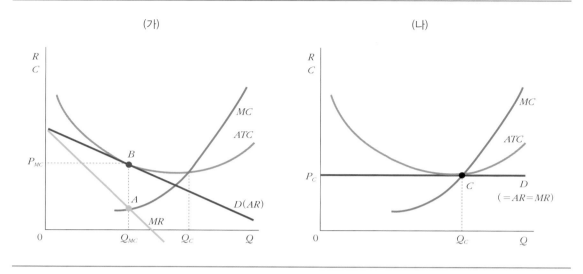

다. 이는 가격 P_{MC}가 산출량 Q_{MC}에서의 평균비용과 같다는 것을 의미한다(B 점에서 수요곡선이 평균비용곡선과 접한다).

　만약 한계비용 구조가 그림과 같은 재화나 서비스가 경쟁시장에서 거래된다면 각 기업은 [그림 6-10]의 (나)와 같이 완전 탄력적인 수요곡선에 직면한다. 독점적 경쟁시장에서처럼 차별적인 상품이 거래된다면 각 기업이 우하향하는 수요곡선을 대하게 되는 것과 달리, 경쟁시장에서는 거래되는 상품이 동질적이기 때문에 구매자는 어디든 가장 저렴하게 판매하는 기업을 고를 것이기 때문이다. 이때 균형은 수요곡선과 공급곡선(한계비용곡선)이 일치하는 C점에서 형성되고, 균형가격은 P_C, 균형거래량은 Q_C이다. 수요곡선이 다르기 때문에 수평적 비교는 어렵지만, 경쟁시장의 균형이 평균비용곡선의 최저점에서 생기기 때문에 독점적 경쟁시장의 균형은 경쟁시장에 비해 적은 양이 높은 가격에 거래되는 상황임을 알 수 있다.

　독점적 경쟁시장의 비효율성을 앞의 [그림 6-7]처럼 소비자잉여와 생산자잉여 차이로 확인할 수는 없지만, 산출량이 경쟁시장에서보다 적다는 점으로부터 제5장에서 설명한 초과설비로 비효율성을 이해할 수 있다. 경쟁시장 균형산출량 Q_C는 평균비용이 가장 적은 산출량 수준이다. 즉, 모든 설비 투자까지 감안할 때 가장 낮은 생산 단가로 상품을 생산한다는 뜻이다. 경쟁시장의 균형에서는 사회적 후생이 극대화될 뿐만 아니라 기업의 입장에서도 효율적 생산규모를 달성할 수 있는 것이다. 이와 달리 독점적 경쟁시장의 기업은 평균비용곡선이 감소하여 규모의 경제가 나타나는 상황에서 산출량을 결정하고 증산하지 않는다. Q_C를 최소의 평균비용으로 생산할 수 있는 능력을 갖추고 있음에도 불구하고 Q_{MC}만 생산하기 때문에 결과적으로 $(Q_C - Q_{MC})$만큼에 해당하는 초과설비가 발생한다.

독점과 비슷하게 가격 P_{MC}가 Q_{MC}의 한계비용보다 높다는 것은 소비자잉여를 줄이고 생산자잉여를 늘리는 작용을 한다. 경쟁시장이었다면 소비자잉여인 부분이 생산자잉여가 된 것이지만 경제적 순손실로 볼 근거는 없다. 또한 초과설비가 발생하고 소비자잉여가 감소하지만 정부가 독점적 경쟁시장을 독점처럼 규제하기는 쉽지 않다. 우선 독점적 경쟁시장의 기업은 이론적으로 이윤이 0이기 때문에 정부가 가격을 규제해 낮출 경우 기업이 손실을 보게 된다. 한계비용 수준으로 가격을 규제한다면 독점에 대한 가격규제 때처럼 보조금을 지급해야 할 것이다. 다수의 독점적 경쟁 기업들에 대해 일일이 한계비용을 파악하는 행정적 비용은 별도이다. 독점적 경쟁시장에 흔한 광고에 대해 광고가 허위·과장일 경우 정부가 제재하기도 하지만, 이 외에 독점적 경쟁시장의 비효율성을 개선하기 위해 정부가 효과적으로 할 수 있는 일은 많지 않다. 이 정도 비효율성은 다양한 상품을 누리는 대가로 볼 수밖에 없다.

후생경제학의 제1정리

이상의 논의로부터 경쟁시장이 사회적 후생의 관점에서 독점이나 독점적 경쟁시장에 비해 효율적이라는 것을 확인했다. 과점은 카르텔과 같이 독점적인 자원 배분을 할 수도 있고 경쟁시장처럼 작동할 수도 있겠지만 경쟁시장을 능가하지는 못한다. 이러한 내용을 일반화한 이론이 **후생경제학의 제1정리**(the first theorem of welfare economics)이다.

후생경제학의 제정리
몇 가지 조건이 만족될 때 완전경쟁시장의 균형이 효율적임을 보이는 수학적 정리

> **후생경제학의 제1정리**(the first theorem of welfare economics))
> (몇 가지 조건이 만족될 때) 완전경쟁시장의 균형은 효율적이다.

후생경제학의 제1정리는 보이지 않는 손 정리(invisible hand theorem)라 불리기도 할 만큼, 경쟁적인 시장이라면 각자의 자유로운 거래를 통해 사회 전체의 자원 배분 효율성이 달성된다는 것이 수학적으로 증명된 결과이다. 사실 대부분의 나라에서 시장 경제 체제가 기본이 되는 핵심 근거가 후생경제학의 제1정리라고 할 수 있다.

그러나 시장의 결과가 효율적이기 위해서는 조건이 있다. 수학적 증명에 필요한 기술적 가정들을 제외하면 중요한 조건은 두 가지로 요약할 수 있다. 첫째, 시장이 완전경쟁시장이어야 한다. 이는 정리의 내용에도 명확하게 나타나 있다. 따라서 완전경쟁시장이 아닌 다른 시장 유형의 균형에서는 비효율이 발생할 수 있고 이는 앞에서 살펴보았다. 둘째, 시장의 결과가 거래 당사자인 구매자와 판매자에게만 나타나야 한다는 것이다. 그렇기 때문에 소비자잉여와 생산자잉여의 합으로 사회적 후생을 평가했다. 하지만 현실에서는 시장의 결과가 거래 당사자 외에 다른 경제주체에게도 영향을 미칠 수 있다. 일반적으로 한 경제주체의 행위가 다른 경제주체에 긍정적이거나 부정적인 영향을 미치는데 이에 대해 대가를 주고받지 않을 때 그러한 영향을 외부효과(externalities)라 부른다. 후생경제학의 제1정리는 외부효과가 없는 완전경쟁시장에서 성립한다. 외부효과가 있다면 소비자잉여와 생산자잉여의 합만으로 전체 사회적 후생을 측정할 수 없다. 긍정적 외부효과가 있다면 더 큰 사회적 후생이, 부정적 외부효과가 있다면 더 작은 사회적 후생이 달성될 것이기 때문이다.

3 시장실패

시장실패
시장에서 자원이 효율적으로 배분되지 못하는 경우

후생경제학의 제1정리의 조건이 만족되지 않으면 시장에서의 자원 배분은 효율적이라는 보장이 없다. 일반적으로 자유로운 시장에서 자원이 효율적으로 배분되지 못한 경우 **시장실패**(market failure)가 발생했다고 한다. 시장의 효율적 자원 배분을 방해하는 요인으로 시장실패의 유형을 구분하면 〈표 6-5〉와 같다.

표 6-5 시장실패의 유형

요인		시장실패 유형	
완전경쟁시장이 아님	판매자가 다수가 아님	독점·과점	
	거래되는 상품이 이질적임	독점적 경쟁시장	
	정보가 완벽하지 않음	정보 비대칭	완비되지 않은 시장
거래 당사자가 아닌 경제주체가 영향을 받음		외부효과	
		공공재	

시장에서 자원이 효율적으로 배분된다고 하더라도 그 결과가 형평성에 크게 어긋날 수도 있다. 모든 조건을 갖춘 완전경쟁시장이면 효율성은 달성하겠지만 형평성까지 보장하지는 않는다. 형평성도 경제 상황을 평가하는 주요한 잣대이기 때문에 시장 작동의 결과 심한 소득 격차가 발생하면 시장의 효율성 자체를 부정하는 역작용이 나타날 수도 있다. 이 때문에 소득 불평등을 넓은 의미에서 시장실패로 보기도 한다. 이 절에서는 자원이 효율적으로 배분되지 못하는 시장실패에 대해 공부한다.

정보 비대칭

완전경쟁시장에서 가정하는 완벽한 정보란 상품의 가격이나 품질 등 거래에 필요한 모든 정보를 아무런 비용 없이 즉각적으로 구할 수 있다는 뜻이다. 그러나 현실에서 정보는 그 자체로 희소성 있는 서비스로서 거래 대상이 될 정도로 만만치 않은 존재이다. 정보통신 기술의 발달로 상품 검색이나 가격 비교, 품질에 대한 정보 취득 등이 쉬워지긴 했지만 완벽하다고 볼 수는 없다. 특히 거래 당사자 간 거래 대상에 대한 정보를 달리 가지고 있으면 거래 자체가 발생하지 않을 수 있고, 그 결과 시장을 통한 사회적 후생 창출 자체가 막히기도 한다. 예를 들어 처음 가 본 수제화 가게에서 구두를 골랐는데 주인이 생각보다 비싼 가격을 부른다면 흥정을 할 수도 있지만 구두의 품질을 정확히 모르는 상태에서 혹시나 지나치게 비싸게 살까봐 아예 구매를 포기할 가능성도 있다.

한 거래 당사자가 다른 거래 당사자보다 많거나 적은 정보를 가진 상황

정보 비대칭
한 거래 당사자가 다른 거래 당사자보다 많거나 적은 정보를 가진 상황

역선택
거래 전 정보 비대칭으로 발생하는 시장실패

도덕적 해이
거래 후 거래 이행 행위에 대한 정보 비대칭으로 발생하는 시장실패

을 정보 비대칭(information asymmetry)이라 한다. 정보 비대칭은 **역선택**(adverse selection)과 **도덕적 해이**(moral hazard)로 구분된다. 역선택이란 표현은 거래 당사자 중 정보가 적은 쪽이 본인에게 불리한 선택에 놓일 가능성에서 나왔지만, 역선택 상황에서 정보가 많은 쪽도 궁극적으로 피해를 볼 수 있다. 역선택의 대표적 예는 중고차 시장에서 찾을 수 있다.[3]

중고차의 판매자는 구매자에 비해 거래되는 중고차의 품질을 더 잘 알고 있다. 이에 대해 구매자는 좋은 중고차 또는 나쁜 중고차를 만날 확률에 대해 나름의 생각을 갖고 이들 각각에 대한 지불의사금액의 기댓값을 기준으로 갖게 된다. 만약 판매자가 이보다 높은 가격을 부르면 구매자는 나쁜 중고차인데 속아 살 가능성 때문에 구매를 망설일 것이다. 반대로 판매자가 기준보다 낮은 가격을 부르면 구매자는 평균적으로 손해를 보지는 않을 것이므로 구매한다. 그러나 판매자 입장에서 보면 좋은 중고차를 낮은 가격에 팔 리가 없기 때문에 결과적으로 그렇게 판매된 차는 나쁜 중고차일 가능성이 높다. 이 경우 구매자는 결국 나쁜 중고차를 본인의 지불의사금액보다 비싸게 사는 것이다. 구매자가 또 다시 중고차를 살 일이 있을 때에는 나쁜 중고차를

만날 확률을 전보다 높게 잡을 것이고 이에 따라 지불의사금액의 기댓값도 낮아질 것이다. 그러나 이는 상황을 악화시킨다. 낮은 기댓값으로는 나쁜 중고차를 살 가능성이 더 높아지기 때문이다. 전체 거래에 대해 이러한 과정이 반복되면 결국 시장에는 나쁜 중고차만 늘어나고 거래도 위축될 것이다.

품질에 대한 정보만 공유된다면 모든 종류의 중고차가 거래될 수 있을 텐데 정보 비대칭 때문에 성사되지 않는 거래가 많아 비효율이 발생하는 것이 역선택의 문제이다. 역선택이 거래 전 정보 비대칭으로 발생하는 문제라면, 도덕적 해이는 거래 후 거래 이행 행위에 대한 정보 비대칭으로 발생한다.

3 중고차 시장은 판매자에 비해 구매자가 가진 정보가 적어 역선택의 사례로 많이 연구되어 왔다. 대표적으로 1970년 발표된 조지 애컬로프(George Akerlof)의 논문에서 품질이 떨어지는 중고차를 레몬(lemon)으로, 품질이 좋은 중고차는 자두(plum)로 불러, 역선택이 발생하는 시장을 레몬 시장(market for lemons)이라 부르기도 한다.

도덕적 해이는 거래를 이행하는 행위에 있어서 정보가 많은 쪽이 거래 내용과 달리 본인에게 유리한 행위를 해서 정보가 적은 쪽을 불리하게 할 가능성을 뜻한다. 민간 보험회사가 운영하는 건강보험을 예로 들어보자.

건강보험 가입자는 보험회사에 비해 본인의 의료 서비스 이용 행태를 더 잘 알고 있다. 건강보험을 계약할 당시 보험회사는 가입하려는 사람의 연령, 성별, 병력, 현재 건강 상태, 질병에 대한 가족력, 흡연·음주 습관 등을 바탕으로 그 가입자에게 지급하게 될 보험금의 기댓값을 계산하여 받을 보험료를 책정한다. 그런데 만약 가입자가 계약 후 이전과 다르게 건강관리에 소홀하거나 사소한 질병이나 상해에도 병원을 방문한다면 보험회사가 지급하는 보험금이 애초의 기댓값을 넘게 된다. 보험회사로서는 가입자의 행위가 적정한지 일일이 확인할 수 없기 때문에 이렇게 발생한 손실을 보전할 방법을 찾아야 한다. 정기적으로 갱신하는 계약이라면 초과 지급된 보험금을 반영하여 보험료를 높일 것이지만, 그렇지 않다면 그 보험회사에 새로 보험에 가입하는 사람들의 보험료를 상승시키는 결과를 가져올 것이다. 그 결과 전체적으로 건강보험시장의 거래가 위축되고 선의의 피해자가 발생할 수 있다.

역선택이나 도덕적 해이나 결과적으로 시장을 위축하거나 시장이 형성되는 것을 방해할 수 있기 때문에 **완비되지 않은 시장**(incomplete market)의 문제로 볼 수도 있다. 완비되지 않은 시장의 문제란 시장이 제대로 갖춰지지 않아 거래를 통한 사회적 후생이 아예 발생하지 않거나 적게 발생하여 생긴 비효율을 뜻한다. 중고차의 상태나 건강보험 가입자의 행태에 대한 정보 자체가 거래 대상이 되면 정보 비대칭으로 인한 완비되지 않은 시장 문제는 완화될 수 있겠지만, 모든 정보가 거래될 수 있는 것은 아니기 때문에 완비되지 않은 시장의 문제는 여전히 남게 된다.

완비되지 않은 시장의 문제
시장이 제대로 갖춰지지 않아 거래를 통한 사회적 후생이 발생하기 않거나 적게 발생하여 생긴 비효율

외부효과

일반적으로 한 경제주체의 행위가 다른 경제주체에 긍정적이거나 부정적인 영향을 미치는데 이에 대해 대가를 주고받지 않을 때 그러한 영향을 **외부효과**(externalities)라 부른다. 시장의 외부에서 일어난 일이라는 뜻에서 외부효과라 불리게 되었다. 이 때문에 외부효과 역시 완비되지 않은 시장의 문제에 포함할 수 있다. 후생경제학의 제1정리는 외부효과가 없는 완전경쟁시장에서

외부효과
한 경제주체의 행위가 다른 경제주체에 긍정적이거나 부정적인 영향을 미치는데 이에 대한 대가를 주고받지 않을 때 발생하는 비효율

성립한다. 외부효과가 반영되지 않은 시장에서는 어떻게 비효율이 생길까?

외벽에 아름다운 그림이 그려진 주택을 떠올려보자. 주택의 주인은 개인의 만족을 위해 벽화를 그렸지만 지나다니는 사람들은 그 벽화 덕분에 기분이 좋아질 것이다. 하지만 그렇다고 거리 공연에 기부를 하듯이 주택 주인한테 기분이 좋아진 데 대한 대가를 지불하지는 않는다. 이런 상황을 **긍정적 외부효과**(positive externality)가 발생했다고 한다. 개인적으로 벽화를 제작하는 사람들이 이용하는 소용량 페인트 시장이 [그림 6-11]의 (가)에 나타나 있다. 긍정적 외부효과를 고려하지 않을 때 시장의 수요와 공급은 D와 S로 나타나 있다. 이들 각각은 거래 당사자인 구매자와 판매자의 지불의사금액(사적 한계가치)과 생산비용(사적 한계비용)을 나타낸다. 이때 시장의 균형은 사적 한계가치와 사적 한계비용이 만나는 E점이고 그 때 시장거래량은 Q_E이다.

그런데 지나다니면서 벽화를 즐기는 사람들이 평가하는 가치(외부 한계가치)까지 고려하면 전체적 지불의사금액은 그러한 외부 한계가치만큼 상승할 것이다. 페인트의 소비를 통해 외부효과가 발생하기 때문에 수요곡선이 이동

그림 6-11 **외부효과와 시장의 비효율성**

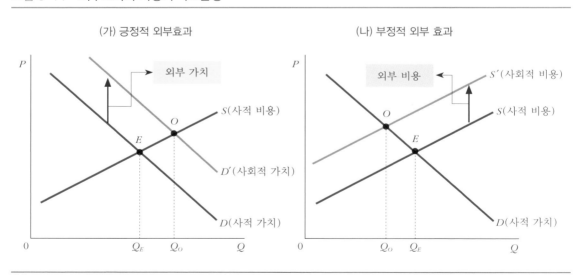

한 것처럼 보인다(D'). 이렇게 상승한 전체적 지불의사금액은 사회적 수요 또는 사회적 한계가치의 의미를 갖는다. 사회적 한계가치와 사적 한계비용이 만나는 점은 O점이고 이를 시장균형과 구분하여 **사회적 최적**(social optimum)이라 부를 수 있다. 그 결과 사회적 최적 거래량은 Q_O가 된다. 시장거래량 Q_E와 사회적 최적 거래량 Q_O를 비교하면 $Q_E < Q_O$인 것을 알 수 있다. 아름다

운 벽화 덕분에 여러 사람이 기분 좋아지더라도 주택 주인에게 대가가 지불되지 않는 한 주인은 본인의 편익만을 고려해 페인트를 구매할 것이므로 시장거래량이 사회적 최적 거래량보다 적은 것이다.

이번에는 경유차가 이용되는 배달서비스 시장을 생각해보자. 노후 경유차를 포함하여 경유차는 휘발유차에 비해 공기를 더 오염시킨다. 만약 경유차 운행에 대해 배달 서비스 업체가 추가적인 비용을 부담하지 않는다면 **부정적 외부효과**(negative externality)가 발생한다. 경유차가 이용되는 배달서비스 시장의 상황은 [그림 6-11] (나)에 나타나있다. 부정적 외부효과를 고려하지 않을 때 시장의 수요(사적 한계가치)와 공급(사적 한계비용)은 D와 S로 나타나 있다. 시장의 균형은 긍정적 외부효과 때와 마찬가지로 사적 한계가치와 사적 한계비용이 만나는 E점이고 그 때 시장거래량은 Q_E이다.

경유차가 유발하는 대기 오염을 외부 한계비용으로 보면 경유차를 이용하는 배달 서비스의 전체 사회적 한계비용은 그러한 외부 한계비용만큼 상승할 것이다. 서비스 생산 과정에서 외부효과가 발생하기 때문에 공급곡선이 이동한 것처럼 보인다(S'). 사적 한계가치와 사회적 한계비용이 만나는 사회적 최적점은 O점이고, 사회적 최적 거래량은 Q_O가 된다. 시장거래량 Q_E와 사회적 최적 거래량 Q_O를 비교하면 $Q_E > Q_O$인 것을 알 수 있다. 대기 오염의 피해는 여러 사람이 입겠지만 배달서비스 업체가 이에 대한 대가를 지불하게 되지 않는 한 업체는 자신의 비용만을 고려해 배달서비스를 공급할 것이므로 시장거래량이 사회적 최적 거래량보다 많은 것이다.

외부효과가 있으면 시장거래량이 사회적 최적 거래량과 다르기 때문에 비효율적이다. 쉽게 말해 좋은 것은 적게 생산되고 나쁜 것은 많이 생산되는 것이다. 좋은 것이 적게 생산되는 것은 자칫 덜 심각한 문제라 생각할 수도

있지만, 더 좋을 수 있는데 포기하게 된 것을 기회비용으로 인식한다면 긍정적 외부효과의 비효율성은 부정적 외부효과의 비효율성과 본질적으로 같다. 한편 긍정적 외부효과나 부정적 외부효과가 각각 반드시 수요나 공급에만 영향을 주는 것은 아니다. 생산 과정에서 발생하는 긍정적 외부효과라면 사회적 비용이 사적 비용보다 낮은 방향으로, 소비 과정에서 발생하는 부정적 외부효과라면 사회적 가치가 사적 가치보다 낮은 방향으로 작용할 것이다.

현실 경제의 이슈 | 기후 변화와 탄소중립

2022년 7월 1일 시행에 들어간 탄소중립기본법은 2030년 온실가스 배출량을 2018년 대비 35% 이상 감축하도록 명시했다. 12년의 기간 동안 온 나라가 내뿜고 있는 온실가스를 1/3 넘게 줄여야 하는 것이다. 이 목표는 단순히 국내 법 안에 머무르지 않는다. NDC(Nationally Determined Contributions)라고도 불리는 '2030 국가 온실가스 감축목표'는 기후변화에 대한 파리협정에 의거하여 우리나라를 포함한 유엔기후변화협약 당사국들이 국제적으로 이행을 약속하는 것이다. 2021년 10월 말 개최된 유엔기후변화협약 당사국 총회에 참가국들의 목표가 제출되었고, 2024년경부터 2년에 한 번씩 감축 목표에 대한 이행실적이 보고된다.

우리나라의 경우 수출과 경제 성장의 상당 부분은 엄청난 화석에너지 사용에 의존하고 있다. NDC를 이행하자면 철강을 위시한 1차금속산업, 시멘트를 비롯한 비금속산업, 정유 및 석유화학과 플라스틱 등의 관련 산업 대부분이 심대한 영향을 받을 것으로 예상된다. 게다가 다른 대부분 선진국들의 탄소 배출량이 이미 정점을 지나 감소 추세이거나 정체 상태인데 반해, 우리나라는 증가세를 유지하고 있다. 그 결과 세계 각국의 탄소 배출량을 추적하는

국제과학자그룹 '글로벌카본프로젝트'가 공개한 자료에 따르면 2020년 기준 우리나라는 배출량에서 세계 8위이다. 하지만 중국, 미국, 인도 등의 배출량이 원체 많기 때문에 우리나라의 배출량 비중은 전체의 1.9%에 불과하다.

우리나라의 탄소 배출량 증가 추세를 고려할 때 탄소중립기본법에서 설정된 목표는 현실적으로 달성이 쉽지 않다. 이러한 목표 설정의 책임이 당시의 문재인정부에만 있는 것은 아니다. 이명박정부는 2009년에 녹색성장법을 제정하면서, 시행령에 2020년까지 온실가스 연간 배출량을 아무 조치를 취하지 않은 경우의 배출 전망치에 비해 30% 줄이겠다고 명시했다. 물론 이 내용이 국제 사회에 공식적으로 약속된 것은 아니지만, 이후 정부가 이보다 완화된 목표를 제시할 때마다 국내외적으로 비난 받는 근거가 되고 있다. 2015년 파리협정이 체결된 해에 박근혜정부가 유엔에 제출한 목표는 2030년까지 배출 전망치의 37% 줄이는 것이었다. 온실가스 배출이 계속해서 증가했기 때문에 달성 시기를 10년 연장하면서도 감축 목표는 7%p만 늘린 것이다. 그럼에도 불구하고 의욕이 앞선 목표라 판단되었기에, 문재인정부도 2017년 대비 24.4% 감축이라고 기준점만 바꾸고 배출

량은 박근혜정부와 비슷한 목표를 2020년에 유엔에 제출했다. 하지만 결국 상향된 목표로 법이 만들어졌다.

비록 우리나라의 탄소 배출량이 기후변화에 미치는 영향이 크지는 않더라도 전 세계적인 대응 노력에 동참하는 것은 필요하다. 다만 현실적으로 달성이 쉽지 않은 목표가 설정된 만큼 구체적인 이행 계획이 중요하다.

공공재

공공재(public goods)는 일단 생산되면 모두가 함께 소비할 수 있게 되는 재화나 서비스를 가리킨다. 국방 서비스, 치안 서비스, 한산한 공공 도로 등이 공공재의 예이다. 이에 반대되는 개념으로는 **사용재**(private goods)가 있다. 사용재는 개인이 배타적으로 소비하는 재화나 서비스로, 우리가 대가를 지불하고 소비하는 대부분의 상품이 이에 해당된다.

사용재와 달리 공공재를 모두가 함께 소비할 수 있는 이유는 두 가지 속성 때문이다. 첫째, **배제불가능성**(non-excludability)이다. 사람들이 공공재를 소비하는 것을 기술적으로 막을 수 없기 때문에 함께 소비하는 것이 가능한 것이다. 우리가 이 땅에 거주하는 한 저절로 국방 서비스의 혜택을 누리게 되는 것도 특정 사람만 국방 서비스에서 배제하는 것이 불가능하거나 너무 비용이 많이 들기 때문이다. 둘째, **비경합성**(non-rivalry)이다. 경합성이란 한 사람이 소비하면 다른 사람이 같은 것을 소비할 수 없어 경합을 벌여야 하는 속성을 뜻한다. 따라서 비경합성은 소비하는 사람이 늘어나도 각자 소비하는 양이 줄어들지 않는 재화나 서비스가 갖는 특징이다. 한산한 공공 도로의 경우 차가 몇 대 늘어나더라도 각자 이용할 수 있는 도로 서비스가 크게 변하지 않는 것은 비경합성 때문이다.

공공재는 비경합성과 배제불가능성으로 인해 일단 생산되면 여러 사람에 의해 함께 소비된다. 그러다보니 누가 그 대가를 지불할지가 문제가 된다. 아무나 같이 쓸 수 있는 대상에 흔쾌히 대가를 지불할 사람은 흔치 않을 것이기 때문이다. 가능하면 다른 사람들이 대가를 지불하고 나는 공짜로 편승하고자 하는 마음이 생기기 쉬운데, 대부분의 사람이 그런 마음을 갖다 보면 공공재가 사람들이 진정으로 원하는 만큼 생산되지 않을 가능성을 **무임승차의**

공공재
일단 생산되면 모두가 함께 소비할 수 있게 되는 재화나 서비스

사용재
공공재와 대조적으로 배타적으로 소비하게 되는 재화나 서비스

배제불가능성
사람들의 소비를 기술적으로 배제하는 것이 불가능한 공공재의 특성

비경합성
소비하는 사람이 늘어도 각자 소비하는 양이 줄어들지 않는 공공재의 특성

무임승차의 문제
대가를 지불하지 않고 재화나 서비스의 편익을 누리려는 현상이 광범위하게 일어날 때 발생하는 문제

문제(free-riding problem)라 한다. 공공재를 이용하게 될 사람들의 진정한 수요와 공공재의 생산비용을 고려했을 때 사회적 최적 생산량이 존재할 텐데, 무임승차의 문제 때문에 공공재가 아예 생산되지 않거나 생산되더라도 지나치게 적게 생산되는 것이 공공재로 인한 시장실패이다. 공공재는 외부효과와 밀접한 관련이 있는데, 있으면 좋지만 대가를 지불하기는 꺼려지는 측면에서 공공재를 긍정적 외부효과가 극대화된 재화나 서비스로 볼 수 있다. 공공재에 대한 시장 자체가 존재하기 어렵다는 점에서 완비되지 못한 시장의 문제로도 볼 수 있다.

국방이나 치안 서비스, 한산한 공공 도로의 예에서 알 수 있듯이 공공재는 종종 정부에 의해 생산된다. 세금이라는 강제적 수단으로 재원을 조달해서 모두가 소비할 수 있는 재화나 서비스를 생산하는 것이다. 그러나 공공재에 대한 국민의 진정한 수요를 아는 것은 불가능하므로 매우 신중한 경제적·정치적 접근이 필요하다.

한편, 공공재와 혼동될 수 있는 개념으로 **공유자원**(commons)과 **가치재**(merit goods)가 있다. 공유자원은 공공재와 명칭이 비슷하지만 경합성이 있어서 공공재와 구분된다. 하천이나 바다의 어족 자원이나 소유가 불분명한 목초지처럼 이용의 배제가 불가능하지만 남획·남용되면 고갈될 우려가 있는 자원이 공유자원에 해당된다. 가치재는 교육이나 의료 서비스와 같이 충분히 소비되도록 정부가 지원할 가치가 있다고 인식되는 재화나 서비스를 일컫는다. 정부가 종종 지원하기 때문에 역시 정부에 의해 종종 공급되는 공공재와 혼동되는 것이다. 공유자원 과다 소비에는 부정적 외부효과가 발생하고, 교육이나 전염병 예방 접종 같은 의료 서비스는 어느 정도 긍정적 외부효과가 발생하여 이로 이해 과소 소비가 문제될 수 있다는 측면에서 시장실패의 사례로 볼 수 있다.

공유자원
경합성이 있으나 배제불가능성 때문에 남용될 우려가 있는 자원

가치재
사회에서 충분히 소비되도록 정부에서 지원할 가치가 있다고 인식되는 재화나 서비스

요약

01 어떤 재화나 서비스에 대해 소비자가 지불할 의사가 있었던 금액에서 실제로 지불한 금액을 뺀 나머지를 소비자잉여, 생산자가 실제로 받은 금액에서 생산비용을 뺀 나머지를 생산자잉여라 하며, 소비자잉여와 생산자잉여의 합을 사회적 후생이라 한다.

02 완전경쟁시장에서 사회적 후생은 수요곡선과 공급곡선, 가격 축으로 둘러싸인 면적으로 나타난다.

03 완전경쟁시장에서 지불의사금액과 한계비용이 일치할 때의 생산량을 사회적 최적 생산량이라 하고, 이 생산량에서 사회적 후생이 가장 크다.

04 완전경쟁시장에 비해 독점과 독점적 경쟁시장은 더 적은 양이 거래되기 때문에 비효율적이다.

05 후생경제학의 제1정리는 몇 가지 조건이 만족될 때 완전경쟁시장의 균형은 효율적이라는 이론적 내용이다.

06 후생경제학의 제1정리 조건이 만족되지 않으면 시장에서의 자원 배분은 효율적이지 못할 수 있는데, 자유로운 시장에서 자원이 효율적으로 배분되지 못할 때를 시장실패가 발생했다고 한다.

07 시장실패의 대표적 유형에는 정보 비대칭, 외부효과, 공공재 등이 있다.

01 재즈 페스티벌에 대한 도현의 지불의사금액이 5만 원이다. 그런데 원래 티켓 가격인 4만 원에서 우연히 1만 원을 할인받게 되어 티켓을 3만 원에 구입했다. 할인으로 인한 도현의 소비자잉여 증가분은 얼마인가?

02 감귤시장과 감귤주스시장은 완전경쟁시장이다. 어느 해에 제주도에 한파가 닥쳐 감귤 산출량이 감소했다. 감귤시장과 감귤주스시장의 소비자 잉여에는 어떤 변화가 발생했겠는지 그래프로 설명하라.

03 독점시장의 사회적 후생이 완전경쟁시장에 비해 낮은 것은 결국 시장거래량이 완전경쟁시장보다 적기 때문이다. 왜 거래량의 부족이 사회후생의 저하로 연결되는지 논하라.

04 "독점은 낮은 산출량과 높은 가격 때문에 사회후생에 악영향을 미치고 있는데 가격차별까지 허용된다면 사회후생을 더욱 악화시킬 것이다"라는 주장에 대해 논하라.

05 독점시장의 후생손실을 줄이기 위해 정부가 취할 수 있는 조치들을 열거하고 각각의 장단점을 논하라.

06 자연독점은 어떤 경우에 발생하나? 자연독점에 대한 가격규제 방식을 설명하라.

07 후생경제학의 제1정리는 외부성이 없다는 조건 하에서 성립한다. 후생경제학 제1정리를 설명하고 외부성의 가정은 왜 필요한지 논하라.

08 도덕적 해이와 역선택의 개념을 설명하라.

09 노동시장에서 주주는 전문경영인의, 경영인은 근로자의 도덕적해이를 방지하기 위해 보수지급 방법을 고민한다. 이를 반영한 보수지급 방법에는 어떤 것들이 있는가?

10 외부효과에 대해 정의하고, 왜 외부효과가 존재할 때 시장의 균형은 사회적 최적과 달라지는지 설명하라.

11 환경오염과 같은 부정적 외부효과를 완화하기 위한 방법에는 어떤 것들이 있는지 설명하라.

12 육우에 대한 시장수요함수는 $Q_D = 1000 - P$, 시장공급함수는 $Q_S = -30 + P$이다. 그런데 분뇨로 인한 하천오염 및 메탄가스로 인한 대기오염으로 육우 한 마리당 10만큼 사회적 비용이 발생한다. 육우시장의 균형산출량과 사회적 최적 산출량을 각각 구하라.

13 외부효과로 인해 발생하는 경제적 순손실의 규모를 [그림 6-11]의 (가)와 (나) 그래프를 그리고 표시하라.

14 두 가구가 사는 동네에 도로를 새로 낼지 논의 중이다. 두 가구가 각각 500만 원씩 부담하면 각각 1500만 원의 편익이 발생한다. 만약 한 가구만 500만 원을 내서 도로를 내면 각각 750만 원의 편익이 발생한다. 어느 가구도 비용을 내지 않으면 도로는 만들지 못하고 편익도 없다. 이러한 상황을 제5장에서 배운 게임이론을 이용하여 보수행렬로 표현하고 균형을 찾아라.

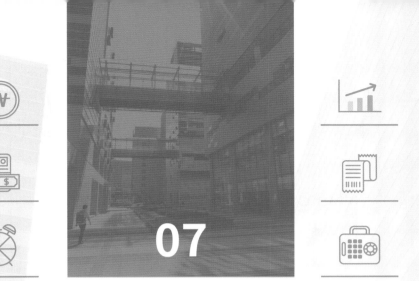

정부의 미시경제학적 역할

07

정부의 미시경제학적 역할

정부는 주로 세금을 통해 재원을 조달하여 다양한 분야에 지출한다. <그림 7-1>은 우리나라 중앙정부의 총지출과 분야별 재원 사용이 최근 어떤 추세에 있는지 보여준다. 자료를 통해 정부지출의 증가가 주로 보건 및 복지 분야에서 발생했음을 알 수 있다. 조세와 정부지출은 일반적으로 경제활동에 큰 영향을 미치며, 우리나라의 정부지출 규모는 국가 경제 안에서 상대적 비중이 증가하는 경향을 보이고 있다. 이 장에서는 정부의 주요 재원 조달원인 조세의 효율성과 형평성을 논의하고, 효율성과 형평성을 직접적으로 추가하는 정책 수단 사례로 교정과세 및 보조금, 가격규제 등을 공부한다.

그림 7-1 **총지출 및 주요 분야별 재원배분 추이**

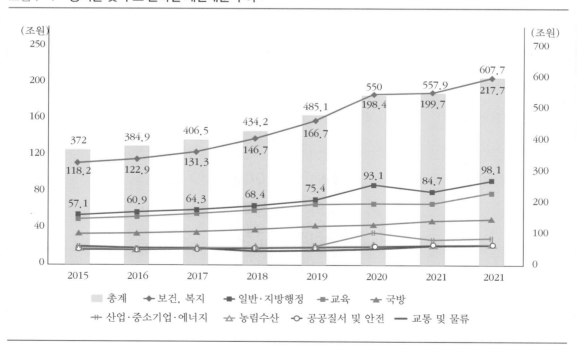

자료: 한국재정정보원–주요 재정통계–재정지출–분야별 재원배분(총지출)(2022.8.18. 공공데이터 포털 등록)

주: 2015–2020년은 결산, 2021–2022년은 본예산 기준

19세기 독일의 경제학자 아돌프 바그너(Ardolf Wagner, 1835~1917)로부터 제시되어 발전된 바그너의 법칙(Wagner's law)에 따르면 나라의 소득 수준이 높아지면서 공통적으로 국민총생산에서 정부지출이 차지하는 비중이 증가하는 현상이 발견된다. 이처럼 점점 중요성이 커지는 정부의 경제적 역할은 두 가지 측면에서 정당성을 갖는다고 이해할 수 있다.

첫째, 효율성의 증진이다. 제6장에서 공부한 시장실패는 자유로운 시장에서 자원이 효율적으로 배분되지 못할 때를 말한다. 미시경제학적으로 이러한 시장실패는 효율을 추구하는 정부가 시장에 개입하는 필요조건이라고 할 수 있다.[1] 즉, 정부가 시장에 개입했다면 시장실패가 있기 때문이라고 해석할 수 있다는 것이다. 이는 시장실패를 정부 시장 개입의 충분조건으로 보는 시각과는 엄연히 다르다. 시장실패가 충분조건이라면 시장실패가 발생할 때 항상 정부가 시장에 개입해야 할 것이다. 그러나 정부가 시장에 개입하여 예상되는 부작용이 시장실패 문제 완화의 이득보다 크다면 개입하지 않는 것이 나을 수 있기 때문에 시장실패가 있다고 해서 항상 정부가 개입해야 하는 것은 아니다. 정부 개입이 시장실패로 인한 비효율을 완화하지 못하거나 오히려 더 심각한 비효율을 초래하는 경우를 **정부실패**(government failure)라고 한다. 정부실패의 가능성 때문에 시장실패가 곧 정부 개입을 의미하는 것은 아니다. 정부실패의 원인으로는 정부의 불완전한 지식과 정보, 정치적 제약, 관료집단의 경직성 및 부정부패 등이 있다.

둘째, 형평성의 개선이다. 제2장에서 공부한 바와 같이 한 사회의 경제 상황을 평가하는 대표적인 잣대에는 효율성과 형평성이 있다. 시장실패가 효율성에 초점이 있지만, 시장이 작동한 결과 소득 분배 상태가 형평성에 크게 어긋난 경우도 넓은 의미에서 시장실패로 보기도 한다. 정부는 조세 및 지출 정책에 형평성을 개선하기 위한 방안을 담는다. 또한 가격규제와 같은 시장

정부실패
정부가 시장에 개입한 결과 시장실패의 비효율을 완화하지 못하거나 오히려 더 심각한 비효율을 초래하는 경우

1　거시경제학에서 정부 개입의 대표적인 수단에는 통화정책과 재정정책이 있다. 이들 정책은 정부가 경기변동에 대응하는 수단들이다. 넓은 의미의 시장실패에 경기변동이 포함되기도 하는데, 그렇다면 시장실패가 정부가 시장에 개입하는 필요조건이라는 주장은 거시경제학에서도 유효하다고 할 수 있다.

개입을 통해 형평성 개선을 추구하기도 한다. 그러나 이러한 정부 개입으로 인해 효율성이 저하되는 결과가 초래될 수 있기 때문에 효율성과 형평성 추구의 적절한 조합을 찾는 것은 중요하고도 어려운 일이다.

관료제의 폐해를 상징하는 표현 중에 레드 테이프(red tape)가 있다. 공식적인 규정과 절차를 글자 그대로 따를 것을 강제하는 시스템의 비효율을 의미한다. 과도한 서류, 인허가, 의사결정 절차 등을 포괄하는 표현이다. 흥미로운 것은 원래 레드 테이프가 16세기 초 거대한 제국을 다스렸던 신

출처: Smithsonian Institution의 National Numismatic Collection

성로마제국의 황제 카를로스 5세 때 제국 곳곳에서 도착한 서류 중 시급한 논의가 필요한 것을 묶어서 구분하려고 사용되었다는 사실이다. 즉 레드 테이프는 행정 절차의 효율성을 높이는 발상이었다. 그것이 어쩌다 반대 의미로 사용되게 되었는지 알 수 없지만, 나라가 발전하고 제도가 성숙하면서 불필요하거나 과도한 규정, 규제도 쌓여가는 것이 안타깝게도 일반적으로 나타나는 현상이다.

2 조세의 효율성과 형평성

세금은 정부가 작동하기 위한 기본적인 재원이 된다. 세금 중에 교육세와 같은 목적세는 지출 대상이 정해져 있지만 소득세나 법인세 등 많은 종류의 세금은 보통세로서 과세 대상이 정해져 있을 뿐이다. 과세 대상인 세원(稅源, tax base)은 주로 소득, 소비, 재산이다.

세원
세금을 부과하는 근원

조세의 효율성

다음 절에서 공부할 것처럼 세금 자체가 시장실패를 교정하는 역할을 할수 있지만, 대부분의 세금은 비효율을 야기한다. 세금이나 규제와 같은 시장 외부의 힘에 의해 시장균형에 변화가 있을 때 시장에 **왜곡**(distortion)이 발생했다고 표현한다. 제6장에서 본 바와 같이 몇 가지 조건이 만족될 때 완전경쟁시장의 균형에서 사회적 후생이 가장 큰데, 시장균형이 세금 때문에 바뀌면 사회적 후생이 감소하게 된다.

[그림 7-2]는 세금으로 인한 사회적 후생의 감소를 보여준다. (가)는 경쟁시장의 균형 E에서 소비자잉여와 생산자잉여를 나타내고 있다. 이제 시장에 세금이 도입되었다고 하자. 세금은 거래 단위당 t만큼 판매자에게 부과된다. 판매자의 공급곡선은 한계비용을 반영하는 것인데 세금이 부과되면 세금까지 비용으로 포함되어 공급곡선이 위쪽으로 이동한다. (나)에 소비자가 직면하는 새로운 공급곡선은 기존의 공급곡선에서 세금만큼 위로 이동한 연한푸른 색선으로 표시되었다. 과세 후 균형은 소비자와 생산자 입장에 따라 다르다. 먼저 소비자 입장에서는 새로운 공급곡선과 수요곡선이 만나는 A점에서 P_C의 가격을 지불한다. 생산자 입장에서는 A점에서 세금 t만큼 내려온 B점에서 P_P만큼을 받는다. 즉, 생산자가격 P_P에 세금 t를 더한 P_C가 소비자가

시장 왜곡

세금이나 규제 같은 시장 외부의 힘에 의해 시장균형에 변화가 발생한 상황

그림 7-2　**세금과 사회적 후생 감소**

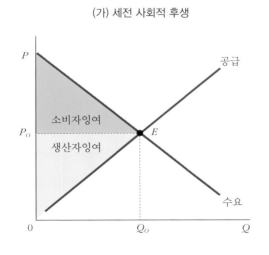

(가) 세전 사회적 후생

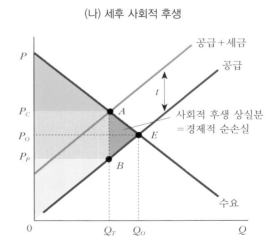

(나) 세후 사회적 후생

격이 된다. 이때 시장거래량은 Q_T로 기존 균형 E에서의 거래량 Q_O보다 적다. 세금 때문에 소비자가격은 비싸지고 생산자가격은 싸져서 수요량과 공급량 모두 감소하기 때문이다.

과세로 인한 비효율성은 사회적 후생의 감소로 확인할 수 있다. (나)에서 과세 후 소비자 입장에서의 균형은 A점이고, 이때 소비자잉여는 과세 전에 비해 사각형 $P_C P_O EA$만큼 감소한다. 생산자 입장에서의 균형은 B점으로 생산자잉여는 과세 전에 비해 사각형 $P_P P_O EB$만큼 감소한다. 따라서 소비자잉여와 생산자잉여의 감소분은 회색의 오각형 $P_C AEBP_P$가 된다. 그런데 이 중 연한 회색 사각형 $P_C ABP_P$는 세후 거래량 Q_T에 거래 단위당 세금 t가 곱해진 면적이므로 정부의 세수(tax revenue)이다. 즉, 소비자잉여와 생산자잉여 감소분의 상당 부분은 정부에 귀속되었다고 볼 수 있다. 하지만 소비자잉여와 생산자잉여의 감소분 중 진한 회색 삼각형 AEB는 어디에도 귀속되지 않고 사라지게 된다. 이만큼의 사회적 후생이 상실되는 것이다.

세수
조세 수입

과세로 인한 경제적 순손실은 매우 특수한 경우가 아니라면 항상 발생한다. 불가피하게 거둬야 하는 세금이라면 효율성의 관점에서 중요한 문제는 어떻게 하면 시장에 야기하는 왜곡을 줄여 경제적 순손실을 최소화할 것인가이다. 이와 관련하여 주목할 점은 [그림 7-2]의 (나)에서 경제적 순손실에 해당하는 삼각형 AEB 면적 결정 요인이다. 진한 회색 삼각형의 면적은 거래 단위당 세금 t와 시장거래량의 변화분인 $(Q_O - Q_T)$로 결정된다. 세금을 줄이면 경제적 순손실이 줄어들 것이라는 점은 자명하므로 어차피 거둘 세금에 대해 시장거래량의 변화가 적을수록 효율성 상실이 덜하다는 것을 알 수 있다. 시장거래량의 변화는 세금으로 인한 가격 변화로 초래되므로, 가격 변화에 시장거래량이 반응하는 정도에 따라 과세로 인한 효율성 상실 정도가 다를 것이다.

가격 변화에 따른 수요량이나 공급량의 변화 정도는 제3장에서 배운 가격탄력성으로 측정된다. 수요나 공급의 가격탄력성이 크다면 세금으로 인한 가격 변화에 따라 시장거래량이 많이 줄어들고, 이에 따라 경제적 순손실 규모도 클 것이다. 반대로 수요나 공급의 가격탄력성이 작다면 시장거래량이 적게 줄어들기 때문에 경제적 순손실 규모도 상대적으로 작을 것이다. [그림 7-3]의 두 그림은 동일한 위치의 세전 균형 E에서 서로 같은 모양의 공급곡선에 교차하는 다른 기울기의 수요곡선과 이에 따른 경제적 순손실의 차이를

그림 7-3　가격탄력성과 조세의 효율성

(가) 수요의 가격탄력성이 큰 경우

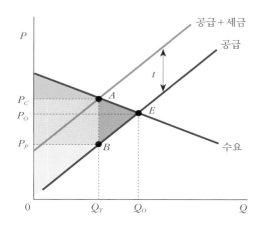

(나) 수요의 가격탄력성이 작은 경우

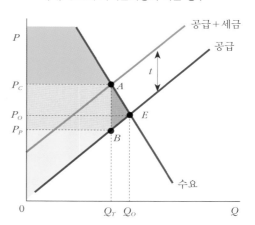

보여준다. E점을 중심으로 보면 수요곡선의 가격탄력성은 (가)에서 더 크다. 그 결과 같은 거래 단위당 세금 t에 대해 시장거래량의 변화분 (Q_O-Q_T)가 (가)에서 더 크고, 경제적 순손실의 규모도 (가)에서 더 크다. 수요곡선을 같게 하고 공급곡선의 가격탄력성을 달리 하더라도 같은 결론을 얻을 것이다.

　이상의 논의로부터 정부가 시장에 야기하는 왜곡을 줄여 효율성 상실이 덜한 세금을 도입하고자 한다면 수요나 공급의 가격탄력성이 작은 시장에 적용하는 것이 낫다는 것을 알 수 있다. 그러나 수요의 가격탄력성이 작은 재화나 서비스는 필수재인 경우가 많고, 필수재에만 과세하거나 높은 세율을 적용하는 것은 과세의 형평성을 해칠 가능성이 높기 때문에 현실적으로는 실행하기 어려운 방안이다.

한국의 현행 조세 종류는 다음과 같다.

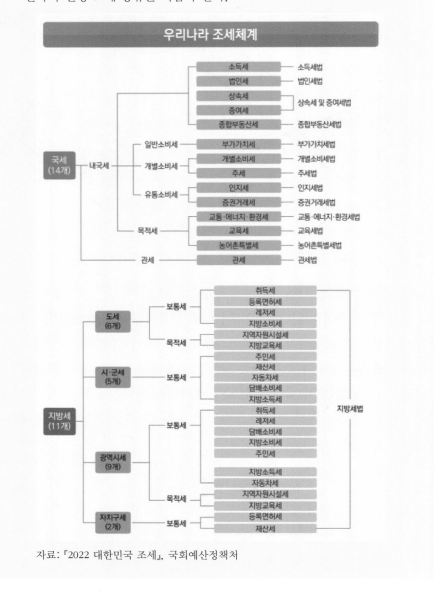

우리나라 조세체계

자료: 『2022 대한민국 조세』, 국회예산정책처

조세의 귀착과 형평성

어떻게 과세하는 것이 형평에 맞을까? 이에 대해 답하기에 앞서 실제 조세 부담이 어떻게 지워지는지 이해할 필요가 있다. [그림 7-3]으로 돌아가보

그림 7-4 조세 부담 대상의 차이

(가) 판매자에 세금 부과

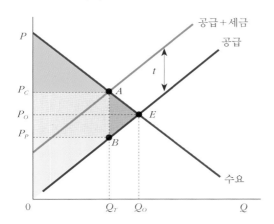

(나) 구매자에 세금 부과

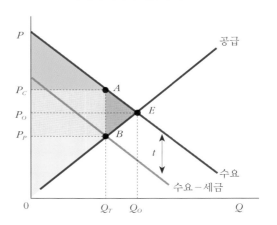

자. 두 그림의 차이는 세전 균형 E를 중심으로 수요의 가격탄력성이 다르다는 점이다. 그런데 자세히 보면 소비자가격 P_C와 생산자가격 P_P가 세전 균형가격 P_O로부터 멀어진 정도가 두 그림에서 다르다는 것을 알 수 있다. 소비자가격은 수요의 가격탄력성이 큰 (가)에서 더 적게 올랐다. 결과적으로 생산자가격은 (가)에서 더 많이 내렸다.

법적으로 판매자에게 부과된 세금이지만, 과세 이전 가격과 소비자가격, 생산자가격의 차이로 소비자와 생산자가 거래 단위당 세금 t를 나눠 내게 된다. 이렇게 세금 부담이 다른 경제주체에 옮겨지는 것을 **전가**(shifting)라 하고, 세금 부담이 전가되어 각 경제주체가 지는 실제 조세 부담 결과를 **귀착**(incidence)이라 한다. 수요의 가격탄력성이 크면 소비자가격이 많이 오르지 않아 소비자가 생산자에 비해 세금을 적게 부담하게 되고, 반대로 수요의 가격탄력성이 작으면 소비자가격이 많이 올라 소비자가 생산자에 비해 세금을 많이 부담한다. 이를 일반화하면 소비자든 생산자든 가격탄력성이 더 큰 주체가 조세 부담을 적게 진다고 설명할 수 있다. 가격탄력성은 가격의 변화에 대해 경제주체가 얼마나 유연하게 자신의 선택을 조절할 수 있는지를 나타낸다. 따라서 가격탄력성이 커서 시장의 변화에 더 유연하게 반응할 수 있는 경제주체가 조세 부담도 최대한 회피할 수 있다고 결론내릴 수 있다.

이러한 결론은 세금이 법적으로 누구에게 부과되는지와 무관하다. [그림

전가
세금 부담이 다른 경제주체에 옮겨지는 현상

귀착
세금 부담이 전가되어 각 경제주체가 지는 실제 조세 부담 결과

7-2]나 [그림 7-3]은 세금이 판매자에게 부과되었다는 가정 아래 수요곡선이 아닌 공급곡선을 이동하여 그려졌지만, 만약 세금이 구매자에게 부과되어도 같은 결론에 도달한다. [그림 7-4] (가)는 [그림 7-2]의 (나)를 다시 그린 것이고, (나)는 수요곡선을 이동한 그림이다. 구매자의 수요곡선은 지불의사 금액을 반영하는 것이고, 구매자는 그 지불 대상이 생산자가격인지 정부 세금인지는 상관하지 않는다. 따라서 구매자의 수요곡선은 세금으로 달라지지 않는다. 다만 구매자가 판매자에게 지불할 용의가 있는 금액이 지불의사금액에서 세금만큼 감소할 뿐이다. 그 결과 (나)에서처럼 판매자가 직면하는 새로운 수요곡선은 기존의 수요곡선을 t만큼 아래로 이동한 것이다.

중요한 점은 세금이 판매자에게 부과되든 구매자에게 부과되든 세후 소비자가격이나 생산자가격, 시장거래량에 차이가 없다는 사실이다. 실제 조세 부담은 수요와 공급의 가격탄력성과 같은 시장 상황에 따라 분배된다. 조세 부담이 시장 상황에 의해 결정된다는 사실은 세금을 부과하는 정부로서는 매우 곤란한 문제이다. 정부가 의도하여 법률을 통해 명시한 담세자가 실제 담세자와 달라지기 때문이다. 사실 조세로 인한 경제적 순손실의 규모 역시 시장 상황에 달려 있다. 따라서 새로 세금을 도입하거나 증세를 할 때는 시장의 정보를 수집·분석하여 조세의 효율성과 형평성에 미치는 영향을 판단해야 한다.

일반적으로 형평성 차원에서의 조세원칙으로 편익원칙과 능력원칙이 거론된다. 편익원칙(benefit principle)은 사람들이 정부가 제공하는 공공재를 포함한 재화나 서비스로부터 얻는 편익에 따라 세금을 내야 한다는 것이다. 그런데 편익원칙을 적용하면 정부 제공 재화나 서비스가 기업에서 판매하는 재화나 서비스와 크게 다를 것이 없어진다. 이득을 보는 사람이 비용 부담을 하는 것이 공평하게 느껴질 수도 있지만, 만약 그 결과 소득이나 재산이 적은 사람이 상대적으로 더 많이 세금을 부담하게 된다면 다른 종류의 형평성에 어긋난다고 볼 수도 있다. 이 때문에 많은 나라에서 큰 비중의 세금을 능력원칙에 따라 부과한다. 능력원칙(ability-to-pay principle)은 세금을 부담할 수 있는 경제적 능력에 따라 세금을 내야 한다는 것이다. 경제적 능력을 측정하는 수단으로는 주로 소득, 소비, 재산이 사용된다. 물론 능력원칙에 따라 과세하더라도 실제 담세자는 시장 상황에 따라 달라지지만, 세제 결정에 수반되는 정치적 과정에서 능력원칙을 명시적으로 내세우는 것이 필요할 수도 있다.

편익원칙
조세원칙의 하나로 개인이 정부 활동으로부터 얻는 편익에 따라 조세를 부담해야 한다는 원칙

능력원칙
조세원칙의 하나로 세금을 부담할 수 있는 능력에 따라 조세를 부담해야 한다는 원칙

EU 집행위원회가 2018년 3월일 글로벌 디지털 기업의 유럽 내 매출에 대해 세금을 부과하는 일명 "디지털세(Digital Tax)"에 대한 구체적인 법안을 발표하면서 디지털세에 대한 관심이 높아졌다.

디지털세 논의의 배경에는 세금을 내는 원천의 잠식에 대한 각국의 우려가 있다. 국가가 기업으로부터 걷는 세금은 크게 법인세와 부가가치세인데, 법인세는 기업이 팔고 남은 이익에 대해, 부가가치세는 생산물의 가치가 향상된 만큼에 대해 부과한다. 한 나라 안에서 생산하고 유통하여 소비하던 시절에는 정부가 그러한 활동을 파악할 수만 있다면 세금을 걷는 데 별 문제가 없었다.

하지만 이제는 한 제품이 완성되기까지 세계 각지에서 만들어진 부품이 동원되고 완제품은 세계적으로 유통된다. 통신 수단만 갖춰지면 생산지와 관계없이 실시간 소비될 수 있는 디지털 서비스나 콘텐츠의 비중도 급증하고 있다. 결정적으로 기업가는 생산현장과 무관하게 국가를 정해 기업을 설립할 수 있다. 국민이 쓴 돈을 다른 나라에 설립된 기업이 벌어가고 다른 나라 정부에 세금으로 들어가는 것이 속 쓰린 정부들로서는 자국 내 매출 기준으로 과세하는 디지털세 도입에 적극적일 수밖에 없는 것이다. 게다가 이런 세금은 대부분 외국 기업들한테 걷는 것이라 정치적 부담마저 적다.

디지털세 논란의 더 깊은 곳에는 국경 없이 확대되는 디지털 경제에 인간의 미래에 대한 고민이 깔려 있다. 디지털세와 종종 같이 거론되는 세금으로 로봇세가 있다. 인간과 같은 일을 하는 로봇의 노동에 대해 과세할 근거를 마련하기 위해 이미 유럽 의회는 2017년 인공지능로봇의 법적 지위를 '전자인(electronic person)'으로 지정했다. 과거에는 노동력을 절약하고 생산성을 향상하는 기술 혁신이 정부가 장려하고 지원하는 대상이었지만 이제는 그 결과 탄생한 로봇이 일자리에서 밀려난 인간을 대신해 세금을 내야하는 주체로 지목된 것이다.

이와 맞물려 기본소득(basic income)에 대한 논의도 더 진지하게 확대되고 있다. 기존의 복지정책이 저소득층이나 사정이 있어 근로능력이 떨어지는 개인·가구에 초점이 있었다면 기본소득은 전 국민 개개인에게 아무런 조건 없이 지급되는 것이다. 주로 진보적인 인사나 단체의 입장이지만 보수적 견해를 가진 측에서도 기존의 비대해지고 관료적인 복지체계를 기본소득으로 대체한다면 가능할 수도 있다는 입장이 나온다.

기본소득은 1516년 출간된 토마스 모어의 풍자소설 '유토피아(Utopia)'에서 처음 등장했다고 한다. 사유 재산 없이 모든 시민이 보장된 소득을 받는다는 가상의 섬나라 유토피아는 이상향을 의미하는 '유토피아(Eutopia)'와 발음이 같지만 사실 아무 곳도 아닌 곳(nowhere)이라는 뜻이다. 물론 토마스 모어는 남녀 모두 하루 6시간씩 똑같이 일하고 생산물은 공동 창고에 보관하며 필요에 따라 얼마든지 평등하게 누리는 이 곳을 이상향으로 생각한 것 같다. 그러나 어쩌면 모어 자신이 그러한 이상향은 어디에도 존재할 수 없다고 이미 짐작하고 있었을지도 모른다.

3 시장실패의 교정

제6장에서 배운 것처럼 외부효과가 있으면 한 경제주체가 다른 경제주체에 긍정적이거나 부정적인 영향을 미치는데 이에 대해 대가를 주고받지 않기 때문에 시장거래량이 사회적 최적 거래량과 달라지는 문제가 발생한다. 따라서 만약 외부효과를 일으키는 행위에 적절한 대가를 부여한다면 시장거래량이 사회적 최적 거래량에 가까워질 수 있다. 정부가 부정적 외부효과에 대해서는 세금을 부과하고 긍정적 외부효과에 대해서는 보조금(subsidy)을 지급하는 것은 경제의 효율성을 개선하는 방안이 될 것이다. 환경오염 등 부정적 외부효과에 대해 부과된 세금은 특별히 **교정과세**(corrective tax)라 부른다.

교정과세
부정적 외부효과를 유발하는 경제활동에 부과되어 사회적 최적 자원배분을 유도하는 세금

교정과세

1절에서 공부한 것처럼 세금은 시장거래량을 감소시킨다. 부정적 외부효과를 일으키는 재화나 서비스는 시장거래량이 사회적 최적 거래량보다 많기 때문에 이러한 시장에 세금을 부과함으로써 시장거래량을 줄인다면 오히려

그림 7-5 **부정적 외부효과와 교정과세**

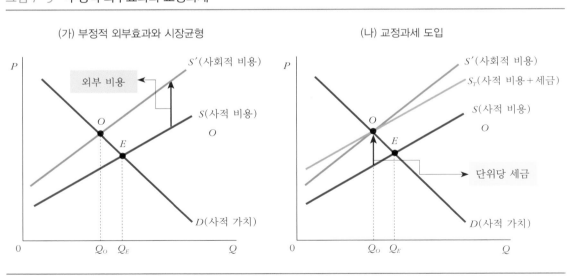

(가) 부정적 외부효과와 시장균형

(나) 교정과세 도입

효율성은 증진될 것이다.

[그림 7-5]의 (가)는 생산 과정에서 부정적 외부효과를 일으키는 재화의 시장균형을 나타낸다. 생산의 한계비용을 반영하는 사적 한계비용에 외부 한계비용을 더하여 사회적 비용이 표시되어 있다. 외부 비용이 고려되지 않은 상태에서 시장의 균형거래량은 Q_E로 외부 비용까지 고려한 사회적 최적 거래량 Q_O보다 많다. 만약 판매자에게 세금을 부과하면 사적 한계비용에 세금을 더한 만큼 공급곡선이 위로 이동하여 시장거래량이 감소할 것이다. 시장거래량이 사회적 최적 거래량과 일치하게 되는 규모의 세금이 가장 바람직할 텐데, 그러한 세금은 사회적 최적 거래량에서 발생하는 외부 한계비용(Q_O에서 사적 비용과 사회적 비용의 차이)만큼이다. 즉, 사회적 최적 상태인 O점에서 사회적 비용곡선과 (사적 비용+세금) 곡선이 만나도록 세금을 부과하면 그 만나는 점에서 수요곡선도 교차하여 시장거래량과 사회적 최적 거래량이 같게 된다.[2]

이렇게 적절한 과세를 통해 정부는 시장실패의 문제를 완화할 수 있다. 물론 사회적 최적 거래량을 달성하는 조세를 정확하게 산정하는 것은 어려운 일이다. 또한 모든 조세 행정에는 그 자체로 비용이 들기 때문에 그래프에 드러나지 않는 비효율이 발생할 수 있다. 그러나 환경오염과 같이 부정적 외부효과가 심각할 때에는 교정과세를 함으로써 사회 전체의 효율성을 증진할 수 있을 것이다.

보조금

정부가 시장에 세금을 부과하는 것과 반대되는 효과를 기대할 수 있는 수단은 보조금을 지급하는 것이다. 세금이 시장거래량을 감소시키는 것과 반대로 보조금은 시장거래량을 증가시키는 효과를 가져온다. 긍정적 외부효과를 일으키는 재화나 서비스는 시장거래량이 사회적 최적 거래량보다 적기 때문에 이러한 시장에 보조금을 지급하면 시장거래량이 증가하여 효율성이 증진될 것이다.

[그림 7-6]의 (가)는 소비 과정에서 긍정적 외부효과를 일으키는 재화의

---

2   처음 제안한 경제학자 아더 피구(Arthur C. Pigou, 1877~1959)의 이름을 따서 이러한 세금을 피구세(Pigovian tax)라 부르기도 한다.

그림 7-6 긍정적 외부효과와 보조금

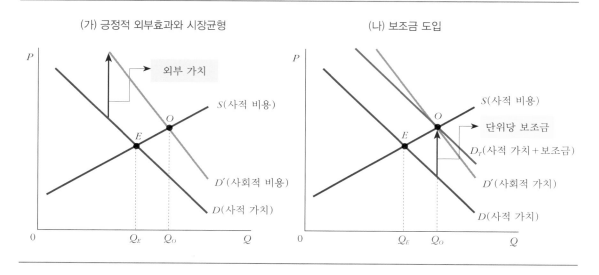

(가) 긍정적 외부효과와 시장균형

(나) 보조금 도입

시장균형을 나타낸다. 소비자의 지불의사금액을 반영하는 사적 한계가치(사적 수요곡선)에 외부 한계가치를 더하여 사회적 가치가 표시되어 있다. 외부 가치가 고려되지 않는 상태에서 시장의 균형거래량은 Q_E로 외부 가치까지 고려한 사회적 최적 거래량 Q_O보다 적다. 만약 구매자에게 보조금을 지급하면 기존의 지불의사금액에 보조금을 더한 만큼 판매자가 직면하는 수요곡선이 위로 이동하여 시장거래량이 증가할 것이다. 시장거래량이 사회적 최적 거래량과 일치하게 되는 규모의 보조금이 가장 바람직할 텐데, 그러한 보조금은 사회적 최적 거래량에서 발생하는 외부 한계가치(Q_O에서 사적 가치와 사회적 가치의 차이)만큼이다. 즉, 사회적 최적 상태인 O점에서 사회적 가치 곡선과 (사적 가치+보조금) 곡선이 만나도록 세금을 부과하면 그 만나는 점에서 공급곡선도 교차하여 시장거래량과 사회적 최적 거래량이 같게 된다.

전기자동차를 구매할 때 보조금을 지급하는 것이 [그림 7-6]과 같은 상황의 사례가 될 것이다. 전기자동차는 운행하는 동안 대기오염 물질이 발생하지 않아 휘발유나 경유를 연료로 하는 다른 자동차가 유발하는 부정적 외부효과를 일으키지 않는다. 많은 나라에서 전기자동차 구매에 보조금을 지급하는 것은 긍정적 외부효과에 대한 교정 시도로 볼 수 있다. 긍정적 외부효과의 또 다른 예로 기업이나 대학의 연구·개발(research & development: R&D)을 들 수 있다. 연구·개발의 결과물은 새로운 연구·개발의 토대가 되지만, 연구·개발 주체가 이러한 긍정적 효과까지 고려하지는 않는다. 연구·개발 비용은 생산비용에 포함되는데 정부가 연구·개발 활동에 보조금을 지급하면 생산비용이 절감(사적 공급곡선이 아래쪽으로 이동)되는 효과가 있어 연구·개발 활동이 촉진되고 이들이 이용되는 재화나 서비스의 시장거래량 역시 증가할 것이다.

 현실 경제의 이슈 | **전기자동차 보조금**

기후 변화가 전 지구적인 이슈인 가운데, 기후 변화의 주범으로 꼽히는 탄소 배출 역시 많은 관심을 받고 있다. 탄소 배출을 감축하기 위해 교정과세로서 탄소 배출에 세금을 부과하는 탄소세(carbon tax)를 도입하는 나라들도 있지만, 탄소 배출을 줄이는 소비 행위를 장려하기 위해 예를 들어 전기자동차에 보조금을 지급하는 나라들도 많다.

우리나라에서는 2004년에 제정된 '환경 친화적 자동차의 개발 및 보급 촉진에 관한 법률(친환경자동차법)'에서 국가나 지방자치단체가 환경 친화적 자동차의 구매자 및 소유자에게 필요한 지원을 할 수 있도록 법적 근거를 마련했다. 실제로 민간의 전기자동차 구매에 보조금이 지급되기 시작한 때는 2013년부터인데, 2015년까지는 고속 순수전기차 대당 1,500만 원이 지급되다가 2016년에는 1,200만 원으로 하향 조정되었다. 그러나 2016년 미세먼지가 대중적으로 심각하게 인지되면서 6월에 정부가 '미세먼지 관리 특별대책'을 발표하였고, 이 대책에 전기자동차 보조금을 1,400만 원으로 인상하는 방안이 포함되었다.

이후 전기자동차 충전 인프라가 개선될 뿐만 아니라 해외 유명 제조사의 전기자동차가 국내에 수입되고 국산 제조사의 전기자동차 생산도 증가하면서, 전기자동차는 수소차를 포함하여 2022년 1분기말 기준 누적 등록 대수가 28만 대 가까이 되었다. 비록 전체 등록 자동차의 1% 정도의 비중이지만, 전기자동차의 전년 대비 등록 대수 증가율은 70%가 넘을 정도로 가빨라 예산 문제로 인해 전기자동차 대당 보조금은 2022년에 승용차 기준 700만 원으로 인하되었다. 그러나 지방자치단체가 제각각 책정한 보조금이 더해지기 때문에 최종 보조금은 천차만별이다.

전기자동차 보조금에 대한 연구들에 따르면 보조금 지급이 구매를 촉진하는 것은 분명하지만, 사회 전체적으로 전기자동차 비중이 증가하는 것이 바람직하다면 더 포괄적으로 고민할 필요가 있다. 자동차와 같은 내구재의 경우 소비자 입장에서는 연료비, 보험료 등과 같은 유지비용도 중요하고, 무엇보다 생산자가 합리적인 가격에 제품을 생산할 수 있어야 하기 때문에 여러 가지 요인들을 함께 고려해야 하는 것이다. 최근 전기자동차 판매가 급증한 데에는 전기자동차의 종류가 다양해지고 보조금 지급 전 전기자동차 가격이 꾸준히 하락했을 뿐만 아니라 전기자동차 충전용 전기가 정책적으로 저렴하게 공급되어 온 것도 영향을 미쳤다. 이렇게 전반적인 요건을 점검하는 한편, 전기자동차가 진정한 친환경 자동차가 되려면 전기가 친환경적으로 생산되어야 한다는 점도 간과해서는 안 될 것이다.

정부는 형평성 증진 차원에서 시장가격을 직접 규제하기도 한다. 가장 대표적인 형태의 가격규제에는 **가격상한제**(최고가격제, price ceiling)와 **가격하한제**(최저가격제, price floor)가 있다. 가격상한제는 말 그대로 가격이 정부가 정한 수준을 넘지 않도록 한 것으로 유효한 최고가격이라면 시장균형가격보다 낮게 설정된다. 최고가격이 시장균형가격보다 높으면 시장에서는 균형가격으로 거래가 일어날 것이기 때문이다. 반대로 가격하한제는 가격이 정부가 정한 수준보다 떨어지지 않도록 한 것으로 유효한 최저가격이라면 시장균형가격보다 높게 설정된다.

가격상한제
시장가격이 일정 수준을 넘지 못하도록 하는 정부 규제

가격하한제
시장가격이 일정 수준 아래로 떨어지지 못하도록 하는 정부 규제

가격상한제

가격상한제는 시장균형가격이 지나치게 높다고 정부가 판단하여 소비자 보호를 위해 균형가격보다 낮은 최고가격을 설정한 것이다. [그림 7-7]의 (가)는 시장균형가격 P_O보다 낮은 수준에서 최고가격 P_C가 설정된 상황을 보여준다.

먼저 가격상한제로 소비자 보호의 취지가 달성될 수 있는지 살펴보자. 최고가격이 강제될 때 가장 주목해야 할 점은 그 최고가격에서 거래되는 수량은 해당 가격에서의 공급량 Q_R로 한정된다는 것이다. 최고가격이 균형가격보다 낮아서 균형거래량보다 수요량이 증가하지만 공급량은 감소하기 때문에 초과수요가 발생하게 된다. 가격상한제와 같은 규제가 없다면 제3장에서

그림 7-7　가격상한제와 가격하한제

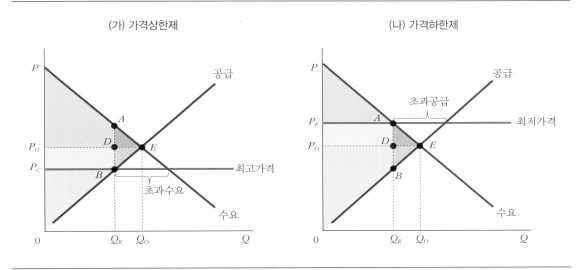

(가) 가격상한제　　　　　　　　　　　　　　　　　(나) 가격하한제

공부한 것처럼 가격이 점점 상승하면서 균형을 회복할 수 있겠으나 가격상한 제 때문에 그럴 수 없으므로 시장거래량은 Q_R에 그친다. 이때 소비자잉여에서 가격규제 전과 비교하여 증가하는 부분은 사각형 $P_O P_C BD$이고 감소하는 부분은 삼각형 AED다. 증가하는 면적은 소비자 입장에서 Q_R만큼을 기존 가격 P_O보다 낮은 P_C에서 살 수 있기 때문에 발생한다. 계속 소비하는 사람들의 이득은 증가하는 것이다. 감소하는 면적은 시장거래량이 Q_O에서 Q_R로 감소하기 때문에 발생한다. 증가하는 면적이 감소하는 면적보다 크면 소비자잉여가 증가하므로 소비자 보호의 취지가 어느 정도 지켜진다고 볼 수 있다.

그런데 소비자잉여가 증가하는 부분인 사각형 $P_O P_C BD$는 생산자잉여가 소비자잉여로 이전된 것이다. 이뿐만 아니라 생산자잉여는 삼각형 BED만큼 추가적으로 감소한다. 소비자잉여가 감소하는 것과 마찬가지로 시장거래량 감소 때문이다. 결과적으로 생산자잉여는 사각형 $P_O P_C BE$만큼 감소한다. 시장 전체로 보면 사회적 후생이 삼각형 AEB만큼 감소한다. 이는 [그림 7-2]에서 보았던 세금으로 인한 사회적 후생 감소와 비슷하다. 두 경우 모두 시장거래량이 감소하여 경제적 순손실이 발생하는 것이다. 차이점은 세금의 경우 소비자잉여와 생산자잉여가 모두 감소하고 감소한 상당 부분이 정부 세수로 이전되는 반면, 가격상한제의 경우 소비자잉여는 증가할 수 있는데 증가한 상당 부분이 생산자잉여에서 이전된 것이라는 사실이다.

가격상한제의 사례로는 대부자금에 대한 이자상한제나 신축 아파트에 대한 분양가상한제 등이 있다. 가격규제로 인한 경제적 순손실의 규모는 세금의 경우와 마찬가지로 수요나 공급의 가격탄력성과 밀접한 관련이 있다. 가격상한제가 적용되는 경우 시장거래량은 최고가격에서의 공급량에 한정되기 때문에 공급의 가격탄력성이 클수록 경제적 순손실이 커진다. 또한 공급의 가격탄력성이 클수록 시장거래량이 적어져서 소비자잉여가 증가하는 부분이 축소된다. 심하면 전체 소비자잉여가 감소할 수도 있으므로 가격규제 역시 시장 상황에 대한 이해가 중요하다.

가격하한제

가격하한제는 시장균형가격이 지나치게 낮다고 정부가 판단하여 공급자 보호를 위해 균형가격보다 높은 최저가격을 설정한 것이다. 정부가 공급자를 보호하려는 상황은 가격하한제의 대표적인 사례인 최저임금제에서 찾을 수 있다. 노동 시장은 근로자가 공급자, 기업이 수요자여서 일반적인 재화나 서비스 시장의 공급자, 수요자와 반대이다. [그림 7-7]의 (나)는 시장균형가격 P_O보다 높은 수준에서 최저가격 P_F가 설정된 상황을 보여준다.

가격하한제로 공급자 보호 취지가 달성될 수 있는지는 가격상한제 분석과 비슷하게 살펴볼 수 있다. 최저가격이 강제될 때 주목해야 할 점은 그 최저가격에서 거래되는 수량은 해당 가격에서의 수요량 Q_R로 한정된다는 것이다. 최저가격이 균형가격보다 높아서 균형거래량보다 공급량이 증가하지만 수요량은 감소하기 때문에 초과공급이 발생하게 된다. 가격하한제가 없다면 가격이 점점 하락하면서 균형을 회복할 수 있겠으나 가격하한제 때문에 그럴 수 없으므로 시장거래량은 Q_R에 그친다. 이때 생산자잉여에서 가격규제 전과 비교하여 증가하는 부분은 사각형 $P_O P_F AD$이고 감소하는 부분은 삼각형 BED이다. 증가하는 면적은 생산자 입장에서 Q_R을 기존 가격 P_O보다 높은 P_F에 팔 수 있기 때문에 발생한다. 계속 생산하는 사람들의 이득은 증가하는 것이다. 감소하는 면적은 시장거래량이 Q_O에서 Q_R로 감소하기 때문에 발생한다. 증가하는 면적이 감소하는 면적보다 크면 생산자잉여가 증가하므로 비록 팔지 못하는 사람이나 물량이 늘어나기는 하지만 공급자 보호의 취지가 어느 정도 지켜진다고 볼 수 있다.

그런데 생산자잉여가 증가하는 부분인 사각형 P_OP_FAD는 소비자잉여가 생산자잉여로 이전된 것이다. 소비자잉여는 삼각형 AED만큼 추가적으로 감소한다. 생산자잉여가 감소하는 것과 마찬가지로 시장거래량 감소 때문이다. 결과적으로 소비자잉여는 사각형 P_OP_FAE만큼 감소한다. 시장 전체로 보면 사회적 후생이 삼각형 AEB만큼 감소한다. 가격하한제가 세금이나 가격상한제와 다른 점은 가격하한제의 경우 생산자잉여는 증가할 수 있는데 증가한 상당 부분이 소비자잉여에서 이전된 것이라는 사실이다.

이상의 설명을 최저임금제에 적용해 보면 노동 공급자의 잉여는 증가할 수 있는데 증가한 상당 부분이 노동력을 고용하는 기업에서 이전된 것이라고 요약할 수 있다. 최저임금제가 적용되는 경우 고용량은 최저 임금에서의 노동 수요량에 한정되기 때문에 수요의 가격탄력성이 클수록 경제적 순손실이 커진다. 또한 수요의 가격탄력성이 클수록 고용량이 적어져서 생산자잉여가 증가하는 부분이 축소된다. 경우에 따라서는 전체 생산자잉여가 감소할 수도 있다. 가격규제로 인한 경제적 순손실의 규모나 생산자잉여가 소비자잉여로 이전되는 정도는 개별 시장 상황에 따라 다르겠지만, 경쟁시장에서 가격규제는 효율성 상실뿐만 아니라 경제주체 간 잉여의 이전이라는 형평성 문제가 발생한다는 점을 유의해야 할 것이다.

'발로 투표하기(voting by feet)'란 표현이 있다. 투표용지에 기표를 발로 한다는 것이 아니라, 자신에게 더 유리한 지역으로 이주할 수 있는 능력을 말한다. 주로 다른 나라나 다른 지방자치단체로 이사하는 등 공적 권력의 관할 지역을 바꿔 고르는 것을 의미하기 때문에 '관할 지역 구매(jurisdiction shopping)'란 표현을 쓰기도 한다.

이러한 표현의 이면에는 중앙정부든 지방정부든 정부가 자기 관할지역 안에서는 독점 권력을 행사한다는 사실이 깔려 있다. 즉, 시민이 해당 지역 안에서는 권력을 잡은 정부 이외에 같은 서비스를 제공하는 다른 공급자를 선택할 여지가 없기 때문에, 시민이 정부의 독점권에서 벗어나기 위해서는 이민 등 이주를 할 수밖에 없는 것이다.

경제학에서 독점은 요주의 대상이다. 가장 큰 문제는 경쟁이 없는 상태에서는 독점자가 횡포를 부릴 수 있다는 것이다. 시장에서 독점자의 횡포는 주로 가격 인상으로 나타난다. 기업의 가장 중요한 목적은 이윤 극대화이기 때문에, 독점자가 설정한 가격은 경쟁이 치열할 때보다 높게 마련이다. 소비자는 더 비싼 가격에 더 적게 소비할 수밖에 없으니 피해를 본다. 이 때문에 정부는 독점자가 출현하지 않도록 최대한 경쟁을 보호하고, 만약 독점자가 생기면 횡포를 부리지 못하도록 노력한다.

그러나 정부가 독점자의 횡포를 부리게 되면 막을 방법도, 피할 방법도 마땅치 않다. 물론 정부의 목적은 이윤 극대화가 아니라 '국민의 안녕과 복지'여야 하지만, 국민 한 사람 한 사람의 안녕과 복지가 항상 보장되는 것은 아니다. 예상치 못했던 세금을 내거나 느닷없는 규제로 사업에 타격을 받을 수도 있고, 믿었던 복지혜택을 받지 못하게 될 수도 있다. 기업이 독점의 횡포를 부리면 정부가 제재를 하거나 소비자들이 사지 않을 권리라도 있지만, 정부의 횡포는 당장 막기도 어렵고 피할 자유도 극히 제한적이다. 큰 비용을 치르고 이민을 가지 않는 한 말이다.

시장에서 독점 문제를 해결하는 데에 상책이 경쟁 도입인 것처럼, 정부 권력 독점의 문제를 완화하는 데에도 경쟁이 가장 유효할 것이다. 사실 세계화가 진전되고 정보취득이 쉬워지면서 정부 간 경쟁이 예전보다 활발해지기는 했다. 예컨대 기업의 소득세에 해당하는 법인세의 경우에는 기업이 조세 피난처 등 다른 나라로 등록을 옮길 가능성 때문에 함부로 올리기 어려워졌다.

그러나 이렇게 외부로부터 주어진 수동적인 경쟁에 더해 우리가 관심가져야 할 적극적인 경쟁은 뭐니 뭐니 해도 선거이다. '선거는 민주주의의 꽃'이라고 하지만, 경제학적으로 봐서도 선거는 정부 독점의 진입장벽이 무너지는 유일한 수단으로서 중요하다. 따라서 선거의 공정성은 경쟁의 효과를 극대화하기 위해서도 결코 훼손되어서는 안 되는 가치이다.

선출된 대표자들에 반복적으로 실망하게 되지만, 그럼에도 불구하고 대부분의 사람들이 발로 투표하지 않는 이유 중에는 앞으로 나아질 것이라는 희망도 있을 것이다. 경제가 압축 성장한 것처럼 정치가 압축 성장할 수 있다면 얼마나 좋을까.

요약

01 정부는 효율성과 형평성을 개선하기 위해 시장에 개입하지만, 정부실패를 초래하기도 한다.

02 정부는 작동하기 위한 기본적인 재원을 마련하기 위해 세금을 걷는데, 세금은 시장균형에 변화를 가져와 비효율을 야기할 수 있다. 조세로 인한 경제적 순손실의 규모는 수요나 공급의 가격탄력성이 클수록 커진다.

03 조세 부담은 세금이 법적으로 누구에게 부과되는지와 무관하게 시장 상황에 따라 분배된다. 실제 조세 부담은 가격탄력성이 작은 경제주체에 더 많이 지워진다.

04 부정적 외부효과는 과세에 의해, 긍정적 외부효과는 보조금에 의해 어느 정도 교정될 수 있다.

05 정부가 소비자 보호나 공급자 보호를 목적으로 가격규제를 시행하기도 하지만, 가격규제는 조세와 마찬가지로 경제적 순손실을 야기하고 경제주체 간 잉여의 이전이라는 형평성 문제가 발생하기 때문에 시장 상황에 대한 이해가 중요하다.

01 완전경쟁시장인 연필시장이 현재 장기균형 상태에 있다. 이 시장에 다음과 같은 정부의 정책이 시행될 때 새로운 장기균형에서 개별기업의 산출량, 시장전체의 거래량, 존재하는 기업의 수에 어떤 변화가 발생할지 그림을 그려 답하라.

(1) 정부에 의한 연필의 대량 구매
(2) 연필 1개당 100원의 세금을 기업에 부과
(3) 모든 연필 생산 기업에 1억 원의 정액세 부과

02 재화의 거래에 세금을 부과하면 수요와 공급 중 가격탄력성이 적은 쪽이 더 많은 세금을 부담한다. 만약 반대로 재화 거래에 보조금을 지급한다면 어느 쪽이 더 많은 보조금의 혜택을 받게 될지 그래프와 함께 설명하라.

03 A 재화는 공급측면에는 특이한 점이 없지만 수요의 경우에는 가격탄력성이 무한대로 크다는 특징이 있다. 정부가 A 재화에 개당 1000원의 세금을 부과하면서 공급자가 그 세금을 내도록 한다면, 그 세금의 부담이 궁극적으로 누구에게 귀착될지 설명하라.

04 B국 정부는 커피 소비가 급증하여 커피 원두 수입에 지나치게 많은 외화가 사용된다고 판단하고 수입되는 커피 원두에 부과되는 관세를 높이기로 하였다. 커피를 매우 좋아하여 하루 세 잔은 꼭 마시는 래경은 정부 정책이 원하는 효과를 거두지 못할 것으로 예상한다. 래경의 판단 근거가 무엇일지 설명하라.

05 육우에 대한 시장수요함수는 $Q_D = 1000 - P$, 시장공급함수는 $Q_S = -30 + P$이다. 그런데 분뇨로 인한 하천오염 및 메탄가스로 인한 대기오염으로 발생하는 추가적인 사회적 한계비용(SMC)이 $SMC = 0.5Q$만큼 발생한다. 육우 한 마리에 얼마의 세금을 부과하면 시장 거래량이 사회적 최적 산출량과 같아지겠는가?

06 긍정적 외부효과에 보조금을 지급하거나 부정적 외부효과에 교정과세를 부과하는 실제 사례를 조사하라.

07 외부효과가 발생할 때의 교정과세나 보조금 이외에 정부의 시장 개입은 경제적 순손실을 야기한다고 배웠다. 그럼에도 불구하고 정부는 다양한 시장 개입을 계속하고 있다. 그 이유가 무엇이라고 생각하나?

08 일반적으로 경제학자들은 가격상한제나 가격하한제로 가격을 규제하는 것보다 보조금을 지급하는 것을 선호한다. 그 이유에 대해 논하라.

09 C 재화에 대한 시장수요함수는 $Q_D = 300 - 4P$, 시장공급함수는 $Q_s = -60 + 2P$ 이다. 그런데 정부가 C 재화의 소비 촉진을 위해 가격상한제를 실시하기로 하고 상한가격을 40으로 설정했다. 동시에 이에 따른 초과수요를 해소하고자 판매자에 보조금을 지급하기로 했다. C 재화 단위당 보조금을 얼마로 책정하면 초과수요가 없겠는가?

10 대표적인 가격하한제인 최저임금제도에 대한 찬반 논거를 정리하라.

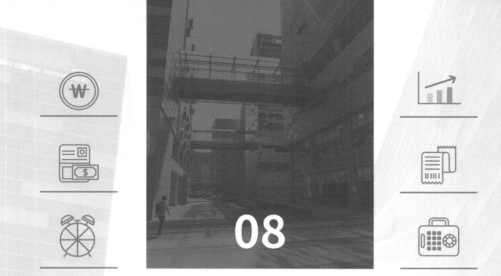

08

소득 불평등과 공공선택

소득 불평등과 공공선택

자연스런 분배는 정의롭지도 정의롭지 않지도 않다. 사람들이 사회 안에 특정 계층으로 태어나는 것 역시 그 자체로 정의롭지 않은 것도 아니다. 이러한 것들은 단순히 자연적인 사실이다. 정의롭거나 정의롭지 않은 것은 사회 체제가 이러한 사실들을 다루는 방법들에 있다. 귀족주의나 신분제 사회는 출생이라는 조건들로 폐쇄적이고 특권적인 사회적 계층들을 위한 기만적 기반을 만들기 때문에 정의롭지 않다. 이러한 사회들의 기본 구조는 자연의 임의성을 구체화한 것이다. 그러나 인간이 출생 같은 조건들에 물러서야 할 이유는 없다. 사회 체제란 인간의 통제를 벗어난 불변의 질서가 아니라 인간 행위의 유형일 뿐이기 때문이다.

— 존 롤스, 정의론(A Theory of Justice (1971), p. 87)

시장에서는 경제주체들이 경제활동을 통해 자원을 동원하여 생산하고 소비하는 일련의 과정이 일어난다. 자본주의 사회에서 개인 및 가계는 기본적으로 생산에 기여한 바에 따라 소득을 분배받고 이를 소비의 재원으로 사용한다. 그런데 생산에 기여한 바에 따른 소득이란 차이가 있게 마련이다. 소득이나 부의 불평등 및 이에 따른 사회적 갈등은 사적 소유권이 성립된 이래 계속되어 왔으리라고 추측할 수 있다. 경제적 불평등은 항상 존재해 왔지만 정답이 도출되지 않은 문제라고 볼 수 있을 것이다. 시장에서 야기되어 해결이 되지 않는다는 면에서 경제적 불평등을 넓은 의미의 시장실패로 보기도 한다. 이 장에서는 소득 불평등 및 빈곤의 규모를 측정하고 소득을 사회 내에 좀 더 평등하게 재분배하는 논거와 수단들을 공부한다. 또한 소득 불평등의 문제를 포함해서 정부 정책의 방향을 결정하는 공공선택 과정에 대해 살펴본다.

소득 불평등

제2장에서 논의한 것처럼 한 사회의 형평성을 판단하기 위해서는 여러 측면을 고려해야 하지만, 소득 분배의 형평성을 파악하고 개선하는 것이 특히 중요할 수 있다. 소득은 재산의 원천이 되고 사람들이 추구하는 다른 것들과 연관성이 높은 편이기 때문이다.

소득 불평등 지표

소득 분배 상황을 평가할 때 가장 흔하게 사용하는 지표로 **지니계수**(Gini index)가 있다.[1] 지니계수는 사회 구성원의 소득 분포가 소득이 완전히 균등할 때의 분포로부터 얼마나 차이가 나는지 계산한 지표이다. 지니계수가 개념적으로 도출되는 **로렌츠곡선**(Lorenz curve)을 먼저 살펴보자.

[그림 8–1]과 같이 로렌츠곡선의 가로축은 인구의 누적 비율을 나타낸다. 인구는 소득이 낮은 사람부터 오름차순으로 정렬되어 있다. 세로축은 소득의 누적 점유율로, 로렌츠곡선은 가로축의 누적 인구에 대한 소득 합계가 인구 전체 소득 합계에서 차지하는 비율을 나타낸다. 만약 사회 모든 구성원의 개별 소득이 완전히 같다면 예를 들어 50%의 인구가 벌어들인 소득의 합계는 전체 소득에서 50%를 차지할 것이다. 따라서 로렌츠곡선은 (가)의 붉은 색 대각선으로 그려진다. 좀 더 자세히 살펴보자. 로렌츠곡선은 소득에 따라 오름차순으로 정렬된 각 개인에 대해, 해당 개인의 소득까지 더한 소득의 누적 점유율을 막대그래프로 나타내고 매끄럽게 이은 것으로 생각할 수 있다. (가)에서처럼 소득이 완전히 균등하다면 가로축의 숫자가 커질 때 막대그래프의 각 막대의 길이는 일정하게 늘어난다. 각 개인에 의해 더해지는 소득의 크기가 일정하기 때문이다(Δ가 일정하다). 이런 특수한 경우에는 인구를 소득에 따라 정렬할 필요도 없다. 현실에서는 대각선의 로렌츠곡선이 나타나지 않지만, 이 대각선은 완전히 균등한 소득 분배의 기준선으로 작용한다.

1   지니계수는 코라도 지니(Corrado Gini)라는 이탈리아의 통계학자 겸 사회학자가 고안하여 1912년 발표하였다.

지니계수
대표적인 소득 불평등 지표로서 사회 구성원의 소득 분포가 소득이 완전히 균등할 때의 분포로부터 얼마나 차이가 있는지 나타내는 지수

로렌츠곡선
사회 구성원의 소득 분포가 소득이 완전히 균등한 때의 분포와 얼마나 다른지 시각적으로 보여주는 지표

그림 8-1 로렌츠곡선

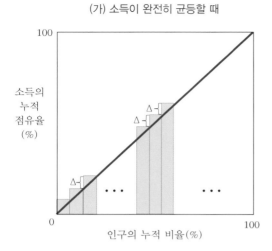

(가) 소득이 완전히 균등할 때

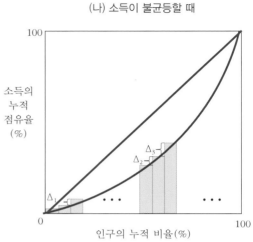

(나) 소득이 불균등할 때

(나)는 사람들의 소득이 균등하지 않을 때이다. 소득에 따라 오름차순으로 정렬된 각 개인에 대해 그 사람까지 누적된 소득의 비율을 막대그래프로 나타내면 막대는 가로축의 오른쪽으로 갈수록 길어진다. 또한 오른쪽으로 갈수록 더 많은 소득을 버는 사람이 등장하기 때문에 그 사람의 소득이 더해진 막대는 점점 더 길어진다($\Delta_1 < \Delta_2 < \Delta_3$). 따라서 막대의 윗부분을 이은 로렌츠곡선은 점점 더 기울기가 가팔라지는 곡선으로 나타난다.

소득이 완전히 균등할 때 나타나는 대각선으로부터 실제 로렌츠곡선이 얼마나 떨어져 있는지를 보고 소득 불평등 정도를 판단할 수 있을 것이다. [그림 8-2] (가)에 있는 두 개의 로렌츠곡선 A와 B를 비교해보면, A보다 B가 대각선에서 멀리 떨어져있다. 개인 간 소득 격차가 클 때 B처럼 대각선에서 떨어진 곡선이 나타난다. 소득이 많은 사람의 소득점유율이 크기 때문에 로렌츠곡선이 오른쪽으로 갈수록 기울기가 가팔라지는 정도가 더 큰 결과 대각선에서 멀어진 것이다. 이렇게 소득 격차가 클수록 로렌츠곡선이 대각선으로부터 멀어지는 특성을 이용하여 지표로 만든 것이 지니계수이다. (나)에서 대각선과 로렌츠곡선 사이 볼록렌즈 모양을 α, 대각선 아래 삼각형에서 α를 제외한 면적을 β라고 할 때, 지니계수는 다음의 수식으로 표현된다.

그림 8-2   로렌츠곡선과 지니계수

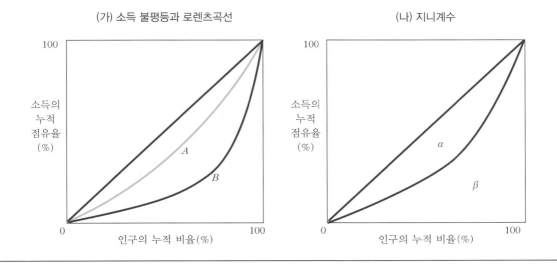

$$G = \frac{\alpha}{\alpha + \beta}$$

즉, 지니계수는 대각선 아래 삼각형에서 α가 차지하는 비율이다.

모든 사람의 소득이 완전히 똑같으면 로렌츠곡선이 대각선이므로 지니계수는 0이다. 반면, 한 사람이 모든 소득을 가져간 극단적으로 불균등한 상태라면 로렌츠곡선이 가로축 및 오른쪽 세로축과 겹칠 것이므로 α가 삼각형 자체가 되어 지니계수는 1이다. 두 경우 모두 현실에서 나타나기 어렵기 때문에 지니계수는 0에서 1 사이의 숫자로 표시되는데, 숫자가 커질수록 소득 분포가 소득이 완전히 균등한 상태로부터 멀어지는 것을 의미한다.

소득 불평등을 나타내는 다른 방법에는 소득 계층별로 집단을 나누고 집단의 소득 합계나 평균, 상한 또는 하한을 집단 간 비교하는 방식들이 있다. 〈표 8-1〉은 경제협력개발기구(OECD)에서 사용하는 지니계수 외 소득 불평등 지표들을 정리한 것이다. 측정하는 방식은 다르지만 모두 소득이 불평등할수록 수치가 크게 나타나는 공통점이 있다.

소득 불평등 지표가 한 개가 아닌 이유는 어떤 지표도 소득 불평등 상황을 숫자 하나로 완벽하게 보여주지 못하기 때문이다. 예를 들어 두 개의 로렌츠 곡선이 α의 면적은 같으면서 다른 모양을 갖는다면, 분명 소득 불평등

표 8-1　경제협력개발기구의 소득 불평등 지표

지표	설명
S80/S20 (소득5분위배율)	$\dfrac{\text{상위 20\% 집단의 평균 소득}}{\text{하위 20\% 집단의 평균 소득}}$
P90/P10	$\dfrac{\text{인구 누적 비율 90\%에 해당하는 소득}}{\text{인구 누적 비율 10\%에 해당하는 소득}}$ *
P90/P50	$\dfrac{\text{인구 누적 비율 90\%에 해당하는 소득}}{\text{인구 누적 비율 50\%에 해당하는 소득}}$ *
P50/P10	$\dfrac{\text{인구 누적 비율 50\%에 해당하는 소득}}{\text{인구 누적 비율 10\%에 해당하는 소득}}$ *
Palma ratio	$\dfrac{\text{처분가능소득 상위 10\% 집단의 소득 합계}}{\text{처분가능소득 하위 40\% 집단의 소득 합계}}$

* 인구를 소득에 따라 오름차순으로 정렬

그림 8-3　지니계수의 국제 비교

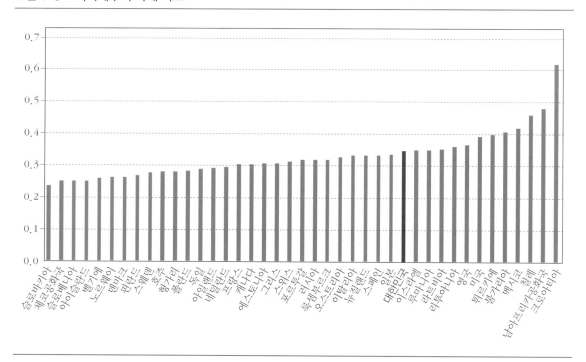

자료: OECD (2022), Income inequality (indicator), doi: 10.1787/459aa7f1-en (Accessed on 13 September 2022)
주: 2018년 자료(아이슬란드, 러시아, 칠레, 크로아티아는 2017년 자료)

필요한 만큼 배우는 경제학

그림 8-4 　우리나라의 지니계수 추이

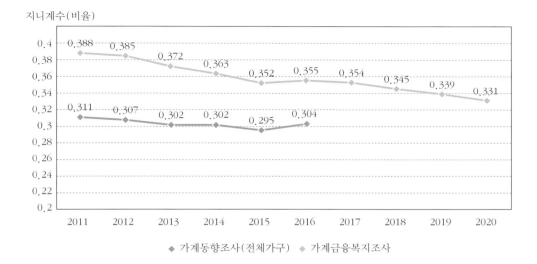

지니계수(비율)

◆ 가계동향조사(전체가구)　◆ 가계금융복지조사

출처: 통계청 「가계동향조사」, 「농가경제조사」, 「가계금융복지조사」
주1: 균등화 처분가능소득 기준
주2: 가계동향조사(농가경제조사 포함) 결과를 통해 작성됐던 공식 소득분배지표가 2016년 소득결과부터 행정자료로 보완한 가계금융복지조사로 변경되었고, 소득분배지표 작성을 위한 기준소득에 OECD 최근 권고사항이 반영됨.

상황은 다르겠지만 지니계수의 숫자는 같을 것이다. 따라서 지표의 특성을 이해하고 용도에 맞게 사용해야 한다.

　한편, 소득 불평등 지표를 해석함에 있어서 절대적인 기준이 있다기보다는 상대적으로 판단하는 경우가 많다. 지니계수가 0.3으로 나왔을 때 소득이 얼마나 불평등하게 분배되어 있는지 결론내리기 쉽지 않지만, 만약 0.4에서 변화한 결과라면 소득 불평등 상황이 개선되었다고 해석할 수 있을 것이다. 따라서 소득 불평등 지표는 한 나라 안에서 소득 불평등 추이를 관찰하거나 나라별로 소득 불평등 정도를 비교하는 것과 같이 비교를 전제로 할 때 유용하다. 이 때 일관성 있는 자료와 방식을 사용하는 것이 중요하다.

　[그림 8-3]의 OECD 자료에 의하면 우리나라는 조사 대상 국가들 중 중간 정도의 지니계수를 보였다. 이 수치는 [그림 8-4]에 따르면 「가계동향조사」를 이용한 결과인데 2008년 이후 대체로 소득 불평등 상황이 개선되다가 2016년에 다소 악화된 것으로 나타났다. 이러한 2016년의 결과는 「가계금융복지조사」로 근거 자료를 바꾸었을 때에도 관찰되었기 때문에 믿을 만한 해석이라 볼 수 있다. 그러나 만약 10년 단위로 지니계수를 비교하고자 한다면

예를 들어 2010년과 2020년은 근거 자료가 다르기 때문에 단순한 수치 비교로 소득 불평등 상황 변화를 판단해서는 안 될 것이다.

빈곤의 문제

소득 분포상 최하위 계층의 상태를 빈곤으로 보기도 하지만, 객관적 기준 이하의 물질적 결핍 상태를 빈곤으로 보는 개념이 더 광범위하다. 빈곤을 결정하는 기준인 빈곤선(poverty line)은 소득이 그 이하가 될 때 빈곤 상태에 있다고 판단하게 되는 소득 수준을 의미한다. 빈곤선 이하의 소득을 얻는 인구를 빈곤 인구라고 할 때, 전체 인구 중 빈곤 인구의 비율인 **빈곤율**(poverty rate)은 소득 불평등 상황을 보충 설명하는 자료로 쓰인다.

빈곤율은 빈곤선을 어떻게 결정하는가에 따라 달라진다. 경제협력개발기구(OECD)에서는 인구 누적 비율 50%에 해당하는 소득, 즉 **중위소득**(median

빈곤율
전체 인구 중 빈곤선 이하의 소득을 얻는 인구의 비율

중위소득
소득에 따른 인구 분포에서 인구 누적 비율 50%에 해당하는 소득

그림 8-5 **빈곤율의 국제 비교**

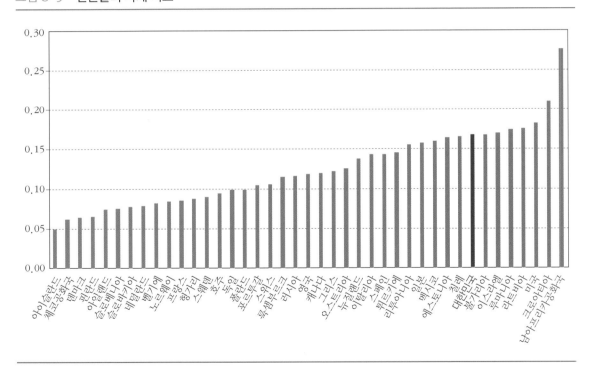

자료: OECD (2022), Poverty rate (indicator), doi: 10.1787/0fe1315d−en (Accessed on 13 September 2022)

주: 2018년 자료(아이슬란드, 러시아, 칠레, 남아프리카공화국은 2017년 자료)

필요한 만큼 배우는 경제학

income)을 기준으로 하여 그 절반의 소득을 빈곤선으로 보고 있다. 우리나라에서도 중위소득 절반 이하의 인구 비율을 상대빈곤율로 정의하고 소득 불평등에 대한 보조지표로 사용하고 있다. 또한 소득이 중위소득의 몇 %인지를 기준으로 기초생활보장제도와 같은 복지제도를 운영한다. 미국의 경우는 적절한 식량을 제공하기 위한 최소 비용의 3배 정도를 빈곤선으로

정한다. [그림 8-5]는 OECD의 빈곤선 정의에 따라 국가들의 빈곤율을 비교한 것인데, 우리나라는 중간보다 다소 높은 수준의 빈곤율을 보이고 있다.

2 소득 재분배

소득 분배 상황이 불평등할 때 이를 개선해야 할지, 한다면 어떻게 해야 할지 결정하는 것은 쉬운 문제가 아니다. 소득 분배 결과를 조세, 보조금 등을 통하여 바꾸는 일련의 정책을 소득 재분배 정책이라고 한다. 소득 재분배의 시행 여부는 우리 사회를 경제적으로 더 평등하게 만드는 것이 바람직한지에 대한 철학적 판단에 달려 있다. 먼저 소득 재분배에 대한 찬반 논리들을 간략히 살펴보고, 재분배 정책 수단들을 공부한다.

소득 재분배에 대한 찬반 논리

소득 재분배에 대한 최초의 근대적 철학 사조는 **공리주의**(utilitarianism)라 할 수 있다. 공리주의를 주창한 제러미 벤담(Jeremy Bentham, 1748~1832)과 존 스튜어트 밀(John Stuart Mill)은 개인이 효용(utility)을 극대화하는 선택을 하듯이 사회적으로도 공공의 이익을 극대화하는 선택을 하는 것이 바람직하다는 입장을 가졌다. 공공의 이익은 개인 효용의 합으로 정의했다. 따라서 사회 전체의 효용 합계가 커진다면 소득을 재분배하는 정책은 정당화될 수

공리주의
개인 효용의 합으로 공공의 이익을 정의할 때 공공의 이익을 극대화하는 선택을 하는 것이 바람직하다고 믿는 철학 사조

제러미 벤담

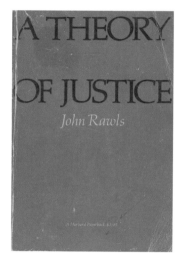

있다.

어떤 상황에서 소득이 많은 사람으로부터 소득이 적은 사람에게 소득을 이전할 때 사회 전체의 효용 합계가 커질까? 두 가지 조건이 만족되면 된다. 모든 개인이 소득에 대한 효용함수가 같고, 소득의 한계효용이 체감하는 것이다. 소득의 한계효용 체감이란 제4장에서 산출량이 투입 생산요소가 증가할수록 커지되 증가하는 폭이 감소하는 한계생산 체감이 나타나는 것처럼, 개인이 소득에서 얻는 효용이 소득이 증가할수록 커지되 증가하는 폭이 감소하는 것이다. 모든 개인의 효용함수가 동일하고 소득에 대해 한계효용이 체감하는 특성을 갖고 있으면, 소득이 많은 사람한테 일부 소득을 떼어낼 때 감소하는 효용이 그 소득을 소득이 적은 사람한테 이전할 때 증가하는 효용보다 작다. 이렇게 소득을 재분배하면 효용 감소분이 증가분보다 적으므로 사회 전체의 효용 합계는 커진다.

이러한 공리주의적 관점은 모든 개인의 효용을 동등하게 취급한다는 측면에서 일견 평등하지만, 소득이 적은 경제적 약자를 더 배려하지는 않기 때문에 평등주의라 할 수는 없다. 개인의 효용 함수가 다양하면 공리주의로 소득 재분배가 정당화되기 어려운 상황도 종종 발생한다. 또한 공공의 이익을 위해 개인의 자유를 결과적으로 억압하게 되는 재분배가 정의롭지 못하다고 비판할 수도 있다.

자유주의
개인의 자유를 바탕으로 공공의 합의에 근거한 정부와 법 앞의 평등을 지지하는 정치·철학적 사조

자유주의(liberalism)를 견지하는 철학자 중 존 롤스(John Rawls, 1921~2002)는 만약 자유로운 개인들이 모여 백지 상태에서 소득 분배에 대한 사회적 규칙을 만든다면 사회적 최약자의 효용이 우선시될 것이기 때문에 재분배가 정당하다는 주장을 폈다. 그의 주장은 사회적 합의에 의한 재분배라는 측면에서 공리주의와 다르다. 롤스의 논리는 모두가 스스로에 대해서조차 모르는 가상적인 원초적 상태에서 분배에 대한 합의를 본다면 자신의 효용만을 극대화하려는 개인들로 구성된 사회일지라도 사회의 최약자가 가능한 한 행복해지도록 결론 나리라는 것이다. 내가 최약자일지도 모른다는 생각에 이성적으로 그러한 합의가 도출될 것이라면 가상이 아닌 현실에서도 사회적 약자를 위해 적극적으로 재분배하는 것이 정의롭다는 주장이다.

롤스와 비슷한 시기에 **자유지상주의**(libertarianism)를 대표하는 로버트 노직 (Robert Nozick, 1938~2002)은 소득 재분배를 원천적으로 반대하는 주장을 폈다. 소득은 사회의 각 구성원이 버는 것이어서 정부나 사회는 재분배할 소득 자체가 없으며 사회 구성원 간 소득을 이전할 권한 역시 없다는 것이다. 경제활동의 결과 소득 분배가 불균등할 수 있지만, 그러한 결과가 야기된 과정이 정당했다면 재분배의 논거는 없다는 입장을 설득하기 위해 노직은 다음과 같은 예를 들었다.

자유지상주의
개인의 자유를 핵심적인 원칙으로 지지하는 정치·철학적 사조

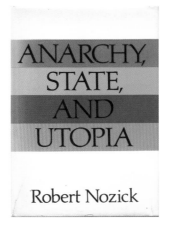

한 강의를 듣는 학생들이 있다. 이들은 서로 알지 못하고 알게 될 기회 없이 한 학기 동안 공부하고 시험을 쳤다. 채점이 끝났지만 결과가 공개되지 않은 상태에서 학생들은 회의를 통해 각자 받을 점수를 정할 수 있다고 안내를 받는다. 조건은 회의에서 정한 점수의 합계가 채점된 점수의 합계와 같다는 것뿐이다. 물론 폭행이나 협박, 위력 행사는 허용되지 않는다. 학생들이 회의하기 위해 모이고 논의에 들어간다. 어렵지 않게 결론이 난다. 모두 똑같이 점수 합계를 학생 수로 나눈 평균 점수만큼씩 받기로 하는 것이다. 그런데 회의 다음날 '받을 권리가 있는 점수'라는 제목으로 채점 결과가 공지된다. 비록 권리라고 명시되었지만 채점 결과는 학생들의 동의를 받지 못한다. 평균 점수보다 낮은 점수를 받은 학생들이 채점 결과를 받아들이기 거부하기 때문이다.

노직은 롤스의 주장은 똑같은 점수를 나눠 갖기로 한 회의 결과와 다를 바 없다고 반박했다. 점수를 마치 하늘에서 거저 떨어진 것처럼 취급하지 않고서는 약자만 유리한 분배 규칙이 나올 수 없으리라는 논리이다. 그러나 현실의 시장에서 분배에 이르는 모든 과정이 완벽하게 정당하기 어려우며, 경제적 약자가 배려되는 사회 자체가 공공재처럼 모두가 누릴 수 있는 긍정적 외부효과를 일으킨다는 이유에서라도 소득 재분배는 대부분의 자유 시장 경제 국가에서도 시행되고 있다.

소득 재분배 수단

정부가 쓸 수 있는 소득 재분배 수단은 조세와 정부 보조 측면으로 나누어 볼 수 있다.

소득 재분배에 가장 중요한 역할을 하는 세금으로 소득세를 들 수 있을 것이다. 소득세는 소득에 대해 과세하는 것으로 동일한 세율을 적용하더라도 소득이 많을수록 더 많은 세금을 부과해 세후 소득 격차를 줄일 수 있다. 그러나 많은 나라에서 소득세를 누진세(progressive tax)로 운영한다. 누진적 소득세란 소득이 증가할수록 평균 세율(＝소득세/소득, average tax rate)이 증가하는 세제이다. 현실적으로는 소득을 구간으로 나누고 더 높은 소득 구간에 더 높은 세율을 부과하는 것으로 나타난다. 한계 세율(marginal tax rate)을 추가되는 소득에 적용되는 세율로 정의하면 누진적 소득세는 소득 구간이 올라갈수록 한계 세율이 높아지는 세제라 할 수도 있다.

누진적 소득세
소득이 증가할수록 평균
세율이 증가하는 세제

〈표 8-2〉에는 가상적인 누진적 소득세제와 세액의 계산 방법이 나타나 있다. 과세표준(tax base)은 세액 산출의 근거가 되는 것으로 일반적으로 개인의 소득에서 법으로 정해진 소득 공제 항목들에 대한 금액을 뺀 것이다. 과세표준에 세율을 적용하여 세액을 계산하는데, 누진세에서는 개인의 과세표준을 구간으로 나누어 각 구간에 해당하는 세율을 적용한 후 합산한다. 예를 들어 A의 과세표준이 1억 2천만 원이면 1억 2천만 원 중 천 5백만 원에는 5% 세율을, 천 5백만 원 초과 5천만 원까지의 3천 5백만 원에는 15% 세율을, 5천만 원 초과 9천만 원까지의 4천만 원에는 25%의 세율을, 9천만 원을

표 8-2 누진적 소득세의 계산 예시

과세표준(만 원)	세율(%)	예시(과세표준이 1억 2천만 원일 때)
천 5백 이하	5	→ 천 5백만 × 0.05 ＝ 75만
천 5백 초과~5천 이하	15	→ 3천 5백만 × 0.15 ＝ 525만
5천 초과~9천 이하	25	→ 4천만 × 0.25 ＝ 1,000만
9천 초과~1억 5천 이하	35	→ 3천만 × 0.35 ＝ 1,050만
1억 5천 초과~3억 이하	38	
3억 초과~5억 이하	40	
5억 초과~10억 이하	42	
10억 초과	45	
		합계＝2,650만

필요한 만큼 배우는 경제학

그림 8-6 현금보조와 현물보조-기초생활보장제도

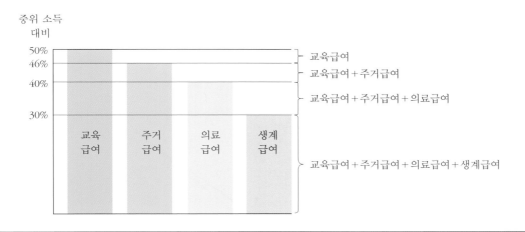

자료: 서울특별시 국민기초생활보장제도 설명(2022년 제도 기준)

초과하여 마지막 남은 3천만 원에는 35% 세율을 각각 적용하고 합한 2천650만 원이 A의 소득세액이 된다.

누진적 소득세를 운영하면 동일한 세율을 적용하는 것보다 세후 소득 격차를 많이 줄일 수 있다. 그러나 이것만으로는 소득 재분배 효과를 충분히 낼 수 없기 때문에 정부는 저소득층을 대상으로 한 지출 정책을 운영하는 경우가 많다. 대표적으로 현금보조, 현물보조, 근로장려세제 등이 있다.

앞서 우리나라는 중위소득을 기준으로 하여 그 절반의 소득을 빈곤선으로 정의한다고 하였는데, 현금보조와 현물보조 역시 중위소득을 기준으로 설정한다. [그림 8-6]는 1999년 국민기초생활보장법에 의해 도입된 우리나라 기초생활보장제도의 현재 체계를 보여준다. 예를 들어 소득이 중위소득의 30% 이하인 경우 현금보조에 해당하는 생계급여의 지급 대상일 뿐만 아니라 중위소득의 40%, 46%, 50% 이하에 각각 현물 형태로 보조되는 의료급여, 주거급여, 교육급여의 지급 대상이 된다. 또 다른 예로 소득이 중위소득의 40%와 46% 사이에 해당하는 경우 46% 이하에 주어지는 주거급여와 50% 이하에 주어지는 교육급여를 받을 수 있지만 생계급여와 의료급여는 받지 못한다.

기초생활보장 대상자들은 이 외에도 다양한 혜택이 있어 기초생활보장제도는 재분배 정책에서 중요한 위치를 차지한다. 그러나 기초생활보장제도와 같은 지원 정책은 수급자의 소득이 제도의 기준 소득을 초과하게 되면 급

현금보조
지원 수단을 현금으로 하는 저소득층 보조 프로그램

현물보조
지원 수단을 특정 현물로 하는 저소득층 보조 프로그램

표 8-3　근로장려금 계산 예시

연간 소득(만 원)	근로장려금 지급액(만 원)
700 미만	소득×700분의 260
700 이상~1,400 미만	260
1,400 이상~3,200만 미만	260-(소득-1,400)×1,800분의 260

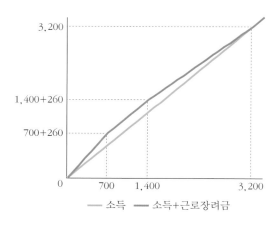

—— 소득　—— 소득+근로장려금

여 혜택이 없어지기 때문에 수급자들이 제도의 보호 안에 머물러 있으려 하는 도덕적 해이를 야기한다는 비판을 받아왔다. 이에 따라 일하는 저소득 계층을 지원하는 **근로장려세제**(earned income tax credit: EITC)가 2009년부터 시행되고 있다. 근로장려세제는 저소득 근로자 및 사업자 가구가 소득세로 납부한 금액보다 많은 금액을 근로장려금의 명칭으로 받을 수 있는 제도이다. 근로장려금은 소득세 환급의 형태로 지급되기 때문에 **음(陰)의 소득세**(negative tax, 마이너스 소득세 또는 부(負)의 소득세)로 분류되기도 한다. 소득이 낮을 때 받는 보조금을 음(陰)의 세금을 내는 것으로 해석하는 것이다.

〈표 8-3〉에는 가상적인 근로장려세제와 근로장려금 계산 방법이 나타나 있다. 근로장려금 지급액은 소득이 커질수록 증가하다가 일정액으로 유지되고 이후에 감소하는 구조로 되어 있다. 이렇게 근로장려금 자체는 소득이 증가할 때 감소할 수 있지만 소득과 근로장려금의 합계인 근로자의 총 처분 가능 소득은 일을 해서 번 소득이 증가할수록 커진다. 따라서 근로의욕을 떨어뜨릴 염려가 적다는 것이 근로장려세제의 장점이다.

근로장려세제
저소득자가 소득세로 납부한 금액보다 많은 금액을 환급받을 수 있도록 한 제도

음의 소득세
음(−)의 소득세율을 적용한 것처럼 일정 소득 이하 근로자에게 보조금을 지급하는 제도

프로이센의 빌헬름 1세는 1862년 비스마르크를 재상이자 외무상으로 임명했다. 당시 프로이센이 포함된 독일 지역은 30개 이상의 작은 나라로 분리된 상태였다. 19세기의 유럽은 자유와 평등에 대한 추구가 치열해지는 한편 '민족'에 대한 각성이 뚜렷해지고 있어서, 프로이센 내부에서 독일 통일에 대한 열망이 높았다.

더 넓게는 유럽의 열강들과 영토를 두고 경쟁을 벌여야 했다. 통일을 하자면 프로이센 내부의 역량도 결집해야 하지만, 독일 연방의 다른 나라들이나 독일 통일이 달갑지 않은 프랑스, 러시아, 영국 등과의 외교에도 실수가 없어야 했다.

빌헬름 1세는 왕이 되기 전부터 비스마르크와 관계가 매우 나빴지만 어려운 상황에서 그만한 적임자가 없었던 탓에 비스마르크를 지목한 것이다. 이렇게 시작된 그의 집권은 세 명의 왕을 거치면서 1890년까지 28년 넘게 지속되었다.

비스마르크는 재상이 된 이후 8년 간 덴마크와 오스트리아, 프랑스와의 전쟁에서 잇따라 승리를 거둔다. 1871년 1월, 빌헬름 1세는 독일 제국의 탄생을 선언하고 독일 황제가 됐다. 두 달 후에 비스마르크는 독일 제국의 초대 수상으로 임명된다.

통일의 대업을 달성한 비스마르크는 권력을 유지할 정당성을 확보하기 위해서라도 여러 방면에서 노력을 경주했다. 비스마르크는 특히 세계 최초로 근대적 사회 보험 제도를 도입하는 괄목할 업적을 남겼다. 1883년 질병 보험법, 1884년 사고 보험법, 1889년 노령 및 장애 보험법이 만들어진 것이다.

그 자신이 귀족 출신인 비스마르크가 사회 보험 제도 도입에 앞장섰다는 것은 쉽게 상상이 가지 않는 일이다. 독일은 뒤늦게 산업혁명의 대열에 합류하면서 급속한 경제 성장을 겪고 있었지만 도시 빈민의 상당 부분을 차지하는 노동자 계급의 상황은 다른 선진국들처럼 좋지 않았다. 마르크스의 공산당 선언은 독일이 통일되기 23년 전인 1848년에 이미 발표되었고, 독일 의회 안에 사회주의의 영향력은 갈수록 커지고 있었다. 이러한 상황에서 황제와 귀족 중심 제국의 안정을 지키는 방법은 역설적이게도 혁신적 수단으로 노동자 계급에게 안도감을 주는 것이었다. 그렇게 하여 비스마르크식 '혁명적 보수주의' 정책이 추진된 것이다.

독일에 사회 보험 제도가 도입되면서 미국으로 이민 가는 독일인 수가 급격하게 감소했다는 연구 결과가 있다. 미국 이민은 주로 젊은 이들이 선택했는데, 비록 미국에 경제적 기회가 더 많을 것 같긴 하지만 독일에는 질병, 사고, 고령 등으로 일할 수 없을 때 안전망이 있다는 것이 이민의 손익 계산을 바꾼 것이다.

제도의 영향력은 독일 안에만 머무르지 않았다. 영국의 재무상 로이드 조지는 1908년 독일을 방문한 후 노령 연금법을 도입하고 1911년에는 질병과 실업에 대비하는 국민보험법을 만든다. 로이드 조지는 자유 시장주의자였으나 "인간이 빵만으로 살 수 있는 것은 아니지만, 빵 없이 살 수도 없다"며 제도를 도입했다.

가장 먼저 사회 보험 제도가 도입된 독일과 영국의 경우를 보면 제도의 구체적인 내용은 다르지만 한 가지 공통된 이상을 제시하고 있다. 바로 '복지 국가(welfare state)'이다. 구성원 모두에 대해 사회 전체가 최소한의 책임을 나눠 짐으로써 조화롭게 공존하는 국가를 지향하는 것이다. 즉, 복지 국가는 직접적으로 수혜받는 사람들뿐만 아니라 그들과 공존해야 하는 모두에게 안정과 평화를 줄 수 있다.

우리나라에서는 1962년 헌법이 개정될 때 '사회보장'이 국가의 의무로 선언되고 1963년에 사회보장에 관한 법률과 의료보험법이 제정되었다. 현재에는 4대 사회 보험이 있는데, 국민연금, 국민건강보험, 고용보험, 산업재해보험이다. 이 중 대부분의 국민에게 적용되는 제도인 국민연금이 도입된 것이 1988년, 국민건강보험이 전 국민 대상으로 확대된 것이 1989년이다.

사회보장제도에 정답은 없다. 사회보장제도의 목표가 사회 형평성 제고인데, 각자 생각하는 바람직한 형평성 수준도 다르고 형평한 사회를 위해 선호하는 방법도 다 다르기 때문이다. 시대가 빠르게 변하면서 우리나라의 사회사회보장제도도 개혁의 필요성에 직면하고 있다. 하지만 사회보장제도의 개혁은 다양한 이해 가운데 합의를 봐야 하므로 어려울 수밖에 없다.

3 공공선택

이상에서 논의한 것처럼 소득 불평등을 어떻게 이해하고 재분배 정책을 활용할지는 사회 구성원의 가치관과 철학에 관한 문제이다. 불평등의 문제뿐만 아니라 시장실패를 교정하려는 정부의 다양한 노력들, 예를 들어 외부효과에 대한 대응이나 공공재의 공급 등도 여러 이해 관계자들이 결부되어 있고 교과서에서 읽는 것처럼 쉽게 답을 찾을 수 있는 문제가 아니다. 민주주의 사회에서 정부의 결정은 직·간접적으로 국민에 의해 결정된다. 경제학적 분석 방법을 사용하여 정부의 구성 및 기능과 행태 등을 연구하는 분야를 **공공선택이론**(public choice theory)이라 한다. 여기에서는 민주적 공공선택의 핵심이라 할 수 있는 투표(voting)를 중심으로 공공선택의 특성과 한계를 공부한다.

공공선택이론
경제학적 분석 방법을 사용하여 정부의 구성. 기능. 행태 등을 연구하는 분야

다수결의 특징

현실에서 가장 많이 활용되는 투표 방식으로는 **다수결**(majority rule)이 있

다수결
다수로부터 득표한 경우 의결하는 방식

필요한 만큼 배우는 경제학

다. 만장일치(unanimity rule)가 쓰일 때도 있지만 만장일치 방식에서는 투표 참가자가 늘어날수록 부결될 가능성이 급속히 커지는 문제점이 있다. 다수결에도 몇 가지 종류가 있는데, 가장 표를 많이 얻은 대안을 결정하는 방식(단순다수결, simple majority)이나, 과반의 표를 얻은 대안을 결정하는 방식 모두 다수결이라 일컫는다. 경우에 따라 2/3 이상의 득표

를 요구하는 방식(supermajority, 초다수결 또는 가중다수결)이 쓰이기도 한다.

다수결에 따른 결과에 대한 이론 중에 **중위투표자 정리**(median voter theorem)가 있다. 중위투표자란 대안들을 어떤 특성에 따라 일직선 위에 정렬하고 투표자들을 제각기 가장 선호하는 대안에 줄 세웠을 때 가운데 위치한 투표자를 말한다. 각 투표자는 다른 대안들의 경우 일직선 위에서 본인이 가장 선호하는 대안과 가까울수록 나은 대안으로 생각한다고 가정한다. 중위투표자 정리는 중위투표자가 선호하는 대안이 다수결에서 결정된다는 이론이다. 예를 들어 살펴보자. 10개의 가구가 모여 사는 마을에 놀이터를 만들지, 만든다면 어느 정도 비용을 들일지 결정하려고 한다. 만들기를 원하지 않는다면 비용 규모로 0을 선호하고 만들 때의 비용 규모 대안은 소, 중, 대 세 종류가 있다. 어떤 대안이든 과반의 표를 받아 선택되도록 두 개의 대안씩 표결에 부친다고 하자.

[그림 8-7]은 가로축에 비용 규모 대안들을 규모별로 정렬하고 각 대안에 대해 이를 선호하는 가구 수를 나타낸 것이다. 가구의 선호 분포가 그림과 같을 때 만약 대안 '0'과 '소'를 표결에 부치면 어떻게 될까? 당연히 4가구는 '0'에 2가구는 '소'에 투표할 것이다. '중'을 가장 선호하는 1가구와 '대'를 가장 선호하는 3가구가 어떤 선택을 할 것인지가 중요하다. 가장 선호하는 대안이 표결 대상이 아닐 경우 표결에 부쳐진 대안 중 자신이 가장 선호하는 대안과 가장 가까운 것에 투표할 것이라고 예상할 수 있다. 그렇다면 4가구는 '0'보다 '소'를 선택할 것이다. 과반의 찬성을 얻어 '소'가 선택된다. 그 다음 '소'와 '중'을 표결에 부치면, 이제는 '0'을 가장 선호하는 4가구는 '소'에, '대'를 가장 선호하는 3가구는 '중'에 투표한다. 6:4로 다시 '소'가 선택된다. '소'와 '대'의 표결 결과는 '중'을 가장 선호하는 1가구의 선택을 예상하기는 어렵지만 이와 관계없이 '소'가 선택된다.

중위투표자 정리
중위투표자가 선호하는 대안이 다수결에서 결정된다는 이론

그림 8-7 중위투표자 정리 예시

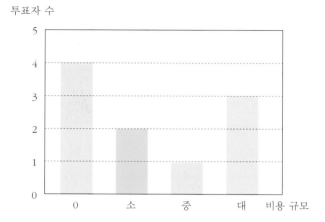

투표자 수

0   소   중   대   비용 규모

'소'를 선호하는 두 가구가 중위투표자이며,[2] 이들이 선호하는 '소'가 최종 선택된다는 점에 주목할 필요가 있다. 중위투표자가 선택한 대안은 다른 어떤 대안과 일대일로 대결하더라도 그 다른 대안 반대쪽의 표를 모두 흡수하기 때문에 과반을 확보하게 된다. 이러한 내용을 일반화한 것이 중위투표자 정리이다.

콩도르세 역설

같은 마을에서 이번에는 마을 편의 시설로 도서관, 체육시설, 공원 중에서 한 가지를 골라 만들려고 한다. 10가구의 선호는 〈표 8-4〉와 같이 A, B, C 세 집단으로 구분된다. 예를 들어 3가구의 A집단은 도서관을 가장 선호하고 체육시설을 그 다음으로, 공원을 제일 마지막으로 선호한다. 앞에서와 마찬가지로 어떤 대안이든 과반의 표를 받아 선택되도록 두 개의 대안씩 표결에 부친다고 하자. 먼저 도서관과 체육시설에 대해 투표하면 A와 C집단 7가구가 도서관에 투표하여 도서관이 선택된다. C집단 4가구는 도서관을 가장 선호하지는 않지만 도서관과 체육시설 중에서는 도서관을 더 좋아하기 때문이다. 다음으로 도서관과 공원을 표결에 부치면 A집단 3가구만 도서관에 투

---

2   '0'을 선호하는 가구가 넷, '중'과 '대'를 선호하는 가구가 넷이어서 '소'를 선호하는 두 가구가 중위투표자이다.

표 8-4 **투표의 역설 예시**

집단	가구 수	선호 순위		
		도서관	체육시설	공원
A	3	1	2	3
B	3	3	1	2
C	4	2	3	1

표하고 B와 C집단 7가구가 공원에 투표하여 공원이 선택된다.

그런데 여기서 멈추지 않고 체육시설과 공원을 표결에 부친다면, 이번에는 A와 B집단 6가구가 체육시설에 투표해 체육시설이 선택된다. 하지만 이 체육시설은 도서관과 대결했을 때 탈락됐던 대안이다. 즉, 도서관이 체육시설을 이기고 공원이 도서관을 이기는데 체육시설이 공원을 이기는 것이다. 이처럼 다수결의 결과가 한 대안으로 모아지지 않고 물고 물리며 공전하는 현상을 **콩도르세 역설**(Condorcet paradox)이라 한다.

콩도르세 역설
다수결의 결과가 한 대안으로 모아지지 않고 물고 물리며 공전하는 현상

앞서 중위투표자의 정리를 단순다수결의 특성으로 배웠는데, 투표의 역설은 왜 나타나는 것일까. 우선 놀이터를 만들 비용 규모와 달리 도서관, 체육시설, 공원은 일정한 특성에 따라 정렬할 방법이 없다. 따라서 중위투표자가 정의되지 않는다. 정렬을 할 수 없기 때문에 대안들을 일대일로 표결에 부쳤을 때 자신이 가장 선호하는 대안이 표결 대상이 아닐 경우 그것과 가장 가

콩도르세 역설은 18세기 프랑스 대혁명 시기의 저명한 정치이론가인 콩도르세(Marie Jean Antoine Nicolas de Caritat, Marquis of Condorcet, 1743~1794) 후작이 처음으로 지적했다고 알려져 있으며, 단순다수결의 역설(paradox of simple majority voting)이라 불리기도 한다. 콩도르세는 귀족이었음에도 불구하고 계몽주의적이고 자유주의적인 활발한 활동으로 프랑스 혁명 중에 중요한 공직을 맡기도 했다. 그러나 루이 16세의 처형을 반대하다 결국 혁명정부의 감옥에서 사망한다. 콩도르세 역설을 투표의 역설이라 일컫기도 하지만, 투표의 역설은 일반적으로 다음 쪽의 '현실 경제의 이슈: 투표의 경제학' 내용을 지칭하는 용어로 쓰인다.

숨고르기

까운 표결 대상이 반드시 '거리상 가까운 대안'이지 않은 것이다. 예를 들어 [그림 8-7]에서 '대'를 선호하는 가구는 표결 대상이 '0'과 '소'라면 그 중 '대'와 더 가까이 있는 '소'에 투표하는 것이 타당하다. 하지만, 〈표 8-4〉에서 공원을 선호하는 C집단이 도서관과 체육시설 중 선택해야 한다면 표에서 더 가까이 있는 체육시설에 투표할 것이라는 논리적 근거가 없다.

이처럼 투표의 역설이 나타날 수 있는 사실은 단순다수결의 큰 약점이다. 만약 투표자의 선호 체계를 파악하고 있는 사람이 일대일 표결의 순서를 정할 수 있고 두 번의 투표만으로 결론을 낸다면 그 사람은 본인이 원하는 대로 결과를 이끌어 낼 수 있을 것이다. 더 큰 그림에서 보면 바람직한 공공선택이란 개인의 선호가 잘 반영되고 통합되어 나타나는 것인데, 개인이 명확하고 일관된 선호 체계를 갖고 있음에도 불구하고 이들이 합쳐진 공공선택은 일관되지 못한 결론을 내놓는 것은 단순다수결에 대한 근본적인 회의를 줄 수 있는 부분이다.

현실에서 가장 많이 쓰이는 단순다수결이 투표의 역설과 같은 약점을 갖고 있다는 것은 심각한 문제일 수 있다. 과연 대안은 없는 것일까? 이러한 질문에 대해 케네스 애로(Kenneth Arrow, 1921~2017)는 1951년 어떠한 투표 제도도 공공선택이 갖춰야 할 최소한의 바람직한 조건들을 모두 만족시키지는 못한다는 것을 수학적으로 입증했다. 이를 **애로의 불가능성 정리**(Arrow's Impossibility Theorem)라 한다. 애로는 사회를 구성하는 개인 각각이 모든 대안들에 대해 우선순위를 매길 수 있을 때 바람직한 투표 제도라면 역시 모든 대안들에 우선순위를 매길 수 있어야 하며[3] 이에 따른 결과는 최소한 다음의 조건들을 갖출 것을 요구했다.

애로의 불가능성 정리
어떠한 투표 제도도 공공선택이 갖춰야 할 최소한의 바람직한 조건들을 모두 만족시키지 못한다는 정리

- 만장일치(unanimity 또는 weak Pareto efficiency): 모든 사람이 A를 B보다 선호하면, 투표에서 A가 B보다 선호되어야 한다.
- 무관한 대안으로부터의 독립(independence of irrelevant alternatives): A와 B에 대한 투표 결과는 이들과 관계없는 대안 C의 존재에 영향을 받지 않아야 한다.

---

3 '모든 대안들에 우선순위를 매길 수 있다'는 것은 완비성과 이행성을 갖추었다는 뜻이다. 간략하게 설명하면 완비성은 모든 대안들에 순위를 매긴다는 뜻이고, 이행성은 A가 B보다 높은 순위이고 B가 C보다 높은 순위이면 A가 C보다 높은 순위에 있다는 뜻이다.

－ 독재자의 부재(non dictatorship)：어떤 개인의 선호대로 항상 투표 결과
　　가 나오는 일은 없어야 한다.

　애로는 이 세 조건이 동시에 만족되는 투표 제도는 없다고 증명한 것이
다. 애로의 정리는 민주주의의 한계를 일깨워 준 동시에 민주주의의 수호와
더 나은 정책 도출을 위해서는 기존의 제도에 안주하지 말고 지속적으로 개
선해야 한다는 과제를 던져준 셈이다.

 현실 경제의 이슈 | **투표의 경제학**

　투표는 민주시민으로서 권리이자 의무라고
한다. 그러나 경제학자의 시각으로 보면 투표는
설명하기 어려운 행위이다.

　어디선가 읽은 우스개이다. 미국의 한 대학
도시의 선거 날이었다. 투표소에서 경제학과 교
수 둘이 마주쳤다. 둘 다 당황해서 더듬거리며
대화를 나눈다.

　"아내가 오자고 해서…"

　"나도 마찬가질세."

　"여기서 날 만난 거 과에는 비밀이네."

　"당연하지…"

　어째서 이런 농담이 생겼을까?

　경제학에서 모든 행위는 편익과 비용의 비
교로 설명한다고 한 바 있다. 먼저 투표의 편익
을 생각해 보자. 편익은 내가 투표함으로써 지
지하는 후보자가 당선이 되어 내가 원하는 정책
을 폈을 때의 이익이나 만족감이 될 것이다. 그
러나 이러한 이익이나 만족감을 느끼기 위한 길
은 멀고도 험하다. 우선 나의 한 표를 더함으로
인해 지지후보가 당선되어야 하고, 그 당선자가
내가 원하는 정책을 펴야 한다. 수학적으로 표
현하면, 궁극적인 이익이나 만족감에 내 한 표

가 지지후보를 당선시킬 확률과 당선자가 내가
원하는 정책을 펼 확률을 모두 곱해줘야 한다.
특히 내 한 표로 당선자가 바뀔 확률은 미미하
기 때문에, 투표의 편익은 불확실하고 매우 작
기 마련이다.

　투표의 비용은 어떠한가. 투표에 금전적인
비용이 발생하는 것은 아니다. 그러나 마음에
드는 후보를 고르기 위해 정보를 수집하고 판단
하는 번거로움과 투표에 소요되는 총시간에 대
한 기회비용이 있다. 이렇게 투표의 비용은 확
실하고 사람에 따라 꽤 클 수 있다.

　따라서 투표의 편익이 비용보다 클 가능성은
거의 없다. 그 결과는 낮은 투표율로 나타나곤
한다. 전자투표제도를 도입한 나라나 지역의 경
우 투표율 제고를 제도도입의 중요한 목표로 제
시하는데, 전자투표가 투표의 비용을 낮출 것이
라는 기대 때문이다. 그러나 전자투표 도입 결
과 투표율이 눈에 띄게 올라간 경우는 찾기 어
려운 것 같다. 그 정도로는 편익과 비용의 차이
를 뒤집을 수 없었던 것이 아니었을까?

　투표를 하지 않는 행위를 무임승차(free-
riding)로 설명하기도 한다. 모두가 훌륭한 후보

가 당선되어 더 나은 사회가 되는 것을 원하지만, 후보에 대해 분석하고 투표하는 비용은 내가 아닌 다른 사람들이 치르길 바랄 수 있는 것이다. 다른 사람들이 애쓴 결과에 대가를 지불하지 않고 편승하는 행위를 비유적으로 무임승차로 표현하는데, 투표는 하지 않고 그 결과만 누리고자 하는 태도가 딱 그러한 것이다.

우리나라에서 2010~2019년 10년 동안 2차례 대선 투표율은 70%를, 2차례 총선 투표율은 50%를 넘겼다. 장기 추세로 보면 투표율은 하락 중이다. 그러나 뒤집어 생각해 보면 개인적으로 수지타산이 맞지 않는데도 투표하는 민주시민이 반은 넘는 것이다. 기권표를 던지는 한이 있더라도 투표하는 민주시민이 될 것인가, 묻어가는 방관자가 될 것인가, 여러분이 선택할 일이다.

요약

01 소득 불평등 지표로 가장 흔하게 사용되는 것은 로렌츠 곡선으로부터 도출된 지니계수로, 지니계수가 0이면 소득이 완전히 균등하게 분배된 상태이고 1이면 극단적으로 불균등한 상태이다.

02 소득 불평등을 보완하는 지표로 쓰이는 빈곤율은 중위소득의 절반에 해당하는 빈곤선 이하 인구 비율을 의미한다.

03 소득 재분배에 대한 대표적인 주장으로 공리주의, 자유주의, 자유지상주의 등이 있는데, 공리주의와 자유주의는 각기 다른 관점에서 소득 재분배를 지지하는 반면 자유지상주의는 소득 재분배를 원천적으로 반대하는 입장이다.

04 소득 재분배 수단으로는 조세 차원에서 누진적 소득세가 있고, 정부 보조 차원에서는 현금보조, 현물보조, 근로장려세제 등이 있다.

05 정부의 구성 및 기능 등을 결정하는 데에 중요한 역할을 하는 투표 제도는 현실적으로 다수결이 많이 쓰이며, 그 결과는 중위투표자 정리로 예측할 수 있는 부분이 있는 한편 콩도르세 역설이 나타날 수 있는 약점을 갖고 있다.

01 5명으로 구성된 사회에서 5명이 한 해 동안 각각 10, 20, 40, 50, 80의 소득을 거뒀다. 이 사회의 로렌츠곡선을 그리라.

02 각각 5명으로 구성된 A 사회와 B 사회의 구성원 소득은 다음과 같다.

	구성원1	구성원2	구성원3	구성원4	구성원5
A 사회	20	20	40	40	40
B 사회	20	20	20	40	40

(1) 두 사회의 로렌츠곡선을 한 평면에 그리라.
(2) 두 사회 중 어느 사회의 소득불평등이 더 심각한가?

03 두 국가의 지니계수가 같다면 두 나라의 로렌츠 곡선의 모양이 같겠는지에 설명하라.

04 소득 재분배를 해야 하는 이유에 대해 공리주의적 입장과 롤스의 정의론 관점에서 각각 논하라.

05 더 높은 소득 구간에 더 높은 소득세율을 적용하는 누진적 소득세의 경우 인플레이션이 진행될 때 증세의 효과가 있다는 지적의 의미를 설명하라.

06 저소득층에 대한 현금보조나 현물보조가 근로의욕을 저하시킨다는 비판에 대해 논하고, 이에 비한 근로장려세제의 장점을 설명하라.

07 중위투표자 정리를 설명하고 가정의 현실성에 대해 논하라.

08 콩도르세 역설이 의미하는 바를 서술하고 다수결을 근간으로 하는 민주주의 사회에 이 역설이 시사하는 바를 논하라.

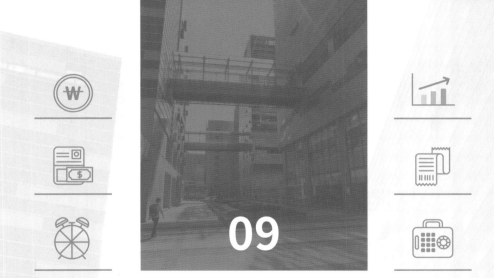

09

거시경제학 들어가기

09

거시경제학 들어가기

이 책의 전반부에서 배웠듯이 미시경제학은 개별 경제주체의 의사결정 과정과 그러한 결정들의 상호작용결과가 주로 시장을 통해 어떻게 나타나는지 연구하는 분야이다. 반면에 거시경제학은 여러 단일 시장들의 집합체인 경제 전체(보통은 국가 단위이고 거시경제라고 부름)의 가격, 총생산, 실업 같은 총량변수(aggregate variables)에 관심을 갖는다.

잠시 역사를 거슬러 올라가 보자. 제1장에서 소개한 아담 스미스와 앨프리드 마샬 등이 오늘날 우리가 알고 있는 시장, 수요, 공급, 가격 등에 대한 이론적 기초를 세운 시점이 18-19세기이다. 이후 약 100년이 지난 20세기 초 존 메이너드 케인즈 같은 걸출한 인물들이 등장하고 나서야 거시경제학적 이론들이 정립되기 시작했다. 그래서 아담 스미스는 경제학의 아버지, 케인즈는 거시경제학의 아버지라고 불리기도 한다.

거시경제학이 태어나기까지 왜 100여 년이 걸린 것일까? 당시 이메일이나 전화 같은 실시간 의사소통수단이 없어서 학자들 간 생각의 교류가 느렸던 것이 이유가 될 수 있을 것이다. 결정적인 이유는 1929년 미국에서 발발하여 전 세계로 파급된 대공황이다. 이 사건은 당시 경제학자들의 사고방식을 완전히 흔들어놓는 계기가 되었다. 대공황 이전에 경제학은 세분화되어 있지 않았다. 당시 대부분의 경제학자들은 단일 시장에 대한 연구만으로도 실업과 총생산을 포함한 모든 경제현상을 적절하게 설명할 수 있다고 믿었다. 그러나 대공황의 처참한 경험은 소위 고전학파가 제시한 시장의 균형이라는 전통적인 개념으로 설명될 수 있는 것이 아니었다. 그들이 믿고 있었던 전통적인 경제이론에 따르면 일시적으로 발생한 경제충격은 새로운 균형에 의해 흡수되기 때문에 지속적이고 극심한 불황이라는 것은 불가능했다.

1936년 케인즈는 총생산이 균형을 탈피하여 불안정할 수도 있으며 경제 내에서 연계되어 작동하는 상품시장, 노동시장, 금융시장의 균형을 전체적으로 고려해야 한다는 견해를 제시하였다. 경제학자들은 난세의 영웅 같은 케인즈의 등장으로 단일시장의 균형에 대한 연구만으로는 경제학이 학문으로서의 완결성을 갖추지 못한다는 것을 깨달았고, 케인즈를 기점으로 거시경제학이 주류경제학의 분야로서 체계를 갖추기 시작했다. 이 같은 역사적 배경을 염두에 두고 거시경제학의 기초적인 개념인 거시경제지표부터 살펴보도록 하자.

국내 총생산(GDP)

여러분은 GDP란 단어를 어디에선가는 들어 봤을 것이다. GDP의 기술적 정의는 '일정 기간 동안 한 국가 내에서 생산된 모든 최종 재화와 서비스의 시장가치'이다. Gross Domestic Product의 줄임말로 우리말로는 국내총생산이다. 말 그대로 한 영토 내의 한 분기 또는 1년 동안 발생한 모든 생산의 합이다. 대기업부터 동네수퍼까지 규모와 관계없이 수많은 생산자들의 최종 생산물의 가치를 모두 합한 값이라고 생각하면 된다.

GDP
일정 기간 동안 한 국가 내에서 생산된 모든 최종 재화와 서비스의 시장가치

총생산은 경제 내 구성원들의 총소득, 총지출과 동일할 것이다. 왜냐하면 누군가 생산에 참여했다면 소득이란 명목으로 대가를 받았을 것이고 그 소득은 다시 다른 생산물을 사기 위해서 경제 내에서 모두 지출 될 수밖에 없기 때문이다. 극단적인 예로 무인도에서 혼자 일하고 스스로에게 월급을 지급한 후 모두 지출하는 로빈슨 크루소의 1인 경제를 떠올릴 수 있다. 따라서 국민소득계정이라고 불리는 총생산=총소득=총지출이라는 항등식이 성립하게 된다. 이를 그림으로 표현한 것이 [그림 9-1]의 국민경제 순환모형도이다. 생산 활동이 있는 한 누군가는 소득을 얻게 되고 지출이 발생하며 이 지출은 또 다른 누군가에게는 소득으로 돌아가

기 때문에 무인도에 거주자가 늘어나더라도 이 항등식은 항상 성립한다.

순환모형도에서는 좀 더 현실적인 설명을 위해 무인도 거주자들을 가계와 기업으로 분류하였다. 가계는 기업으로부터 재화나 서비스를 구매한다. 기업이 이렇게 번 돈은 생산 과정에서 가계가 제공한 노동의 대가, 즉 임금으로 지급된다. 가계가 기업에 자금이나 토지를 제공했다면 기업은 그 대가로 이자 또는 이윤, 임대료를 가계에 지급한다. 이 과정이 쉼 없이 반복되면서 순환되는 금액이 늘어날수록 경제는 성장한다. 물론 현실과 대비하면 이 같은 묘사는 지나치게 단순하다. 단적으로 조세나 공공지출 같은 정부의 역할이 빠져 있기 때문이다. 하지만 거시경제활동의 흐름을 설명하기에는 부족하지 않다.

그림 9-1 국민경제 순환모형도

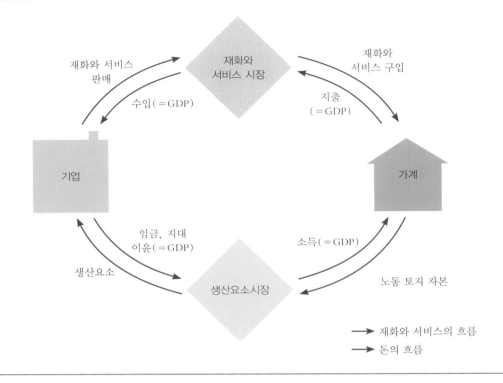

재화와 서비스 시장

재화와 서비스
판매

수입(＝GDP)

재화와
서비스 구입

지출
(＝GDP)

기업

가계

임금, 지대
이윤(＝GDP)

소득(＝GDP)

생산요소

노동 토지 자본

생산요소시장

→ 재화와 서비스의 흐름
→ 돈의 흐름

국민소득계정(생산)

국민소득계정 항등식의 의미를 이해했다면 GDP를 생산, 소득, 지출 이
세 가지 측면에서 계산할 수 있다는 것을 알아챘을 것이다. 위에서 GDP는
대기업부터 동네수퍼까지 규모와 관계없이 수많은 생산자들의 생산물의 가치
를 모두 합한 값이라고 언급했는데 여기에 '최종' 생산물이라는 단서가 붙는
다. 최종이라는 말을 강조하는 이유는 생산물 가치를 합산할 때 최종 생산물
의 가치에 중간재의 가치까지 포함해서 이중 계산을 하면 안 되기 때문이다.

가령 하이마트에서 파는 LG전자 TV가 500만 원이라고 하자. 여러분이
TV를 사기 전에 다음의 과정이 있었다. 디스플레이 제조업체가 LG전자에게
디스플레이 화면을 300만 원에 납품하고 LG전자는 디스플레이 화면을 다른
부품과 조립하여 400만 원에 하이마트에 넘긴다. 하이마트는 TV를 진열하고
판촉을 하여 여러분에게 500만 원에 판다. 이 예시에서 디스플레이 화면은

LG전자에게 중간재이고 TV는 하이마트에게 중간재이다.

500만 원의 TV가격은 최종 생산물의 가치기 때문에 그대로 GDP 계산에 들어간다. TV 한 대만이 우리 경제의 유일한 최종생산물이라면 우리 GDP는 500만 원이다.

우리가 무심코 사용하는 TV도 수많은 중간재가 투입되어 생산된 최종 생산물이다.

$$\text{GDP} = \text{TV 가격} = 500만 원$$

최종 생산물의 가치가 각 생산단계에서 발생한 부가가치를 합한 값과 산술적으로 같다는 점도 주의하자. 디스플레이 제조사가 LG전자에게 300만 원짜리 화면을 납품하고 LG전자는 화면을 조립해서 400만 원에 하이마트에게 팔아 100만 원을 벌게 된다. LG전자의 부가가치는 100만 원이다. 같은 논리로 하이마트의 부가가치도 100만 원이라는 걸 알 수 있다. 납품업체의 부가가치가 300만 원이라고 가정하면 다음의 계산이 가능하다.

$$\text{디스플레이 납품업체 부가가치} = 300만 원$$
$$\text{LG전자 부가가치} = 400만 원 - 300만 원 = 100만 원$$
$$\text{하이마트 부가가치} = 500만 원 - 400만 원 = 100만 원$$
$$\text{GDP} = \text{부가가치의 합} = 300만 원 + 100만 원 + 100만원 = 500만 원$$

다시 한 번 강조하지만 GDP를 계산할 때 중간재 생산과정에서 발생하는 부가가치를 최종 생산물의 가치에 합산하면 안 된다. 부가가치끼리 합산하거나 최종 생산물의 가치만 계산에 포함하여야 한다.

국민소득계정(지출)

총생산＝총소득＝총지출 항등식이 성립한다면 생산으로 벌어들인 소득이 구체적으로 어떤 항목으로 지출이 될까? 먼저 우리같이 평범한 사람들의 집합단위인 가계의 지출은 소비(consumption; C)라고 부른다. 음식, 자동차, 휴대폰 등에 대한 지출을 떠올리면 된다. 기업의 경우 미래의 생산을 위한 지출이 필요하다. 이것을 투자(investment; I)[1]라고 부르는데, 기계를 비롯한 생산설비, 건물, 심지어 판매가 안 된 상품의 재고도 투자로 간주된다.

이제 국민경제 순환모형도를 좀 더 현실화해보자. 순환주체인 가계와 기업에 정부를 추가하고 외국과 교역을 시작한다. 그렇다면 정부도 운영을 위해서 가계처럼 지출이 필요할 것이기 때문에 정부지출(government expenditures; G)이란 항목을 추가해야 된다. 국가 간 교역을 반영하기 위해 수출(exports; X)과 수입(imports; M)도 추가한다. 수출품은 우리가 소비하지 않지만 외국인이 대신 소비하기 때문에 여전히 우리가 생산한 상품에 대한 지출이다. 반대로 수입품은 우리가 소비하더라도 외국에서 생산한 상품에 대한 지출이므로 우리 GDP에서 빼줘야 한다. 종합하면 국민소득(Y)은 아래와 같은 항등식으로 표시할 수 있다.

GDP 구성항목
Y(GDP)=소비(C)+투자
(I)+정부지출(G)+수출
(X)−수입(M)

$$Y = C + I + G + X - M$$

〈표 9-1〉은 우리나라의 2021년 국민소득계정의 지출항목 통계이다. 명목 GDP는 약 2,000조이며 소비자 955조 (약 46%)로 구성항목 중 가장 큰 비중을 차지한다. 수출도 870조(약 42%)로 상당한 비중을 차지하고 있다. 우리 경제의 수출 의존도가 높다는 것을 볼 수 있다.

표 9-1 **GDP 구성항목**   단위: 조 원

소비(C)	956
투자(I)	376
정부지출(G)	665
수출(X)	871
수입(M)	797
국민소득(Y)	2,072

출처: 한국은행

---

1   거시경제학에서 투자란 우리가 일반적으로 말하는 금융투자와 다르다. 금융투자 또는 재무적 투자는 주식, 채권 등의 금융상품에 대한 투자를 의미하고 거시경제학에서 투자란 생산을 증가시키기 위해 생산에 투입할 재화와 서비스를 구입하는 것을 말한다.

필요한 만큼 배우는 경제학

국민소득계정(소득)

GDP를 소득 관점에서 보려면 생산과정에서 가계가 생산요소를 제공한 대가로 받은 소득을 확인하면 된다. 즉 노동자와 자본가가 노동과 자본을 제공하고 받은 노동소득(임금)과 자본소득(임대료, 이자, 배당 등등)이다.

GDP의 측정

GDP를 측정할 때 몇 가지 고려할 사항이 있다. 국내총생산이란 말에서 알 수 있듯이 생산자의 국적과 상관없이 한 영토 내에서 발생한 생산이라면 모두 GDP 계산에 포함된다. 생산자의 국적을 따져야 할 때는 GNP(Gross National Product)를 써야 한다. GNP를 계산할 때는 우리 영토 내에 발생한 생산물 즉 GDP에서 외국인이 생산한 부분은 제외하고 해외에서 우리 국민이 생산한 부분은 더해주어야 한다.

GDP는 특정 시점이 아닌 일반적으로 3개월이나 1년과 같이 일정 기간에 걸쳐 발생한 생산량을 측정한다. GDP에는 해당 분기나 연도에 생산된 재화와 서비스만 포함되기 때문에 중고품처럼 과거에 생산된 상품은 포함되지 않는다. 그러나 당기에 생산되었으나 판매가 안 된 재고 상품은 향후에 기업이 판매할 것으로 보기 때문에 투자 항목으로 당기 GDP에 포함된다. 생산과정에 투입된 생산재료 같은 중간재의 가치는 이미 최종생산물의 가치에 포함되어 있기 때문에 최종재 가치만 포함해야 한다. 또한, 시장에서 합법적으로 거래된 재화와 서비스만 GDP에 포함된다. 청소나 요리 같은 가사, 선물을 위해 만든 물건, 불법적으로 거래되는 마약 등은 GDP 계산에 들어가지 않는다.

명목 GDP vs 실질 GDP

GDP 측정에서 고려해야 할 또 하나의 문제는 명목 GDP와 실질 GDP의 구분이다. 명목GDP는 재화와 서비스의 가격에 생산량을 곱한 값이다. 당해 총생산량의 가치를 화폐 단위로 측정할 수 있는 직관적인 방법이다. 반면 실질 GDP는 임의의 연도를 기준으로 정하고 재화와 서비스의 가격에 당해 생산량을 곱한 값이다. 물가의 변화를 제거하고 오로지 생산량의 변화만을 반영하기 때문에 실질 GDP야말로 총생산의 순수한 척도이다. 만약 생산량이 늘지 않은 채 단순히 재화와 서비스의 가격만 오르더라도 명목 GDP는 증가하지만 이러한 명목 GDP의 증가가 생산활동의 활성화라고 말할 수는 없는 것이다. 따라서 총생산의 증감을 측정하기 위해서는 실질 GDP를 쓰는 것이 옳다. 실제로 대부분의 경제전문가들은 실질 GDP를 경제 활성화의 지표로 사용한다.

명목 GDP

2020년 명목 GDP＝재화의 2020년 생산량×재화의 2020년 가격＋서비스의 2020년 생산량×서비스의 2020년 가격

2021년 명목 GDP＝재화의 2021년 생산량×재화의 2021년 가격＋서비스의 2021년 생산량×서비스의 2021년 가격

2022년 명목 GDP＝재화의 2022년 생산량×재화의 2022년 가격＋서비스의 2022년 생산량×서비스의 2022년 가격

⋮

실질 GDP

2020년 실질 GDP＝재화의 2020년 생산량×재화의 2020년 가격＋서비스의 2020년 생산량×서비스의 2020년 가격

2021년 실질 GDP＝재화의 2021년 생산량×재화의 2020년 가격＋서비스의 2021년 생산량×서비스의 2020년 가격

2022년 실질 GDP＝재화의 2022년 생산량×재화의 2020년 가격＋서비스의 2022년 생산량×서비스의 2020년 가격

⋮

명목 GDP vs 실질 GDP
실질 GDP는 물가상승의 영향을 배제하고 재화와 서비스의 생산이 얼마나 증가했는지 알기 위해 계산. 반면, 명목 GDP는 물가상승의 영향이 포함됨

[그림 9-2]는 우리나라의 **명목 GDP**와 **실질 GDP** 자료이다. 두 지표 모두 시간에 따라 증가하는 추세를 보인다. 그리고 2015년 이전은 명목 GDP가 실질 GDP보다 낮고 이후는 명목 GDP가 더 높은 걸 볼 수 있다. 이는 실질 GDP의 물가 기준연도를 2015년으로 정하고 측정했기 때문이다. 실질 GDP에 물가수준을 반영한 것이 명목 GDP이므로 2015년 이전의 물가수준이 평균적으로 2015년보다 낮았고, 2015년 이후의 물가수준은 평균적으로 2015년보다 높았다고 해석한다.

필요한 만큼 배우는 경제학

그림 9-2 명목 GDP와 실질 GDP

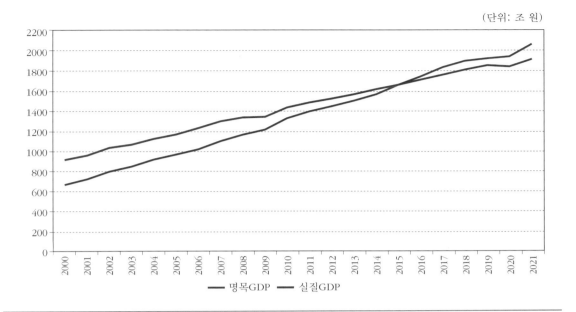

(단위: 조 원)

출처: 한국은행

GDP 디플레이터

실질 GDP와 명목 GDP의 차이는 동일한 생산량에 대해 고정된 가격을 쓰는지 매년 변동하는 가격을 쓰는지의 차이이기 때문에 두 지표는 결국 물가의 변화만큼 벌어진다. 실질 GDP와 명목 GDP로 분수로 만들어 물가변화에 따른 영향을 살펴보자. 임의의 기준연도에는 실질 GDP와 명목 GDP가 같은 값을 갖기 때문에 분수값은 1이다.

$$\frac{명목\ GDP}{실질\ GDP} = 1$$

이제 재화와 서비스 생산량은 변하지 않고 매년 가격만 서서히 오른다고 생각해보자. 물가가 오르면 분자(명목 GDP)는 증가하고 기준연도 가격이 계산에 들어간 분모(실질 GDP)는 고정되어 있으므로 분수값은 물가가 오른 만큼 증가하게 된다. 즉 이 분수의 증감이 물가 상승분이다. 편의를 위하여 분

그림 9-3 우리나라의 GDP 디플레이터

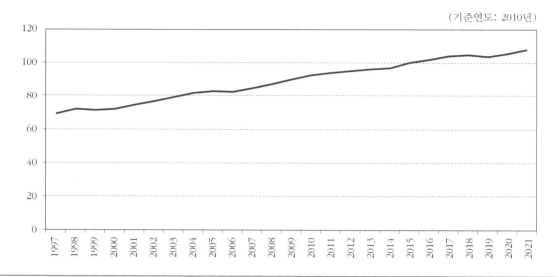

(기준연도: 2010년)

출처: 한국은행

수값에 100을 곱하여 지수로 만들자. 이것이 GDP 디플레이터이다. 예를 들어 2021년 GDP 디플레이터가 108이면 기준연도 대비 물가가 8% 올랐다는 뜻이다.

GDP 디플레이터 =
$\dfrac{명목\ GDP}{실질\ GDP} \times 100$

$$\text{GDP 디플레이터} = \frac{명목\ GDP}{실질\ GDP} \times 100$$

$$\text{물가 상승률} = \frac{2021년\ GDP\ 디플레이터 - 기준연도\ GDP\ 디플레이터}{기준연도\ GDP\ 디플레이터}$$

$$= \frac{108 - 100}{100} = 8\%$$

1인당 GDP와 경제성장률

흔히들 뉴스에서 국가의 경제력을 비교할 때 1인당 GDP 또는 1인당 국민소득을 이용한다. 그 이유는 한 국가의 생활수준이나 경제적 여건을 측정하기 위해 한 나라의 총소득인 GDP보다 GDP를 인구로 나누어준 1인당 GDP

를 사용하는 것이 적절하기 때문이다.

$$1인당\ GDP = \frac{GDP}{인구}$$

표 9-2 **2021년 1인당 GDP 순위**   단위: 미 달러

순위	국가명	1인당 GDP
1	룩셈부르크	135,683
2	버뮤다	110,869
3	아일랜드	99,152
⋮		
8	미국	69,288
⋮		
14	호주	59,934
⋮		
18	캐나다	52,051
⋮		
21	독일	50,802
⋮		
24	뉴질랜드	48,802
25	영국	47,334
26	마카오	45,422
27	프랑스	43,519
⋮		
29	일본	39,285
⋮		
31	한국	34,758
⋮		
61	중국	12,556

출처: 세계은행

위 수식에서 볼 수 있듯이 1인당 GDP는 국민의 평균생산 또는 평균소득이다. GDP가 아무리 커도 생산에 참여한 인구가 너무 많아 1인당 GDP가 낮다면 국민 개개인은 생산을 많이 해내지 못한 것이다. 〈표 9-2〉는 2017년 1인당 GDP 순위표이다. 우리나라의 1인당 GDP는 34,758 달러로 전 세계 31위에 위치한다. 룩셈부르크, 버뮤다 등 인구가 매우 작은 도시국가를 제외하면 미국, 호주, 캐나나 등이 높은 1인당 GDP를 기록하고 있다.

경제성장률은 우리 경제가 전기에 비해 얼마나 더 많이 생산하여 국민소득이 어느 정도 올랐는가를 측정한다. 1인당 GDP가 국가의 경제력 지표인 한편 경제성장률은 어느 국가의 경제적 여건이 많이 나아지고 있는가, 즉 소득이 증가하는 정도를 측정한다. 예를 들어 2021년 경제성상률은 다음과 같이 계산한다.

$$2021년\ 경제성장률 = \frac{(2021년\ GDP - 2020년\ GDP) \times 100}{2020년\ GDP}$$

경제성장률을 계산할 때도 실질 GDP를 쓰느냐 명목 GDP를 쓰느냐에 따라 결과가 다른데, 앞에서 지적한 대로 실질 GDP가 총생산의 순수한 척도이기 때문에 실질 GDP를 사용하는 것이 옳다.

경제적 후생과 GDP

GDP는 왜 중요하고 어떤 의미를 가질까? 산술적으로 GDP는 국내에서 발생한 모든 생산물의 가치이고 한 경제의 총소득이며 지출이다. 사람들은 일반적으로 소득과 지출이 많을수록 경제적으로 윤택하다고 생각한다. 이 윤택함을 경제학에서는 후생(welfare)이라고 표현한다.

그런데 후생이 반드시 경제적 윤택함과 동일한 것은 아니다. 왜냐하면 후생의 결정에는 소득 이외의 비경제적 요소들이 작용할 수 있기 때문이다. 예를 들어 육체적·정신적 건강, 사람들 간의 신뢰, 환경오염, 정치적 자유 등은 GDP에 반영되기 어렵다. 왼쪽 사진은 미세먼지가 심한 날 베이징의 모습

중국의 대기 오염

필요한 만큼 배우는 경제학

이다. 지난 몇 십년간 10% 내외의 놀라운 경제성
장률(GDP성장률)을 기록하고 있는 중국은 환경오
염으로 몸서리를 치고 있다. 다음 사진은 대기오염
으로 인한 사망률이 세계에서 가장 낮은 국가 중
하나인 브루나이의 한 거주지역이다.[2] GDP 성장은
0%를 맴돌고 있지만 브루나이 국민들은 맑은 대기
환경을 영위하고 있다. 이렇듯 GDP는 삶의 질까지
온전히 측정해주지는 못한다.

브루나이의 쾌적한 환경

그럼에도 불구하고, 소득수준이 높으면 보건 제
도를 개선시킬 수 있고 가난 때문에 무분별하게 환경을 오염하는 행동을 미
연에 방지할 수 있으며 교육수준이 향상되어 정치적 성숙도도 높아질 것을 기
대할 수 있다. 즉, 경제적 윤택함은 높은 후생을 실현하기 위한 전제조건을
마련해 준다. 따라서 GDP는 의미 있는 후생 지표로 역할하고 있다.

그림 9-4   1인당 GDP와 행복지수[3]

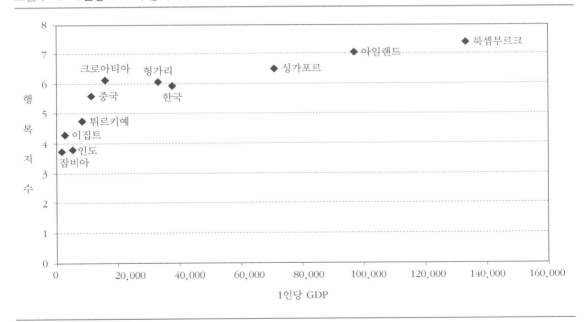

출처: World Happiness Report
출처: Deaton, A., 2008. Income, health, and well-being around the world: Evidence from the Gallup World Poll.
    Journal of Economic perspectives, 22(2), pp.53-72.

2   World Health Organization (2016), Monitoring Health for the SDGs.

오로지 생산증가를 위해 경제활동을 추구하다 보면 환경이 파괴되어 오히려 사회후생이 감소될 수 있다. 우리나라를 포함한 많은 나라에서 무분별한 경제활동을 막고 환경과 경제가 균형있게 발전할 수 있도록 환경영향평가제도를 도입하여 특정 사업

이 실행됐을 경우 소음, 대기오염, 자연경관 훼손 등 사업이 환경에 미치는 영향을 사전에 분석하는 절차를 법으로 강제하고 있다.

현실 경제의 이슈 | 국내총생산(GDP) 증가율

2022년 3분기 실질 국내총생산(GDP)이 전분기 대비 0.1%(전년동기 대비 3.1%) 성장했다고 발표되었다. 국내총생산과 그 증가율은 우리에게 어떤 의미일까? 국내총생산이 우리에게 중요한 이유는 이것이 곧 국가의 소득이기 때문이다. 우리나라에서 생산된 재화나 서비스가 얼마만큼의 가치를 갖는다는 것은 그 가치만큼 우리나라 안 누군가의 소득이 되었다는 의미이다. 예컨대 국내산 쌀 10kg이 2만 5천 원에 팔린다면 그 금액은 쌀을 생산한 농부와 도매상, 소매상들이 가져간 몫의 합일 것이다. 따라서 국내총생산 증가율이 높다는 것은 국가 전체의 소득이 빠르게 증가한다는 뜻이다. 그리고 국가

전체의 소득이 늘어날 때 인구가 그보다 빨리 증가하지 않는다면 나라 안의 사람 각각의 평균적인 몫도 늘어나게 된다. 국내총생산을 인구로 나눈 1인당 국내총생산은 나라 안 사람 각각의 평균적인 소득으로 역시 국가경제의 중요한 지표이다.

1인당 국내총생산의 증가율은 국내총생산 증가율에서 인구증가율을 빼서 계산할 수 있다. 2021년의 예를 들면, 국내총생산은 코로나 경기침체로부터 기저효과 때문에 전년동기대비 4.1% 늘었고, 우리나라 인구는 같은 기간 0.1% 감소하였기 때문에 1인당 국내총생산은 4.2% 증가한 것이다. 6년 전인 2015년에 국내총생산

---

3 유엔은 매년 150여 개 국가를 대상으로 어떤 요인들이 삶의 질에 영향을 주는지 조사하여 World Happiness Report에 보고하고 있다. 이 그림은 World Happiness Report 자료의 일부를 그래프화한 것이다. 이 보고서에는 국민들이 느끼는 행복의 정도를 수치화한 행복지수를 볼 수 있는데 1인당 GDP가 높을수록 행복지수가 높은 것을 발견할 수 있다. 또한, 프린스턴대의 앵거스 디턴 교수는 132개 국가를 조사하여 소득과 삶의 만족도 사이에 관계가 있음을 밝혀냈다.

이 2.8% 증가했고 인구증가율이 0.5%였던 것에 비교해보면 성적이 나아진 것을 확인할 수 있다. 만약 국내총생산 증가율이 더 낮아져 2%도 되지 않으면 인구증가율을 뺀 수치는 1.5% 안팎으로, 사람들은 소득이 증가하는 것을 거의 느끼지 못할 것이다.

IMF는 2018년 우리나라 1인당 국내총생산을 32,700달러로 예측했다. 미국은 62,150달러 정도로 우리나라의 약 두 배이다. 우리나라 1인당 국내총생산이 매년 1%씩 증가하면 약 72년 후에야 지금의 두 배가 된다. 2%면 36년으로, 3%면 24년으로 두 배가 되는 기간이 크게 줄어든다. 관심 갖는다고 성장률이 늘어나진 않겠지만 무심할 수 없는 이유, 바로 큰 틀에서 우리의 먹고사는 문제를 좌우하기 때문이다.

2 물가

이제 다음 거시경제지표로 넘어가 보자. 바로 물가인데 말 그대로 물건의 가격이다. 만약 GDP가 오르지 않아 나의 월급은 그대로인데 재화와 서비스의 가격만 계속 오른다면 나의 생활수준은 계속 감소할 것이다. 이렇게 우리

현실 경제의 이슈 | 한국은행

물가를 관리하는 관청은 중앙은행이고 우리나라의 중앙은행은 한국은행이다. 한국은행법에 물가안정이 한국은행 설립 목적으로 명시되어 있다.
한국은행법 제1장 제1조(목적) ① 이 법은 한국은행을 설립하고 효율적인 통화신용정책의 수립과 집행을 통하여 물가안정을 도모함으로써 국민경제의 건전한 발전에 이바지함을 목적으로 한다.

한국은행 전경
출처: 위키피디아

가 구입하는 재화와 서비스의 가격이 오르느냐 내리느냐는 우리 후생에 상당한 영향을 미친다. 그래서 생계비의 척도인 물가가 적정한 수준에서 유지되는 것이 매우 중요하다.

소비자물가지수

소비자물가지수(CPI) vs GDP 디플레이터

소비자물가지수와 GDP 디플레이터는 둘 다 물가의 변화를 측정하지만. 소비자물가지수는 일반적인 소비품목을 기준으로 산출되고. GDP 디플레이터는 일정기간 동안 발생하는 모든 생산 활동을 기준으로 계산

GDP 디플레이터는 우리 영토 내에서 생산된 모든 재화와 서비스의 가격 변화를 반영한다. 이와 달리 소비자물가지수(Consumer Price Index: CPI)는 '소비자'라는 단어가 암시하듯이 물가상승을 소비자 입장에서 측정한 것이다. 생산 품목과 소비 품목이 정확히 일치하기 어렵기 때문에 이 두 가지 물가지수는 같지 않을 경우가 대부분이다.

예를 들어 미국산 버드와이저(Budweiser) 맥주는 미국 GDP 디플레이터 계산에 포함되지만 우리나라 GDP 디플레이터 계산에는 포함되지 않는다. 그러나 우리나라에서 판매되는 버드와이저 가격은 우리나라 소비자물가지수에 포함된다. GDP는 국내총생산만을 포함하기 때문이다.

그리고 우리나라에서 생산되더라도 소비자가 직접 구매하지 않는 상품은 소비자물가지수에 포함되지 않는다. 우리나라 조선사가 건조한 대형 선박처럼 우리 영토에 내에서 생산되지만 일반적인 소비자가 소비하지 않는 재화나

그림 9-5 **소비자물가지수**

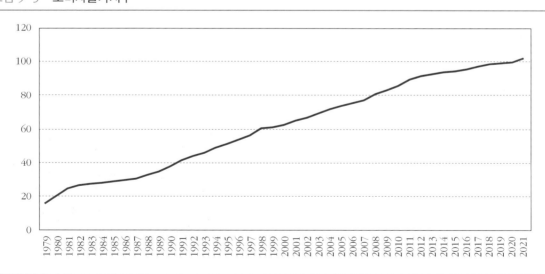

출처: 통계청

필요한 만큼 배우는 경제학

서비스는 GDP 디플레이터에는 포함되고 소비자물가지수에서는 배제된다.

GDP 계산에는 그해 국내에서 생산되는 모든 재화와 서비스가 포함되고 다양한 상품들이 새로 등장하거나 사라지기 때문에 GDP 품목은 매년 일정할 수가 없다. 이와 달리 소비자물가지수는 가구가 소비를 위하여 실제 구입하는 대표 품목을 정해 놓고 계산하기 때문에 오로지 대표 품목 가격의 변화만을 추적한다.

소비자물가지수의 계산

소비자물가지수 계산 절차와 빈도는 나라별로 큰 차이가 없다. 주무관청이 수많은 소비 품목 중에서 대표품목을 선정하고 품목마다 가중치를 부여한다. 월 또는 분기마다 선정된 품목의 소매가격을 수집하고 가격을 지수화하여 공표한다.

우리나라의 예를 통해 소비자물가지수 계산법을 배워보자. 우리나라의 소비자물가지수는 통계청에서 매월 공시한다. 먼저 대표 품목을 선정하고 통계청 조사원들이 백화점, 대형마트, 전통시장 등 전국 약 2만5천여 개 소매점을 방문하거나 또는 전화로 식료품, 주류, 의류, 보건, 교통, 통신, 교육, 오락문화 등의 460여 개의 대표품목의 가격을 수집한다. 대표품목의 선정 기준은 다음과 같다.

① 전국 가구(농어가 제외)의 월평균 소비지출액이 일정비율 이상이고,
② 동종 품목군의 가격을 대표할 수 있으며,
③ 시장에서 계속적으로 가격조사가 가능한 품목

가중치를 정하기 위해 통계청은 "가계동향조사"에서 나오는 우리나라 가구의 소비지출구조를 참고한다. 이 조사를 통해 우리나라 평균적인 가정의 가계부에서 품목수와 품목별 가중치가 어느 정도인지를 파악한다. 〈표 9-3〉에 따르면 품목수 기준으로 식료품 및 비주류 음료가 가장 크다. [그림 9-6]은 품목별 가중치를 보여준다. '주택, 수도, 전기 및 연료'의 비중이 가장 크고 '식료품 및 비주류 음료'가 그 다음이다. 그렇다고 해서 소비 지출 중에 식료품이 가장 중요하다는 뜻은 아니다. 품목 간의 상대적 중요성을 고려하

표 9-3　소비자물가지수 대표품목

지출목적별 부문											
식료품 및 비주류 음료	주류 및 담배	의류 및 신발	주택, 수도, 전기 및 연료	가정용품 및 가사 서비스	보건	교통	통신	오락 및 문화	교육	음식 및 숙박	기타상품 및 서비스
133품목	7품목	30품목	16품목	49품목	32품목	32품목	6품목	55품목	20품목	44품목	36품목

출처: 통계청

그림 9-6　소비자물가지수 가중치

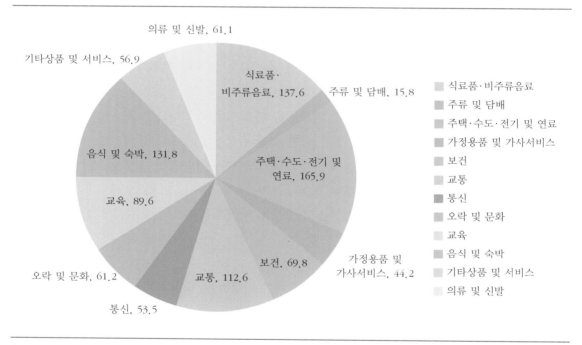

출처: 통계청

기 위해서 가중치를 부여한다.

마지막으로 임의의 기준연도 가격을 분모로 당해 가격을 분자로 취하고 100을 곱하여 지수화한다. 예를 들어 2021년 CPI는 아래의 식으로 계산한다.

$$2021년\ CPI = \frac{2021년\ 대표품목가격의\ 가중평균}{기준연도\ 대표품목가격의\ 가중평균} \times 100$$

그림 9-7 생산자물가지수

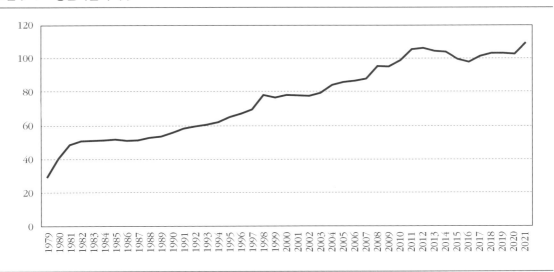

출처: 한국은행

기준연도의 CPI는 100이다. 2020년 현재 통계청의 소비자물가지수 기준연
도는 2020년이고 2022년 9월 CPI는 108.93이다. 2022년 3월 물가는 2020년에
비해 8.93% 올랐다는 뜻이다.

$$\frac{2022년\ CPI-2020년\ CPI}{2020년\ CPI}=\frac{108.93-100}{100}=8.93\%$$

소비자물가지수가 있다면 생산자물가지수도 있지 않을까? 우리나라의 경
우 생산자물가지수는 한국은행이 조사하고 공표한다. 생산자물가지수는 생산
에 필요한 재화와 서비스의 가격을 지수화한 것으로 소비자가 아닌 생산자의
입장에서 물가의 변화를 측정한다.

인플레이션

인플레이션은 전반적인 물가상승현상이다. 산술적으로 인플레이션율은 소
비자물가지수의 변화율이다. 계산법만 본다면 의외로 단순한 개념이지만 소
비자물가지수 자체를 보는 것보다 물가의 변화율을 보면서 물가의 증감을 보
다 직관적으로 알 수 있기 때문에 인플레이션율은 매우 유용하다.

인플레이션
전반적인 물가상승현상

그림 9-8 인플레이션율[4]

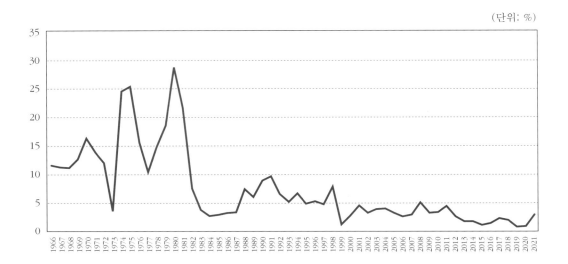

(단위: %)

출처: 한국은행

$$2021년 \ 인플레이션율 = \frac{2022년 \ 소비자물가지수 - 2021년 \ 소비자물가지수}{2022년 \ 소비자물가지수}$$

그럼 물가는 왜 오를까? 재화와 서비스의 수요·공급 변화가 직접적인 원인이다. 수요가 늘거나 공급이 줄면 물가는 오르게 된다. 그러나 장기적으로 수요증가·공급감소가 계속 발생할 수는 없다. 특정 재화와 서비스의 가격상승이 수요증가나 공급감소에서 비롯되는 것처럼 총수요가 증가하거나 총공급이 감소해야 경제전체의 물가가 오른다. 그러나 총수요 측면의 정부지출, 가계소비, 기업투자가 계속 증가하거나, 총공급 측면에서 연속적인 생산비용증가로 총공급이 무한히 감소하지는 않기 때문에 총수요·총공급의 움직임이 인플레이션의 장기적인 원인이라고 보기는 어렵다. 반면 화폐는 중앙은행에 의해 장기적으로 확대 공급이 가능하다. 따라서 많은 경제학자들이 '인플레이션은 장기적으로 화폐적인 현상이다'라고 주장하고 이 주장이 전통적인 견해로 받아들여지고 있다. 인플레이션이 화폐적인 현상이라는 말은 물가상승이 통화량 증가에서 기인한다는 뜻이다. 중앙은행에서 시중에 통화량을 늘리면 돈의

---

4   우리나라의 인플레이션율 자료이다. 우리나라는 경제성장률이 높았던 1970년~1980년대에는 물가상승도 높았다. 1990년대 말부터 5% 이하의 인플레이션율을 기록하고 있다.

가치는 떨어지고 상대적으로 재화와 서비스의 가치는 오른다. 재화와 서비스의 양은 고정되어 있는데 통화량만 늘어나기 때문에 사람들은 호주머니 속에 더 많은 현금을 보유하게 된다. 더 이상 예전만큼의 돈으로 재화 서비스를 살 수 없고 현금을 더 많이 주어야 재화와 서비스 판매자들이 거래에 응한다.

소비자물가지수의 문제점

GDP가 후생의 지표로서 완벽하지 않듯이 소비자물가지수도 생계비의 척도로서 몇 가지 단점을 가지고 있다.

첫째, 대체효과로 인한 생계비의 왜곡이다. 예를 들어 빵의 가격이 그대로인데 쌀이 비싸졌다고 하자. 밥 대신 빵을 먹는 사람들이 늘어난다면 실제 생계비는 쌀값이 오른 만큼 오르지 않는다. 하지만 소비자물가지수 품목과 가중치는 5년 동안 고정되기 때문에 쌀값 상승이 실제 생계비보다 소비자물가지수에 과대 반영된다.

둘째, 앞에서 설명했듯이 소비자물가지수 대표 품목은 고정되어 있다. 대표 품목이 새로운 상품의 출연을 즉각적으로 반영하지 못한다면 측정 오류가 발생할 수 있다. 예를 들어 비교적 최근에 출시된 의류관리제품인 스타일러나 무인 항공 기술의 발전으로 등장한 드론은 2021년 소비자물가지수에 포함되지 않고 있다.

드론과 스타일러
예전에 볼 수 없었던 상품들

셋째, 대표 품목과 가중치는 우리나라 평균 가정의 가계부를 기준으로 정해지기 때문에 지역 간 생계비 차이와 인구구성 차이로 발생하는 생계비 격차는 무시된다. 예를 들어 해산물은 해안 도서지역에서 저렴하게 구입할 수 있지만 대도시에서는 운송비를 포함한 가격을 지불해야한다. 만약 어로비용이 유가상승의 영향을 받지 않는다면 운송비 증가로 해산물 가격은 대도시에서만 상승할 것이다. 도시지역의 소비자를 기준으로 한 소비자물가지수는 오르겠지만 어촌 지역 소비자의 생계비는 변하지 않는다. 또한 인구구성의 차이도 측정 오류의 원인이 될 수 있다. 우리나라는 1인 가구가 급격히 늘어나는 추세인데 교육비가 큰 비중을 차지하는 4인 가족기준의 가중치로는 1인 가구의 생계비용을 측정하기 어렵다.

네 번째, 측정 오류는 재화와 서비스의 품질변화 때문에도 발생한다. 재화와 서비스의 가격은 그대로인데 품질이 개선되면 소비자가 재화와 서비스로부터 얻는 편익이 높아진다. 가성비가 증가하는 것이다. 예컨대 휴대폰에 설치된 MP3 플레이어 앱의 가격이 그대로인데 업그레이드 한번으로 음악 저장 용량이 늘어나거나 이퀄라이저 기능이 생긴다면 사실상 가격이 하락한 셈이다. 물론 상품의 질이 악화된 경우도 있을 것이다. 그런데 소비자물가지수는 상품의 가격만 반영하므로 측정오류가 불가피하다.

인플레이션과 이자율

앞서 물가 때문에 명목 GDP와 실질 GDP를 구분할 필요가 있다는 것을 설명하였다. 명목변수와 실질변수 구분의 필요성은 이자율에도 적용된다. 이자율을 계산할 때도 물가 때문에 명목 이자율과 실질 이자율을 구분할 필요가 있다는 뜻이다. 물가 상승은 명목 이자율과 실질 이자율의 차이를 결정한다.

명목 이자율은 우리가 쉽게 볼 수 있는 은행 예금 금리 같은 것이라고 생각하면 된다. 여러분이 은행 앞을 지나가는데 예금 금리가 연 50%라는 광고를 보았다. 만 원을 예금하면 내년에 만 오천 원을 돌려준다는 뜻이다. 여러분은 쾌재를 부르며 만 원을 예금한다. 반면 이유는 모르겠지만 여러분의 친구는 만 원어치 쌀을 한 봉지 샀다. (1년 동안 쌀이 썩지 않고 그대로 보존된다고 가정하자) 1년이 지나고 통계청에서 연간 100% 인플레이션율이 발생했다고 발표한다. 재화와 서비스의 가격이 두 배로 올랐다는 뜻이다. 쌀값도 두 배가 되었다. 누가 손해를 보고 누가 이익을 보았는가? 여러분은 50%의 명목 이자율의 수익을 올려 만 오천 원의 부를 보유하게 됐지만 실제로 이제 2만 원이 된 쌀 한 봉지를 살 수가 없다. 반면 100%의 인플레이션율 때문에 쌀 한 봉지를 보유한 여러분 친구의 부는 이제 2만원이 되었다. 여러분은 상대적으로 손해를 보고 친구는 이득을 보게 된 것이다. 이렇게 인플레이션은 금

그림 9-9　명목 기준금리와 실질 기준금리[5]

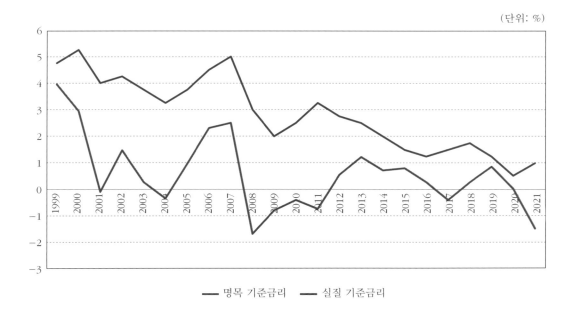

(단위: %)

출처: 한국은행

융자산을 보유한 사람의 부(wealth)를 실물자산을 보유한 사람에게 이동시킨
다. 반대로 물가의 하락 즉 디플레이션이 발생했다면 여러분이 이득을 보았
을 것이다. 따라서 인플레이션을 고려하지 않고 명목 이자율만으로 부가 얼
마나 변화했는지 알 수 없다. 이 때문에 부의 변화를 측정하기 위해 명목 이
자율에서 물가 상승분을 조정해주어야 한다. 이 논리는 아래의 식으로 바꿔
서 표현할 수 있다.

$$실질\ 이자율 = 명목\ 이자율 - 인플레이션율$$

어쨌든 중요한 것은 물가의 변화 때문에 명목 이자율과 실질 이자율을 구
분할 필요가 있다는 것이다. 수식에도 나타나듯이 **실질 이자율** 계산은 직관적
이고 단순하다. 명목 이자율에서 인플레이션율을 **빼**주면 실질 이자율을 계산
할 수 있다.

실질 이자율
명목 이자율에서 인플
레이션율을 빼주면 실질
이자율이 됨

5　우리나라의 명목 기준금리와 실질 기준금리이다.
　　인플레이션율 때문에 두 이자율의 괴리가 생기는 것을 볼 수 있다.

2020년 코로나 경제위기 대응으로 미국 연방준비제도를 비롯한 각국의 중앙은행은 유례없는 규모의 양적완화를 단행했고, 재정 당국들도 방역 강화, 코로나 피해 보상 등을 위해 막대한 예산을 집행했다. 중앙은행은 시중에 화폐를 싸게 공급하는 동안, 재정 당국은 가계와 기업에게 강제로 소득을 발생시킨 것이다. 무엇을 잃고 무엇을 얻었는가에 대한 논란의 여지는 있지만, 지금까지는 이 정책으로 경기 방어에 성공한 것 같다. 그러나, 양적완화와 확장재정은 급격한 인플레이션을 초래했다. 이는 거시경제학적 기초상식으로 충분히 예견할 수 있는 결과다. 2019년 2%를 밑돌던 미국의 인플레이션율은 2022년 3월 전년 대비 8.5%로 치솟았고, 다른 나라도 상황은 비슷하다. 사정이 이렇다 보니 중앙은행들은 이제 반대로 금리를 올리며 급하게 돈을 거둬들이고 있다.

그런데 유일하게 금리를 올리지 않고 있는 나라가 있다. 일본이다. 일본의 확장적 통화정책은 역사가 매우 긴데 작고한 아베 총리의 유산이기도 하다. 디플레이션 탈출과 경기회복을 골자로 한 '아베노믹스'의 평가는 엇갈린다. 초기에는 영국의 경제주간지 Economist에서는 미국과 유럽에서의 디플레이션 가능성에 우려를 나타냈다. 90년대 초반까지만 해도 9%대의 인플레이션을 경험한 우리나라로서는 디플레이션이 남의 나라 일이기만 한 것 같지만 그 영향과 우리나라에서의 가능성을 생각하면 무심할 수 있는 일이 아니다.

디플레이션은 물가가 전반적으로 하락하는 현상을 말한다. 대비되는 개념으로 물가의 전반적인 상승현상을 일컫는 인플레이션을 들긴 하지만, 디플레이션은 물가 하락과 동반되는 생산 감소나 실업 증가 등 경기침체까지 포함하는 개념으로 인식된다. 따라서 디플레이션이 몇 년씩 계속된다면 경제가 가라앉고 있다는 의미이다.

그럼에도 불구하고 많은 사람들이 물가가 오르는 것보다는 떨어지는 것이 낫다고 느끼는 이유는, 내 소득에 변화가 없을 때 물가가 떨어지면 전보다 많은 것을 살 수 있다고 생각하기 때문이다. 즉, 물가가 내리면 구매력이 증가한다는 것이다. 하지만 디플레이션으로 물가가 떨어지고 경기가 침체하면 물가뿐만 아니라 소득도 감소하게 된다. 게다가 경제가 성장하고 그에 따라 통화량이 증가하면서 어느 정도 인플레이션이 진행되는 것은 자연스러운 현상이다. 대부분 선진국의 중앙은행들이 목표 물가상승률을 0이 아닌 2%대로 설정하는 것도 그 때문이다.

디플레이션의 진짜 문제 중 하나는 소비가 위축된다는 것이다. 물가가 떨어지면 소비를 미루게 되고 이는 경제 전체의 소비 감소로 연결돼 생산과 소득이 위축된 결과 더욱 물가가 떨어지는 악순환에 빠질 수 있다. 글로는 심각성이 와 닿지 않을 수 있지만, 일본이 10년도 훨씬 넘게 디플레이션의 악순환에서 헤맨 것을 보면 소비 위축은 경제가 늪에 발을 담그는 격임을 알 수 있다. 아베총리가 '무제한 돈풀기'를 선언한 것도 물가가 곧 오르리라는 기대감을 심어주려는 이유가 컸다.

게다가 디플레이션은 채무자들에게 빚의 부

담을 가중시킨다. 예컨대 빚에 대한 명목적 이자율이 5%일 때, 물가상승률이 3%이면 인플레이션으로 돈의 가치가 떨어진 것을 감안하여 5−3인 2%가 실제 부담하는 이자율이 된다. 그런데 반대로 디플레이션으로 물가상승률이 −3%가 되면 같은 명목 이자율에 대해 실질 이자율은 5−(−3)인 8%가 되어 빚에 대한 실질적 이자부담이 증가하는 것이다.

요약

01 거시경제학은 여러 단일 시장들의 집합체인 경제 전체의 가격, 총생산, 실업 같은 총량변수에 관심을 갖는다.

02 국내 총생산(GDP)의 기술적 정의는 '일정 기간 동안 한 국가 내에서 생산된 모든 최종 재화와 서비스의 시장가치'이다. 총생산은 경제 내 구성원들의 총소득, 총지출과 동일하다.

03 명목 GDP는 재화와 서비스의 가격에 생산량을 곱한 값이다. 당해 총생산량의 가치를 화폐 단위로 측정할 수 있는 직관적인 방법이다. 반면 실질 GDP는 임의의 연도를 기준으로 정하고 재화와 서비스의 가격에 당해 생산량을 곱한 값이다. 물가의 변화를 제거하고 오로지 생산량의 변화만을 반영하기 때문에 실질 GDP가 총생산의 순수한 척도이다.

04 명목 GDP를 실질 GDP로 나눈 값에 100을 곱한 것이 GDP 디플레이터이다. 물가가 오른 만큼 GDP 디플레이터도 증가한다.

05 한 국가의 생활수준이나 경제적 여건을 측정하기 위해 GDP를 인구로 나누어 준 1인당 GDP를 사용하는 것이 적절하다.

06 소비자물가지수는 생계비의 지표이다. 통계청이 소비 품목 중에서 대표품목과 그의 가중치를 선정하고 월 또는 분기마다 선정된 품목의 소매가격을 수집하여 소비자물가지수를 공표한다.

07 인플레이션은 금융자산을 보유한 사람의 부를 실물자산을 보유한 사람에게 이동시키므로 인플레이션을 고려하지 않고 명목 이자율만으로 부가 얼마나 변화했는지 알 수 없다. 따라서 부의 변화 측정을 위해 명목 이자율에서 인플레이션율을 조정한 실질 이자율을 사용해야 한다.

01 (   )은 국내에서 발생한 모든 생산물의 가치이고 한 경제의 소득이며 지출이다.

02 소비자물가지수의 문제점을 서술하라.

03 '인플레이션은 장기적으로 화폐적 현상이다'라는 주장을 설명하라.

04 인플레이션과 디플레이션을 비교하여 설명하라.

05 명목 GDP와 명목 이자율에 반하여 '실질' GDP나 '실질' 이자율이 왜 필요한지 설명하라.

06 국가의 경제력으로 1인당 GDP를 자주 사용하는 이유는 무엇인가?

07 후생의 지표로 GDP의 문제점을 서술하라.

08 작년에 생산되어 판매하지 않은 재고는 올해 GDP 측정에 반영되는가? 반영되지 않는다면 이유를 설명하라.

(9~10) 국민소득계정 모형에서 소비함수와 투자함수가 다음과 같이 주어졌다고 하자. (정부부문이 없는 폐쇄경제를 가정한다)

$C = 500 + 0.8Y$

$I = 1500$

09 균형국민소득을 계산하라.

10 소비함수에서 500과 0.8이 갖는 의미를 설명하라.

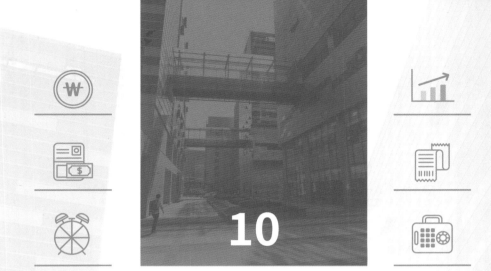

10

경제성장
(거시경제의 장기적 현상)

경제성장(거시경제의 장기적 현상)

노갈레스(Nogales)는 멕시코 소노라 주와 미국 애리조나 주에 남북으로 걸쳐 위치한 도시다. 한 도시가 담장을 경계로 두고 두 국가로 나눠진 이유는 원래 멕시코 영토였던 노갈레스의 일부를 1853년 미국 정부가 철도 건설을 목적으로 사들였던 특이한 역사 때문이다. 당시 노갈레스 시민들은 거주지와 상관없이 동일한 후생을 누리고 있었을 것이다. 그러나 지금 노갈레스 시민들은 조상이 미국 영토와 멕시코 영토 중 어느 쪽을 거주지로 선택했느냐

멕시코 쪽에서 발생한 화재를 미국의 소방차가 국경 담장을 넘어 진압할 정도로 미국 노갈레스시와 멕시코 노갈레스시는 사실상 지리적으로 한 도시이다.

출처: Nogales International

에 따라 매우 다른 후생수준을 영위하고 있다. 미국 노갈레스의 연평균 가계수입은 약 3만 달러인 반면 멕시코 노갈레스는 약 만 달러에 불과하다. 미국 노갈레스에는 전기, 통신, 상수도, 보건 등의 인프라가 완비되어 있으나 멕시코 노갈레스의 인프라는 열악하고 범죄율도 높다. 때문에 매년 수많은 멕시코인들이 목숨을 걸고 국경을 넘어 미국으로 불법입국을 시도한다.

이 두 도시의 후생수준이 현격하게 다른 근본적인 원인은 제도의 차이다. 애리조나 주 노갈레스 시민들은 미국의 경제제도 하에 살지만 소노라 주 노갈레스 시민들에는 멕시코 제도가 적용된다. 예를 들어 미국에서는 사유재산권이 비교적 엄격히 존중되지만 멕시코에서는 사유재산권이 자주 침해당한다. 노갈레스의 경험은 재산권 보호, 경쟁적 시장, 직업선택의 자유, 법치주의, 반부패 정책 등 경제활동이 활발하게 이루어지도록 인센티브를 제공하는 제도가 잘 갖추어져 있느냐에 따라 후생수준은 현저히 달라질 수 있다는 것을 보여준다. 이 장을 공부하며 이런 역사적 경험을 경제성장이론이 어떻게 담아내고 있는지 살펴보도록 하자.

1 경제성장의 개념

경제성장의 의미

거시경제학 연구에서 가장 중요한 주제를 두 개만 꼽으라면 아마 대부분의 경제학자들은 경제성장과 경기변동을 고를 것이다. 그래서 현대적 접근을 취하는 거시경제학 교과서 대다수가 경제성장과 경기변동을 소개하는 데 상당한 지면을 할애한다. 본서에서도 경제성장을 비중 있게 다루고자 한다.

먼저 경제성장의 의미부터 살펴보자. 제9장에서 설명한 대로 1인당 GDP는 대표적인 후생지표이다. 따라서 어떤 이유로 1인당 GDP가 상승·하락하는지 이해하는 것은 중요한 문제이다. 먼저 [그림 10-1]을 보자. 우리나라의 1인당 실질 GDP이다. 자세히 보면 두 가지 특징을 찾을 수 있다. 첫째, 장기적으로 꾸준히 증가하고 있는 추세가 나타나고, 둘째, 단기적으로 증가와 감소가 반복된다. 1인당 GDP가 장기적으로 꾸준히 증가하는 추세현상이 경제성장이고 단기적 증가·감소하는 현상이 경기변동이다.

통상적으로 1인당 GDP가 장기간에 걸쳐 증가하는 현상을 경제성장이라고

경제성장
통상적으로 1인당 GDP가 장기간에 걸쳐 증가한 현상

그림 10-1   1인당 실질 GDP

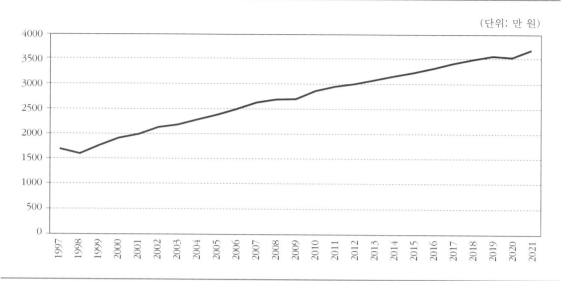

(단위: 만 원)

출처: 한국은행

한다. 경제가 성장한다는 말은 우리의 후생이 개선되는 것을 의미하기 때문에 경제성장은 중요한 정책 목표이다. 게다가 우리가 경제성장에 대해서 고민해야 하는 이유는 단순히 개인이나 국가가 잘 먹고 잘 살게 되는 데 한정되어 있는 것이 아니다. 국가경제가 성장함에 따라 보통 치안이 개선되고 기본적인 복지수준이나 교육, 의료, 수도, 전기, 도로 같은 기반시설의 수준이 향상되기 때문이다. 또한 국가 간의 소득격차는 전쟁 같은 국제분쟁 등 국제사회 불안의 원인이 될 수 있기 때문에 저소득국도 경제성장을 할 수 있다면 인류사회가 다 같이 더 평화롭고 개선된 삶을 누릴 가능성도 커진다.

경제성장의 역사적 경험

[그림 10-2]는 1950년 전쟁 직후 서울과 현재의 서울의 모습을 통해 급속도로 성장한 우리나라의 경제성과를 잘 보여준다. 우리나라는 많은 경제학 교과서에 성공적인 경제성장의 예로 자주 언급된다. [그림 10-3]은 개발도상국, 중진국, 선진국의 1인당 GDP의 연평균 성장률 통계이다. 1960년부터 2019년까지 한국은 6%가 넘는 성장률을 보였고 중국, 싱가포르, 보츠와나, 대만 중국도 빠른 속도로 경제성장을 달성했다.

그림 10-2   1950년 전쟁 직후 서울과 현재의 서울

그림 10-3   1960년부터 2019년까지 1인당 GDP의 연평균 성장률

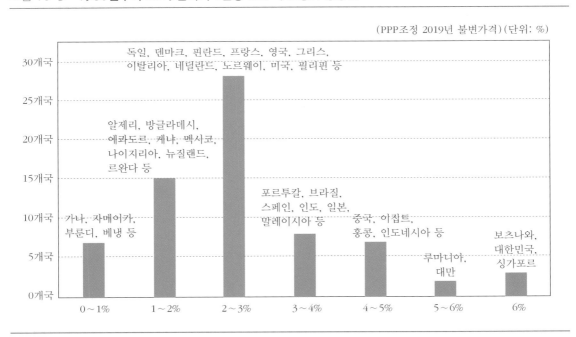

(PPP조정 2019년 불변가격)(단위: %)

출처: Penn World Table

표 10-1 　1인당 실질 GDP 성장률 순위 　　　　　　　　　　　　　　　　단위: 미 달러

	1인당 실질 GDP 연평균 성장률	1960년 1인당 실질 GDP	2019년 1인당 실질 GDP
대한민국	6%	1,113	40,818
싱가포르	6%	26,461	88,619
보츠와나	6%	519	17,066
루마니아	5%	1,533	28,828
대만	5%	2,553	48,896
중국	4%	1,023	13,988
이집트	4%	742	10,975
홍콩	4%	3,800	59,244
포르투갈	3%	4,544	34,264
브라질	3%	2,226	14,637
스페인	3%	5,678	41,352
인도	3%	1,028	6,546
일본	3%	5,316	39,636
독일	2%	10,257	51,592
덴마크	2%	12,697	55,898
핀란드	2%	9,996	47,181
프랑스	2%	10,423	44,822
영국	2%	11,826	46,186
그리스	2%	5,311	28,856
이탈리아	2%	7,816	41,426
네덜란드	2%	12,502	56,051
노르웨이	2%	12,208	62,544
미국	2%	17,499	63,393
방글라데시	1%	1,598	4,638
멕시코	1%	6,472	19,308
뉴질랜드	1%	14,751	41,935
가나	0%	4,166	5,546
자메이카	0%	5,564	8,945

출처: Penn World Table

그림 10-4　현재 개발도상국 국민의 생활환경과 미국인의 생활환경

반면 〈표 10-1〉의 2019년 1인당 실질 GDP를 보면 가나, 자메이카 등의 국가들의 1인당 GDP는 1960년 수준에서 크게 올라가지 않은 걸 볼 수 있다. 그리고 미국, 영국, 캐나다, 프랑스 등의 선진국들의 소득수준은 과거에도 높았고 지금도 여전히 높은 수준을 유지하고 있다. [그림 10-4]는 개발도상국과 대표적인 선진국인 미국의 생활수준 차이를 잘 보여준다.

그렇다면 한국과 같은 고성장 국가들은 무엇 때문에 빨리 성장한 것일까? 그리고 아프리카나 남미국가들과 선진국 간의 소득격차는 왜 좁혀지지 않을까? 경제성장 연구는 이 두 가지 질문으로 요약 가능하다.

2　경제성장의 과정

생산함수와 생산요소

재화와 서비스의 생산을 위해서는 노동자, 생산 장소, 기계, 자동차, 컴퓨터, 에너지, 생산기술 등 수많은 생산요소가 투입되어야 한다. 보통 경제학에서는 분석의 편의를 위해 생산의 3요소를 노동, 자본, 토지(자연자원)로 나눈다. 생산함수는 생산요소들이 결합되는 과정을 수학적으로 표현해주는 도구이다.

기술

생산에 직접적으로 투입되는 기술뿐만 아니라 문화, 제도, 인프라, 기후처럼 노동, 자본을 제외하고 생산에 필요한 모든 무형의 요소

생산요소에 기술을 포함시키기도 하는데 기술은 생산요소의 투입이 생산량으로 연결되는 과정과 관련이 있다. 높은 수준의 기술은 생산요소를 효율적으로 사용하게 해주어 생산량을 증가시킨다.

노동은 말 그대로 생산과정에 투입된 사람, 즉 노동자가 제공하는 물리적·정신적 역량으로 보통 노동시간이나 노동자 수로 측정한다. 요새는 자율주행이나 무인점포처럼 노동이 필요 없는 생산 형태가 확대되고 있지만 여전히 노동은 생산을 위해 필요하다. 자본은 컴퓨터, 기계, 장비, 건물, 자동차 등 노동 이외에 필요한 물질적 수단이고 기술은 생산에 직접적으로 투입되는 기술뿐만 아니라 문화, 제도, 인프라, 기후처럼 노동, 자본을 제외하고 생산에 필요한 모든 무형의 요소를 말한다.

제철소의 생산 장면
사진은 전형적인 생산 현장이다. 노동자(노동)와 장비(자본)가 독립적인 역할을 하는 것이 아니라 조합되어 생산에 투입된다.

 ## 인적 자본

보통 생산요소를 노동, 자본, 기술로 나누지만 좀 더 세밀한 분류를 위해서 인적 자본을 추가하기도 한다. 인적 자본은 생산을 위해 필요한 지식과 기술이 사람에게 축적된 것이다. 생산요소로서의 인적 자본과 기술은 무형의 요소라는 공통점이 있지만 차이가 있다. 예를 들어, '1부터 10까지 더하면 얼마인가'라는 질문에 바로 대답할 수 있는 사람이 몇 명이나 있을까? 정답은 55인데, 가장 간단하게 계산할 수 있는 방법은 독일의 수학자 가우스(Gauss)가 고안해 낸 것으로 알려진 등차수열이다. 1부터 10까지 숫자를 나열하고 반대로 10부터 1까지 숫자를 나열한다. 동일한 이 두 나열식을 한 쌍씩 더

하면 11이 10개 나와 그 합은 110이 된다. 동일한 나열식을 두 개 썼기 때문에 2로 나누면 55가 된다.

$$1+2+\cdots+9+10=?$$
$$10+9+\cdots+2+1=?$$
$$11+11+\cdots+11+11=11\times10=110$$

이 단순한 지식 자체는 생산요소로서의 기술처럼 널리 알려져 있다. 그러나 모든 사람이 이 지식을 보유하고 있는 것은 아니다. 이 지식을 습득한 노동자는 해당 인적 자본을 갖고 있는 것이다. 인적 자본을 축적하기 위한 가장 일

반적인 방법은 교육이다. 직업훈련도 좋은 방법 이 된다. 교육이나 훈련을 통해 인적 자본을 쌓 은 노동자는 인적 자본이 없는 노동자보다 생 산성이 높을 것이다.

생산함수

이제 생산요소를 생산으로 연결시키기 위해 콥 더글라스(Cobb Douglas) 함수라고 불리는 생산함수를 예로 들어보자. 이 함수는 경제성장 연구에서 가장 많이 쓰이는 생산함수 중 하나인데 그 형태는 다음과 같다.

$$Y = AK^{\alpha}L^{1-\alpha}$$

Y는 생산, A는 기술, K는 자본, L은 노동을 뜻하고, $0 < \alpha < 1$이라고 가정한다. 이 함수를 자본에 대한 그래프로 그리면 다음과 같다.[1]

이 생산함수의 특징은 무엇일까? 첫째, α가 클수록 자본을 한 단위 늘렸을 때 발생하는 생산의 증가량도 크다. 이렇게 생산요소를 한 단위 늘렸을 때 증가된 생산량을 한계생산이라고 한다.[2] 간단한 예를 들어보자. 여러분이 운영하는 공장에 기계가 한대이고 노동투입량도 한 단위이다. 기술은 수치로 표현하기 어렵지만 1이라고 가정한다. 이 경우 α가 0.3일 때와 0.5일 때를 비교해 보자.[3] α가 0.3이면 α값과 관계없이 생산량은 1이다.

---

1   x축에 노동이나 자본 중 무엇을 두어도 분석 결과는 동일하다.
2   한계생산에 관한 자세한 내용은 제4장에 설명되어 있다.
3   자본의 승수 α가 0.3이라고 가정하는 것은 자본이 생산에 30% 공헌하고 노동은 70% 공헌 한다는 뜻이다.

그림 10-5 **콥 더글라스 생산함수**

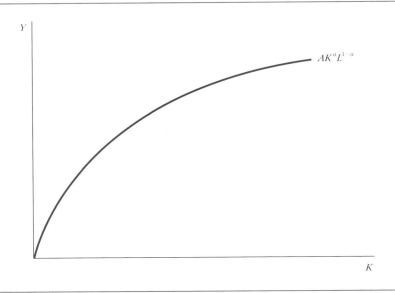

$$Y = 1 \times 1^{0.3} \times 1^{0.7} = 1$$

생산을 늘리기 위해서 생산시설에 기계 한 대를 새로 들여왔다고 하자. 이제 기계는 두 대가 되었다. α가 0.3일 때 생산량은 1.23이다.

$$Y = 1 \times 2^{0.3} \times 1^{0.7} = 1.23$$

생산이 1에서 1.23으로 0.23만큼 늘었다. 그런데 α를 0.5로 바꾸면 기계 한 대 증가에 생산은 1에서 1.41로 0.41만큼 증가한다.

$$Y = 1 \times 2^{0.5} \times 1^{0.5} = 1.41$$

α가 크면 클수록 자본의 추가로 인한 생산의 증가량도 커진다. 노동에도 똑같은 원리가 작용한다. 1-α가 클수록 노동의 추가로 인한 생산의 증가량도 커진다.

둘째, 자본의 승수 α가 크면 클수록 노동의 승수 1-α가 작아진다. 노동과 자본이 생산에 기여하는 비중이 100%를 넘을 수 없기 때문에 둘 간에 상충관계가 있는 것이다. α와 1-α는 각각 자본과 노동의 생산 공헌도를 뜻한

필요한 만큼 배우는 경제학

다고 볼 수 있다. 노동이 자본보다 많이 필요한 노동집약적 산업의 경우 α보다 $1-\alpha$가 크고 자본집약적인 산업은 상대적으로 α가 크다.

셋째, α와 $1-\alpha$가 1보다 작아서 노동이나 자본을 한 단위씩 늘려나가면 생산은 증가하지만 생산의 증가분은 줄어든다. 예를 들어 α가 0.3일 때 자본을 늘려나가 보자.

$$Y = 1 \times 1^{0.3} \times 1^{0.7} = 1$$
$$Y = 1 \times 2^{0.3} \times 1^{0.7} = 1.23$$
$$Y = 1 \times 3^{0.3} \times 1^{0.7} = 1.39$$
$$Y = 1 \times 4^{0.3} \times 1^{0.7} = 1.51$$

생산량은 1 → 1.23 → 1.39 → 1.51…로 계속 증가한다. 그러나 생산의 증가분은 1 → (1.23−1)=0.23 → (1.39−1.23) → 0.16 → (1.51−1.39)= 0.12…로 감소한다.

이 현상을 **한계생산의 체감**이라고 부르는데, 생산요소를 늘려갈수록 추가된 요소가 생산에 기여하는 바가 줄어드는 상황을 지칭한 것이다. 노동자는 늘리지 않고 장비만 늘려 봤자 결국 노는 장비가 생기게 되므로 새로 들여온 장비들로 인해 발생한 생산의 증가분은 점점 줄어들어 자본의 생산 기여는 감소한다. 반대로 기계나 장비 즉 자본은 고정시킨 채 노동만 늘려나간다면 노동자가 추가 될수록 새로 고용된 노동자가 사용할 기계나 장비가 부족하게 되어 결국 노는 노동자가 생길 것이다. 생산을 늘릴수록 비효율이 발생하는 것이다.

자본의 한계생산 체감을 그림으로 표현하면 [그림 10−6]과 같다. 자본을 추가투입하면 총생산량은 증가하지만 생산량의 증가는 점차 둔화된다.[4] 그러나 역설적으로 노동자 수와 자본량이 낮아서 총생산량이 낮을 때는 노동자 수와 자본량이 높을 때보다 노동과 자본의 한계생산이 높다.

한계생산의 체감
생산요소를 추가 투입
하면서 생산의 증가분이
감소하는 현상

---

4 참고로 콥 더글라스 생산함수에서는 기술이 진보하면서 이러한 비효율이 발생하지 않는다고 본다. 따라서 기술에는 한계생산체감이 적용되지 않아 기술의 승수는 1이다.

그림 10-6 　자본의 한계생산 체감

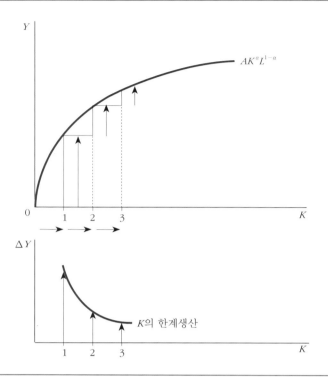

한계생산 체감은 한계비용 체증과 직접적인 관련이 있다. 노동자 한명을 추가 투입할 때 마다 생산 증가분이 감소한다는 것은 생산을 한 단위 늘리기 위해 필요한 노동자 수가 늘어난다는 말과 같기 때문이다. 임금이 고정되어 있다면 생산물 한 단위를 더 생산하기 위해 생산자는 전보다 더 많은 임금을 지불해야 한다. 따라서 한계생산 체감과 한계비용 체증은 동전의 양면과 같다.

투자와 생산

한 국가가 어떻게 경제성장을 달성할 수 있는지 생산함수를 보면 쉽게 답을 찾을 수 있다. 생산요소를 더 투입하거나 기술을 진보시키면 된다. 그러나 이것이 말처럼 쉽지 않기 때문에 나라마다 경제상황이 다른 것이다.

노동의 경우 인구 성장을 단기에 신축적으로 조절하기 어려워 추가 투입이 쉽지 않다. 비교적 추가 투입이 쉬운 요소가 자본이다. 인구를 증가시키는 것보다 새로운 장비나 기계를 생산에 투입하는 것이 쉽다. 이처럼 새 자본을 마련하는 과정을 투자라고 한다. 투자를 하려면 돈이 드는데 소득의 일부를 사용하지 않고 저축하여 마련할 수 있다. 이번 연도 생산물의 일부를 소비하지 않고 저축하여 투자에 사용한다. 내년에 투입되는 자본량이 늘 것이고 생산도 증가하게 된다. 이렇게 증가된 생산물 중 일부를 또 저축해 새 자본을 확충하면 후년에 다시 증산이 가능하다. 지금 투자를 많이 할수록 미래에는 더 성장하게 된다. 이 과정이 지속적으로 순조롭게 발생하는 현상이 경제성장이다.

예를 들어 올해 생산이 내년 생산으로 연결되는 과정을 순환도로 표현하면 아래와 같다. 저축률(saving)을 s 라고 표시하고 저축률에 생산량 Y를 곱하면 저축의 규모가 된다. 투자(investment) I는 저축으로 조달되므로 저축의 규모는 투자와 같다.

$$K_{올해} \uparrow \; \rightarrow \; Y_{올해} \uparrow \; \rightarrow \; sY_{올해} = I_{올해} \; \rightarrow \; K_{내년} \uparrow \; \rightarrow \; Y_{내년} \uparrow \; \cdots$$

따라잡기

서두에서 설명한 대로 한국, 대만, 홍콩, 싱가포르가 빠른 시간 안에 경제성장을 달성하였다.[5] 한계생산 체감에 유념하여 생산함수 곡선에서 그 원인을 찾아보자.

먼저 1960년대 매우 가난했던 한국은 곡선에서 어디쯤 위치할까? 당시 우리나라는 한국전쟁의 피해와 남북 분단 때문에 인구가 급감했고 자본이 많이 파괴되어 자본축적량이 낮았다. 따라서 원점에서 멀지 않은 곳에 위치했을 것이다. 같은 시점 이미 부국이었던 미국은 인구가 더 많고 자본이 충분히 축적되어 한국보다 상당히 오른쪽에 위치했다고 볼 수 있다([그림 10-7]).

그런데 당시 한국은 자본축적량이 적었기 때문에 자본 한 단위의 한계생산이 매우 컸다.[6] 이 때문에 자본을 추가로 투입할 때마다 생산이 큰 폭으

5　경제성장은 1인당 GDP로 측정하지만 설명의 편의를 위해 성장 기준을 1인당이 아닌 총량 GDP로 채택한다.

6　통계청에 따르면 1960년 우리나라의 유선전화 보급률은 0.3%였다고 한다. 1,000명 중 3명

그림 10-7 　한국과 미국의 자본축적량 차이

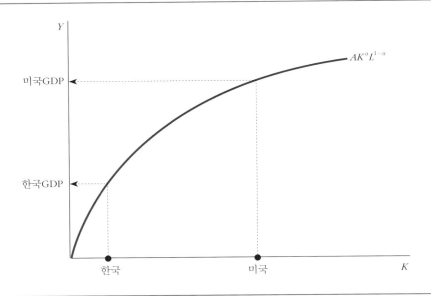

로 증가하였고 그 다음 기에 투자할 여력이 더 생겨 생산을 더 늘려나갔다. 1960년 한국의 자본 증가가 저축·투자를 통해 1961년 생산으로 연결되는 과정은 아래와 같이 묘사할 수 있다.

$$K_{1960} \uparrow \; \rightarrow \; Y_{1960} \Uparrow \; \rightarrow \; sY_{1960} = I_{1960} \; \rightarrow \; K_{1961} \uparrow \; \rightarrow \; Y_{1961} \Uparrow \cdots$$

이 과정이 반복되어 경제가 성장했고 한국은 한계생산이 높았기 때문에 생산의 증가분이 커서 경제성장률 역시 높았던 것이다. [그림 10-8]에서는 한국이 자본투입을 통해 생산을 증가시켜 나가면서 x축 왼쪽에서 오른쪽으로 이동했다고 보면 된다. 한계생산이 클수록 오른쪽으로 이동하는 거리도 크다. 미국도 자본축적을 통해 오른쪽으로 이동했지만 한계생산이 한국보다 낮아 한국만큼 많이 이동하지 못했다. 결국 한국과 미국의 격차는 줄어들게 되었다.

결론적으로 높은 한계생산을 이용한 결과 한국은 단기간에 경제성장을 이루었고, 대만, 홍콩, 싱가포르 등 고성장 국가들 모두 같은 방식으로 빈국의

이 집에 전화를 가졌던 셈이다. 1978년 서울의 50평형 주택 가격이 230만 원이었는데 전화기 가격은 260만 원이었으니 전화기 한 대의 한계생산의 가치가 얼마나 컸는지 짐작할 수 있다.

그림 10-8　높은 한계생산을 이용한 따라잡기

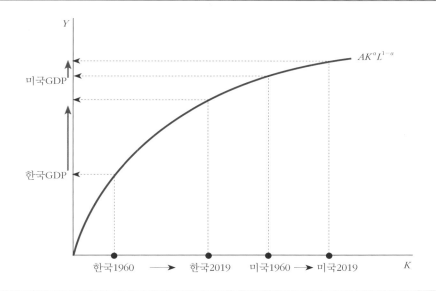

굴레를 탈출하였다. 이같이 높은 한계생산에 힘입어 빈국이 부국의 경제 수
준으로 성장하는 현상을 '따라잡기 효과(catch-up)'라고 한다. 이 효과의 또 다
른 시사점은 빈국에서는 높은 한계생산 때문에 경제성장률이 높고 부국일수
록 경제성장률이 낮다는 것이다.

따라잡기 효과
높은 한계생산에 힘입어
빈국이 부국의 경제 수
준으로 성장하는 현상

　　마지막으로 기억할 것은 한계생산 체감
때문에 부국과 빈국 모두 생산요소가 축적되
어 소득이 오를수록 경제성장 속도는 점점
느려진다는 점이다. 노동과 자본이 쌓일수
록 한계생산이 줄어들어 경제성장률이 낮아
진다. 생산함수 [그림 10-9]에서 보면 왼쪽
에서 오른쪽으로 갈수록 오른쪽으로 이동하
는 속도가 느려지고 결국 정체된다. 결국 부

국은 저성장의 벽에 부딪히고 빈국도 고성장 궤도를 달렸다가 소득이 오를수
록 저성장의 한계를 경험하게 된다. 부국과 빈국 모두 정체점에서 만나게 되
는 것이다. 이러한 현상을 **수렴(convergence)**이라고 한다. 실제 미국이 한국의
60~70년대처럼 높은 경제성장률을 기록했던 때는 매우 오래 전 일이 되어버
렸으며 현재 한국도 과거에 비해 낮은 성장률을 보이고 있다.

그림 10-9   국가 간 소득 수준의 수렴

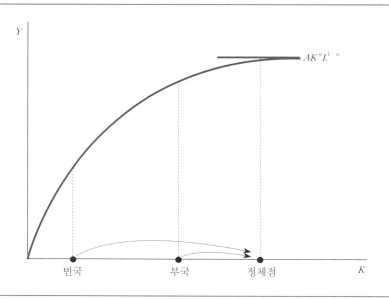

국가 간 소득격차

[그림 10-3]과 〈표 10-1〉은 빈국과 부국의 소득격차가 좀처럼 줄지 않은 사실을 보여주었다. 빈국들은 한국, 대만, 홍콩, 싱가포르와는 달리 따라잡기 효과를 보지 못한 것일까? 위에 설명한 수렴현상은 실체가 없는 것일까?

가난한 국가에서 생산요소의 한계생산이 높다는 것은 의심할 여지가 없다. 그러나 '구슬이 서 말이라도 꿰어야 보배'라는 말처럼 아무리 한계생산

이 높다고 하더라도 투자를 통해 자본을 생산에 투입하지 않으면 소용이 없다. 컴퓨터가 한 대밖에 없는 베트남의 시골 마을에 컴퓨터를 한 대 더 늘려주면 이 마을 사람들의 생산성은 큰 폭으로 증가할 것이다. 그러나 마을 사람들이 새 컴퓨터를 구매하지 않거나 구매하더라도 생산에 쓰지 않고 게임을 하거나 영화 보는 데만 사용한다면 생산

은 늘지 않는다. 투자 없는 경제성장은 불가능하다.

그럼 투자는 어디서 나오는가? 저축이다. 저축률이 높은 나라는 투자를 많이 하기 때문에 경제성장률도 높다. 저축률이 낮은 나라에서는 투자가 적기 때문에 자본이 많이 축적되지 못한다. 저축률이 높을수록 자본축적도 높아 생산이 많이 증가한다. 반대로 저축률이 낮은 국가는 상대적으로 생산의 증가도 낮다. 따라서 국가 간 소득격차가 좁혀지지 않는 이유는 저축률 차이 때문일 수 있다.

지속적인 경제성장

이제까지 배운 내용을 요약하면 자본축적이 낮은 국가일수록 빨리 성장하는 경향이 있고 높은 저축률과 활발한 투자 없이 경제성장은 제한된다. 그러나 저축률은 100%를 초과할 수 없기 때문에 저축률이 높다고 해서 지속적인 경제성장이 보장되지는 않는다. 가령 저축률을 가지고 취할 수 있는 최선의 방법은 올해 모든 생산량을 다 저축하는 것뿐이다. 저축 때문에 증가하는 생산량은 최대치가 정해져 있다. 게다가 한계생산 체감 때문에 무조건 자본을 늘려나가는 것은 결국 경제에 부담으로 작용한다.

그럼 지속적인 경제성장을 위해서 무엇이 필요할까? 바로 기술진보이다. 기술에는 한계생산체감이 적용되지 않는다. [그림 10-10]에서 보듯이 기술 수준이 A_1에서 A_2 증가할 때는 생산곡선 자체가 위로 이동한다. 이는 투자를 통해 자본투입이 증가하여 생산곡선 상에서 움직이는 현상과 근본적으로 다르다. 기술이 진보할수록 생산곡선은 위로 이동하고 수렴수준도 확장된다.

또한 A_1과 A_2를 각각 가나, 자메이카, 부룬디, 베냉 등의 일부 개발도상국과 미국, 영국, 호주, 캐나다 등 선진국의 기술수준으로 본다면 저축률과 더불어 기술의 차이가 좁혀지지 않는 국가 간 소득격차의 원인임도 알 수 있다.

이 장의 서두에서 살펴 본 노갈레스 사례도 재산권 보호, 경쟁적 시장, 직업선택의 자유, 법치주의, 반부패 정책 등 경제활동이 활발하게 이루어지도록 하는 제도의 유무 즉, 기술수준에 따라 매우 다른 경제성장의 결과가 나타난다는 역사적 경험을 보여준다.

지속적인 경제성장
경제성장이론에 따르면 지속적인 경제성장을 위해서 기술진보가 필요

그림 10-10　기술진보와 수렴수준의 확장

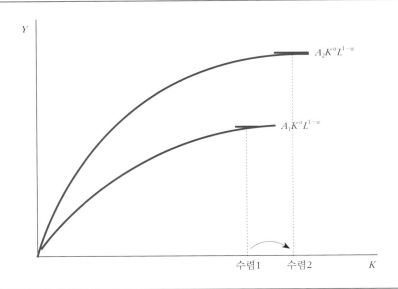

우리가 이 장에서 배운 내용은 전체적으로 경제성장 연구에 큰 공헌을 한 로버트 솔로우 (Robert Solow)의 모형에 근거한다. 솔로우의 성장이론은 경제의 성장경로를 분석적으로 보여주고 실제 많은 국가들의 경험을 잘 설명해주기 때문에 솔로우 모형이라 불리며 경제성장연구의 분석수단으로 널리 사용되고 있다.

그런데 경제성장 연구문헌에는 몇 가지 알려지지 않은 사실이 있다. 로버트 솔로우의 성장이론은 1956년 Quarterly Journal of Economics라는 학술지에 게재됐고 그 당시 솔로우는 미국 메사추세스 공과대학의 경제학 교수였다. 그런데 호주의 호주국립대학 경제학과 교수였던 트레버 스완(Trevor Swan)은 솔로우의 이론과 핵심적으로 같은 내용의 논문을 1956

년 Economic Record라는 학술지에 게재했다. 두 연구자가 사실상 동일한 내용의 이론을 같은 해에 독립적으로 발표한 것이다. 이는 놀라운 우연인데, 경제성장을 전문적으로 다루는 교과서들이 솔로우 모형을 '솔로우-스완 모형'으로 칭하는 것은 바로 이런 역사 때문이다. 솔로우와 스완은 1957년 경 서로의 논문을 접했고 경의를 표했던 것으로 회자되고 있다.

솔로우와 스완의 논문이 발표되기 전에는 해로드-도마 모형이 성장이론의 주류모형이었다. 해로드-도마 모형은 영국의 경제학자 로이 해로드(Roy Harrod)와 러시아계 미국 경제학자 입시 도마(Evsey Domar)가 각각 1939년 Economic Journal과 1947년 Econometrica에 게재한 논문에 근거한다. 해로드는 옥스퍼드와 케임브리지에서 경제학을 공부했고 케인즈와 매우 가까운 사이였다. 러시아 출생의 도마는 미국으로 이주한 후 카네기-멜론대학에서 경제학을 가르쳤다. 역시 해로드와 도마의 두 논문도 매우 비슷한 내용이지만, 이들도 각자 독립적으로 논문을 집필했다.

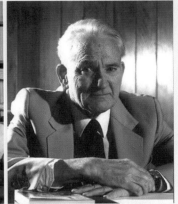

로버트 솔로우(좌)와 트레버 스완(우)
출처: Roy, Eco62 Macroecomic Analysis 강의 노트

요약

01   경제성장은 한 경제의 1인당 GDP가 장기적으로 증가하는 현상이다.

02   경제성장 연구는 고성장 국가들의 경험과 아프리카나 남미국가들과 선진국 간의 지속적인 소득격차를 설명하는 것으로 요약할 수 있다.

03   재화와 서비스의 생산을 위한 생산요소로 노동, 자본, 기술을 들 수 있다. 생산요소들을 생산과 연결시키는 수학적 과정을 생산함수라고 한다.

04   솔로우는 경제성장을 설명하기 위해 콥 더글라스 생산함수와 한계생산 체감현상을 사용하였고 그의 이론은 상당한 설명력을 가진다. 높은 한계생산에 힘입어 빈국이 부국의 경제 수준으로 수렴하는 현상을 '따라잡기 효과'라고 한다. 국가 간 소득격차는 저축률과 기술수준의 차이에 기인한다.

05   지속적인 경제성장을 가능케 하는 요인은 기술진보이다.

01 경제 성장에서 기술 진보의 중요성을 설명하라.

02 생산요소로서 기술의 예를 세 가지 드시오.

03 따라잡기 효과를 설명하라.

04 선진국과 후진국의 성장률 차이를 자본 투입의 수확체감을 이용하여 설명하라.

05 총생산함수가 $Y = AK^\alpha L^{1-\alpha}$(0<α<1)인 경제가 있다. 이 경제의 생산함수가 규모에 대한 수익불변임을 수식을 이용하여 설명하라.

06 총생산함수가 $Y = AK^\alpha L^{1-\alpha}$(0<α<1)인 경제가 있다. 이 경제의 1인당 생산함수를 구하라.

07 총생산함수가 $Y = AK^\alpha L^{1-\alpha}$(0<α<1)인 경제가 있다. 이 경제의 자본의 한계생산을 구하라.

08 일반적으로 생산요소의 한계생산은 체감한다고 알려져 있다. 그 이유를 설명하라.

09 따라잡기 효과에도 불구하고 국가 간 소득격차가 유지되는 이유는 무엇인가?

10 인적자본을 설명하고 인적자본 축적방법의 예를 드시오.

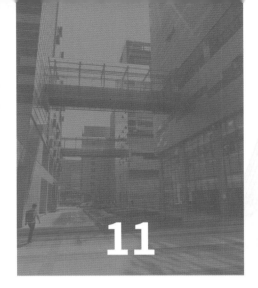

11

경기변동
(거시경제의 단기적 현상)

경기변동(거시경제의 단기적 현상)

대공황 시절의 빈곤

제10장에서 설명한 대로 경제성장은 장기간에 걸쳐 한 국가의 생산, 소득, 지출이 늘어나 국민들의 후생수준이 높아지는 현상이다. 그러나 경험적으로 불황과 호황 없이 지속적으로 성장해온 국가는 찾아보기 힘들다. 심지어 지난 백 년 동안 전쟁이나 막대한 자연재해 같은 파괴적 경험 없이 성장해온 미국조차 상승과 하락을 반복하며 성장하였다.

1930년대 발생한 대공황은 극심한 경기침체의 예로 자주 언급된다. 대공황의 여파는 끔찍했다. 일부 보고에 의하면 1929년부터 1932년까지 전 세계 GDP가 급감하여 주요 선진국(미국, 영국, 프랑스, 독일)의 생산은 절반으로 줄었고 실업률은 최대 600%까지 치솟았다.

우리나라의 경기침체 사례를 들자면 1997년 외환위기를 빼놓을 수 없다. 1970년대 수출주도 호황을 누렸

표 11-1 **대공황의 여파**

	미국	영국	프랑스	독일
산업생산	−46%	−23%	−24%	−41%
도매물가	−32%	−33%	−34%	−29%
국제무역	−70%	−60%	−54%	−61%
실업률	+607%	+129%	+214%	+232%

출처: Jerome Blum, Rondo Cameron, Thomas G. Barnes, The European world: a history (2nd ed 1970) page 885

던 한국은 1997년 외환위기로 전례 없는 타격을 입어 국제통화기구(International Monetary Fund)의 구제금융까지 받았다. IMF는 구제금융의 대가로 재정긴축을 요구했고 이미 경기침체 때문에 실업의 위기에 놓인 노동자들이 기업의 구조조정에 거세게 반발하며 사회갈등이 초래되기도 했다. 가장 최근에 닥친 경기침체의 예는 단연 코로나 감염병 경기침체다. 감염병 확산을 막기 위해 사회적 거리두기를 강제화하고 일부 국가에서는 도시 전체를 봉쇄하기도 했다. 지역 간 이동 제한으로 전 세계 경제는 큰 타격을 입었다. 예를 들어, 우리나라 경제성장률은 2020년에 –0.9%를 기록하여 침체국면에 빠졌으나

2020년 코로나 감염병 대확산으로 폐쇄된 공항
출처: pixabay

2021년에 4%로 회복하였다. 이렇게 경기가 단기간에 급격히 침체할 경우 사회적으로 큰 후생 손실을 동반하기 때문에 경기변동은 경제성장과 함께 거시경제학의 주요 연구주제로 꼽힌다. 이제 경기변동의 원인과 과정을 설명한 이론을 배워보자.

1 경기변동의 개념

경기변동(economic fluctuations)은 GDP가 단기적으로 증감하면서 확장·침체 국면을 겪는 현상을 말한다. 경기변동 대신 경기순환(business cycle)이라는 용어를 쓰기도 한다. [그림 11–1]은 우리나라의 분기 실질 GDP와 실질 GDP 추세선이다.[1] 1960년부터 생산이 급격히 증가하여 경제가 장기적으로 성장한 것을 볼 수 있다.

추세선이 GDP의 장기적인 움직임이라면 추세선에서 GDP를 뺀 부분은 단기적인 움직임이다. GDP의 단기적인 움직임을 보기 위해 추세선과 실질 GDP의 변화율 차이를 [그림 11–2]에 표시하였다. 이 그래프는 GDP가 추세로부터 몇 퍼센트 괴리되었는지 보여준다. 1970년대 말 석유파동, 1997년 외

---

1 추세선이란 GDP 움직임의 전체적인 방향성을 나타내는 수치이다. 우리나라의 급격한 성장 경로에 맞게 선형추세선 대신 4분기 이동평균을 사용하였다.

그림 11-1　우리나라의 분기 실질 GDP와 실질 GDP 추세선

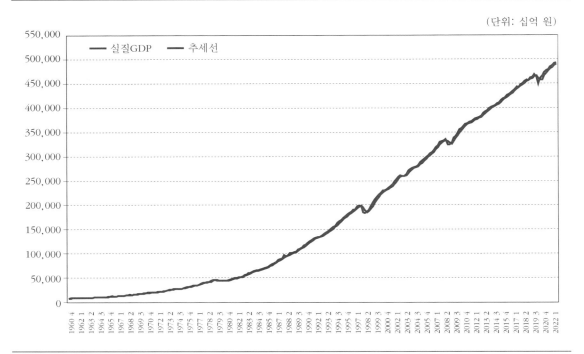

(단위: 십억 원)

출처: 한국은행

그림 11-2　실질 GDP와 추세선 간의 변화율 차이

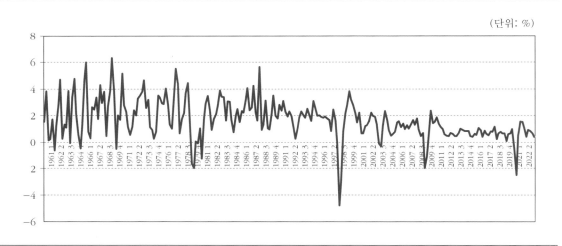

(단위: %)

출처: 한국은행(저자 계산)

계산법: $\dfrac{\text{실질GDP} - \text{추세}}{\text{추세}} \times 100$

필요한 만큼 배우는 경제학

그림 11-3 경기순환 예시도

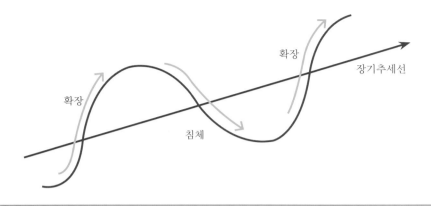

확장

확장

침체

장기추세선

출처: NBER(National Bureau of Economic Research; 미국 국가경제연구국)

환위기, 2007년 국제금융위기의 여파로 닥친 경기침체가 음의 부호로 나타나 확연히 눈에 띈다. 성장률이 높았던 1970~80년대의 수치는 2%를 상회했고 2000년대부터 감소하여 우리나라 경제가 저성장기에 들어섰다는 사실을 확인 시켜준다.

[그림 11-3]은 미국 국가경제연구국(National Bureau of Economic Research) 에서 제시한 경기순환 예시도인데 전형적인 경기 국면전환을 그리고 있다. GDP의 상승, 하락, 회복을 거치며 마치 주기적으로 순환하는 듯하다. 실제 로 GDP 성장률 자료를 보면 이런 국면이 관찰된다. GDP 성장률이 양(+)인 시기, 즉 GDP가 상승하고 있는 시기를 확장(expansion)이라고 하고 GDP 성 장률이 음(−)인 시기를 침체(recession)라고 한다.

미국에서는 통상적으로 실질 GDP가 2분기 또는 그 이상 지속적으로 감 소하면 경기침체라고 본다. 우리나라 실질 GDP가 2분기 이상 감소한 경우는 드물다. 우리나라는 통계청이 계산한 경기동행지수와 선행지수라는 지표로 경기순환을 판단하고 있다.

숨고르기

자료를 통해 경기변동과 관련한 우리의 역사적 경험을 살펴보았다. 이 자료만 보고 경기변동의 원인을 찾아내는 것은 거의 불가능에 가깝다. 그러나 경제학자들이 오랜 연구를 통해 밝혀낸 몇 가지 특징들은 경기변동의 원인을 이해하는데 유용한 단서가 된다. 그 특징은 다음과 같이 정리할 수 있다.

경기변동의 특징
경기순환의 불규칙성, 거시경제 변수의 동조화, 실업을 동반하는 GDP 감소

1. 경기순환은 불규칙적이라서 예측하기 어렵다. 순환에 특정한 패턴이 발견되지 않는다.
2. 노동소득, 자본소득, 소비, 투자 등 GDP를 구성하는 대부분의 거시경제 변수들은 같이 움직인다. GDP는 생산과 소득의 지표이므로, GDP가 변할 때 생산요소의 소득이 변하고 가계의 소비와 기업의 투자가 변하는 것은 놀라운 사실이 아니다.
3. GDP의 감소는 실업률의 상승을 동반한다. 생산을 위해서 노동이 필요하므로 GDP와 실업률 사이의 상관관계도 역시 자연스러운 현상이다.

2 총수요·총공급 모형

경기변동의 특징을 설명할 수 있는 모형이 있다면 정책수립에 유용할 것이다. 먼저 경기변동 연구의 가장 전통적인 이론인 총수요·총공급 모형을 살펴보자. 여기서 **총수요**(aggregate demand)와 **총공급**(aggregate supply)은 '총(aggregate)'이라는 접두어가 암시하듯이 개별 재화와 서비스가 거래되는 단일시장과 달리 경제 전체를 아우르는 수요·공급을 말한다.

총수요
우리 경제 내의 구성원(가계, 기업, 정부)이 각 물가수준에서 재화와 서비스에 대해 지출하고자 하는 수요량

총공급
경제 내의 모든 기업이 각 물가수준에서 생산하고 판매하려는 재화와 서비스의 공급량

총수요는 우리 경제 내의 구성원(가계, 기업, 정부)이 각 물가수준에서 재화와 서비스에 대해 지출하고자 하는 수요량이다. 총공급은 경제 내의 모든 기업이 각 물가수준에서 생산하고 판매하려는 재화와 서비스의 공급량이다.

총수요·총공급 그래프는 단일시장의 수요공급곡선 그래프와 유사하지만 매우 다른 의미를 갖고 있다. 우리 경제에서 생산되는 재화와 서비스의 가치를 모두 합하면 GDP가 되므로 수요·공급곡선 그래프 x축에 개별 재화와 서비스의 수량이 아닌 실질 GDP를 표기한다. y축에는 모든 재화와 서비스의 가격지표인 물가를 표기한다. [그림 11-4]를 보자. 총수요곡선은 우하향하고

그림 11-4 총수요·총공급 곡선

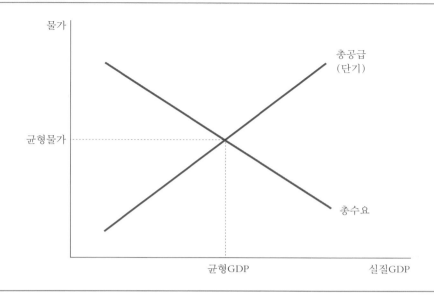

총공급곡선은 우상향한다. 기울기의 부호는 개별 재화와 서비스의 수요·공급 곡선과 같지만 그 이유는 전혀 다르다.

총수요 곡선

여러분은 국민소득계정 지출측면에서 배웠던 GDP의 지출항목을 기억할 것이다. 소비, 투자, 정부지출, 수출, 수입으로 구성되어 있다.

$$총수요 = Y = C + G + I + X - M$$

총수요 곡선의 형태를 파악하기 위해 물가가 이 항목들에 어떤 영향을 미치는지 생각해 보자. 총수요 곡선이 우하향한다는 것은 물가와 총수요량 사이에 음(−)의 관계가 있다는 뜻이다. 그 이유는 다음과 같다.

첫째, **자산효과**이다. 물가가 하락하면 내가 가지고 있는 돈의 가치가 높아진다. 예를 들어 아메리카노 한 잔이 만 원이었는데 가격이 내려 5천 원이 되면 만 원으로 아메리카노 두 잔을 마실 수 있다. 물가하락 때문에 나의 부가 증가해 재화와 서비스에 대한 소비수요가 늘게 된다.

둘째, **이자율 효과**이다. 물가가 하락하면 서비스를 사기 위해 필요한 화폐의 양이 줄어든다. 아메리카노 한 잔을 사기 위해 5천 원만 보유하면 되므로 나머지 5천 원을 저축해 남에게 빌려주게 되고 대부자금 공급이 늘어 (대부자금의 가격이라고 할 수 있는) 이자율은 하락한다.[2] 이자율이 하락하면 기업의 투자는 어떻게 될까? 기업은 대게 돈을 빌려서 투자를 하므로 이자율의 하락은 투자비용의 하락을 의미한다. 따라서 기업은 투자를 늘리려고 할 것이고 총수요량은 증가한다.

마지막으로 **환율효과**이다. 물가가 하락해 이자율이 동반 하락한다는 것을 수출과 수입과 연결해보자. 우리나라 이자율이 낮아졌으므로 항상 투자처를 찾아서 이동하는 국제투자자금은 이자율이 높은 나라를 찾아 빠져 나가게 된다. 가령 우리나라 이자율 하락으로 삼성전자 회사채 금리가 떨어져 미국 회사인 구글(Google)의 채권 금리보다 낮아졌다고 해보자. 삼성전자 채권에 투자했던 투자자는 삼성전자 채권을 팔아 더 높은 이자율을 지급하는 구글 채권을 살 것이다. 이 과정에서 이 투자자는 원화자금을 달러로 바꾸어 외환시장의 원화 공급은 늘고 달러수요는 늘어난다.[3] 그럼 달러 대비 원화가치가 떨어지기 때문에 달러 환율이 올라가고 달러로 표시한 우리나라 재화와 서비스의 가격은 떨어진다.[4] 결과적으로 한국의 수출은 증가하고 수입은 감소하

2　대부자금시장도 기존의 수요공급 분석을 적용하면 된다.

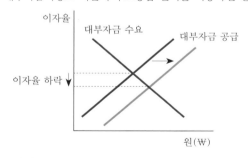

3　삼성전자에게 빌려준 원화를 환수하여 구글에게 빌려준다는 뜻이다. 그런데 구글은 원화가 아닌 달러가 필요하므로 투자자는 환전을 해야 한다.

4　예컨대 환율이 1달러＝천 원이었다가 1달러＝이천 원으로 올랐다고 하자. 우리나라에서 생산하는 만 원짜리 아메리카노는 10달러에서 5달러로 싸진다. 환율이 오르기 전에는 미국인이 한국산 아메리카노를 사기 위해 10달러를 지불해야 했지만 이제는 5달러만 지불하면 된

여 총수요는 늘어난다.

이와 같이 자산효과, 이자율효과, 환율효과에 의해 물가와 총수요는 서로 음(−)의 상관관계를 갖게 되어 총수요곡선은 우하향한다. 물가가 상승했을 때 총수요가 감소하는 현상도 동일한 논리를 적용하면 된다.

총공급 곡선

[그림 11−4]에서 보는 바와 같이 총공급 곡선은 우상향한다. 물가와 총공급 사이에 양(+)의 상관관계가 있다는 뜻이다. 그런데 제9장에서 배운 생산함수를 떠올려 보면, 생산은 노동, 자본, 기술 투입량에 따라 변하는 것일 뿐 물가와 무관하다. 가령 중앙은행이 시중에 통화량을 늘려 재화와 서비스의 가격이 증가한다고 해서 재화와 서비스의 생산량이 늘어난 것은 아니다. 따라서 총공급 곡선은 [그림 11−5]처럼 생산량과 물가수준이 무관함을 반영하여 수직선인 형태를 가져야 한다.

그러나 단기에는 물가와 생산량 사이에 양(+)의 관계가 성립할 수 있다.

총공급 곡선의 기울기 장기에는 수직이고 단기에는 우상향

그림 11-5 **총공급 곡선 (장기)**

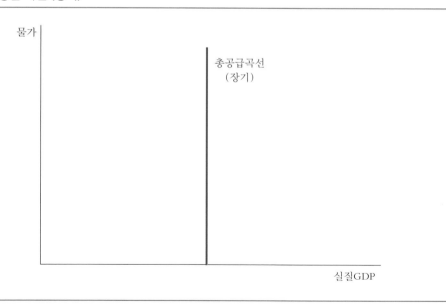

다. 한국산 아메리카노가 미국인에게 더 매력적인 상품이 되었다. 반대로 미국산 아메리카노는 한국인에게 두 배로 비싸져 구매하기가 부담스러울 것이다.

메뉴비용을 피하려는 생산자의 노력

우리는 종종 식당에서 다소 지저분하게 덧대거나 덧칠된 메뉴판을 발견하게 된다. 돼지고기 같은 원재료의 가격이 올랐을 때, 식당주인이 삼겹살 가격을 인상하는 과정에서 메뉴판도 새로 구입해야 한다. 새 메뉴판을 구입하는 데 비용이 들기 때문에 가급적 가격인상을 지연시킨다.

그 이유는 다음과 같다. 첫째는 가격경직성이다.[5] 가격이 신축적이지 않을 수 있는 대표적인 이유로는 메뉴비용이 있다. 메뉴비용은 생산자가 가격을 조정할 때 지불해야 하는 비용이다. 단기적으로 생산자들이 메뉴비용 때문에 가격을 즉각적으로 조정하지 않는 경향이 있다.

원자재 가격이 하락했다고 가정하자. 기업들도 재화와 서비스의 가격을 낮춰야 한다. 일부 기업은 메뉴비용을 지불하기 꺼려하여 가격을 바로 내리지 않는다. 즉시 가격 조정을 한 기업들의 상품에 비해 가격을 조정하지 않은 기업들의 재화와 서비스는 비싸기 때문에 판매량이 줄어들어 경제 전체적으로 생산이 감소한다. 그러나 장기에는 가격을 내리지 않을 수 있는 기업이 없다. 결국 모든 기업이 똑같이 가격을 내리게 되고 특정기업의 재화와 서비스가 상대적으로 싸거나 비싸지 않게 되므로 각 기업의 판매량은 변하지 않는다. 따라서 장기에는 물가와 생산은 무관하다.

둘째는 **임금경직성**이다. 임금경직성도 메뉴비용과 비슷한 현상인데 경직성의 원인은 다르다. 임금은 몇 년 단위의 노동계약에 의해 정해진다. 임금이 한번 정해지면 다음번 노사협상까지 기다려야 하므로 쉽게 변경할 수 없다.

예를 들어 많은 인력이 필요한 자동차 공장에서 노사 간 협상을 통해 임금이 정해졌다고 하자. 그런데 물가가 하락하면서 자동차 가격도 하락한다. 자동차 가격은 내려갔는데 임금이 그대로이면 이 공장의 수익성은 악화될 것이다. 그럼 기업은 불가피하게 감원을 할 수 밖에 없고 자동차 생산량은 줄어든다. 물가하락이 생산량 감소를 초래한 것이다. 반면 장기에는 물가 변화에 임금도 유연하게 조정되므로 생산량이 변하지 않는다.

---

5 고전학파와 케인즈학파는 가격경직성에 대해 근본적인 견해차를 보였다. 고전학파는 수요·공급 곡선이 이동할 때 시장의 균형이 즉각적으로 달성된다고 보았기 때문에 가격도 즉시 변경된다고 주장하였다. 반면 케인즈학파는 메뉴비용 같은 이유로 균형이 즉시 달성될 수 없어서 가격이 경직적이라고 믿었다.

셋째는 **착각이론**인데, 물가에 대한 착각은 물가가 전체적으로 변화했음에도 불구하고 생산자가 이 변화를 인지하지 못해서 발생한다. 자동차 회사 예로 돌아가자. 경제 전체적으로 물가가 하락할 때 임금, 원자재, 자동차의 가격도 하락한다. 그러나 회사는 자사의 자동차 가격만 하락한 것으로 착각할 수 있다. 회사는 가격하락을 수익성 악화로 오판하여 감원을 결정하고 생산량을 줄인다. 역시 물가하락에 생산 감소가 동반된다. 장기에는 회사가 이런 착각을 하지 않아 생산이 물가변화에 반응하지 않는다.

총수요　총공급 곡선의 이동

총수요곡선은 총수요의 구성요소(소비, 투자, 정부지출, 수출, 수입)가 증감할 때 이동한다.

총수요의 영향요인
조세, 경제주체의 기대, 이자율, 자산가격, 환율

$$총수요 = Y = C + G + I + X - M$$

각 물가수준에서 어떤 요인이 총수요 구성요소에 영향을 줄까? 조세, 경제주체의 기대, 이자율, 자산가격, 환율 등을 들 수 있다. 예를 들어 정부가 소득세를 인상한다고 하자. 가계의 세후소득이 감소하여 소비도 줄 것이다. 재화와 서비스의 가격이 올라서 소비가 감소하는 게 아니고, 세후소득이 작아져 가계는 각 물가 수준에서 소비를 줄인다. 이는 총수요 곡선의 좌측이동으로 나타난다. 반대로 세제혜택을 생각

해보자. 때로 정부는 기업의 투자를 촉진하기 위해 투자액만큼 법인세[6]를 감면해준다. 기업은 투자한 만큼 절세효과를 보기 때문에 투자를 늘리게 되고 총수요 곡선은 우측으로 이동한다.

이 밖에 소비, 투자, 수출·수입에 영향을 주는 요인은 많다. 가계가 미래 소득에 대해 낙관적이거나 기업이 호황을 예측하고 있다면 소비와 투자는 증가한다. 이자율이 하락하면 기업의 투자비용이 줄어 투자는 증가한다. 이자율 하락은 저축에 대한 유인을 약화시킨다. 저축은 감소하고 반대로 소비는

6　기업이 이익에 비례하여 납부하는 세금이다.

그림 11-6 총수요 곡선의 이동

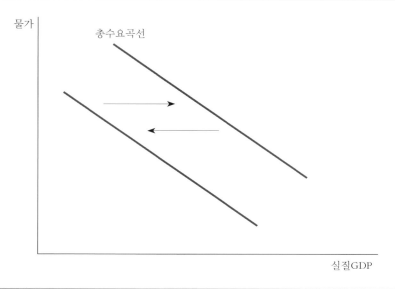

증가한다. 가계가 보유한 부동산과 주식 같은 자산 가격이 올라가면 소비도 늘어난다. 환율은 수출·수입에 직접적으로 영향을 준다. 예를 들어 원화가치 가 미 달러 대비 하락한다면 우리나라 상품의 미 달러 가격도 하락하기 때문 에 수출은 증가하고 수입은 감소한다. 무역 상대국의 경기도 우리 수출·수입 에 영향을 준다. 미국의 소비가 위축되면 미국 사람들이 우리나라 상품을 덜 사게 되므로 대미 수출은 감소한다.

정부지출은 조세, 기대, 이자율 등 경제적 요소보다 정부 정책에 따라 결 정되므로 다소 임의적이긴 하지만 여전히 총수요에 영향을 준다. 가령 정부 가 대규모 토건사업을 벌이면 정부지출이 늘어 총수요도 증가한다.

총공급의 영향요인
총공급은 노동, 자본, 기술 투입량에 따라 결정되지만 단기에는 경제주체의 물가예상에도 영향을 받음

이제 단기 총공급 곡선의 이동을 공부해보자. 생산은 기본적으로 노동, 자본, 기술 투입량에 따라 결정되지만 단기에는 경제주체의 물가예상에 반응 할 수 있다. 물가예상은 위에서 설명한 가격·임금경직성과 물가에 대한 기업 의 착각과 관련이 있다. 예를 들어 식당 주인이 삼겹살 메뉴판을 작성할 때 재료의 가격뿐만 아니라 미래의 물가까지 예상하여 반영한다. 시간이 지나 실제 물가수준이 예상보다 낮게 형성되었다고 해보자. 식당 주인은 메뉴비용 때문에 삼겹살 가격을 바로 조정할 수 없다. 이 식당의 삼겹살은 상대적으로 비싸져 매출은 감소하고 경제 전체적으로 생산이 감소한다. 따라서 각각 물

그림 11-7 총공급 곡선의 이동(단기)

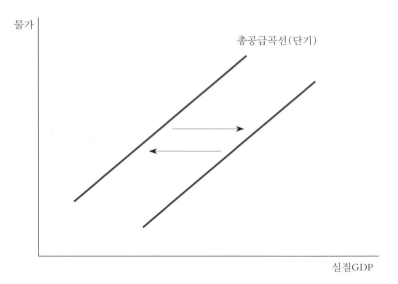

가수준에서 실제물가가 예상물가보다 낮을수록 생산은 감소하므로 예상물가의 증가는 총공급 곡선을 좌측으로 이동시킨다.

　임금도 마찬가지다. 임금은 고용계약에 의해서 정해지는데 노사가 미래의 물가를 예상하여 임금에 합의한다. 예상물가가 높을수록 임금도 높게 정해져 실제 물가수준에서 기업의 수익성은 악화된다. 임금 경직성 때문에 임금은 실제 물가수준으로 신속히 조정되지 못한다. 수익성 악화 때문에 기업은 생산량을 줄이게 된다. 예상물가가 증가하면 총공급 곡선은 각 물가수준에서 좌측으로 이동한다.

총수요 총공급 균형의 이동

총수요·총공급 모형과 경기변동
총수요 · 총공급 곡선의 이동으로 균형물가와 균형GDP가 변하여 경기변동이 발생

총수요·총공급의 새로운 균형이 어떻게 달성되는지 생각해보자. 예를 들어 가계와 기업이 향후 경제상황에 대해 낙관적인 기대를 갖게 되거나 정부가 소득세를 인하한다고 하자. 소비와 투자가 늘어 총수요 곡선은 우측으로 이동한다. [그림 11-8]처럼 경제는 새로운 균형으로 이동하여 실질 GDP와 물가가 상승한다. 소득은 올라가고 실업은 감소할 것이다.

만약 경기가 침체했다면 정부는 소득세를 인하거나 정부지출 증가를 통해 총수요를 확장하여 경기를 방어하려고 할 수 있다. 그러나 경기변동이 단기적인 현상이듯 재정지출을 통한 총수요 확장정책도 단기적인 효과가 있을 뿐이다.

이제 기술진보로 총공급 곡선이 이동하는 과정을 살펴보자. 예를 들어 컴퓨터의 보급으로 생산 효율성이 증가한 현상을 생각하면 된다. [그림 11-9]

그림 11-8 **총수요 곡선의 이동**

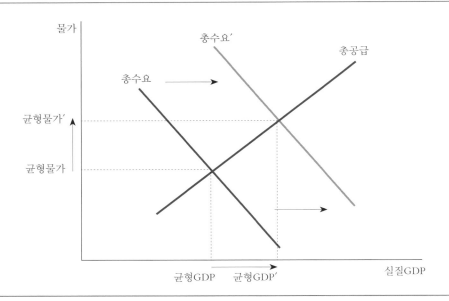

그림 11-9   총공급 곡선의 이동

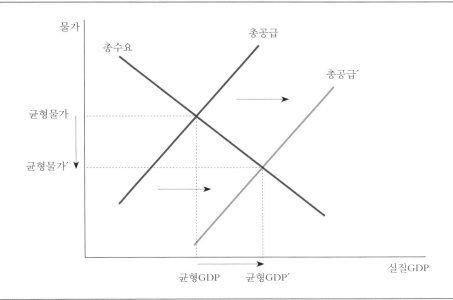

처럼 각 물가수준에서 생산량이 증가해 총공급 곡선이 오른쪽으로 이동한다. 새로운 균형에서 실질 GDP는 증가하고 물가는 하락하였다.

경기변동의 원인과 과정

총수요·총공급 모형을 이용해 경기변동의 원인과 과정을 살펴보자. 먼저 경제주체의 비관적인 기대가 경기변동의 원인이라고 가정하자. 이는 총수요에 부정적인 충격을 줄 것이다. [그림 11-10]처럼 총수요 곡선이 왼쪽으로 이동하여 경제가 균형①에서 균형②로 이동한다. 물가가 하락하고 GDP도 감소해 단기적으로 경기침체가 닥친다. 즉, 기대가 현실을 낳은 것이다. 이 시점에서 정부가 재정정책이나 통화정책을 동원하여 총수요를 진작시키는 시도를 할 수 있다. 그런데 이런 시도가 없더라도 장기적으로 총공급 곡선이 오른쪽으로 이동하여 GDP가 원래 수준으로 회복된다. 총공급 곡선이 오른쪽으로 이동하는 이유는 경제주체의 물가예상 때문이다. 경제가 균형①에서 균형②로 이동할 때 경제주체들은 갑자기 실제물가가 낮아진 것을 경험한다. 그러나 시간이 흐르면서 이들은 실제물가에 맞추어 예상물가를 하향 조정한다. 장기에는 임금이 신축적이므로 예상물가의 조정에 따라 임금도 하향 조정된

그림 11-10   총수요 감소에 의한 경기변동

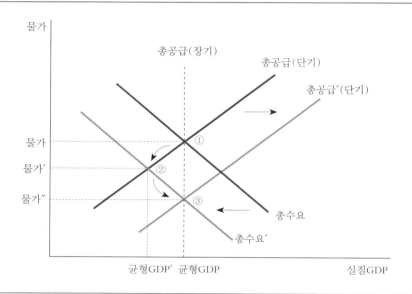

다. 낮아진 임금 때문에 기업은 고용을 늘리게 되고 생산은 증가한다. 이 때문에 총공급 곡선이 오른쪽으로 이동하는 것이다. 이 과정은 균형②에서 균형③으로 전환하는 경로로 묘사되어 있다. 결과적으로 총수요 충격에 의한 경기침체는 예상물가의 조정으로 상쇄되어 생산은 회복한다. 유일한 변화는 물가하락이다.

총공급 곡선의 이동(장기)

장기에는 충분한 관측이 가능하여 사람들이 예상물가를 실제물가로 조정하기 때문에 예상물가가 생산량에 영향을 미치지 못한다. 오직 노동, 자본, 기술 등의 생산요소투입에 따라 생산량이 정해지므로, 생산요소 투입이 증가하면 장기 총공급 곡선도 오른쪽으로 이동한다. [그림 11-11]은 기술이 진보하면서 경제가 장기적으로 성장하는 과정을 총수요·총공급 모형을 통해 보여준다. 제10장에서 공부한 솔로우 모형과 분석의 틀은 다르지만 경제성장이라는 동일한 현상을 설명하는 것이다.

[그림 11-11]에서 장기적으로 총공급 곡선이 오른쪽으로 이동하는 것을 볼 수 있는데 총수요곡선도 오른쪽으로 같이 이동하는 것이 눈에 띈다. 만약

그림 11-11 　총수요·총공급 곡선의 이동 (장기)

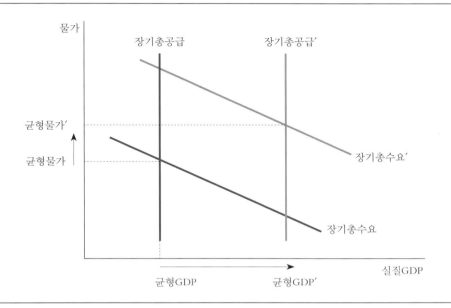

총공급 곡선만 오른쪽으로 이동한다면 생산은 증가하고 물가는 하락하게 된다. 그러나 제10장에서 자료를 통해 우리나라의 GDP가 장기적으로 증가하면서 물가도 상승한 것을 보았다. 우리나라뿐만 아니라 대부분의 국가들이 비슷한 경험을 했다. 경제성장과 함께 물가가 오르는 것은 총공급 곡선의 이동과 더불어 통화량 증가로 이자율이 하락하여 총수요 곡선이 오른쪽으로 이동한 것으로 해석할 수 있다.

4 　총공급 충격과 실물경기변동이론

　이제까지 총수요·총공급 모형에 근거하여 경기변동의 원인과 과정을 해석해보았다. 총수요·총공급 모형의 대표적인 적용사례는 1929∼1930년 대공황이다. 대공황 때 물가와 GDP가 동반 폭락했다는 점은 총수요·총공급 모형에서 총수요 곡선의 이동과 일치하는 현상이므로, 많은 경제학자들이 대공황의 원인이 급격한 총수요 감소였다는 점에 동의한다. 경제주체의 비관적 기

기술 충격으로 발생하는
이론

대, 자산가격 하락, 통화량 감소 등 총수요를 감소시키는 부정적인 충격에 의해 경기침체가 촉발됐다고 보는 것이다.

이와 반대로 총공급 충격을 경기변동의 원인이라고 보는 이론도 있다. **실물경기변동이론**(real business cycle theory)이라고 불리는 이 견해는 경기변동의 원인을 기술에 발생하는 일시적인 충격으로 본다. 기술의 변화를 기술충격이라고 부르는데 이 충격이 노동수요에 영향을 주어 노동시장의 새로운 균형이 달성되는 과정에 경기가 변동한다. 실물경기변동 이론가들은 생산요소 시장의 균형에서 경기변동의 단서를 찾기 때문에 고전학파의 전통적인 견해를 승계한다고 볼 수 있다.

예컨대 컴퓨터가 개발되어 예전보다 생산 효율성이 개선되었다. 여러분이 컴퓨터 없이 타자기로 과제를 작성한다고 생각해보자. 아마 과제를 마치는데 두 배, 세 배 이상의 시간을 할애해야 할 것이다. 컴퓨터 때문에 노동생산성이 증가한 것이다. 노동자의 생산성이 향상되면 기업은 더 높은 임금을 지불

그림 11-12 **노동수요의 증가**

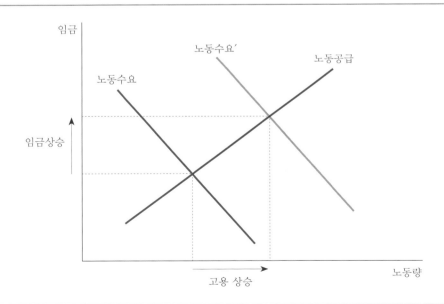

필요한 만큼 배우는 경제학

할 용의가 있다. 노동수요는 증가하고 임금, 고용, 생산은 증가한다. 임금과 고용이 올라 노동자들은 소비를 올려도 괜찮다고 생각하여 소비도 증가한다. 기술진보는 자본 생산성과 자본수요에도 동일한 영향을 미칠 것이다. 기술진보가 노동·자본 두 시장에 영향을 주어 고용, 임금, 자본 임대료, 생산이 증가하고 결국 소비, 투자도 증가한다는 것이 실물경기변동이론의 핵심이다.

이 논리를 그림으로 표현하면 다음과 같다. 예를 들어 (노동공급이 일정하다는 전제하에) 노동수요가 증가하면 [그림 11-12]처럼 노동시장 균형에 따라 고용과 임금은 오른다.

고용증가는 (다른 생산요소투입이 변하지 않는다는 가정하에) 생산함수의 노

그림 11-13   **노동수요 증가와 호황**

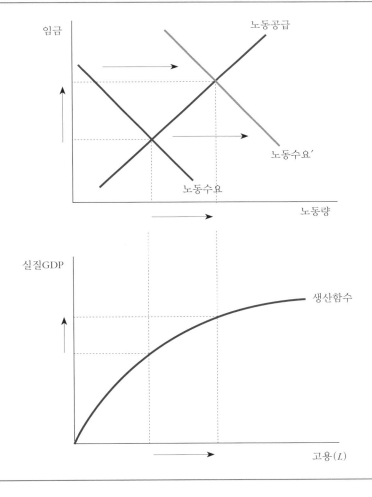

동투입의 증가를 의미하므로 생산증가가 동반된다. [그림 11-13]에서 보듯이 노동수요의 증가는 호황으로 나타날 것이다. 반대로 노동수요 감소는 경기침체를 일으킨다. 자본수요에도 같은 논리를 적용할 수 있다.

그럼 노동수요는 왜 이동할까? 노동 한계생산의 변화 때문이다. 제4장에서 설명한 대로 기업은 노동자가 생산에 기여한 만큼 임금을 줄 용의가 있기 때문에 노동수요는 노동의 한계생산과 일치한다. 따라서 경기변동의 원인을 찾는 것은 노동수요의 영향을 주는 요인을 찾는 것과 같다.

실물경기변동이론은 기술진보가 단기적으로 노동수요를 변화시켜 경제에 영향을 미칠 수 있다고 역설한다. 제9장에서 경제성장을 설명하며 경제가 지속적으로 성장하기 위해 기술의 역할이 중요하다고 강조한 바와 일관된 견해

현실 경제의 이슈 | **경제위기와 경기침체의 사례**

1997년 동아시아 외환위기와 2008년 국제금융위기의 원인과 과정은 금융시장과 관련이 깊다. 외환위기는 태국이 외환보유고 부족으로 환율방어를 포기하면서 시작되었는데, 인도네시아, 한국, 홍콩, 말레이시아 등 동아시아의 다른 국가들의 통화가치도 유지되지 못할 거라는 위기의식이 퍼졌다. 이들 국가의 통화는 급격히 평가절하되었고, 결국 외환시장의 신용불안이 소비와 생산에 부정적인 영향을 주며 경기침체를 초래했다.

국제금융위기도 서브프라임모기지(subprime mortgage)라는 주택담보대출의 회수불능(default)사태가 발단이 되었다. 미국에서 2000년대 초반까지 유지된 저금리 정책은 부동산 가격을 지나치게 상승시켜 부동산 거품을 일으켰다. 그러나 금리가 다시 오르면서 부동산 가격이 급락했고 저소득 대출자들이 서브프라임모기지의 대출금을 갚지 못하게 되었다. 역시 국제금융위기도 소비와 생산을 침체시켰다.

2020년에 발발한 코로나 감염병 사태도 경제침체로 이어졌다. 사망률 급증, 이동제한, 방역강화 등으로 인해 교역과 생산활동이 감소했다. 미래에 대한 비관으로 총수요 측면의 소비와 투자가 위축되었고, 이동제한과 감염병 공포로 생산시설이 원활하게 돌아가지 않아 생산비용이 급증했다. 2020년 경기침체는 총수요와 총공급에 부정적 충격이 동시에 발생한 복합적 경기침체로 볼 수 있다.

이다. 그러나 1997년 동아시아 외환위기나 2008년 미국 발 국제금융위기는 부정적인 기술충격과 연관 짓기에는 무리가 있기 때문에 실물경기변동이론 그 자체로 완벽하다고 볼 수는 없다.

현실 경제의 이슈 | 경기변동 정책

다양한 원인과 복잡한 과정을 거쳐 경기가 변동한다. 정부는 어떤 역할을 할 수 있을까? 물론 비관론 같은 부정적 경기충격으로 노동수요가 위축되어도 기술진보 같은 긍정적 충격이 발생하면 경기침체가 상쇄되어 크게 문제될 것은 없다. 그렇지 못한 경우 정부가 경기를 조정하기 위해 개입하기도 한다.

예를 들어 경기침체가 발생할 때 정부개입의 목적은 노동수요를 확대시켜 노동수요곡선을 오른쪽으로 이동시키는 것이다. 정부정책은 통화정책과 재정정책으로 나눌 수 있다. 어떤 정책을 선택하든지 중요한 건 노동수요의 확대이다. 통화정책을 사용할 경우 이자율을 인하하여 소비와 투자를 촉진시키는 것을 고려해 볼 수 있다. 소비와 투자가 증가하면 기업은 증산을 위해 일손이 필요하기 때문에 노동수요가 확대되어 고용과 임금이 올라갈 것이다.

재정정책의 예를 들어 보자. 재정정책의 수단은 정부지출과 조세이다. 총수요·총공급 모형

에서 설명한 대로 정부지출을 늘려 기업의 재화와 서비스를 구매해준다. 이번에도 기업의 증산 때문에 노동수요는 증가한다. 소득세 인하도 비슷한 효과를 낼 수 있다. 감세는 가처분소득을 증가시켜 소비를 촉진하고 역시 노동수요의 증가를 동반한 생산증가로 이어진다.

정부가 경기호황에도 개입을 할까? 경제가 호황일 때 정부의 역할이 필요 없을 것 같지만 그렇지 않다. 경기변동 충격은 항상 긍정적일 수는 없기 때문이다. 예를 들어 미래에 대한 기대가 항상 낙관적일 수는 없다. 경기가 충분히 확장돼 가용한 모든 생산요소가 다 투입된 완전고용 상태에 도달한다고 해도 갑자기 비관론이 확산되면 생산요소의 생산성과 무관하게 노동수요가 위축될 수 있다. 경기침체 악순환 때문에 불필요한 경기 침체가 오게 된다. 따라서 정부의 신중한 운영으로 경기를 안정적으로 유지할 필요가 있다.

01 경기변동(economic fluctuations)은 GDP가 단기적으로 증감하면서 확장·침체 국면을 겪는 현상을 말한다. 경기변동 대신 경기순환(business cycle)이라는 용어를 쓰기도 한다.

02 경기변동의 특징으로 예측의 어려움, 거시경제변수의 동조화, 생산 감소와 실업률 상승의 동반을 들 수 있다.

03 총수요 곡선은 자산효과, 이자율 효과, 환율효과 때문에 우하향한다.

04 총공급 곡선의 기울기는 장기에는 수직이고 단기에는 우상향이다. 총공급 곡선이 단기에 우상향하는 이유로는 가격과 임금의 경직성 그리고 착각효과를 들수 있다.

05 조세, 경제주체의 기대, 이자율, 자산가격, 환율 등의 변화는 총수요 곡선을 이동시킨다.

06 단기 총공급 곡선은 생산요소 투입과 경제주체의 물가예상 변화 때문에 이동한다.

07 경기변동의 원인은 총수요 충격과 총공급 충격으로 나눌 수 있는데, 실물경기변동이론은 총공급 충격 중 기술을 경기변동의 원인으로 본다.

01 역사적 경험을 통해서 드러나 경기변동의 세 가지 특징은 무엇인가?

02 총수요와 총공급을 정의하라.

03 총수요곡선이 우하향하는 세 가지 이유를 서술하라.

04 고전학파와 케인즈학파의 총공급곡선에 대한 견해의 차이점은 무엇인가?

05 총공급의 영향요인은 무엇인가?

06 단기 총공급 곡선이 우상향하는 세 가지 이유를 열거하라.

07 경제주체의 비관적인 기대가 경기변동의 원인이라고 가정하고 총수요–총공급 그래프를 이용해 경기변동 과정을 설명하라.

08 실물경기변동이론은 경기변동의 원인을 (   )에 발생하는 일시적인 충격으로 본다.

09 기술의 진보는 노동자들의 (   )을 증가시키고 노동수요는 증가한다.

10 경기침체에 대응하여 정부가 실행하는 재정정책의 효과를 설명하라.

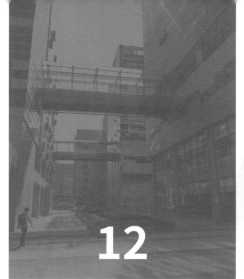

12

실 업

12

실 업

[그림 12-1]은 우리나라의 실업률이다. 어떤 특징이 보이는가? 제11장에서 배운 대로 고용과 경기변동의 동조화가 눈에 띈다. 산업화 초기 1960년대 실업률은 약 7%로 상당히 높은 수준이었지만 1970년대 고도 성장이 시작되면서 꾸준히 감소했다. 1970년대 말 석유파동으로 실업률이 잠시 급등했으나, 1980년대 실업률은 1970년대보다 더 낮아져 1997년 외환위기 직전에는 2%까지 하락했다. 외환위기로 닥친 경기침체 때문에 실업률은 다시 급상승했다. 1970년대와 직접적인 비교는 어렵지만, 외환위기 이후 우리나라는 3-4% 실업률을 기록하고 있어 1970년대 수준으로 돌아갔다.

경제성장률, 물가상승률과 더불어 실업률은 거시경제 운용성과의 지표로 자주 같이 언급된다. 제10장과 제11장에서 배웠듯이 노동은 생산요소이므로 GDP와 고용·실업은 동조화될 수밖에 없다. 특히 단기에 경기변동 과정에서 노동수요가 증감하면 실업률이 움직이고 이에 따라 정부의 지지도가 요동치기도 한다. 물론 경기변동이 실업률 변화의 유일한 원인은 아니다. 정부나 기업의 고용정책도 실업에 영향을 미칠 수 있다. 이 점을 염두에 두고 노동시장의 균형과 실업을 공부해보자.

그림 12-1 **우리나라의 실업률**

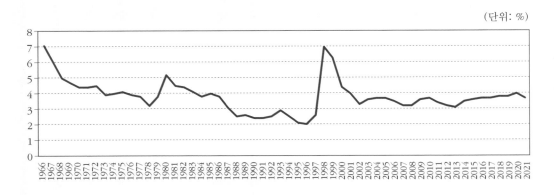

출처: 한국은행

노동시장의 균형

노동수요와 공급

제4장에서 배운 노동 수요·공급 분석을 떠올려 보자. 노동의 가격은 임금이고 수량은 고용량이다.[1] 일반적으로 노동수요곡선은 우하향하고 노동공급곡선은 우상향한다.

노동수요곡선을 이동시키는 요인은 무엇일까? 노동한계생산의 화폐가치(생산물가격×생산량)에 영향을 주는 요인이다. 첫째, 노동자가 생산하는 재화와 서비스의 가격이다. 생산물 가격이 하락(상승)하면 노동한계생산의 가치도 하락(상승)한다. 둘째, 생산기술이다. 생산기술의 발전은 노동자가 효율적으로 작업할 수 있도록 도와준다. 기술의 진보·퇴보에 따라 노동의 한계생산이 변하기 때문에 노동수요곡선도 이동한다. 셋째, 노동 이외 다른 생산요소의 공급이다. 노동자가 생산을 위해 사용해야 하는 자본(예컨대 망치 같은 도구)을 생각해보자. 망치가 풍족하지 않다면 노동자들이 효율적으로 일하지 못해 노동의 한계생산이 감소한다. 따라서 노동수요곡선도 왼쪽으로 이동한다. 이런 요인들 때문에 [그림 12-2]처럼 노동수요곡선은 좌우로 이동한다.

이제 노동공급곡선을 이동시키는 요인을 생각해보자. 첫째로 떠올릴 수 있는 요인은 인구변화다. 출생률이 증가하거나 외국에서 우리나라로 이민이 유입되면 각각 임금수준에서 노동을 공급하려는 노동자 수는 늘어난다. 둘째로 사회규범, 통념, 문화, 취향도 노동공급에 영향을 미친다. 예를 들어 과거에 비해 여권신장 같은 문화의 변화에 따라 여성의 경제활동 참여가 활발해졌다. 이 현상은 예전보다 더 많은 여성들이 노동시장으로 진입하면서 노동공급이 증가

노동수요곡선과 노동공급곡선의 기울기
일반적으로 노동수요곡선은 우하향하고 노동공급곡선은 우상향함

노동수요곡선의 영향요인
생산물의 가격, 생산기술, 노동 이외 다른 생산요소의 공급

노동공급곡선의 영향요인
인구변화, 사회규범, 통념, 문화, 제도

---

[1] 고용량은 노동시간 또는 노동자 수로 측정할 수 있다. 본 장에서는 고용량의 단위를 노동자 수로 가정한다.

그림 12-2　노동수요곡선의 이동

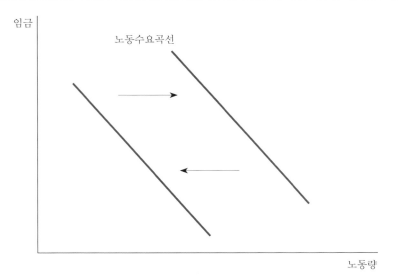

그림 12-3　노동공급곡선의 이동

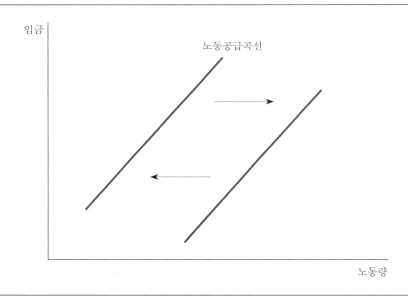

되어 노동공급곡선이 오른쪽으로 이동한 것으로 해석할 수 있다.

셋째는 제도의 변화다. 노령화가 가속화되면서 정년연장에 대한 논의가 뜨거워지고 있다. 정년연령이 올라가면 노동인구 감소가 상쇄되는 효과를 볼 수 있다. 노동인구의 노령화 때문에 왼쪽으로 이동하는 노동공급곡선을 정년연장제도가 다시 오른쪽으로 되돌려 놓는 그림을 머릿속에 떠올려 보자. 마지막으로 언급할 요인은 시간의 기회비용 변화다. 예를 들어 가사도우미 로봇이나 사물인터넷 같은 기술발전으로 노동자들이 집안일에 소비해야 하는 시간이 줄어들 것으로 예상된다. 가사 외에 쓸 수 있는 시간이 더 많

아지면 노동의 기회비용이 낮아진다. 그러면 각각 임금 수준에서 더 많은 노동자들이 노동을 더 공급하려고 할 것이다. 이는 노동공급곡선의 우측이동으로 표시하면 된다.

노동시장의 균형

노동수요·공급곡선이 일치하는 지점에서 노동시장의 균형이 발생한다. [그림 12-4]에서 보는 바와 같이 균형이 달성될 때 균형임금과 균형고용량이 결정되고 수요·공급곡선이 이동하면서 균형임금과 균형고용량도 변화한다.

그림 12-4 **노동시장의 균형**

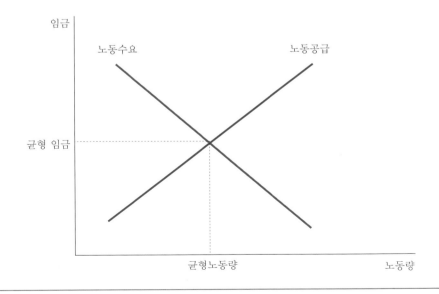

다만 제11장에서 언급한 대로 단기에는 임금이 경직적일 수 있다. 임금경직성은 가격제한과 같이 임금이 신축적으로 조정되는 것을 방해하여 실업을 초래한다. 반면 장기에는 임금이 신축적일 가능성이 높다. 노동자와 기업이 서로에 대해 완전한 정보를 가지고 있고 고용과 해고가 유연하며 임금이 신축적이면 노동시장은 항상 수요·공급 곡선이 교차하는 경쟁적 균형에 머물 것이다.

이런 상태에서는 노동의 공급과잉이 발생하지 않기 때문에 **구직자 중 비자발적으로 실업 상태에 빠지는 사람은 없다.** 공급과잉이 없다는 말은 노동자가 균형임금에 고용되는 것을 받아들이거나 균형임금에 만족하지 못한 노동자는 자발적으로 실업을 선택한다는 의미이다. 그러나 [그림 12-5]처럼 어떤 이유로 임금이 균형임금보다 높게 책정된다면 높은 임금을 받고 일하려는 사람은 많아지게 되지만 노동수요가 그에 미치지 못해 오직 소수만 높은 임금의 혜택을 받게 된다. 결과적으로 나머지 구직자들은 노동수요 부족으로 비자발적 실업에 빠진다. 물론 노동시장이 항상 균형을 달성한다면 이런 상황은 일어나지 않는다. 그럼에도 불구하고 '모든 실업은 자발적이다'라는 말을 믿는 사람은 별로 없을 것이다. 그럼 실업은 왜 발생하는 것일까?

그림 12-5 **노동의 공급과잉과 실업**

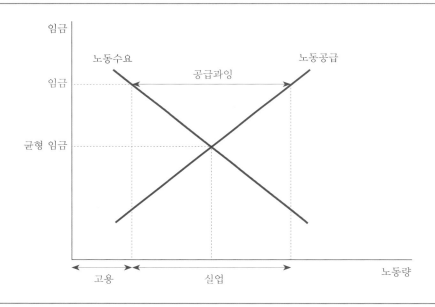

필요한 만큼 배우는 경제학

실업이 자발적인지 비자발적인지 판단하는 것은 쉽지 않은 일이다. 특히 우리나라에서는 중소기업은 인력난을 겪고 있는 반면 청년실업률은 매우 높은 기이한 현상이 벌어지고 있다. 기술적으로 말하면 대기업과 공기업에 대한 선호 때문에 무작정 중소기업 취업을 거부하는 청년은 실업 상태라고 말할 수 없다. 그러나 이 청년이 보유한 지식과 기술을 중소기업에서는 사용할 수 없다면 대기업에서 일을 찾는 동안은 실업상태라고 봐야 한다.

2 실업의 종류와 원인

마찰적 실업

위에서 노동시장의 균형조건을 노동자와 기업이 서로에 대해 '완전한 정보'를 가지고 있고 고용과 해고가 '유연'하며 임금이 '신축적'인 것이라고 설명하였다. 반대로, 노동자와 기업이 서로에 대해 가진 정보가 불완전하거나 고용·해고가 유연하지 못하며 임금이 경직적인 현상을 마찰(friction)이라고 부른다. 예를 들어 기업과 노동자가 서로에 대해 완전한 정보를 갖기 어렵기 때문에, 구직자는 희망기업과 채용직무에 대해 조사하고 기업은 노동자의 생산성을 파악하기 위해 이력서와 면접 등 다양한 방법을 동원한다. 문제는 이 과정이 항상 순조롭지는 않다는 것이다. 그리고 즉각적으로 구직·이직이 가능한 경우는 흔치 않기 때문에 구직자나 이직 희망자는 자기가 원하는 일자리를 찾을 때까지 탐색(search)하는 데에 시간과 노력을 들여야 한다. 구직을 해 본 사람들은 노동시장의 마찰을 경험해 보았을 것이다. 이렇게 노동시장의 마찰과 일자리 탐색 때문에 생기는 실업을 마찰적 실업(frictional unemployment)이라고 한다.

마찰적 실업이 없는 상태가 노동시장의 이

노동시장의 마찰
노동자와 기업이 서로에 대해 가진 정보가 불완전하거나 고용·해고가 유연하지 못하며 임금이 경직적인 현상

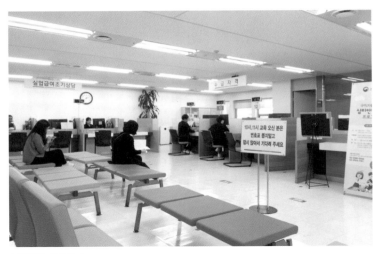
실업급여 신청자들

상적인 모습이다. 그러나 이는 현실적으로 불가능하기 때문에 정부는 마찰적 실업에 대비한 노동정책을 운영하기도 한다. 우리나라에는 대표적으로 고용보험제도와 직업훈련지원제도가 있다. 고용보험은 보험가입자가 실직했을 때 재취업 활동을 한다는 조건하에 실업급여를 받는 제도이다. 그러나 노동자가 실업급여를 받기 위해 전략적으로 보험에 가입할 수 있기 때문에 실제로 이 제도가 재취업을 촉진하는지 알기 어렵다. 직업훈련지원제도는 구직자에게 훈련비를 지급하여 직무능력을 향상시키는 제도이다. 이 제도도 역시 훈련생이 취업을 목적으로 훈련을 받는지 또는 취미 같은 취업 외의 목적으로 훈련을 받는 것인지 식별이 어렵다는 문제점이 있다.

구조적 실업

마찰적 실업은 노동시장이 작동하면서 불가피하게 발생하는 현상이다. 이와 달리 임금이 균형임금보다 높아 노동이 **공급과잉됨**으로써 실업이 발생하기도 한다. 이런 종류의 실업을 **구조적 실업**(structural unemployment)이라고 한다. 특히 구조적 실업은 노동자의 기술과 노동수요가 일치하지 않을 때 발생한다. 예를 들어, 조선소에 근무하는 노동자가 조선업에 불황이 닥쳤을 때 임금삭감을 받아들이면 실업은 발생하지 않는다. 그러나 조선기술을 보유한 이 노동자가 조선업 불황 전에 받던 임금을 유지하려면 호황을 겪고 있는 다른 산업으로 이직을 해야 하는데 이는 쉬운 일이 아니다. 산업 간 이동이 가능하려면 노동자가 재교육을 받거나 이주를 해야 하기 때문이다. 이렇게 노동자의 기술과 노동수요 사이에 불일치가 있을 때 임금이 조정되지 않으면 구조적 실업이 발생한다.

임금이 균형임금보다 높게 책정되어 유지되는 현상을 **임금경직성**(wage

구조적 실업
마찰적 실업과 달리 임금이 균형임금보다 높아 노동이 공급과잉됨으로써 발생하는 실업

임금경직성
임금이 균형임금보다 높게 책정되어 유지되는 현상

rigidity)이라고 하는데, 임금이 경직적일 수 있는 데는 몇 가지 이유가 있다.

첫째, **단체교섭**(collective bargaining)이다. 단체교섭은 노동조합과 기업이 임금, 노동시간, 근로조건 등에 대해 행하는 협상인데 대부분 국가에서 법으로 보장된 노동자의 권리이다. 제11장에서 언급한 대로 임금은 보통 노사 간 고용 계약에 의해서 정해진다. 노동자는 노동조합을 결성하여 기업과 단체교섭을 통해 임금을 협상한다.

단체교섭 과정에서 노조는 파업이나 태업 같은 단체행동을 통해 회사로부터 균형임금보다 높은 수준의 임금을 얻어내기도 한다. 높은 임금을 지불해야 하는 기업은 고용을 줄이게 되고 오히려 균형임금을 받고 일할 용의가 있는 노동자들조차 일자리를 구할 수 없게 된다. 게다가 균형임금에 만족하지 못해 일할 마음이 없었던 노동자들도 노조의 단체행동으

노동자들의 단체행동

로 높아진 임금에 유인되어 구직자로 나서게 되지만 일자리를 구할 수 없다. 결국 노동의 공급과잉으로 실업이 발생한다.

둘째, **최저임금**(minimum wage)제도이다. 최저임금은 제7장에서 공부한 것처럼 일종의 가격하한제(price floor)다. 원래 이 제도는 노동자가 최소생활수준을 영위할 수 있도록 임금의 하한을 법률로 정함으로써 노동자들을 보호하기 위해 만들어졌다. 그러나 최저임금이 균형가격보다 높은 수준에서 정해지면 공급과잉으로 실업이 발생하여 오히려 노동자에게 피해가 갈 수 있다. 단체교섭이 실업을 발생시키는 것과 동일한 논리다. 단지 제도의 수혜자와 피해자가 다를 뿐이다. 최저임금제도의 수혜자는 고숙련 노동자일 가능성이 크고 저숙련 노동자들은 구직에 어려움을 겪을 수 있다.

셋째, **효율임금**(efficiency wage)이다. 효율임금은 노동자들이 받아들일 용의가 있는 임금보다 높은 임금이다. 법적 강제성을 가진 단체교섭·최저임금제도와는 달리 효율임금은 기업이 자발적으로 지급한다. 이윤극대화를 추구

최저임금제도
임금의 가격하한제

효율임금
노동자들이 받아들일 용의가 있는 임금보다 높은 임금

노조참여율

단체교섭권을 보장해주는 이유는 노동자 개인과 기업의 협상력 차이를 좁혀주는 것이므로 무조건 노조활동이 실업을 야기해 사회후생을 훼손한다고 볼 수 없다. 하지만 노조의 단체교섭권이 강력할수록 구조적 실업이 증가할 가능성이 크다. 우리나라의 2015년 노조 조직률은 10% 정도로 미국과 비슷하다. 이는 국제평균에 비해 낮은 수치로 우리나라에서 단체교섭이 심각한 구조적 실업을 초래한다고 보기는 어렵다.

그림 12-6 **노조참여율 (2018년)**

(단위: %)

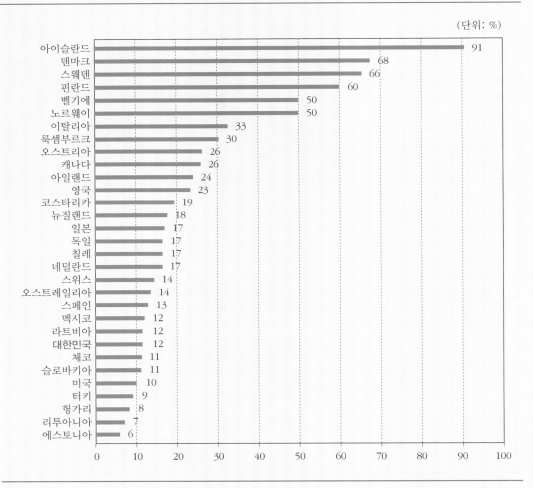

출처: OECD

하는 기업이 왜 균형임금보다 높은 임금을 자발적으로 지급할까? 그 이유는 역설적으로 이윤극대화 때문이다. 효율임금 이론가들에 따르면 기업이 노동자의 생산성에 대해 완전한 정보를 가지고 있지 않기 때문에 생산성을 고취시키기 위한 수단으로 균형임금보다 높은 임금을 주기도 한다. 높은 임금은 생산성이 높은 노동자의 이직을 예방하고 실직의 기회비용을 높여 근무동기를 강화시킨다는 주장이

직원들과 경영자의 포옹

미국 시애틀에 위치한 그래비티 페이먼트(Gravity Payments)라는 회사의 CEO 댄 프라이스(Dan Price)는 2015년 자신의 월급을 90% 삭감하고 2017년까지 직원들의 연최저임금을 7만불로 올리겠다고 약속하였다. 댄 프라이스는 '경제적 결과만이 기업의 성공을 측정하는 것은 아니다'는 견해를 밝혔지만 높은 임금이 직원들의 사기와 후생수준을 올려 생산성을 개선할 수 있다고 생각했을 것이다. 임금을 올리고 2년이 지나 그래비티 페이먼트의 매출과 수익성은 급증했다. 직원들은 댄 프라이스가 임금상승 약속을 지킨 것에 대한 고마움으로 그에게 자동차를 선물하였다.
출처: 유튜브 Gravity Payments 홍보영상.

다. 물론 효율임금은 개별기업에서 생산성 제고를 위한 경영기법으로 사용될 수 있지만 효율임금은 결국 임금 경직성을 초래하여 실업을 발생시킨다. 따라서 효율임금은 단체교섭과 최저임금제도의 효과와 같은 결과를 가져온다.

칼 샤피로(Carl Shapiro)와 2001년 노벨 경제학상을 받은 조셉 스티글리츠(Joseph Stiglitz)는 임금의 하방경직성과 비자발적 실업을 효율임금을 이용하여 설명하였다. 이들에 따르면, 완전고용상태에서는 노동자가 해고 당해도 재취업이 쉽기 때문에 근무태만의 유인이 존재한다. 기업은 근무태만에 따른 생산성 하락을 막기 위해 효율임금을 제공하기 시작하고 모든 기업들이 평균적으로 높은 임금을 지불하게 되어 고용은 감소한다. 결국, 임금은 쉽게 하락하지 않는 경향을 보이고 노동자는 해고당할 경우 높은 임금을 누리지 못하게 되어 해고를 피하기 위해 성실히 일한다. 반면 기업은 생산성에 대한 고려 때문에 낮은 임금을 받고 일할 의사가 있는 노동자도 고용하지 않게 되고 이 때문에 일부 노동자들은 비자발적으로 실업에 빠진다.

출처: Shapiro, C., & Stiglitz, J. E. (1984). Equilibrium unemployment as a worker discipline device. The American Economic Review, 74(3), 433-444.

임금의 하방경직성
임금이 오르긴 해도 좀
처럼 떨어지지 않는 현
상

네 번째, **임금의 하방경직성**(downward wage rigidity)이다. 노동자는 임금삭감을 부정적으로 받아들이는 성향을 갖고 있다. 기업도 임금삭감이 생산성 저하로 연결될 수 있어 임금삭감을 꺼린다. 특히 호봉제 역사가 긴 우리나라의 노동자들은 생산성과 무관하게 연공서열이 올라가며 임금이 오르는데 익숙하여 임금삭감을 쉽게 수용하지 못한다. 노동자들의 이런 성향 때문에 기업은 경기가 안 좋을 때 임금을 삭감하기보다는 임금을 동결하고 일부 노동자를 해고하는 것을 선택한다.

이렇게 임금이 오르긴 해도 좀처럼 떨어지지 않는 현상을 임금의 하방경직성이라 부른다. 여러분은 제11장에서 경기변동의 원인에 대해 배웠던 것을 기억할 것이다. 임금의 하방경직성을 경기변동과 연관하여 이해해 보자. 예컨대, 케인즈학파의 주장 대로 미래 경제상황에 대한 사람들의 기대가 위축되어 소비가 급감한다면 [그림 12-2]에 나와 있는 대로 기업의 노동수요도 감소할 것이다. 임금이 경직적이지 않다면 노동시장의 균형은 자연스럽게 이동하므로 임금은 하락하고 고용은 축소된다. 임금이 경직적이면 임금은 하락하지 않지만 임금이 신축적일 때보다 고용이 더 많이 축소된다. 단체교섭과 최저임금제가 전체 노동자 중 일부에 적용되는데 반해 임금의 하방경직성은 대부분의 노동자에게 적용되므로 노동시장에 더 강력한 영향을 미칠 가능성이 크다.

3 고용지표

실업률과 고용률

실업
일할 능력과 의지가 있
는데도 일자리를 구하지
못하고 있는 상태

이제까지 노동시장의 작동과 실업의 원인을 공부했다. 실제 실업률은 어떻게 측정할까? 먼저 실업률의 정의부터 시작하자. 실업은 **일할 능력과 의지가** 있는데도 **일자리를 구하지 못하고 있는 상태**로 정의한다. 바꿔 말하면 일할 능력과 의지가 없거나 구직을 하고 있지 않으면 실업에 해당되지 않는다. 예컨대 재산이 많아 일을 할 필요가 없는 사람이나 생계유지를 위해 일을 할 필요가 있는데도 시장임금에 만족하지 않아 자발적으로 취업의지를 거둬들인 사람은 실업자가 아니다.

실업률은 다음의 분류단계를 거쳐 측정된다. 가장 큰 분류는 '노동가능인구'이다. 우리나라에서는 노동가능인구 대신 '전체성인인구'라는 용어를 사용한다.[2] 전체성인인구는 15세 이상의 인구를 의미하는데 노동의지가 있는 '경제활동인구'와 노동의지가 없는 주부, 학생, 취업준비생, 연로자 등의 '비경제활동인구'로 구분한다. 전체성인인구 중 경제활동인구의 비율을 경제활동참가율이라고 한다.

$$전체성인인구 = 경제활동인구 + 비경제활동인구$$

$$경제활동참가율 = \frac{경제활동인구}{전체성인인구} \times 100$$

경제활동인구는 일할 의사가 있고 이미 일을 하고 있는 '취업자'와 일할 의사가 있지만 취업하지 못한 '실업자'로 구분한다.

$$경제활동인구 = 취업자 + 실업자$$

통계청은 이 분류에 의하여 매월 표본조사를 실시해 실업률을 계산한다. 표본조사 응답자가 과거 15일 동안 수입을 목적으로 일하였으면 취업자로 분류하고 과거 4주간 구직을 해왔고 일자리가 주어지면 당장 일을 할 의사가 있는 사람을 실업자로 분류한다. 실업률은 경제활동인구 중 실업자 비율이고 고용률은 전체성인인구 중 취업자 비율이다.

$$실업률 = \frac{실업자}{경제활동인구} \times 100$$

$$고용률 = \frac{취업자}{전체성인인구} \times 100$$

우리나라의 2021년 고용통계를 살펴보자. 전체성인인구는 약 4천 5백만

---

2   근로기준법상 15세 미만은 노동력을 제공할 수 없다. 노동력을 제공할 수 없는 직종(군인·수감자·전투경찰 등)은 전체성인인구에서 제외된다.

표 12-1　우리나라의 실업통계 (2018년)

전체성인인구(A) (단위: 천 명)		45,080
경제활동인구(B) (단위: 천 명)		28,310
	취업자수(C) (단위: 천 명)	27,273
	실업자수(D) (단위: 천 명)	1,037
비경제활동인구(E) (단위: 천 명)		16,770
경제활동참가율(＝B/A) (단위: %)		62.8
실업률(＝D/B) (단위: %)		3.7
고용률(＝C/A) (단위: %)		60.5

출처: 한국은행

그림 12-7　우리나라의 전체성인인구 구성 (2021년)　　　　　　　　　　　(단위: 천 명)

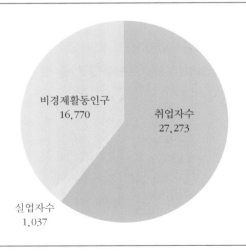

출처: 한국은행

　　　　　　　　　　　　　　　　　　　　필요한 만큼 배우는 경제학

그림 12-8   우리나라의 실업률, 자연실업률, 경기 실업률

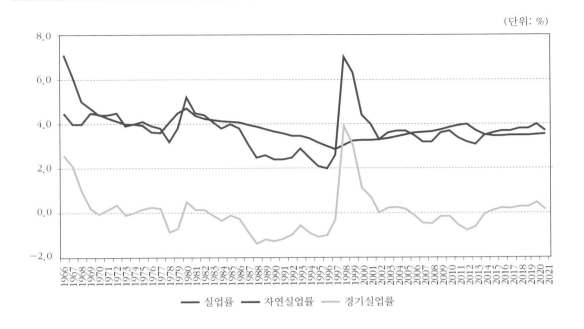

출처: 한국은행 (저자계산)

명이고 그 중 62.7%인 약 2천 8백만 명이 경제활동인구로 집계되었다. 실업
률은 3.7%이고 고용률은 60.5%이다.

　[그림 12-8]에서 보는 바와 같이 실업률은 시간에 따른 변동성이 크다.
경기에 따라 노동수요가 변하기 때문에 당연한 현상이다. 그리고 1997-98년
외환위기 때 닥친 경기침체로 인한 실업률의 급상승이 눈에 띈다. 장기간에
걸친 실업률 통계의 평균값을 **자연실업률**(natural rate of unemployment)이라고
하는데 실제 실업률이 경기에 따라 움직이는 정도를 판단하는 기준이 된다.
실제 실업률에서 자연실업률을 뺀 부분을 **경기적 실업**(cyclical unemployment)
이라고 한다. 경기적 실업은 호황일 때는 큰 음수값을 갖고 불황일 때는 큰
양수의 값을 갖는다. 자연실업률을 경기에 따라 발생하는 실업을 제거한 부
분이라고 본다면, 노동시장의 마찰적 실업이 불가피하므로 마찰적 실업은 자
연실업률에 상당히 많이 포함되어 있을 것이다. 장기적으로 해결되지 못하는
구조적 실업도 역시 포함되어 있다. 그러나 이 때문에 자연실업률을 효율적
이거나 바람직한 실업의 수준으로 오해하면 안 된다.

자연실업률
장기간에 걸친 실업률
통계의 평균값

고용률 통계의 문제점

실업률은 정치인들 사이에 논쟁거리로 흔히 등장한다. 비교시점 또는 비교지역에 따라 다른 해석이 가능하고 계산을 위해 몇 개의 분류단계가 필요하기 때문이다. GDP가 후생의 완벽한 지표가 될 수 없듯이 세심하고 신중하게 실업률 통계를 계산하였다 하더라도 완벽할 수 없다.

마찰적 실업을 예로 들어 보자. 노동자가 한 직장에서 다른 직장으로 바로 이직하는 경우 문제될 게 없겠지만 직장을 그만두고 얼마나 오랫동안 일자리를 탐색했는가에 따라 통계는 다르게 나오게 된다. 현재 통계청 분류기준에 따르면 지난 4주 동안 구직을 하였고 일자리를 찾지 못한 사람은 실업자로 분류되는데 기준기간을 3주, 2주, 1주로 좁혀나가면 실업자 수는 늘어날 것이고 5주, 6주, 7주로 늘려나가면 줄어들 수 있다. 게다가 대부분의 사람들은 단기적 실업에서 금방 벗어나기 때문에 실업률은 몇 달, 몇 년 단위의 장기적 실업자 수에 따라 움직인다고 봐야 된다.

그리고 경제활동인구 집단에서 많은 사람들이 빈번하게 포함되었다 빠져나간다. 예컨대 20대 초반 남성들의 군입대·제대가 지속적으로 발생하기 때문에 경제활동인구를 제대로 포착하기 어렵다. 경제활동인구에 포함되지 않더라도 노동의지가 있는 사람들도 있다. 이들은 구직을 하다 포기한 사람들로 소위 **실망실업자**(discouraged workers)이다. 사실상 이들도 실업자이지만 실업통계에 포함되지 않는다.

01 노동시장의 노동의 수요·공급에 따라 임금과 고용량이 결정된다. 노동수요는 노동자의 한계생산에 따라 결정되므로 우하향하고 노동공급은 노동자가 일반적으로 임금이 높아지면 일을 더 하려는 경향이 있으므로 우상향한다.

02 노동수요곡선은 노동자의 한계생산의 화폐가치, 기술발전, 노동 이외 생산요소의 가격 등에 따라 좌우로 이동한다. 노동공급곡선은 인구, 사회규범, 문화, 제도, 시간의 기회비용 등의 변화에 따라 좌우로 이동한다.

03 임금이 균형임금보다 높게 책정되어 유지되는 현상을 임금경직성이라고 하는데 단기에는 임금이 경직적이고 장기에는 임금이 신축적일 가능성이 높다.

04 노동자와 기업이 서로에 대해 완전한 정보를 가지고 있고 고용과 해고가 유연하며 임금이 신축적이면 노동시장은 항상 수요·공급 곡선이 교차하는 경쟁적 균형에 머물 것이다. 이런 상태에서는 노동의 공급과잉이 발생하지 않기 때문에 구직자 중 비자발적으로 실업 상태에 빠지는 사람은 없다.

05 실업은 원인에 따라 마찰적 실업과 구조적 실업으로 나눌 수 있다. 노동자와 기업이 서로에 대해 가진 정보가 불완전하고 고용·해고가 유연하지 못하며 임금이 경직적인 현상을 마찰이라고 부른다. 마찰에 의해서 발생한 실업을 마찰적 실업이라고 한다. 구조적 실업은 노동자의 단체교섭권, 최저임금제도, 효율임금, 임금의 하방경직성 때문에 발생한다.

06 실업은 일할 능력과 의지가 있는데도 일자리를 구하지 못하고 있는 상태로 정의한다. 노동가능인구는 노동의지가 있는 경제활동인구와 비경제활동인구로 구분하고, 경제활동인구는 취업자와 실업자로 구분한다. 실업률은 경제활동인구 중 실업자의 비율이다.

01 노동수요곡선을 이동시키는 요인에 대해 설명하라.

02 노동공급곡선을 이동시키는 요인에 대해 설명하라.

03 마찰적 실업과 구조적 실업을 설명하라.

04 임금이 경직적일 수 있는 네 가지 이유를 열거하라.

05 칼 샤피로와 조셉 스티글리츠는 기업이 효율임금을 지불하고 이는 임금의 하방경직성과 비자발적 실업을 초래한다고 주장하였다. 이들의 주장을 설명하라.

06 한 경제의 실업률이 15%이고 경제활동참가율이 70%이다. 비경제활동인구가 300명이라면 취업자 수는 몇인가?

07 실업은 일할 (   )가 있는데도 일자리를 구하지 못하고 있는 상태로 정의한다.

08 광산업이 불황을 겪기 시작했다. 구조적 실업이 발생할 수 있는 이유를 설명하라.

09 실망실업자는 비경제활동인구로 분류한다. 만약 실망실업자를 실업자로 간주한다면 경제활동참가율, 실업률, 고용률은 각각 어떤 영향을 받는가?

10 어느 회사가 노사합의로 임금의 하방경직성을 해소하기 위해 물가와 완전 연동되는 임금 계약을 맺었다고 하자. 이 계약은 실질임금에 어떤 영향을 주는가?

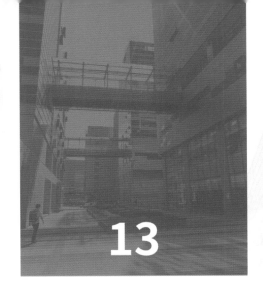

13

통화제도

통화제도

2022년 미국 연방준비제도는 유례없는 물가상승에 대응하여 '자이언트 스텝'(금리를 0.75% 인상하는 결정)을 단행하며 정책금리를 올리고 있다. 미국이 금리를 올릴 때마다, '금리역전'(미국 금리가 우리나라 금리보다 높아지는 현상)의 효과를 우려하는 목소리가 나온다. 2018년과 2019년 금리역전 때도 같은 우려가 제기되었다. 이는 금리가 역전되면 국제자본이 한국에서 빠져나갈 위험 때문이다. 우리나라 물가상승 속도도 매우 급하여 한국은행도 금리를 올리고 있지만, 금리인상이 자칫 경기에 부정적인 영향을 주거나 가계부채 부실화를 초래할 수 있는 위험도 잠재하고 있어 한국은행의 결정은 많은 관심을 받고 있다. 거시경제정책은 성장, 고용, 물가, 국제수지 등을 대상이나 목표로 하는 경제정책을 말한다. 거시경제정책은 크게 11장에서 배운 재정정책과 이번 장에서 배울 통화정책으로 나눈다. 재정정책은 정부가 조세나 정부지출을 바꾸는 정책으로 확장적 재정정책은 조세를 줄이거나 정부지출을 늘린다. 반면 통화정책은 중앙은행이 시중의 통화량과 이자율을 변화시키는 정책으로 '확장적' 통화정책은 통화량을 늘리고 이자율을 낮춘다. 이 두 정책이 경제에 영향을 미치는 경로는 각각 다르지만, 확장적 재정정책과 통화정책은 대체로 경기를 촉진하는 것으로 알려져 있다. 이번 장에서는 통화정책에 대해서 알아보기로 한다.

그림 13-1 **한국과 미국의 기준금리**

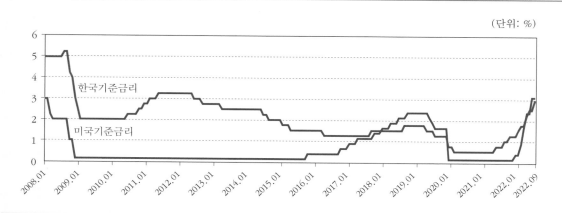

(단위: %)

출처: 한국은행, The Federal Reserve Board of Governors (연방준비제도이사회)

제9장에서 인플레이션은 거시경제 운용 목표 중 하나이며 전통적 견해에 따르면 장기적으로 재화와 서비스 가격이 오르는 인플레이션은 화폐적 현상이라고 언급하였다. 화폐적 현상이라는 말은 장기적으로 화폐공급의 증가가 물가상승의 주요 원인이라는 뜻이다. 특정 재화와 서비스의 가격상승이 수요증가나 공급감소에서 비롯되는 것처럼 총수요가 증가하거나 총공급이 감소하면 경제 전체의 물가 수준이 오른다. 그러나 총수요 측면의 가계소비, 기업투자, 정부지출이 계속 증가하거나, 연속적인 생산비용증가로 총공급이 무한히 감소하지는 않기 때문에 총수요·총공급의 움직임이 인플레이션의 장기적 설명요소라고 보기는 어렵다. 반면 화폐는 중앙은행에 의해 장기적으로 확대공급이 가능하다. 즉, 물가가 올랐다면 화폐공급이 늘어 화폐가치가 떨어졌고 상대적으로 재화와 서비스는 귀중해져 물가가 올랐다고 볼 수 있다. 거시경제 운용 목표 중 하나로서 채택될 만큼 중요한 인플레이션이 화폐적인 현상이라면 화폐공급을 관리하거나 조절하는 통화제도와 통화정책도 그에 버금가는 중요성을 가진다고 볼 수 있다.

화폐의 기능

인류가 자급자족으로부터 벗어나 생산물을 다른 재화와 서비스로 교환하지 않으면 안되게 되면서 거래수단이 필요하게 되었다. 기록에 의하면 인류는 물물교환(barter) 같은 원시적인 거래방법으로 시작해 금이나 은 등의 귀금속을 거래수단으로 사용하다 지금은 중앙은행이 발행하는 **법정화폐**(fiat money)를 사용하고 있다. 법정화폐는 법에 의거하여 정부가 보증하는 화폐이다. 만 원짜리 지폐가 단순히 종이 한 조각이 아니고 재화와 서비스로

가상화폐

최근에 등장한 가상화폐(또는 암호화폐)는 법정화폐가 아니므로 정부가 보증하지 않는다. 그러나 발행방법의 기술적 특수성과 가상화폐가 자산적 가치가 있다고 보는 견해 때문에 단기간에 많은 사람에게 관심을 받아 가격이 폭등하기도 하였다. 일부 기업들은 가상화폐를 거래수단으로 채택하고 있지만, 가상화폐가 광범위하게 사용될지는 지켜보아야 할 것이다.

그림 13-2 **비트코인 가격**

교환이 가능하도록 정부가 보증하기 때문에 사람들이 믿고 사용하는 것이다.

화폐는 거래의 성립을 위해 누가 발명한지도 모를 만큼 자연스럽게 탄생된 것으로 보통 재화와 서비스 거래의 지불수단으로 정의한다. 화폐는 다음과 같은 세 가지 기능을 가지고 있다.

화폐의 기능
교환의 매개, 가치의 저장, 가치의 척도

1. 교환의 매개(medium of exchange)
2. 가치의 저장(store of value)
3. 가치의 척도(unit of account)

첫째, 화폐는 재화와 서비스로 교환할 수 있으므로 **교환의 매개** 기능을 가지고 있다. 두 번째 화폐의 기능은 가치의 저장 수단이다. 때로는 재화와 서비스를 보유하는 것이 어려울 때가 있다. 예를 들어 오래 보존이 어려운 농수산물은 시간이 가면서 가치가 내려간다. 그러나 농수산물을 팔아 화폐로 보유하고 있으면 그 가치는 보존된다. 마지막 화폐의 기능은 **가치의 척도**이다. 화폐가 없어서 모든 재화와 서비스를 물물교환으로 거래한다고 가정해 보자. 자동차 한 대를 쌀로 교환하면 몇 포대의 가치가 있을까? 학교 갈 때 이용하는 지하철은 몇 시간의 편의점 근무와 같은 가치를 가질까? 화폐가 없어 모든 교환비율을 계산해야 한다면 생각만 해도 머리가 아프다. 화폐가 있기 때문에 재화와 서비스의 시장가치를 쉽게 계산할 수 있다.

사료에 의하면 물물교환의 최초 기록은 이집트에서 발견되었고 양, 소, 곡식 등이 물물교환의 대상이었다고 한다. 화폐는 언제쯤 사용되기 시작했을까? 기원전 600년 경 지금은 터키 영토에 자리했던 리디아(Lydia)라는 국가의 왕 알리아테스(King Alyattes)가 최초의 법정통화로 동전(아래 사진)을 주조했던 것으로 알려져 있다. 지폐는 기원후 1661년 경 스웨덴에서 발권되기 시작했고 신용카드는 1946년에 처음 발행되었다. 그리고 처음 송금이 시작된 시기는 기원후 1860년 경 'Western Union'이 전보(telegram) 서비스를 시작하면서다. 현재는 가상화폐가 거래수단으로 등장했고 중국을 비롯한 일부 국가는 자국통화의 가상화폐도입을 공식화했다.

사진 출처: 위키피디아

통화량

통화량(money supply)은 시중에 유통되는 화폐 혹은 돈의 양이다. 통화량은 어떻게 측정할까? 언제인지 모르지만, 최초 시점으로 거슬러 올라가면 중앙은행이 지폐와 동전을 준비하여 시중으로 내보내기 시작했을 것이다. 그때부터 풀린 돈은 사람들의 용도와 목적에 따라 지갑 속이나 각종 금융계좌에 도착하고 머물게 되었다. 미래의 경제적 어려움에 대한 대비, 자산을 불리기 위한 투자, 재화와 서비스 거래를 위한 지불 등 화폐를 보유하는 목적은 다양하다. 이런 목적을 생각해보면 통화량에 무엇이 포함될지 쉽게 알 수 있다.

첫째, 현금이다. 현금을 호주머니에 가지고 있다고 가치가 늘어나는 것은 아니지만 혹시 카드 사용이 어려울 수 있으니 일단 보유한다. 사람들이 일상적인 필요 때문에 현금을 보유하므로 시중에 풀린 돈 중에 현금이 가장 먼저 머릿속에 떠오른다.

둘째, 요구불예금이다. 현금과 비슷한 성격을 가진 지불수단이다. 많은 사람이 입출금이 자유로운 예금통장에 돈을 예치해 놓고 사용한다. 이런 예금을 요구불예금이라고 하는데 요구불예금 통장에 잔액이 있으면 수표를 발행하여 재화와 서비스를 구매할 수 있다. 집이나 자동차를 살 때처럼 거래금액이 클 때 용이하다. 장거리 여행을 할 때도 현금 대신 여행자 수표를 쓰면 편리하다.

셋째, 요구불예금 이외에 수많은 다른 계좌들도 포함된다. 예를 들어, 저

그림 13-3　현금과 M2를 명목GDP로 나눈 값 (미국)

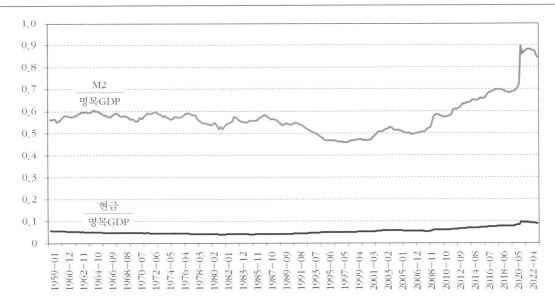

출처: 한국은행

필요한 만큼 배우는 경제학

축성예금, Money Market Mutual Fund (시장금리에 따라 이자가 지급되는 금융 상품) 등이 있다.

현금, 요구불예금, 여행자수표를 합하여 M1이라고 부르고, M1에 저축성 예금, 정기예금, Money Market Mutual Fund 등을 추가하여 M2라고 칭한다. [그림 13-3]은 미국의 현금통화량과 M2를 각각 명목 GDP로 나눈 값이다. 이 자료를 보면 사람들이 현금보다는 전자결제에 의존하여 현금통화량의 비 중이 매우 작다는 걸 알 수 있다. 통화량 지표인 M2의 비중은 변동성이 다소 있지만, 장기적으로 0.5와 0.7 사이에서 유지되는 경향이 있다.[1]

M1
M1 = 현금 + 요구불예금 + 여행자수표

M2
M2 = M1 + 저축성예금 + 정기예금 + Money Market Mutual Fund

2 화폐수량설

$\dfrac{통화량}{명목GDP}$의 일정한 것과 깊은 관련이 있는 화폐이론이 있다. 바로 고전 학파의 **화폐수량설**(Quantity Theory of Money)인데 화폐 수요가 안정적이라면 인플레이션율은 통화량 증가율과 경제성장률(실질GDP 성장률)의 차이가 된다 는 것이 이 이론의 핵심이다.

화폐수량설을 이해하기 위해 제9장에서 배운 명목GDP와 실 질GDP의 차이점을 기억해 보자. 명목 GDP는 당해 연도에 생산 된 재화와 서비스 량에 당해 연 도 가격을 곱한 수치이다. 커피 와 라면만 생산하는 경제의 명목 GDP는 다음과 같이 계산된다.

화폐수량설
화폐 수요가 안정적이라 면 인플레이션율은 통화 량 증가율과 경제성장률 (실질GDP 성장률)의 차 이임

---

1   미국의 $\dfrac{M2}{명목GDP}$는 1960년대부터 일정하게 유지되다가 1990년대부터 우상향 추세를 갖는 특이점이 보인다. 한국의 $\dfrac{M2}{명목GDP}$는 미국과는 다른 양상을 보이는데 이 부분은 나중에 물가안정목표제를 설명하면서 다시 살펴보자.

명목 GDP

$$2020년\ 명목\ GDP = 커피의\ 2020년\ 생산량 \times 커피의\ 2020년\ 가격\ +$$
$$라면의\ 2020년\ 생산량 \times 라면의\ 2020년\ 가격$$

$$2021년\ 명목\ GDP = 커피의\ 2021년\ 생산량 \times 커피의\ 2021년\ 가격\ +$$
$$라면의\ 2021년\ 생산량 \times 라면의\ 2021년\ 가격$$

$$2022년\ 명목\ GDP = 커피의\ 2022년\ 생산량 \times 커피의\ 2022년\ 가격\ +$$
$$라면의\ 2022년\ 생산량 \times 라면의\ 2022년\ 가격$$
$$\vdots$$

명목 GDP와 실질 GDP 명목 GDP는 가격변화와 생산량 변화를 포함하고 실질 GDP는 생산량 변화만 반영

명목 GDP는 매우 직관적인 생산지표이지만 한 가지 문제점이 있다. 만약 명목 GDP가 상승했다면 상승한 것인지 생산량은 그대로인데 가격이 올라서 상승한 것인지 알 수가 없다는 점이다. 명목 GDP가 감소할 때도 역시 같은 현상이 발생한다.

반면 실질 GDP는 이 문제로부터 자유롭다. 2020년이 가격 기준연도면 2020년, 2021년, 2022년 실질 GDP는 다음과 같이 계산한다.

$$2020년\ 실질\ GDP = 커피의\ 2020년\ 생산량 \times 커피의\ 2020년\ 가격\ +$$
$$라면의\ 2020년\ 생산량 \times 라면의\ 2020년\ 가격$$

$$2021년\ 실질\ GDP = 커피의\ 2021년\ 생산량 \times 커피의\ 2020년\ 가격\ +$$
$$라면의\ 2021년\ 생산량 \times 라면의\ 2020년\ 가격$$

$$2022년\ 실질\ GDP = 커피의\ 2022년\ 생산량 \times 커피의\ 2020년\ 가격\ +$$
$$라면의\ 2022년\ 생산량 \times 라면의\ 2020년\ 가격$$
$$\vdots$$

실질 GDP는 고정된 가격을 사용하기 때문에 가격변화의 영향 없이 생산량 변화만을 반영하므로 실질 GDP를 사용하면 경제의 생산능력이 실제로 얼마나 변화했는지를 볼 수 있다. 올해 실질 GDP가 작년에 비해 1% 증가했다면 그것은 오직 생산량이 1% 증가했기 때문이다. 요약하면 명목 GDP에는 생산량의 변화와 가격의 변화가 모두 반영되고 실질 GDP에는 생산량 변화만 반영된다.

명목 GDP ⊃ 가격변화+생산량 변화

실질 GDP ⊃ 생산량 변화

위 식들을 변화율로 나타내면 명목 GDP 성장률은 가격변화율인 인플레이션율과 생산량 변화율인 실질 GDP 성장률의 합이 되고 인플레이션율은 명목 GDP와 실질 GDP의 차분과 같다는 것을 알 수 있다.

명목 GDP 성장률＝인플레이션율＋실질 GDP 성장률

인플레이션율＝명목 GDP 성장률－실질 GDP 성장률

이제 인플레이션, 명목 GDP 성장률, 실질 GDP 성장률 간의 관계가 정리되었으므로 $\dfrac{통화량}{명목\ GDP}$으로 돌아가 보자. [그림 13-3]을 통해 $\dfrac{통화량}{명목\ GDP}$은 시간이 흘러도 대체로 일정한 것을 확인할 수 있었는데, 이는 사람들이 소득 중 일부를 통화량으로 보유하는 성향이 장기적으로 크게 변하지 않는 것과 비슷한 맥락에서 이해할 수 있다. 그리고 $\dfrac{통화량}{명목\ GDP}$은 분수라는 점을 생각해보자. 분수가 증감하지 않고 일정하려면 분자와 분모의 변화율이 같아야 한다. 가령, 분자가 5% 증가하는데 분모가 1% 증가하면 분수는 증가하게 된다. 그러므로 통화량과 명목 GDP의 변화율은 같다고 볼 수 있다.

통화량 증가율＝명목 GDP 성장률

이 식을 위에 도출한 인플레이션 식(인플레이션율＝명목 GDP 성장률－실질 GDP 성장률)에 대입하면 아래의 식을 얻을 수 있다.

인플레이션＝통화량 증가율－실질 GDP 성장률

인플레이션율은 통화량 증가율에서 실질 GDP 성장률을 뺀 값이어서 통화량 증가율과 실질 GDP 성장률의 괴리에 따라 변하게 된다. 통화량 증가율이 실질 GDP성장률보다 높으면 인플레이션이 발생하고 반대의 경우 인플레이션은 0보다 작게 되어 물가는 하락한다.

화폐유통속도

$\dfrac{통화량}{명목GDP}$ 의 역수를 취한 값을 화폐의 **유통속도**(velocity of money)라고 하는데 화폐수량설을 화폐의 유통속도 중심으로 설명할 수도 있다. 수식으로 표현하면 명목 GDP는 가격(P)에 생산량(Y)을 곱한 수이다. $\dfrac{통화량}{명목GDP}$ 의 역수를 만들기 위해 명목 GDP(PY)를 통화량(M)으로 나누면 바로 화폐유통속도(V)가 된다.

$$V = \frac{(PY)}{M}$$

화폐유통속도는 거래를 통해 화폐가 나의 호주머니에서 다른 사람의 호주머니로 이동하고 거기서 또 다른 사람의 호주머니로 움직이는 속도를 측정한다. 예를 들어, 라면만 생산하는 경제에서 라면 가격(P)은 1,000원, 라면 생산량(Y)은 10개라고 하자. 라면 매출액은 10,000원 임을 알 수 있는데 이것을 명목 GDP로 보면 된다. 중앙은행에서 통화(M)를 2,000원 공급했다면 유통속도(V)는 5이다.

$$V = \frac{(PY)}{M} = \frac{(1,000 \times 10)}{2,000} = 5$$

시중에서 사람들이 사용할 수 있는 화폐량이 2,000원이기 때문에 2,000원이 5번 반복 사용되어 경제 전체의 라면 매출이 10,000원 만큼 발생했다는 뜻이다. 유통속도식 양변에 M을 곱하여 아래와 같이 표현하여 화폐수량방정식이라고 부른다.

화폐수량방정식
$MV = PY$

$$MV = PY$$

이 식의 시사점은 다음과 같다. $\dfrac{통화량}{명목GDP}$ 의 자료가 시간에 따라 안정적임을 상기하면 그의 역수인 화폐유통속도(V)도 안정적이라고 볼 수 있다. 그렇다면 통화량(M)과 명목 GDP(PY)의 변화율은 같게 되고 중앙은행의 통화정책에 따라 통화량이 변하면 명목 GDP도 같은 비율로 변하게 된다. 따라서 화폐유통속도(V)가 일정하다면 중앙은행이 통화량(M)을 늘릴 때 생산량(Y)이 변하지 않고 오로지 물가(P)만 오른다. 즉, 물가는 화폐에 의존한다는 뜻이다.

이 논리는 밀튼 프리드만을 위시한 고전학파의 주장인데, 이들은 통화량(M)이 늘어날 때 생산량(Y)이 변하지 않는 이유를 다음과 같이 주장했다. 고전학파 경제학자들은 경제변수를 화폐 단위로 측정되는 물가, 임금, 명목 GDP 등의 명목변수(nominal variables)와 실물 단위로 측정되는 실질 GDP, 고용, 실질소비, 실질이자율 등의 실질변수(real variables)로 구분했다. 예를 들어, 라면 매출 10,000원은 명목변수이고 라면 생산량 10개는 실질변수이다. 실질변수는 가격의 영향을 받지 않는다. 이 구분을 **고전학파의 이분법**(classical dichotomy)이라고 한다. 고전학파는 통화량이 변화하면 화폐 단위로 측정되는 명목변수들은 영향을 받지만, 실질변수들은 통화량 변화의 영향을 받지 않는다고 보았다. 이 주장을 **화폐의 중립성**(neutrality of money)이라고 부른다. 역시 실질변수인 생산량(Y)도 생산요소투입에 따라 변할 뿐 통화량(M)과 무관하다고 가정할 수 있기 때문에 화폐수량설에서 통화량(M)이 늘 때 생산량(Y)은 변하지 않고 물가(P)만 오른다고 볼 수 있는 것이다.

고전학파의 이분법
고전학파의 이분법에 의하면 통화량이 변화하면 화폐 단위로 측정되는 명목변수들은 영향을 받지만, 실질변수들은 통화량 변화의 영향을 받지 않음

3 인플레이션

화폐수량설은 통화량과 인플레이션이 밀접한 관계를 가지며 구체적으로 통화량 증가율이 실질 GDP 성장률보다 높을 때 인플레이션이 발생한다고 시사한다. 이 시사점은 다수의 연구를 통해 (특히 장기에) 타당한 것으로 밝혀졌다.

그런데 때로는 갑자기 매우 높은 인플레이션을 겪는 나라들이 나타나기도 한다. 이런 현상을 하이퍼인플레이션(Hyperinflation)이라고 하는데 일반적인 정의는 물가가 3년 이내에 두 배 이상으로 오르는 경우이다. 역사적으로 독일, 오스트리아, 중국, 아르헨티나, 볼리비아 등이 하이퍼인플레이션을 경험하였고 최근에는 이란, 베네수엘라에서 발생했다.

하이퍼인플레이션
일반적으로 3년 이내에 물가가 두 배 이상으로 오르는 현상

하이퍼인플레이션을 경험한 국가들을 살펴보면 재정적자에 대규모 통화발

행으로 대응한 공통점이 있다. 역시 인플레이션과 통화량 사이의 관계를 보여주는 사례이다. 또한 통화량을 적절하게 관리하지 못하면 인플레이션 때문에 경제적 후생이 후퇴할 수 있다. 그럼 구체적으로 인플레이션은 어떤 비용을 초래할까?

역사 속의 경제학 | 하이퍼인플레이션

1920년대 1차 세계대전 이후 연합국은 독일에 막대한 배상금을 요구했고 독일은 당시 자국 통화였던 마르크화를 발행해 외화나 금으로 바꾸어 배상금을 지불하였다. 화폐 발행이 반복되자 국제금융시장에서 마르크화의 가치는 폭락했고 독일은 배상금을 갚을 수 없게 된다.

프랑스는 보복 조치로 독일영토 일부를 장악했고 그 지역의 독일 노동자들이 파업을 일으켜 경제 상황은 더 어려워졌다. 그러나 독일 정부는 마르크화 발행을 멈추지 않았고 급기야 1923년 11월에는 미화 1달러 가치가 마르크화로 약 4조2천억까지 가게 된다. 이 과정에서 독일 물가는 5,000억 배 이상 올랐다. 가장 최근의 하이퍼인플레이션 사례로 거론되는 베네수엘라도 기록적인 물가상승률을 경험했다. 2018년 국제통화기금(International Monetary Fund)은 베네수엘라의 인플레이션을 백만 퍼센트로 추정했다. 물가가 너무 빨리 올라 상인들이 아예 가격표를 사용하지 않기도 했다. 베네수엘라는 세계

폭락한 독일 마르크를 벽지로 사용하는 장면
출처: 위키피디아

에서 가장 큰 원유 생산국 중 하나이다. 그런데 유가가 급락하면서 원유생산에 의지하던 경제구조가 큰 타격을 받았고 대응책으로 통화발행을 통해 재정을 간신히 유지해 나갔다. 결과적으로 하이퍼인플레이션이 발생하여 국민 후생이 크게 훼손되었다.

그림 13-4　1980년대 남미 국가들의 하이퍼인플레이션

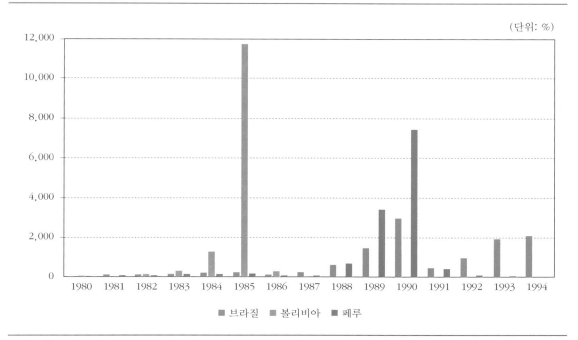

출처: 국제통화기구(International Monetary Fund)

인플레이션의 비용

먼저 염두에 두어야 할 것은 현실에서 모든 재화와 서비스의 가격이 동시에 같은 정도로 변화하는 경우는 드물다는 점이다. 만약 그렇다면 인플레이션은 큰 걱정거리가 아닐 수도 있다. 모든 재화와 서비스 가격이 10% 오르고 노동자의 임금도 똑같이 10% 오른다면 노동자의 후생은 변하지 않기 때문이다.

그러나 임금은 고용계약에 따라 정해지므로 단기에는 고정되어 있다. 임금이 고정된 동안 물가가 오르면 노동자는 손해를 보고 고용주는 물가에 비해 저렴한 임금을 지불하므로 이익을 본다. 계층마다 인플레이션 때문에 경험하는 후생의 변화도 다르다. 임금은 일정한데 부유층이 소비하는 고급승용차나 골프채 같은 사치재는 1% 오르고 저소득층이 소비하는 쌀이나 라면 가격이 5% 오르면 저소득층이 더 많은 피해를 보게 된다. 실질 이자율도 인플레이션과 관련이 깊다. 은행에서 대출을 받은 채무자는 인플레이션이 높으면 낮은 실질 이자율을 지불하게 되므로 이익을 보고 반대로 은행은 손해를 본

인플레이션의 비용
메뉴비용, 구두창 비용, 상대가격의 왜곡, 조세 왜곡, 정책비용 등

다. 이 때문에 고용계약, 연금계약, 대출계약 등이 물가상승과 연동되어 있는 경우가 많다.

임금과 물가가 똑같이 올라도 인플레이션은 그 자체로 사회적 비용을 초래할 수 있다. 첫째, 제11장에서 설명한 메뉴비용이다. 물가가 빨리 상승할 때는 생산자가 재화와 서비스의 가격표를 자주 바꾸어야 한다. 가격을 지우고 새로 쓰거나 새로운 가격표를 주문해야 되기 때문에 가격표를 바꾸는데 돈이 든다. 가격을 바꾸는 데 따른 거래 상대방의 불만을 해결해야 하는 부담도 메뉴비용에 포함된다. 위에 언급했던 베네수엘라 사례처럼 인플레이션이 극심하여 메뉴비용이 높을 때 생산자가 아예 가격표시를 포기할 정도로 메뉴비용은 무시할 수 없는 사회적 비용이다.

둘째, 구두창비용(shoe leather costs)이다. 여러분은 물가가 빨리 상승할 때 화폐를 보유하고 싶은가 아니면 재화와 서비스를 보유하고 싶은가? 인플레이션이 높을 때는 화폐가치가 하락하고 재화와 서비스는 비싸지고 있으니 화폐를 보유할 이유가 없다. 커피와 라면 가격이 천정부지로 오르고 있다면 누구나 빨리 주머니에 있는 현금을 커피와 라면으로 바꿀 것이다. 그런데 이 과정에서 화폐를 재화와 서비스로 바꾸기 위해 상점에까지 가야 되고 현금이 은행에 예치되어 있다면 먼저 은행에 가서 화폐를 출금해야 된다. 이렇게 현금 보유를 줄이기 위해서 은행에 자주 드나들며 시간과 노력 등 거래 비용이 드는데 이것을 구두창비용이라고 한다. 은행에 가느라 구두가 닳아 해어지는 것을 비유한 용어이다.

셋째, 상대가격의 왜곡이다. 어떤 경제에서 모든 재화와 서비스가 시장에서 응당한 가치를 인정받을 때 그 경제는 효율적이라고 말할 수 있다. 제 가치보다 저렴하게 가격이 매겨진 재화와 서비스를 생산자가 계속 공급할 리가 없기 때문에 그런 재화와 서비스의 공급은 감소한다. 반대로 제 가치보다 비싸게 매겨진 재화와 서비스는 소비자들이 구매하지 않아 수요가 감소할 것이다. 결국 모든 가격은 제값을 찾아가게 될 수밖에 없지만, 일시적으로 인플레이션 때문에 가격조정이 지연되거나 방해를 받는다면 비효율이 발생한다. 현실에서 가격조정이 동시다발적으로 이루어지는 경우는 드물어 똑같은 재화와 서비스라도 가격이 정확히 똑같이 오르거나 내리지는 않기 때문이다.

필요한 만큼 배우는 경제학

예를 들어, 먹도날과 버거왕이라는 두 개의 햄버거 가게가 있다고 하자. 이름만 다를 뿐 맛과 재료는 똑같으므로 먹도날과 버거왕 버거 가격은 둘 다 5,000원이다. 그런데, 갑자기 극심한 인플레이션이 발생하여 생산비가 두 배로 증가했다. 먹도날은 전 직원에게 SNS로 가격 인상을 통보하여 바로 가격을 10,000원으로 올렸다. 하지만, 버거왕 직원들은 보통 우편으로 교신하므로 바로 가격을 올리지 못했다. 버거왕 햄버거를 좋아하는 사람은 행복할지 모르지만, 경제 전체적으로는 불행한 일이다. 왜냐하면, 버거왕은 손실을 감수하고 버거를 팔아야 하고 먹도날은 버거왕보다 비싼 가격을 매겨 매출이 줄어들 것이기 때문이다. 시간이 지나면서 두 회사의 버거가격은 수렴하겠지만 일시적이나마 인플레이션이 비효율을 발생시켰다.

넷째, 조세 왜곡이 초래된다. 인플레이션이 조세에 영향을 주어 사람들의 행동을 변화시키는 경우가 많다. 예를 들어 은행에 현금을 예치하면 이자가 발생하고 정부는 이자소득에 대해 세금을 징수한다. 그런데 인플레이션이 높으면 세후 실질이자율은 낮아지므로 투자자는 손해를 본다. 한국과 미국의 실질이자율이 똑같이 5%이고 두 나라 모두 이자소득에 대해 15%를 과세한다고 하자. 한국에서는 물가가 오르지 않았고 미국에서 5% 올랐다면 명목이자율은 각각 5%와 10%이다[2]. 세후 명목이자율은 얼마인가? 한국의 경우 $5\% \times (1 - 0.15) = 4.25\%$ 미국은 $10\% \times (1 - 0.15) = 8.5\%$이다. 세후 명목이자율에서 인플레이션을 빼면 세후 실질이자율이 나온다. 한국은 $4.25\% - 0\% = 4.25\%$ 미국은 $8.5\% - 5\% = 3.5\%$이다. 조세 때문에 한국에서 실질 이자율이 5%에서 4.25%로 다소 감소했으나 미국에서는 인플레이션의 효과로 5%에서 3.5%로 더 많이 감소했다. 이렇게 되면 상대적으로 미국에서 저축에 대한 투자유인이 약해져 미국 투자자들은 저축을 줄일 것이다.

다섯째, 정책비용이다. 민주주의 제도를 채택하고 있는 나라에서 인플레이션은 가격통제에 대한 명분을 제공하기도 한다. 물가가 급격히 오르면 정치인들은 유권자의 눈치를 보느라 최저임금인상이나 전기세 인상금지 같은 가격통제정책을 실행한다. 이 때문에 유권자의 후생은 오히려 후퇴할 수 있다.

2 　명목이자율＝실질이자율＋인플레이션

이 밖에 인플레이션이 야기하는 문제는 많이 있다. 인플레이션은 능력이나 노력과 무관하게 화폐 보유자로부터 재화와 서비스 보유자로 부를 이전시키거나 인플레이션의 변동성이 높으면 채권자와 채무자 사이에 적정한 이자율을 책정하기가 어렵게 만드는 등 수많은 사회적 비용을 초래한다.[3] 따라서 인플레이션 관리자인 중앙은행의 통화정책이 중요하다.

4 화폐의 수요와 공급

통화정책을 공부하기 전에 통화정책의 대상인 화폐시장에 대해서 생각해보자. 화폐시장도 수요·공급 틀을 응용하면 된다. 재화와 서비스 수요·공급 그래프처럼 x축에는 양, 즉 통화량을 표시한다. y축에는 가격의 역할을 하는 변수를 넣어야 한다. 화폐의 가격은 무엇일까?

고전학파는 화폐 수요가 소득에 의해 결정된다고 보았다. 그러나 케인즈는 화폐가 가진 유동성이라는 특성에 주목했다. 케인즈는 사람들이 재화와 서비스를 취득하기 위한 거래적 동기, 돌발적으로 발생할 비용에 대한 예비적 동기, 자산을 사고팔아 이익을 남기기 위한 투기적 동기로 유동성을 확보하기 위하여 화폐를 보유한다고 생각했다. 자산의 형태에는 부동산, 주식, 채권 등 많은 종류가 있는데 화폐는 환금성이 높아 유동성 자산이라고 불린다. 화폐는 재화나 서비스뿐만 아니라 다른 자산으로 바꾸기 쉽다. 반면 부동산을 사거나 팔려면 시간도 많이 걸리고 거래 비용도 만만치 않다. 하지만 화폐를 보유하면 부동산 임대료 같은 수익은 포기해야 한다. 케인즈는 이점에 착안해 이자율이 화폐 보유의 기회비용이라고 보았다.

재화와 서비스 수요곡선의 기울기가 우하향하다는 점을 생각해보자. 재화와 서비스 가격이 낮(높)으면 재화와 서비스 수요량이 높(낮)듯이 이자율이

---

3 인플레이션과 반대로 물가가 하락하는 현상을 디플레이션(deflation)이라고 한다. 인플레이션의 사회적비용 때문에 인플레이션이 백해무익하고 디플레이션은 무조건 바람직한 것으로 생각해서는 안 된다. 물가하락도 방향만 반대일 뿐 메뉴비용, 상대가격왜곡, 조세 왜곡 등을 발생시킨다. 특히 총수요의 감소로 인해 디플레이션이 나타난다면 이는 경기침체가 도래했음을 의미할 수도 있다.

그림 13-5   화폐시장의 균형

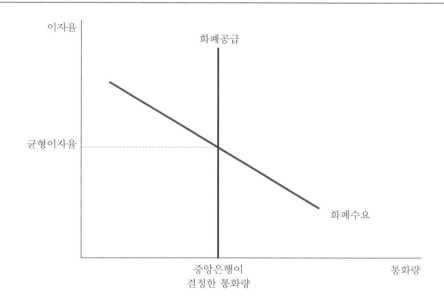

낮(높)으면 채권 같은 비화폐 자산을 보유할 유인이 약(강)해져 상대적으로
화폐 수요량은 높(낮)아진다. 따라서 이자율은 화폐 수요·공급 곡선에서 가
격과 같은 역할을 한다.

　　따라서 [그림 13-5]처럼 화폐수요곡선을 우하향하는 기울기를 가진 재화
와 서비스 수요곡선처럼 그리면 된다. 그러나 화폐공급곡선은 재화와 서비스
공급곡선과 다르다. 중앙은행이 정책적 필요에 따라 통화량을 조절하기 때문
에 화폐공급은 이자율과 무관하다. 그래서 [그림 13-5]처럼 화폐공급곡선은
수직선으로 그려야 한다. 화폐수요·공급곡선이 만나는 점에서 화폐시장의 균
형이 발생한다. 케인즈는 화폐 수요가 유동성 선호에 의해 결정되고 화폐 수
요와 공급에 따라 이자율이 결정된다고 보았다. 이를 **유동성 선호이론**(Theory
of Liquidity Preference)이라고 한다.

　　재화와 서비스 수요곡선처럼 화폐수요곡선도 이동할까? 화폐수요곡선도
엄연히 수요곡선이니 이동한다. 화폐수요 이동에 영향을 주는 가장 중요한
요소는 물가이다. 물가가 상승하면 재화와 서비스를 거래하는데 화폐가 많
이 필요하므로 주어진 이자율 수준에서 화폐 수요는 증가한다. [그림 13-6]
은 물가상승으로 화폐수요곡선이 오른쪽으로 이동하여 균형이자율이 상승하

유동성 선호이론
화폐 수요는 유동성 선
호에 의해 결정되고 화
폐 수요와 공급에 따라
이자율이 결정됨

그림 13-6   화폐수요곡선의 이동

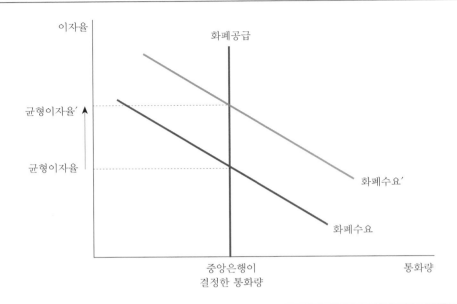

그림 13-7   화폐공급곡선의 이동

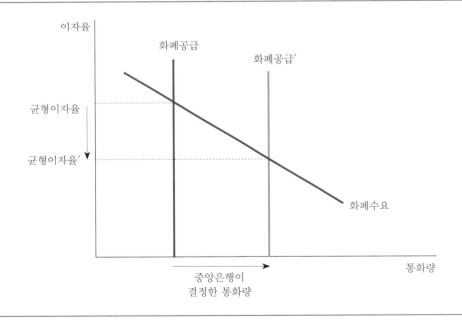

필요한 만큼 배우는 경제학

는 현상이 묘사되어 있다. 반대로 물가가 하락하면 화폐수요곡선은 왼쪽으로 이동한다.

화폐공급곡선의 이동은 전적으로 중앙은행의 통화정책에 달렸다. [그림 13-7]은 경기침체에 대한 대응으로 소비와 투자를 진작시키기 위하여 중앙은행이 화폐공급을 늘린 결과 균형이자율이 하락하는 상황을 보여준다.

5 통화정책

통화정책의 주체는 중앙은행이다. 국가마다 다소 차이가 있지만, 중앙은행의 주요업무는 화폐 발행, 통화정책, 금융안정을 위한 금융기관 건전성의 관리·감독 등이다.

미국의 중앙은행은 '은행'이라 부르지 않고 '**연방준비제도**'(Federal Reserve System)라고 부르는데 이는 미국 금융산업의 특이한 역사 때문이다. 자유를 추구하며 영국으로부터 독립한 역사를 갖고 있는 미국인들에게 중앙은행을 중심으로 금융 권력이 집중된다는 것은 불편한 일이었다. 게다가 농업 중심의 경제에 익숙한 남부인들은 상업이 발달한 뉴욕, 보스톤 등 동부지역의 은행 산업에 대한 경계심을 갖고 있었다. 그러나 미국은 1900년대 초반 반복된 경기침체, 신용 부족, 은행파산에 시달렸고 이에 대한 해결책을 찾는 과정에서 중앙은행이 아닌 연방준비제도(연준)라는 이름으로 통화정책 결정기관을 설립하였다. 연준의 설립목적은 예측 가능한 인플레이션과 지속 가능한 최대고용 두 가지이다.

연준에 해당하는 우리나라의 중앙은행은 '**한국은행**'(한은)이다. 한국은행의 가장 중요한 업무는 통화정책의 수립과 집행이고 통화정책의 목표는 물가안정이다.[4] 소비자물가 상승률 2%를 중기간 물가안정 목표 기준으로 정하고 가급적 2%에 근접하도록 통화정책을 운용한다.

<aside>
연방준비제도
미국의 중앙은행

한국은행
한국은행의 업무는 통화정책의 수립과 집행이고 통화정책의 목표는 물가안정
</aside>

---

4 미국과는 달리 최대고용은 한국은행의 정책목표에서 명시적으로는 빠져있다.

통화정책 결정체제

직위	성명	임기	선임절차
의장	이창용(李昌鏞) 이력보기∨	2022. 04. 21 ~ 2026. 04. 20	한국은행 총재(당연직)
위원	조윤제(趙潤濟) 이력보기∨	2020. 04. 21 ~ 2024. 04. 20	추천기관*의 추천 → 대통령이 임명
위원	서영경(徐英京) 이력보기∨	2020. 04. 21 ~ 2024. 04. 20	추천기관*의 추천 → 대통령이 임명
위원	주상영(朱尙榮) 이력보기∨	2020. 04. 21 ~ 2023. 04. 20	추천기관*의 추천 → 대통령이 임명
위원	이승헌(李承憲) 이력보기∨	2020. 08. 21 ~ 2023. 08. 20	한국은행 부총재(당연직)
위원	박기영(朴基永) 이력보기∨	2021. 10. 06 ~ 2023. 04. 20	추천기관*의 추천 → 대통령이 임명
위원	신성환(辛星煥) 이력보기∨	2022. 07. 28 ~ 2026. 05. 12	추천기관*의 추천 → 대통령이 임명

* 한국은행 총재, 전국은행연합회 회장, 기획재정부 장관, 대한상공회의소 회장, 금융위원회 위원장

그럼 한국은행의 어떤 기구가 통화정책을 결정할까? 통화정책은 주로 장래 경제전망을 기초로 경제안정에 적정한 금리 수준을 결정하는 일이므로 정책 결정을 위해 수많은 경제 동향자료의 연구·조사가 필요하고 균형 있는 판단을 내리는 것이 중요하다. 이를 위해 무엇보다 현재의 경제 상황 및 장래 전망에 대한 전문가적 시각과 정책대안에 대한 다양한 견해가 반영되도록 정부, 경제단체, 금융계 등 각계의 추천을 받은 7인의 경제전문가들이 의사결정기구를 구성한다. 이런 목적을 가지고 한국은행의 통화정책에 관한 주요 사항을 심의하고 의결하는 기구를 **금융통화위원회**(금통위)라고 한다.[5] 금통위는 한국은행의 운영, 은행권 발권, 지급준비율, 통화안정증권 등에 대한 사항을 결정한다.

금통위는 한국은행과 금융기관의 자금거래에 적용되는 기준금리를 정한다. 기준금리 변화는 금융기관이 취급하는 금융상품의 이자율에 반영되어 시장 이자율 결정에 영향을 주게 된다. 예를 들어 금통위가 인플레이션이 과도하게 높다고 판단하면 기준금리를 높인다. 제11장에서 배운 내용을 기억해 보자. 이자율이 상승하면 가계는 저축을 늘릴 유인이 생기므로 소비를 줄이게 된다. 높은 이자율 때문에 투자비용이 늘어 기업은 투자를 꺼리게 된다. 총수요의 구성요소인 소비와 투자가 감소해 총수요가 위축되어 생산과 물가에 하방압력이 작동한다.

확장적 통화정책으로 이자율이 낮아지면 개인은 저축에 대한 유인이 약해지고 기업은 돈을 빌릴 때 이자 부담이 줄어든다. 따라서 소비나 투자가 늘어날 수 있다. 또한 이자율이 낮아지면 자산을 운용해서 수익을 내야 하는 금융회사나 여유자금이 있는 개인은 예금이나 채권처럼 이자율에 따라 수익

---

5   미국 연준의 경우 금통위와 동일한 기구로 연방공개시장위원회(Federal Open Market Committee, FOMC)를 두고 있다.

이 나는 금융상품보다는 주식 같은 고수익-고위험 상품에 매력을 느끼게 된다. 돈이 풀리고 이자율이 떨어질 때 주가가 전반적으로 올라가는 경향이 나타나는 것은 이 때문이다. 주식시장이 활황이면 주식을 보유한 개인들의 소비가 자극되고, 기업은 주식 발행을 통해 자본을 조달하기 쉬워져 투자가 활성화 될 수 있다. 게다가 통화량이 늘면 외국통화에 비해 원화 가치가 떨어지면서 수출품 가격은 싸지고 수입품 가격은 비싸져 상대적으로 수출이 늘어 무역수지가 개선될 가능성도 높아진다. 물론 한국은행이 목표한 시점에 의도한 만큼 정확히 물가가 조정된다는 보장은 없지만, 통화정책변화는 대체로 거시경제 흐름에 영향을 준다.

 베르사유조약과 케인즈

1919년 6월 29일 프랑스 베르사유 궁전. 제1차 세계대전을 끝낼 가장 중요한 조약이 서명된다. 바로 주요 패전국 독일에 대한 처리를 결정한 베르사유 조약이다. 제1차 세계대전은 인류 역사상 가장 큰 전쟁 중 하나로, 4년 3개월 넘게 전쟁이 계속되어 1,600만 명이 넘는 사람들이 죽었다. 독일은 전쟁을 일으킨 국가로서 가장 무거운 책임을 질 터였다.

베르사유 조약의 내용을 결정하는 데에 가장 강경한 입장을 보인 나라는 승전국 중에서도 프랑스였다. 프랑스는 독일과 직접 국경을 접하고 있어 전쟁의 피해가 크기도 했지만, 이웃 나라인 탓에 독일에 쌓인 원한이 많았다. 당시로부터 불과 50년 전 프로이센(지금의 독일)과의 전쟁에서 파리까지 함락당하는 참패를 당한 적도 있었다. 프랑스는 조약을 통해 철저하게 복수하는 동시에, 이웃이어서 더 위험한 독일이 재기 불능 상태에 빠지길 원했다.

이런 배경에서 결정된 조약의 내용은 독일 입장에서는 가혹할 수밖에 없었다. 독일은 영토가 줄고 군대 규모도 축소해야 할 뿐만 아니라, 승전국들이 입은 피해에 대한 배상도 하도록 되어 있었다. 그러나 받아들이지 않으면 전쟁을 재개한다는 연합국 측의 최후통첩에 독일도 굴복하게 된다. 그렇게 마련된 조약의 서명 장소는 베르사유 궁전 안에서도 '거울의 방'이었다. 바닥 길이가 73m, 폭이 10.5m, 높이가 12.3m인 웅장한 규모에 벽면이 거울로 장식되어 화려하기 이를 데 없는 공간이다. 한 때는 연회가 끊임없었을 이 곳에서 천 명이 넘는 각국 외교관과 기자들이 지켜보는 가운데 두 명의 독일 대사는 조약에 서명했다. 독일 대사들이 서명할 때에는 숨소리 하나 들리지 않았다고 한다.

베르사유 조약 협상에 참가한 영국의 대표단에는 케인즈라는 사람이 포함되어 있었다. 케인즈는 현대 거시경제학의 창시자로 꼽히고, 후에는 케인즈 학파까지 형성된 유명한 경제학자이다. 당시 케인즈는 베르사유 조약 내용 중에서 특히 전쟁 배상금에 관해 강하게 반대했다. 독일이 지불해야 하는 배상금은 1921년 당시 500

억 마르크로, 현재 물가와 환율로 200조 원에 달하는 돈이었다. 비록 분할 납부하는 형식이었으나, 케인즈는 이러한 부담이 독일 경제의 생산 능력을 넘어서는 것이어서 궁극적으로 세계 경제에 악영향을 미칠 것이라 경고했다.

사실 전쟁 배상금이 아니더라도 독일 재정은 심각한 상태였다. 제1차 세계대전이 시작됐을 때, 전쟁에 필요한 자금을 조달하기 위해 프랑스가 소득세를 걷기 시작한 것과 달리 독일은 빚을 냈다. 독일의 계산이야 이겨서 자원이 풍부한 쪽으로 영토를 넓히고 전쟁 배상금을 받는 것이었지만, 전쟁에 지고 만 것이다. 패전국 독일이 당장 빚을 갚아 나가고 전쟁 배상금을 지불할 방법은 한 가지 밖에 없었다. 돈을 찍어내는 것이다.

돈이 많아지면 돈의 가치는 떨어진다. 물건이 귀해지면 값이 오르고, 흔해지면 값이 내리는 것과 같은 이치이다. 사실 독일 마르크화의 가치는 전쟁 중 독일의 패색이 짙어지면서 떨어지고 있었다. 그러나 본격적으로 마르크화 가치가 급락하기 시작한 것은 첫 번째 전쟁 배상금을 지불하는 1921년 여름부터였다. 전쟁 배상금은 금이나 외국 화폐로 내도록 되어 있었기 때문에, 독일 정부는 환전을 위해 마르크화를 대량으로 찍어냈다. 1921년 상반기까지만 해도 1달러를 살 때 90마르크 정도 필요했는데, 11월에는 330마르크가 필요했고, 2년 후인 1923년 12월에는 4,210,500,000,000마르크를 줘야 했다. 사실상 마르크화는 종이쪼가리가 된 것이다.

마르크화의 가치가 떨어진 것은 단순히 환율 문제만이 아니었다. 돈 가치가 떨어지는 것은 물가가 오른다는 뜻이다. 돈의 가치가 떨어지면 같은 물건을 살 때 전보다 더 많은 돈을 내야 하기 때문이다. 1921년 초부터 1923년 말까지 3년 동안 독일의 물가는 백억 배 뛰었다. 물가가 매달 66% 이상 오른 셈이다. 전쟁은 지고 먹고 살 일이 막연한데 물가까지 폭등하니, 당시 독일 국민의 삶이 얼마나 힘겨웠을지 쉽게 상상이 가지 않는다. 이러한 가운데 히틀러가 등장한다. 히틀러는 베르사유 조약을 비난하고 게르만 민족주의를 내세우며 대중적 인기를 쌓았다.

당시 독일 정부가 돈을 찍어 내는 것 외에 다른 선택을 할 수 있었을까 싶기는 하다. 그러나 분명한 것은 독일 정부가 돈 찍어 내는 권한을 무리하게 사용하면서 돈의 가치와 함께 국민의 신뢰도 잃었다는 사실이다. 경제적 혼란은 정치적 혼란을 일으켰고, 결국 제2차 세계대전이라는 어마어마한 결과를 낳았다. 이렇게 극단적인 상황이 아니더라도 돈이 돈으로서 역할을 하려면 정부가 함부로 돈을 찍지 않을 것이라는 신뢰가 절대적으로 필요하다. 정부가 매 순간 돈을 찍는데 신중해야 하는 것은 이 때문이다.

현재 우리나라에서 돈 찍는 일을 담당하는 한국은행이 시험대에 서게 됐다. 코로나 감염병 대응으로 기록적인 규모의 돈이 풀리면서 급격한 인플레이션이 발생했다. 예상치 못한 보건위기로 장기간 디플레이션 시대가 인플레이션 시대로 전환된 이 시점에 한국은행은 찍어 낸 돈을 얼마나 많이 그리고 빨리 회수할지 고민하고 있을 것이다.

베르사유 조약에 케인즈의 설득이 통해 독일의 전쟁 배상금이 많지 않았다면 제2차 세계대전은 일어나지 않았을까? 알 수 없는 일이다. 어느 시점에서 가지 않기로 결정한 길을 다시 돌아가 밟아볼 수는 없으니, 선택이란 그래서 어려운 것이리라. 한국은행이 어떤 결정을 내리든 가지 않은 길에 대한 후회가 결과적으로 가장 적은 선택이기를 바란다.

통화정책 수단

통화정책은 넓은 의미에서 화폐공급을 조절하는 정책을 말한다. 가장 대표적인 정책수단은 **공개시장운영**(Open Market Operation)이다. 한국은행이 금융기관을 상대로 국채 같은 증권을 거래하여 시중에 유통되는 통화량과 금리에 변화를 꾀하는 방법이다. 예를 들어 한국은행이 금융기관으로부터 국공채를 매입하면 한국은행이 금융기관에게 매입금을 지불하는 만큼 유동성이 시중으로 유출되고 반대로 매도하면 유동성은 환수된다. 시중에 화폐공급이 늘면 이자율은 하락하고 소비와 투자가 상승압력을 받아 총수요가 증가한다.

한국은행은 금융기관의 자금 사정에 영향을 줌으로써 통화량을 통제하기도 한다. 금융기관이 현금이나 현금에 준하는 자산의 일정 비율(지급준비율)을 한국은행에 예치하는 제도를 **지급준비제도**라고 한다. 2022년 기준 지급준비율은 7%로 은행이 1,000만 원의 예금을 보유 중이면 70만 원은 한국은행에 예치하여야 하고 나머지 930만 원만 운용할 수 있다. 만약 한국은행이 지급준비율을 7%에서 8%로 인상한다면 그 의도는 무엇일까? 통화량을 축소하기 위함이다. 지급준비율 상승으로 금융기관은 고객에게 받은 예금 중 더 많은 자금을 한국은행에 예치하게 되어 대출에 쓸 수 있는 자금은 줄어든다. 시중에 유동성도 줄어들고 이자율은 상승압력을 받는다.

전 세계적으로 1980년대를 기점으로 하여 통화정책이 통화량 통제보다는 금리 통제에 의존하는 추세로 바뀌면서 지급준비제도의 중요성이 다소 작아지긴 했다. 그러나 지급준비제도를 이해하는 것은 통화정책뿐만 아니라 금융기관의 운영을 이해하는 데도 도움이 된다. 금융기관이 매일 지급준비금을 1원도 부족함 없이 정확하게 유지할 수 있을까? 은행이 1,000만 원의 예금을 보유 중이면 70만 원은 예치하고 930만 원은 운용에 사용할 수 있다. 하지만 은행은 매일 크고 작은 자금 수요공급에 맞추어 효율적으로 돈을 운용해야 하므로 930만 원 이상 필요하거나 또는 930만 원이 다 필요하지 않을 수도 있다. 때로 지급준비금이 초과 보유되거나 부족한 경우가 생긴다. 그래서 초과 보유한 은행과 준비금이 부족한 은행이 서로 단기자금을 거래하는 시장이 필요하게 되었고 이런 목적으로 미국에는 연방기금시장(Federal Funds Market), 우리나라에는 콜시장(Call Market)이 운영되고 있다. 콜시장에 적용되는 이자율을 **콜금리**(Call Rates)라 부른다.

공개시장운영
한국은행이 금융기관을 상대로 국채 같은 증권을 거래하여 시중에 유통되는 통화량과 금리에 변화를 꾀하는 방법

지급준비제도
금융기관이 현금이나 현금에 준하는 자산의 일정 비율(지급준비율)을 한국은행에 예치하는 제도

금리인하의 효과

채권을 살 때 기대할 수 있는 수익은 이자수익과 거래차익 두 가지이다. 채권을 보유하면 이자수익을 얻을 수도 있고 만기가 도래하지 않은 채권은 시장에서 거래되기 때문에 채권을 사고팔아 돈을 벌 수도 있다. 채권의 가격과 이자율은 반대로 움직인다. 예컨대, 1년 후 100만 원을 지급하는 채권을 오늘 95만 원에 사고 만기 때까지 기다리면 약 5%의 수익을 거두게 된다. 미래현금 100만 원을 오늘 95만 원 주고 샀기 때문이다. 이 채권의 이자율은 5%이다. 시간이 지나면 채권가격은 어떻게 될까? 만기가 가까워질수록 채권가격은 계속 올라 만기 때는 100만 원이 된다. 만기 때 100만 원을 지급하는 채권을 만기일에 여전히 95만 원에 파는 사람은 없을 것이다. 95만 원짜리 채권이 한 달

이 지나 97만 원으로 올랐다고 치자. 이때 채권을 산다면 1년에 약 3% 이자수익을 얻게 된다. 즉, 만기에 가까워질수록 채권가격이 올라 투자금 대비 이자수익은 떨어지는 것이다.

따라서 한국은행이 기준금리를 낮춘다는 것은 환매채 가격이 오르도록 하겠다는 뜻이다. 한국은행이 환매채 가격을 올리기 위해 실제로 하는 행동은 환매채를 사들이는 것이다. 한국은행은 수시로 시중은행과 환매채를 거래하는데, 한국은행이 환매채를 사들이면 시중은행의 환매채 보유량은 줄고 대신 돈이 들어온다. 결과적으로 한국은행의 기준금리 인하 노력은 민간에 통화를 증가시키는 것이다. 돈이 흔해지면 '돈 값'도 떨어져서 돈을 꿀 때 적용되는 전반적인 금리 수준이 낮아지게 된다.

공개시장운영, 지급준비제도와 더불어 여·수신제도도 통화정책수단에 포함된다. 자금 사정에 따라 금융기관이 한국은행으로부터 대출을 받을 수 있게 해주는 제도이다. 한국은행의 여·수신제도는 금융기관이 자금수급 과정에서 발생하는 부족분을 지원하는 자금조정대출, 금융기관의 중소기업대출 실적에 따라 지원하는 금융중개지원대출 등이 있고 자금조정대출은 기준금리에서 1%를 더하여 금리를 적용한다. 따라서 기준금리의 변동에 따라 대출규모가 결정된다. 한국은행이 여·수신제도 대출금리를 높이면 금융기관은 대출을 꺼리게 되어 통화량은 감소한다. 반대로 한국은행이 통화량 증가가 필요하다고 판단하면 대출금리를 낮출 것이다.

화폐수량설은 화폐 유통속도가 시간에 따라 일정하다는 전제에 의존한다. 화폐 유통속도가 불변하고 화폐가 중립적이면 통화량과 물가가 직접적인 관계를 갖는다는 것이 화폐수량설의 골자이다. 우리나라의 화폐 유통속도를 보자. 1986년부터 하강하는 추세가 명확하다. 앞에서 설명한 미국의 $\frac{M2}{명목 GDP}$ 자료도 자세히 보면 1990년대부터 더 이상 일정수준에 머무르지 않고 하강 추세를 보이기 시작한다. 장기에 타당하다고 알려진 화폐수량설이 현재 통화정책의 근거로 삼아도 될지 의심하게 되는 자료이다.

1980년대 들어 금융혁신 및 금융자유화 때문에 같은 돈의 양으로 중개할 수 있는 경제거래가 늘어나 통화수요가 불안정해짐에 따라 중앙은행이 통화공급의 조절을 통해 통화정책의 목표를 달성하기가 어려워졌다. 더욱이 금융혁신의 진전으로 현금처럼 유동성도 높으면서 저축성 예금에 가까운 예금상품의 등장하여 유동성의 정도를 고려한 통화량 자체의 정의나 측정도 어렵게 되었다. 이런 사정으로 통화량과 인플레이션의 관계도 실증적으로 약해짐에 따라 1990년대부터 많은 국가들이 통화량 조절을 통한 물가관리 정책 기조에서 물가안정목표제도로 전환하기 시작하였다. '물가안정목표제'란 통화정책의 목표로서 최종 목표인 '인플레이션율'의 목표치를 설정하고 이를 달성하기 위해 통화량뿐만 아니라 각종 금리, 환율 등의 움직임을 정보변수로 활용하고 최종적으로 기준금리를 정책의 조작변수로서 결정하는 방식이다. 이에 따라 한국은행의 3년간 중기 물가안정목표는 소비자물가 상승률 기준 2%이며 한국은행의 물가안정목표제의 가장 중요한 조작변수는 통화량이 아닌 기준금리이다.

우리나라의 화폐 유통속도

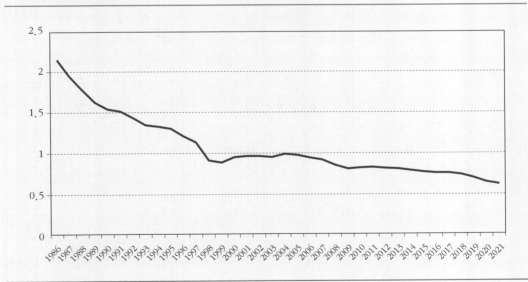

출처: 한국은행

물가안정 목표제는 1990년 뉴질랜드에서 처음 도입되었고 1991년 캐나다, 1992년 영국, 1993년 스웨덴과 호주 등이 채택했다. 미국은 2012년 벤 버냉키(Ben Bernanke) 연준 의장이 인플레이션 목표치를 2%로 설정하면서 사실상 물가안정제를 운영하는 것으로 알려져 있다. 현재는 우리나라를 포함한 30여 개국이 이 제도를 채택한 것으로 보아 제도의 명시적 목표인 물가안정 효과를 달성하고 있는 것으로 보인다.

 현실 경제의 이슈 | 통화정책 외 한국은행의 업무

① 한국은행은 금융안정을 위해 금융기관의 건전성 경영을 관리·감독한다. 이는 무엇보다 중앙은행과 금융기관 간의 자금거래를 통해 통화정책의 수단이 작동하고 소기의 효과가 파급되는 구조 하에서 금융기관의 경영이 불안정해지면 시중 자금이 필요한 곳으로 공급되지 못하고 경제 시스템 전체가 마비될 수 있는 위험을 차단하기 위함이다. 예를 들어 예금자들이 경영상태가 안 좋은 은행을 불신하게 되어 아무도 예금을 하려 하지 않는다면 은행은 대출을 통해 통화 창출을 할 수 없다. 심지어 극단적으로 경제 상황에 대한 불안 때문에 예금주들이 한꺼번에 예금을 전액 출금하여 은행이 파산해 **뱅크런**(bank run)이 일어날 수도 있다. 은행은 자금 중개인이기 때문에 예금을 받아 자금이 필요한 곳에 대출해주는 역할을 하는데 사람들이 돈을 은행에 예금하지 않고 호주머니에 보관하면 아무리 한국은행이 화폐를 찍어내도 돈이 돌지 않는다. 또한, 한국은행은 은행의 대출액을 직접 통제할 수 없다. 한국은행이 기준금리와 지급준비율을 아무리 낮춰도 은행이 경제 상황에 대해 불안 때문에 예금을 금고에만 넣어 둔다면 통화정책은 무력화된다. 물론 예금자의 은행에 대한 불신과 은행의 보수적 태도는 그 자체로 경제에 타격을 준다.

특히 현대경제에서 금융기법이 발달함에 따라 금융기관 간에 연쇄적인 거래가 많아졌고 자산을 공동으로 보유하는 경우가 흔해져 금융기관들의 연결성(interconnectedness)이 높아졌다. 연결성이 높아지면 금융시장의 효율성이 높아지는 장점이 있지만, 일부 금융기관의 파산이 다른 금융기관이나 가계, 기업 심지어 정부까지 번질 수 있어 금융시스템 전체가 위험에 빠질 수 있다. 가령 궁민은행이 신안은행에게 대출을 해주고, 신안은행도 기업은행에게 대출을 해주며, 기업은행은 또 다른 은행들과 채무관계를 맺는다면 궁민은행의 파산은 수많은 은행의 연쇄파산으로 이어진다. 금융시장의 불안은 금융위기뿐만 아니라 소비자 심리와 투자심리위축을 야기하고 국가적 위기까지 초래할 수 있다. 금융기관의 자산은 국제적으로 연결되어 있어 한 나라의 금융시장의 불안은 다른 나라로 번지기도 한다. 2007년 미국에서 발발하여 전 세계로 파급된 국제금융위기가 금융시장 불안의

2007년 국제금융위기의 대표적 사건인 리먼 브라더스의 파산
국제금융위기는 미국 금융기관의 파산에서 시작되어 전 세계로 파급되었다. 그 여파로 전 세계에서 가장 큰 투자은행이었던 리먼 브라더스도 파산하였다.
출처: 위키피디아.

파괴력을 보여주는 실례이다.

따라서 금융시장의 안정을 위한 금융기관의 건전성 감독이 매우 중요해지고 있다. 미국, 독일, 영국 등에서는 중앙은행이 금융감독권을 보유하고 있고 우리나라는 한은 이외 '금융감독원'이라는 별도의 감독기구가 개별 금융기관의 건전성을 감독한다. 예를 들어 금융감독원은 민간 은행들이 충분한 자기자본을 확보하고 적정한 유동성을 유지하고 있는지 관리·감독한다.

반면 한국은행은 금융시스템 안정성 감시, 최종대부자, 지급결제제도 감시 등의 역할을 담당한다. 이를 위해 한국은행은 금융시장보다 폭넓은 개념인 **금융시스템**을 '금융시장, 금융기관과 이들을 형성하고 운영하며 원활하게 기능하도록 하는 법규와 관행, 지급결제시스템 등 금융인프라를 모두 포괄하는 개념'으로 정의하고 금융시스템의 안정적 운영을 위해 여러 가지 정책수단을 활용하고 연구하고 있다. 예를 들어, 한국은행은 금융기관의 건전성을 감시·감독하고 상시적으로 금융시스템을 모니터한다. 금융시스템이 불안에 빠질 경우 화폐를 발행하는 권한(발권력)을 동원하여 금융위기 가능성에 대응하여 유동성을 공급하기도 한다.

② 한국은행은 은행 간의 **지급결제 시스템**을 감독한다. 우리가 맘 편하게 편의점에서 천원 권을 내고 컵라면을 살 수 있는 이유는 한국은행이 천원 권의 공신력을 보장하기 때문이다. 그러나 어음, 수표, 신용카드, 계좌이체 등의 지급수단은 거래은행에 돈을 받을 사람에게 내 돈을 대신 지불해달라고 요청하는 것에 불과하다. 따라서 나의 거래은행과 돈을 받는 사람의 거래은행이 한국은행에 당좌예금계정을 개설하고 서로의 채무 관계를 한국은행 금융 전산망을 통해 청산한다. 쉽게 말해 지급결제를 위한 은행의 은행 역할이다. 우리는 일상생활에서 신용카드결제가 당연히 제공되는 서비스라고 생

각하지만, 한국은행이 금융기관에게 지급수단과 결제수단을 제공하고 지급결제 시스템을 관리·감시하고 있기 때문에 가능한 일이다.

③ 한국은행은 **외화자금의 보유와 운용**을 수행한다. 국가 간 자본이동이 활발해지면서 외화자금의 유출입이 경제에 미치는 영향이 커졌다. 특히 1997년 외환위기 때 갑작스런 외환 유출로 인한 금융 불안이 발생한 이후 외환 정책의 중요성이 현격히 커졌다. 따라서 외환보유액 관리와 운용, 외환시장 모니터링 등 외환업무도 한국은행의 핵심적인 업무로 꼽는다.

요약

01 화폐는 교환의 매개, 가치저장의 수단, 가치의 척도 기능을 가지고 있다.

02 통화량은 시중에 풀려있는 화폐의 양으로 사람들이 재화와 서비스 거래를 위해 바로 가용한 화폐의 양이다. 현금, 예금 등이 통화량에 포함되지만, 현금은 통화량에서 매우 적은 비중을 차지한다.

03 화폐수량설에 의하면 인플레이션율은 통화량 증가율에서 실질 GDP 성장률을 뺀 값이어서 통화량 증가율과 실질 GDP 성장률의 괴리에 따라 변한다. 화폐중립성은 통화량 변화가 물가 같은 명목변수에만 영향을 줄 뿐 실질변수에는 영향을 주지 않는다는 주장이다. 따라서 통화량이 변화할 때 생산은 일정하고 물가만 변화한다고 볼 수 있다.

04 인플레이션은 메뉴비용, 구두창비용, 상대가격 왜곡, 조세 왜곡, 정책비용 등을 초래한다.

05 화폐 수요와 공급에 따라 균형이자율과 통화량이 정해지고 화폐공급은 중앙은행의 정책목표에 맞추어 결정된다. 예를 들어 한국은행은 경기침체에 대응하여 총수요를 진작하기 위해 통화량을 늘려 이자율을 낮추는 확장적 통화정책을 집행할 수 있다.

06 우리나라의 중앙은행인 한국은행의 주요업무는 통화정책, 금융안정정책, 지급결제 시스템의 감독, 외화자금 보유와 운용으로 나눌 수 있다.

01 확장적 재정정책 및 확장적 통화정책을 설명하고 각 효과에 대해 서술하라.

02 화폐의 세 가지 기능을 열거하라.

03 화폐수량설의 요지를 간단히 설명하라.

04 화폐수량방정식 $MV = PY$을 이용하여 화폐수량설을 설명하라.

05 통화량이 변화하면 화폐 단위로 측정되는 명목변수들은 영향을 받지만, 실질변
    수들은 통화량 변화의 영향을 받지 않는다는 고전학파는의 주장을 (   )이
    라고 한다.

06 인플레이션이 초래하는 비용을 열거하라.

07 화폐수요에 대한 케인즈를 견해를 고전학파의 견해와 대비하여 설명하라.

08 한국은행의 통화정책 수단인 공개시장운영과 지급준비제도에 대해 설명하라.

09 한국은행이 오랫동안 동결되었던 기준금리를 인상하였다고 하자. 이에 따른 결
    과를 서술하라.

10 우리나라를 비롯한 많은 국가들이 물가안정목표제를 도입하게 된 배경을 설명
    하라.

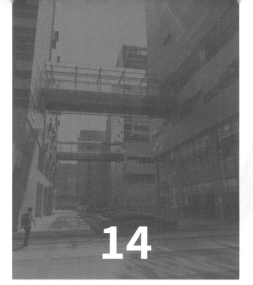

14

금융시장

금융시장

창업이 활발하면 경제발전도 촉진되지만, 특히 금융위기 이후 부각된 빈부격차 완화나 고용률 제고에 도움이 되리라는 기대가 있다. 해외 창업사례로는 에어비앤비, 인스타그램, 우버 등을 꼽을 수 있고 우리나라에서도 배달의 민족, 토스, 플리토, 야놀자 등 특히 IT기반창업에 성공한 사례가 나오고 있어 IT 강국이라고 불리는 우리나라의 경제발전에 창업이 어떤 역할을 하게 될지 주목된다. 더욱이 창업업종도 다양해 거시경제 전방위적으로 효과를 미칠 수 있다는 기대도 높아지고 있다.

창업에 필요한 자금을 조달하는 방법은 크게 두 가지이다. 투자를 받거나 빌리는 것이다. 투자를 받으면 이익이 날 때 나누고 손해가 나더라도 투자원금을 돌려줘야 할 의무가 있는 것이 아니기 때문에 창업자 입장에서는 좋지만, 반대로 투자자로서는 위험 부담이 커서 꺼리게 된다. 반면, 대출을 받으면 경영상태와 관계없이 이자를 꼬박꼬박 내야하고 반드시 원금을 갚아야 하기 때문에 창업자는 부담스럽다. 그러나 투자하는 쪽이나 빌려주는 쪽(주로 은행)도 선뜻 나서지 못하는 이유가 있다. 정보 비대칭에 따른 역선택 가능성 때문이다. 역선택이란, 이해관계로 얽힌 경제주체 간에 어느 한쪽이 다른 한쪽에 비해 더 많은 정보를 갖고 있는 상황에서 계약 전 거래 상대방에 대한 지식 부족으로 불리한 계약이 몰리는 상황을 말한다. 즉, 은행이 창업자에 대한 정보가 상대적으로 매우 부족한 상황에서 이런저런 돈 떼일 위험을 감안해 높은 이자를 물리려 하면 창업자들 중에 고위험, 고수익을 추구하는 사람들이 주로 몰릴 수 있다. 이러한 상황을 미리 짐작하는 은행은 아예 대출을 꺼리는 것이다. 우리나라처럼 금융산업에서 은행의 비중이 큰 경우 대출이 어려운 것은 특히 창업에 큰 장애가 될 수 있다. 유사시에 제3자가 대출 원리금에 대해 책임지게 하는 연대보증 제도는 이러한 정보 비대칭의 문제를 완화하는 기능을 하지만, 부작용 때문에 일부 금융기관에서 폐지되었다.

창업 성공사례 에어비앤비
사진 출처: pixabay

금융시장은 경제가 발전하기 위해 생산성 높은 경제활동에 자금이 조달되도록 하는 통로로서 거시경제에서 매우 중요한 역할을 하고 있다. 따라서 정부는 금융시장이 정보의 비대칭으로 왜곡되지 않고 효율적으로 작동하도록 정책적 수단을 동원하기도 한다. 제14장은 이러한 정책 판단을 위해 필요한 금융의 개념, 이론, 실증적 증거를 설명한다.

1 금융과 금융상품

본래 금융의 정의는 '금전의 융통'이다. 금융시장은 가계, 기업, 정부의 여유자금이 거래되는 시장으로 여유자금을 필요한 사람에게 공급해주는 역할을 한다. 총수요·총공급 항등식을 이용해 금융시장의 기능을 이해해보자. 총수요는 국내총생산(GDP, Y)과 같고 소비(C), 투자(I), 정부지출(G), 순수출($X-M$)로 구성되어 있다.

금융
금전의 융통

$$Y = C + I + G + X - M$$

분석의 편의를 위해 수출과 수입이 없는 폐쇄경제를 가정해보자. 이제 항등식은 소비(C), 투자(I), 정부지출(G)로만 구성된다.

$$Y = C + I + G$$

투자의 구성을 보기 위해 우변항에 투자만 남기고 모두 좌변항으로 넘긴다.

$$Y - C - G = I$$

생산에서 소비와 정부지출을 뺀 것이 투자이다. 즉, 국민소득에서 가계소비와 정부지출을 빼고 남은 부분이 투자이다. 그리고 좌변항 $(Y-C-G)$은 국민소득에서 국가 전체의 소비를 뺀 부분이므로 국가 전체의 저축, 즉 국민저축(national saving)이다. 편의상 저축(S)이라고 부르자.

$$Y - C - G = S$$

무엇이 눈에 뜨이는가? 투자와 저축은 같다.

$$I = S$$

한 국가의 저축은 투자로 연결되는데 그 통로가 바로 금융시장이다.

숨고르기

우리는 위에서 수출과 수입이 없는 폐쇄경제를 가정하였다. 그러나 지구상의 절대다수 국가들은 개방경제를 채택하고 있다. 그럼 여전히 저축·투자 항등식이 성립할까? 수출과 수입이 허용되고 자본의 이동이 자유로운 상태가 되면 우리나라의 저축이 반드시 우리나라의 투자로 투입된다는 보장이 없다. 우리나라보다 외국의 투자 수익률이 더 높다면 우리나라 사람들도 저축을 외국에 투자할 수 있기 때문이다. 이런 저축(S)은 외국의 투자(I)로 기록된다. 따라서 한 국가의 저축과 투자가 같아야 할 필요는 없다. 그러나 하버드대 경제학과 Feldstein교수와 당시 하버드대 경제학과를 막 졸업한 Horioka는 많은 선진국의 국내저축과 국내투자가 통계적으로 높은 상관관계를 갖고 있다는 사실을 밝혀냈다. 개방경제체제에서는 국내저축과 국내투자의 항등관계가 성립하지 않아도 되지만, 실증적으로 성립하는 현상을 **펠트슈타인-호리오카 퍼즐**(Feldstein-Horioka Puzzle)이라고 부른다.

증권
주식과 채권은 대표적인 증권

금융시장에는 매우 다양한 금융상품이 거래되지만, 본서는 시장에서 가장 큰 비중을 차지하는 주식과 채권에 집중한다. 매체나 경제서적에 **증권**이라는 단어가 자주 등장하는데 증권은 투자하는 사람과 투자를 받는 사람 간의 금융계약을 의미한다. 주식과 채권이 대표적인 증권이다.

제9장에서 "거시경제학에서 투자란 우리가 일반적으로 말하는 금융투자와 다르다. 금융투자 또는 재무적 투자는 주식, 채권 등의 금융상품에 대한 투자를 의미하고 거시경제학에서 투자란 생산을 증가시키기 위해 생산에 투입할 재화와 서비스를 구입하는 것을 말한다."라고 서술하여 금융투자와 총수요·총공급 항등식의 투자를 구분할 필요가 있다고 강조했다. 이 둘은 다른 의미를 갖고 있지만 서로 밀접한 관계를 갖고 있다. 여유자금을 보유한 사람에게 주식·채권을 구매하는 것은 금융투자이다. 그러나 금융투자는 결국 저축으로 인한 여유자금 때문에 발생하는 것이며 금융투자금은 기업이 생산요소를 구입하는 데에 쓰인다. 그럼 모든 저축액은 금융투자를 위해 사용 되는가? 아니다. 여유자금이 꼭 금융상품에 투입되지 않고 부동산, 에너지, 자동차, 교육, 연구개발, 특허 등 비금융 투자에 쓰이기도 한다. 그런데 따지고 보면 비금융 투자금도 결국 생산에 투입된다. 아파트는 노동자에게 거주를 제공하여 안정적으로 일할 수 있게 해주고 에너지 없이 공장이 돌아가지 못한다. 여러분이 등록금을 내고 대학에 진학한 이유도 마찬가지이다. 미래 소득을 기대하고 교육에 투자하는 것이다.

2 주식

생산 주체는 자영업자를 제외하고 거의 예외 없이 회사의 형태를 띠고 있다. 회사를 설립할 때 설립 주체가 적어도 한 사람은 있어야 한다. 이를 회사의 주인, 주주라고 하는데 회사의 소유권을 나타내기 위해 회사 이름으로 주주에게 발행하는 증서가 주식이다. 기존의 주주가 주식을 팔고 나가면 주식매수

자가 새로운 주주가 된다. 이런 거래는 주식시장에서 초 단위로 빈번히 발생한다.

순위	종목명	종가	대비	등락률	거래량	거래대금	시가총액	시가총액 비중	상장주식수
1	삼성전자	62,900	▲2,500	+4.14	20,037,163	1,257,129,641,861	375,499,322,395,000	19.15	5,969,782,550
2	LG에너지솔루션	624,000	▲19,000	+3.14	447,112	278,189,137,000	146,016,000,000,000	7.45	234,000,000
3	SK하이닉스	93,500	▲4,400	+4.94	5,002,149	468,889,493,882	68,068,221,127,500	3.47	728,002,365
4	삼성바이오로직스	900,000	▼7,000	-0.77	70,747	64,085,170,000	64,056,600,000,000	3.27	71,174,000
5	LG화학	737,000	▲42,000	+6.04	304,326	223,654,762,000	52,026,556,791,000	2.65	70,592,343
6	삼성SDI	747,000	▲22,000	+3.03	308,615	229,006,491,000	51,367,103,910,000	2.62	68,764,530
7	삼성전자우	57,100	▲1,600	+2.88	1,619,910	93,131,943,200	46,986,830,570,000	2.40	822,886,700
8	현대차	172,000	▲2,500	+1.47	980,474	169,239,286,500	36,750,928,164,000	1.87	213,668,187
9	NAVER	193,500	▲17,500	+9.94	3,312,709	634,376,445,200	31,743,497,947,500	1.62	164,049,085
10	기아	68,000	▲1,400	+2.10	1,727,900	117,482,568,600	27,564,707,596,000	1.41	405,363,347
11	셀트리온	192,000	▲5,000	+2.67	475,361	91,026,079,000	27,034,600,320,000	1.38	140,805,210
12	카카오	58,700	▲7,900	+15.55	17,375,821	1,002,819,056,700	26,141,222,495,600	1.33	445,335,988
13	POSCO홀딩스	285,500	▲4,500	+1.60	539,139	153,612,875,500	24,145,086,165,000	1.23	84,571,230
14	삼성물산	123,000	▲1,500	+1.23	335,974	41,331,694,000	22,987,110,963,000	1.17	186,887,081
15	현대모비스	219,500	▼1,000	-0.45	298,000	65,787,048,000	20,695,578,133,000	1.06	94,285,094

한국거래소 시가총액 상위 15개 상장기업 주가
출처: 네이버(2022년 11월 11일 종가)

현재가치법

사람들은 소중한 저축을 왜 주식에 투자할까? 주식은 회사에 대한 소유권이고 소유권의 가치는 회사의 가치를 나타내므로 주식의 가격(주가)은 결국 회사의 가치이다. 주식을 사는 사람은 나름의 분석에 따라 기업의 가치가 올라갈 것이라고 판단한다. 그 나름의 분석은 무엇을 의미할까? 가장 기본적으로 쓰이는 방법은 **현재가치법**이다.

가령 우리가 50,000원을 투자해서 1년 후 5%의 수익률을 달성했다고 하자.

$$50,000 + 50,000 \times 0.05 = 50,000 \times (1 + 0.05) = 52,500$$

투자가 완료된 시점에 52,500원이 내 호주머니로 돌아온다. 거꾸로 1년 후에 발생할 52,500원의 오늘 가치는 얼마일까? 50,000원이다. 1년 후 52,500원은 오늘 50,000원과 동일한 가치를 가진다.

$$50,000 = \frac{52,500}{1 + 0.05}$$

여러분은 오늘 50,000원과 1년 후 52,500원 중 무엇을 선호하는가? 사람마다 선호가 다르겠지만 확실한 건 1년을 참고 기다리면 52,500을 받고 성격

단리 수익률

시간이 지나도 수익이 투자원금에 대해서만 지급된다. 원금이 1원, 단리 수익률이 5%라고 가정하자.

$$1+1\times1\times0.05=1.05$$
$$1+1\times2\times0.05=1.10$$
$$1+1\times3\times0.05=1.15$$
$$\vdots$$
$$P+PnR=P(1+nR)=F$$

 복리 수익률

시간이 지나면서 수익이 투자원금뿐만 아니라 전기의 수익에 대해서도 지급된다. 이번에도 원금이 1원, 복리 수익률이 5%라고 가정하자.

$$1+1\times0.05=1(1+0.05)=1.05$$
$$1.05+1.05\times0.05=1.05(1+0.05)$$
$$=1(1+0.05)(1+0.05)=1(1+0.05)^2=1.1025$$
$$1.1025+1.1025\times0.05=1.1025(1+0.05)$$

$$=1(1+0.05)(1+0.05)(1+0.05)$$
$$=1(1+0.05)^3=1.157625$$
$$\vdots$$
$$P(1+R)\cdots(1+R)=P(1+R)^n=F$$

미래가치는 복리로 수익을 얻을 때 단리보다 훨씬 빠르게 증가한다.[1]

이 급한 사람은 오늘 50,000원으로 만족해야 한다는 것이다. 이렇게 돈의 가치는 시간에 따라 달라지기 때문에 시간가치를 염두에 두어야 한다. 예를 들어 52,500원은 50,000원의 미래가치(F)이고, 반대로 50,000원은 52,500원의 현재가치(P)이다. 5%는 50,000원의 미래가치를 계산할 때는 수익률(R), 52,500원의 현재가치를 계산할 때는 할인율(R)이라고 부른다. 이 셈법을 일반화하면 다음과 같다.

$$P(1+R)=F$$

또는

$$P=\frac{F}{1+R}$$

n 기간 동안 다 기간(multi-period) 투자라면 위 식은 아래와 같이 바꾸면 된다.

$$P(1+R)^n = F$$

$$P = \frac{F}{(1+R)^n}$$

이 공식을 주식 가치평가에 어떻게 응용할까? 2019년 1월 25일 오전 삼성 전자 주가는 43,950원이다. 경제학을 배운 투자자는 다음의 과정을 거칠 것 이다. 삼성전자가 추진하고 있는 사업계획이 담긴 사업 보고서, 재무제표, 거 시경제 동향, 정부규제, 조세, 환율, 반도체 업황, 경쟁업체 정보, 반도체 수 요량, 신문기사를 비롯한 각종 정보를 긁어모아 삼성전자가 벌어들일 미래 의 현금흐름을 추정한다. 미래 발생할 현금흐름을 받기 위해 오늘 얼마를 내 야 정당할까? 미래 현금흐름의 현재가치를 계산하기 위해 할인율(R)로 국공 채 이자율을 쓸 수 있다. 삼성전자 대신 정부가 발행하는 국공채에 투자했을 때 $R\%$를 벌 수 있으므로 삼성전자 주식투자의 기회비용은 최소한 $R\%$이다. 이는 투자자 입장에서 삼성전자의 현재가치를 계산할 때 최소한 $R\%$ 수익률 을 기대한다는 뜻이기도 하다. 투자 기간은 n기이고 미래가치를 할인했더니 44,919원이 나왔다고 하자.

$$P = \frac{F_1}{1+R} + \frac{F_2}{(1+R)^2} \cdots \frac{F_n}{(1+R)^n} = 44,919$$

삼성전자 미래수익의 현재가치는 44,919원이다. 오늘 주가는 43,950원이 다. 삼성전자 주식은 싼가, 비싼가? 이 투자자의 판단에 따르면 싸다. 시간이 지나면 다른 사람들도 이 사실을 알게 되고 삼성전자 주식 수요가 늘어 주가 가 44,919원에 다다를 때까지 상승할 것이다.

그런데 오늘 시장가격이 43,950원이라면 누군가 43,950원에 팔고 있다는 뜻이다. 매도자는 43,950원이 비싸다고 판단했기 때문이다. 누가 틀리고 누 가 맞는가? 대단히 어려운 질문이다. 주가는 주식의 수요·공급에 따라 정해 지는데 투자자들이 접근할 수 있는 정보도 다를 수 있고 정보를 해석하는 능

---

1   통상적으로 금융시장에서 적용되는 수익률은 복리이므로 본서도 이 관행을 따른다.

력도 다를 수 있어 수요·공급이 상호작용하면서 결정된다. 어쨌든 투자자들의 미래에 대한 기대가 이질적이기 때문에 거래가 이루어진다.

또 하나 주지할 점은 지금 추정한 삼성전자의 현재가치가 미래에 대한 정보에 근거하기 때문에 **불확실성**을 내포하고 있다. 극단적으로, 내일이 되면 달라질 수도 있다. 삼성전자가 항상 몇 십조의 영업이익을 낼 수 있다고 누가 장담할 수 있겠는가? 주주입장에서 이 질문은 아주 현실적인 염려거리이다. 이런 불확실성 때문에 주가는 변동이 심하여 주식을 전형적인 **위험자산**[2]이라고 부른다.

 ## 기본적 분석과 기술적 분석

시장가격에 비해 저평가된 주식을 사고 고평가된 주식을 판다면 수익을 낼 수 있다. 삼성전자 예처럼 기업 가치분석을 위해 기업의 재무제표와 미래 전망을 분석하는 방법을 **기본적 분석**(fundamental analysis)이라고 한다. 반면에 기업가치보다는 과거 주가와 주식거래량 등을 이용해 미래의 가격을 예측할 수 있다고 보고 주가예측을 시도하는 방법을 **기술적 분석**(technical analysis)이라고 한다. 기업 가치분석에 의존하기보다 과거 주가 자료를 이용해 주가예측이 가능하다면 기술적 분석으로 수익을 낼 수 있다.

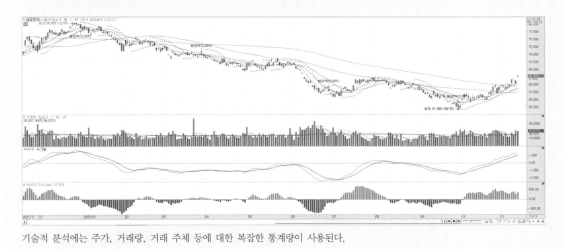

기술적 분석에는 주가, 거래량, 거래 주체 등에 대한 복잡한 통계량이 사용된다.

---

2 금융상품은 시장에서 거래된다는 의미를 강조한 용어이고 투자자 입장에서 금융자산이라는 용어가 더 적절하다. 그러나 실질적으로 두 단어의 의미는 크게 다르지 않다.

Financial Summary | 주재무제표 ▼ | 검색 | IFRS ? | 산식 ? | • 단위 : 억원, %, 배, 주 | • 분기 : 순액기준

주요재무정보	연간				분기			
	2019/12 (IFRS연결)	2020/12 (IFRS연결)	2021/12 (IFRS연결)	2022/12(E) (IFRS연결)	2021/12 (IFRS연결)	2022/03 (IFRS연결)	2022/06 (IFRS연결)	2022/09(E) (IFRS연결)
매출액	2,304,009	2,368,070	2,796,048	3,095,753	765,655	777,815	772,036	784,422
영업이익	277,685	359,939	516,339	476,380	138,667	141,214	140,970	119,226
영업이익(발표기준)	277,685	359,939	516,339		138,667	141,214	140,970	
세전계속사업이익	304,322	363,451	533,518	500,380	143,629	150,698	144,608	124,305
당기순이익	217,389	264,078	399,074	379,730	108,379	113,246	110,988	90,775
당기순이익(지배)	215,051	260,908	392,438	373,746	106,431	111,291	109,545	90,512
당기순이익(비지배)	2,338	3,170	6,637		1,948	1,955	1,443	
자산총계	3,525,645	3,782,357	4,266,212	4,637,450	4,266,212	4,393,270	4,480,406	
부채총계	896,841	1,022,877	1,217,212	1,262,249	1,217,212	1,240,360	1,201,340	
자본총계	2,628,804	2,759,480	3,048,999	3,375,201	3,048,999	3,152,909	3,279,067	
자본총계(지배)	2,549,155	2,676,703	2,962,377	3,282,570	2,962,377	3,063,919	3,188,306	
자본총계(비지배)	79,649	82,777	86,622		86,622	88,990	90,761	
자본금	8,975	8,975	8,975	8,979	8,975	8,975	8,975	
영업활동현금흐름	453,829	652,870	651,054	680,262	206,345	104,531	141,361	
투자활동현금흐름	-399,482	-536,286	-330,478	-578,098	-103,513	-6,365	-192,928	
재무활동현금흐름	-94,845	-83,278	-239,910	-109,226	-38,003	-4,953	-59,623	
CAPEX	253,678	375,920	471,221	510,207	123,726	87,068	114,509	
FCF	200,152	276,950	179,833	152,621	82,618	17,462	26,851	

기본적 분석에 이용되는 재무제표[3]

출처: 네이버

효율적 시장가설(Efficient Market Hypothesis)

효율적 시장가설
모든 정보가 자산 가격에 충분히 반영되어 있다는 주장

삼성전자 주식이 43,950원에 거래되고 있다는 사실을 다시 음미해보자. 주식시장의 참여자들은 과거 주가, 실적, 심지어 삼성전자 고위관계자들의 회의내용까지 수많은 정보를 경쟁적으로 실시간 취합하여 삼성전자의 기본가치를 추정한다. 그리고 추정한 가치와 시장가격을 비교하여 삼성전자 주식을 거래한다. 이 정보들이 주식시장에 도달하자마자 순식간에 퍼져 주가에 바로 반영되면 시장은 **효율적**이라고 한다. 여기서 효율적이라는 말은 **정보적 효율성**을 의미하므로 거래비용이 낮다는 의미의 거래적 효율성과 구분하여야 한다. 바꿔 말하면, 정보가 퍼지는 속도가 너무 빨라 누구도 정보를 선취할 수 없다는 말이다.

효율적 시장가설에서 효율성
거래비용이 낮다는 거래적 효율성보다는 정보적 효율성을 의미

시장이 효율적이면 주식을 거래하여 돈을 벌 수 있을까? 주식으로 돈을 벌

---

3   재무제표에는 기업의 회계 정보가 담겨 있다.

그림 14-1　주식의 수요·공급

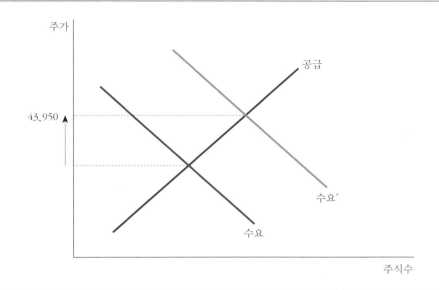

기 위해서는 저평가된 주식이나 고평가된 주식을 발굴해야 하는데 시장이 효율적이면 그런 주식은 존재하지 않게 된다.[4] 효율적인 시장에서는 기업에 대한 정보가 빨리 퍼져 즉각 주가에 반영되기 때문이다. 예를 들어 삼성전자에 대한 낙관적인 정보가 시장에 알려지면 시장 참여자들이 이 정보를 지체 없이 인지한다. 즉각 삼성전자 주식 수요가 급증해 주가는 바로 올라간다. 이 과정이 눈 깜짝할 사이에 진행된다면 삼성전자 주식을 사려고 결정한 순간 가격은 이미 올랐으므로 더 이상 주가 상승을 기대할 수 없다.

　모든 정보가 주식에 즉각 반영된다면 주식은 항상 정당하게 평가될 것이다. 그런데 삼성전자가 시장가격 43,950원에 거래되고 있다. 매도자는 43,950원에 비해 고평가되었다고 판단하고 매수자는 저평가되었다고 생각한다는 뜻이다. 서로 생각이 다르다. 그럼 43,950원은 정당한 가격이 아니란 뜻인가? 그렇지 않다. 여기서 정당하다는 뜻은 매도자와 매수자가 평균적으로 가격이 정당하다고 동의했다는 의미이다. 시장가격 43,950원에서 삼성전자를 거래하는 매도자(고평가자)와 매수자(저평가자)의 수가 일치하여 43,950

4　수익을 내려면 저평가된 주식을 매수한 후 주가가 기본가치로 올라가면 매도하면 된다. 주식이 고평가된 경우에도 수익을 낼 수 있는데 공매도(Short Selling)를 이용하면 된다. 공매도란 고평가된 주식의 보유자로부터 주식을 빌려 매도한 후에 주가가 기본가치로 내려갈 때 사서 보유자에게 돌려주고 남은 차익을 얻는 거래 방식이다.

원은 평균적으로 고평가도 저평가도 아닌 가격인 것이다. 예컨대 매도자 매수자 각각 10명씩 서로 거래한다면 초과수요나 초과공급이 없으므로 43,950원은 균형가격이다. 매수자 한 명이 고평가로 의견을 바꾸어 매수자는 한 명 줄고 매도자가 한 명 늘어났다고 생각해보자. 이제 11명의 매도자가 9명의 매수자와 거래하려 하기 때문에 시장에서 평균적으로 고평가 견해가 우세하여 균형가격은 내려가게 된다.

효율적 시장가설의 또 다른 시사점은 주가의 예측 불가능성이다. 미래 주가가 올라갈지 내려갈지 알 수 없어서 무작위로 움직인다는 뜻이다. 이 의미를 살려 효율적 시장 이론가들은 주가를 랜덤워크(Random Walk)라고 부른다. 왜 미래 주가를 알 수 없을까? 주가는 정보에 따라 움직인다. 낙관적인 뉴스가 알려지면 주가는 오르고 비관적인 뉴스는 주가를 떨어뜨린다. 뉴스의 속성은 어떤가? 예측 불가능하다. 삼성전자가 앞으로 출시할 새로운 휴대폰 기종이 잘 팔릴지 안 팔릴지 어떻게 미리 알 수 있겠는가? 오직 출시와 동시에 뉴스가 나와 봐야 알 수 있다. 확률적으로 랜덤워크는 주가가 오를 가능성이 50%, 내릴 가능성도 50%라는 것을 의미한다. 투수가 직구와 변화구 볼 배합을 무작위로 반반씩 섞으면 타자가 공의 방향에 대해 혼란을 느끼는 것과 같은 논리이다.

시장이 효율적이면 주식으로 돈을 벌 수 있는 방법은 아예 없는가? 없다면 아무도 주식을 거래하지 않게 되어 주식시장이 없어지게 될 텐데 건재하다. 주식시장이 효율적이더라도 돈을 벌 수 있는 방법은 있다. **고위험-고수익 저위험-저수익 전략이다.** 주식이 정당하게 평가되어 있더라도 위험이 큰 사업을 추진하는 기업은 대규모 이익을 낼 수도 있기 때문에 주주는 높은 수익을 누릴 수도 있다. 평균적으로 고위험 투자는 고수익을 보상하고 저위험 투자는 그만큼 보상을 해주지 않는다. 평균적이라는 말을 기억하자. 항상 위험한 투자가 높은 수익을 보장해주는 것이 아니고 평균적으로 그렇다는 의미이다. 고(저)위험 투자는 고(저)손실을 동반하기도 한다.

마지막 시사점은 시장이 효율적일 때 주식을 고르는 데 노력을 들일 필요가 없다는 것이다. 모든 주식이 정당하게 평가되어 있으므로 저평가·고평가 주식이 존재하지 않는다. 따라서 주식을 선정하기 위해 수고할 필요가 없다. 그럼 투자금을 한 주식에 모두 투입할 것인가? 여러분은 '계란을 한 바구니에 담지 마라'는 속담을 들어 봤을 것이다. 모든 투자금을 한 자산에 투입하면 위험이 너무 커진다는 말이다. 투자의 가장 일반적인 원칙은 분산화이다. 예를 들어 투자금을 삼성전자에 모두 투입하지 않고 삼성전자와 현대자동차에 나누어 투자하면, 삼성전자 투자에서 손실을 보더라도 현대자동차에서 수익을 낸다

그림 14-2   코스피 지수와 연동되게 구성한 KODEX 코스피 지수 펀드의 주가

2022.11.18. 22,470원에 거래되고 있으며 [그림 14-3]의 코스피 지수와 움직임이 동일하다.
출처: 다음

그림 14-3   우리나라 주식시장 지수인 코스피 지수

출처: 다음

분산화된 포트폴리오

효율적 시장가설을 배운 투자자는 분산화를 위해 삼성전자부터 SK하이닉스, 현대자동차 등 각 기업의 주식을 하나씩 추가하면서 포트폴리오를 구성할 것이다. 그런데 분산된 포트폴리오를 만들기 위해 몇 개의 주식을 사야 할까? 주식시장에 모든 주식이 정당한 가격으로 거래되고 있다면 차별 없이 모두 포트폴리오에 포함시키면 될 것이다. 그럼 각 주식의 투자액 비중은 어떻게 정해야 할까? 각 주식의 가치(주식가격×거래주식수량)가 주식시장에서 차지하는 비중을 따르면 된다. 가격이 정당하기 때문에 주식의 가치도 정당하므로 시장에서 각 주식이 차지하는 비중도 정당하다.

그런데 이런 포트폴리오를 만들려면 주식 하나하나를 사는 수고가 필요하다. 다행히 **상장**지수펀드(exchange traded index fund)가 있어서 분산된 포트폴리오를 쉽게 보유할 수 있다. 지수 펀드란 주식시장 전체를 구성하는 모든 주식이 시장 비중대로 다 포함된 포트폴리오이다. 이 펀드를 사면 다양한 주식을 한꺼번에 살 수 있다.

경제학자들의 연구에 의하면 대개의 지수 펀드 수익률이 전문가들이 적극적으로 주식을 선정해서 구성한 펀드 수익률보다 높다고 한다. 이 현상은 대부분의 국가에서 나타나는데 거래 수수료, 세금, 펀드매니저 수수료 등의 비용이 들어가기 때문인 것으로 추정된다. 간혹 지수 펀드보다 높은 수익률을 올리는 펀드매니저들이 보고되기도 하지만 그들마저도 일관성 있게 높은 수익률을 유지하는 경우가 거의 없다.

 제13장을 복습하는 의미에서 주가와 통화정책의 관계에 대해 잠시 생각해보자. 통화정책의 영향으로 국공채 이자율이 오른다면 삼성전자 주가가 영향을 받을까? 현재가치 계산에서 분모 R이 올라가면 분수 전체는 작아지므로 삼성전자의 기본가치도 44,919원에서 하락한다.

$$P\downarrow = \frac{F_1}{1+R\uparrow} + \frac{F_2}{(1+R\uparrow)^2} \cdots \frac{F_n}{(1+R\uparrow)^n} < 44,919$$

효율적 시장가설에 따라 시장은 국공채 이자율 상승을 삼성전자 기본가치에 바로 반영하므로 주가는 하락한다. 반대로, 이자율 하락은 주가 상승을 초래한다. 이 원리 때문에 중앙은행의 통화정책에 따라 주식시장이 요동치기도 한다.

필요한 만큼 배우는 경제학

면 전체적으로 손실이 날 가능성은 줄어든다. 효율적 시장가설은 주식선정에 몰두하지 말고 분산된 포트폴리오를 구축하는 것이 바람직하다고 시사한다.

행동재무학

주류 경제이론은 시장 참여자들의 합리성이라는 기본가정에서 출발한다. 효율적 시장가설도 합리성에 기반한 경제이론이다. 그러나 놀랍게도 시장 참여자들의 **비합리적 행동**이 자주 나타나고 있다.

아래 [그림 14-4]의 그래프를 보자. 미국의 장기이자율과 주가 수익률 자료이다. 주가 수익률(price earnings ratio)은 주가를 주식 1주당 이익[5]으로 나눈 값으로 주가 수익률이 높으면 주가가 이익에 비해 높으므로 주식이 고평가되어 있거나 시장 참여자들이 이익이 높아질 것을 예상하여 높은 가격을 지불하고 있는 상태라고 말할 수 있다.

그래프에서 눈에 띄는 점들을 정리해보자. 첫째, 약 1940년부터 1970년까지 기간을 제외하고 이자율과 주가가 반대 방향으로 움직이는 경향이 보

행동재무학
합리적으로 설명하기 어려운 금융시장의 현상을 설명하는 데 주목적을 둔 연구 분야

그림 14-4　미국의 장기 이자율과 주가 수익률

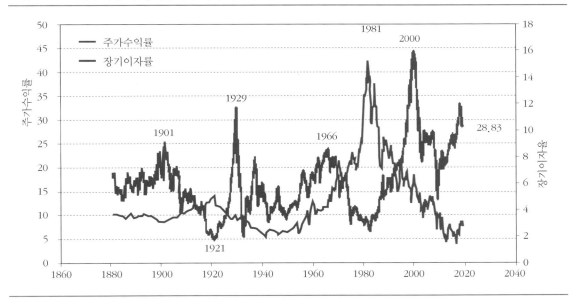

출처: Shiller, Robert J. Irrational exuberance: Revised and expanded third edition. Princeton university press, 2015.

5　"이익"은 주식투자 수익률이 아닌 기업이 발생시킨 재무제표상 이익을 의미한다.

그림 14-5　미국의 주택가격, 건축비용, 인구, 이자율

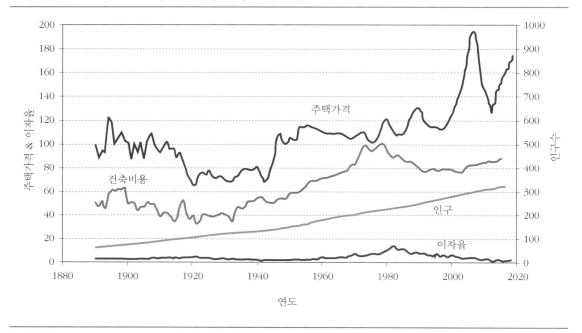

출처: Shiller, Robert J. Irrational exuberance: Revised and expanded third edition. Princeton university press, 2015.

인다. 우리가 배운 대로 이자율과 주가 사이에 음(−)의 상관관계가 있는 것을 확인할 수 있다. 둘째, 1901년, 1929년, 1966년, 2000년에 주가가 급등하고 폭락하는 현상도 뚜렷하다. 기업의 가치인 주가가 단기간에 몇 백 배까지 불어났다가 증발한다는 것이 가능할까? 이 자료는 미국 상장기업 주가의 가중평균을 사용했으므로 이 현상은 일부 기업 때문에 발생한다고 볼 수 없다. 또 많은 국가들이 비슷한 현상을 겪었기 때문에 미국만의 특징이라고 치부하기도 어렵다. 주가는 원래 변동성이 크기 때문인가? 그럼 부동산을 살펴보자. 부동산은 생산요소 중 생산기여도가 일정한 편이고 거래가 빈번하지 않아 변동성이 크지 않을 것이기 때문이다.

　　그러나 [그림 14-5]를 보면 놀랍게도 부동산 가격 역시 주가와 마찬가지로 급등·급락이 지속적으로 나타나고 있다. 주택가격은 건축비용의 영향을 받는데 주택가격은 건축비용과 추세적으로 같이 움직이지만, 건축비용보다 변동성이 크다. 인구도 주택가격에 영향을 줌에도 불구하고 급등락하는 모습은 보이지 않는다. 많은 사람들이 대출을 받아 집을 사므로 이자율도 주택가격과 관계가 있다. 그러나 역시 이자율의 변동성은 주택가격의 변동성을 설

명해주지 못하는 것으로 보인다.

이렇게 금융시장에서 합리적으로 설명하기 어려운 현상이 종종 관측된다. 이러한 현상을 설명하는 데 주목적을 둔 연구 분야가 행동재무학이다. 행동재무학에 따르면, 시장 참여자들이 정보에 대해 과민반응하여 가격이 폭등·폭락하는 이유는 참여자들이 시장을 지속적으로 관찰하는 능력이 없거나 자신의 능력을 과대평가하기 때문이다. 또, 시장 참여자들이 감정, 욕망, 공포 등에 휩싸여 남들을 따라 거래하는 '군집현상'이 원인일 수도 있다. 즉, 인간의 비합리성 때문에 금융시장의 비효율이 발생한다고 볼 수 있다.

예일대 로버트 쉴러 교수(Robert Schiller)와 시카고대 리차드 세일러(Richard Thaler) 교수가 행동경제학의 응용 분야로서 행동재무학을 발전시킨 공로로 노벨경제학상을 받았으리만큼 행동재무학은 경제학에서 중요한 분야로 자리매김하고 있다.

3 채권

가계의 저축은 채권의 형태로도 투자되어 기업에게 공급된다. 우리가 은행에 예금하는 돈도 넓은 의미의 채권이다. 채권은 발행 시점에 미래가치와 이자율이 정해져 있어 주식과 대비하여 무위험 자산이라고 부른다.[6]

채권 가격산정에는 위에서 배운 현재가치법이 이용된다. 가령 액면가 52,000원, 이자율 5%, 만기 3년의 채권가격을 현재가치법으로 계산하면 44,919원이다. 오늘 44,919원을 내고 이 채권을 사면 5% 이자율이 적용되어

채권
발행 시점에 미래가치와 이자율이 정해져 있어 주식과 대비하여 무위험 자산이라고 함

---

6 현실에서 돈을 빌린 사람이 반드시 돈을 갚는다는 보장이 없으므로 채권에도 위험이 여전히 존재한다. 반면 국가가 발행하는 채권인 국채는 위험 정도가 현저히 낮다. 이런 차이를 포괄하는 의미로 채권을 확정수익 또는 확정소득(fixed income) 자산이라고 부르기도 한다.

그림 14-6　대부자금 시장의 균형

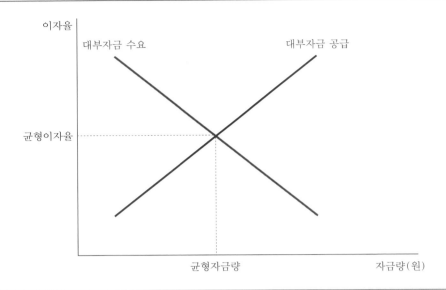

3년 후 52,000원을 돌려받게 된다.

$$P = \frac{F}{(1+R)^n} = \frac{52,000}{(1+0.05)^3} = 44,919$$

　　채권은 주식과 달리 정해진 이자율에 따라 미래가치를 지급하므로 이자율이 가장 중요한 요소이다. 제13장에서 이자율이 화폐의 가격과 같은 역할을 한다고 설명하였다. 같은 논리를 채권시장에 적용하면 채권 이자율이 어떻게 결정되는지 알 수 있다. 채권시장을 **대부자금시장**(loanable funds market) 또는 **신용시장**(credit market)이라고 부르기도 하는데 돈을 빌리고 빌려주는 시장이라는 의미에서 동의어로 사용해도 무방하다.

　　[그림 14-6]을 보면 대부자금 수요·공급곡선이 그려져 있다. x축과 y축은 화폐 수요·공급곡선 그림과 흡사하다. x축은 자금량(원), y축은 이자율(%)이다.[7] 대부자금의 수요곡선은 화폐 수요곡선과 동일하다. 생산시설의 확장을 위해 투자를 늘리려는 기업과 주택구입을 위해 대출이 필요한 가계가 대부자금이 필요하므로 이자율과 대부자금 수요 사이에는 음(-)의 관계가

7　제9장에서 배운 대로 경제 주체에게 의미가 있는 이자율은 명목이자율이 아니고 실질이자율이므로 대부자금시장의 이자율도 실질이자율임을 기억하자.

있다. 대부자금의 공급원은 저축이다. 높은 이자율은 저축을 유인하므로 대부자금 공급과 이자율은 양(+)의 관계를 갖는다. 화폐공급곡선의 기울기는 수직인 데 반해 대부자금 공급곡선의 기울기는 우상향이다. 따라서 대부자금 수요·공급곡선은 재화나 서비스의 수요·공급곡선처럼 그리면 되고 대부자금 시장의 균형이 달성되는 과정도 동일하다고 생각하면 된다. 역시 대부자금시장 균형에도 초과수요나 공급이 존재하지 않는다.

대부자금 수요·공급곡선의 이동

대부자금 수요는 무엇의 영향을 받을까? 각 이자율 수준에서 대출 의사를 강화시키는 요인들을 생각해보자. 가계가 주택시장 경기에 대해 낙관하여 주택을 구입하거나, 가계의 **선호**가 변화하여 소비를 늘리면 현재 시장이자율과 상관없이 대출수요가 늘게 된다. 예를 들어 고가의 가전제품이나 고급 승용차 같은 상품의 할부구매는 사실상 대출에 해당한다.

그림 14-7 **대부자금 수요의 증가**

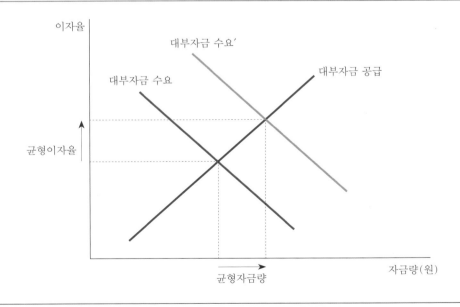

기업이 미래에 대해 낙관적인 기대를 하게 되면 투자를 늘리기 위해 차입을 하게 된다. 정부도 차입하기 때문에 정부 정책도 대부자금 수요곡선에 영향을 줄 수 있다. 정부가 경기침체에 대응하여 확장재정을 시도하거나 선거공약 이행을 위해 복지지출을 증가시켜야 할 때, 만약 세수가 부족하면 채권을 발행하여 민간으로부터 돈을 빌려야 한다. 정부의 재정적자는 대부자금 수요를 증가시킨다. 이 같은 요인들 때문에 [그림 14-7]처럼 대부자금 수요곡선이 오른쪽으로 이동하면 균형 이자율이 상승하고 대부자금 양이 증가한다. 조세와 보조금도 대부자금수요에 영향을 미칠 수 있다. 기업이윤에 부과하는 법인세 인하, 기업투자에 대한 보조금 지급 또는 세액 공제는 투자유인을 강화시켜 대부자금 수요를 증가시킨다.

이제 대부자금 공급곡선을 생각해보자. 각 이자율 수준에서 저축 의사를 강화시키는 요인들을 생각하면 된다. 가계가 미래 경제 상황에 대해 비관적인 기대를 가지면 저축은 증가한다. 이런 종류의 저축을 예비적 저축(precautionary saving)이라고 한다. 기업의 이윤 중 주주에게 배당으로 지급되지 않고 사내에 적립된 금액을 유보이익(retained earnings)이라고 한다. 기업은 유망한 사업의 적절한 투자 시기가 올 때까지 유보이익을 가계의 저축처럼 보유한다. 기업이 투자처를 못 찾거나 미래 경제 상황에 대해 비관적인 견해를 갖게 되면, [그림 14-8]에서 보이는 것과 같이 유보이익이 증가하여 공급곡선은 오른쪽으로 이동한다.

정부 정책 역시 대부자금 공급에 영향을 미친다. 이자소득은 과세대상이기 때문에 세율인하는 대부자금 공급에 대한 유인으로 작용한다. 대부자금 수요곡선의 이동을 설명하면서 언급했던 재정적자는 어떤 영향을 미칠까? 위에서 재정적자는 대부자금 수요곡선을 오른쪽으로 이동시킨다고 설명했다. 정부가 재정적자를 만회하기 위해 가계와 기업으로부터 돈을 빌리면 민간이 가진 대부자금 수요에 정부의 수요까지 더해져 대부자금 수요는 증가한다고 보았기 때문이다. 그러나 정부가 재정적자를 메우기 위해 민간으로부터 돈을 빌릴 때 가계와 기업이 빌릴 자금이 줄어들어 대부자금 공급이 축소된다고 볼 수도 있는 것이다([그림 14-9]).

어떻게 해석하든지 정부 차입 때문에 민간투자는 감소한다. 이렇게 정부의 차입으로 민간투자가 감소하는 현상을 밀어내기(crowding out)효과라고 한다. 정부가 대부자금시장에서 가계와 기업을 밀어내면 민간투자는 줄어들고

예비적 저축
미래 경제 상황에 대한 비관적인 기대 때문에 하는 저축

필요한 만큼 배우는 경제학

그림 14-8 　대부자금 공급의 증가

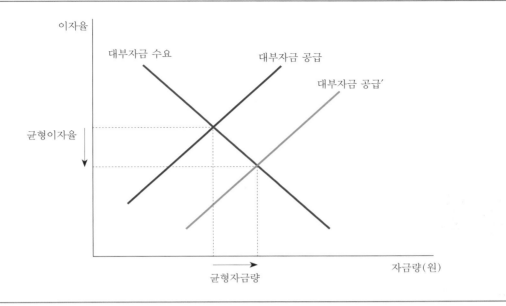

그림 14-9 　밀어내기 효과

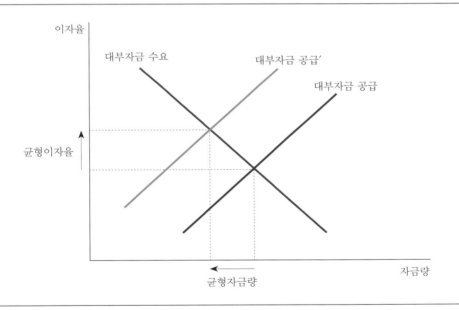

이자율은 상승한다.

금융시장의 대표적인 상품인 주식과 채권에 대해서 알아보았다. 이 두 가지 금융자산의 가장 큰 차이점은 위험의 정도이다. 따라서 위험에 대해 좀 더 자세히 생각해 볼 때가 되었다. 강원랜드 같은 카지노에는 수많은 게임 기계, 딜러, 테이블에서 도박을 하는 사람들로 가득 차 있다. 상상만 해도 위험한 곳으로 느껴진다. 그러나 우리는 일상생활에서 이미 불가피하게 수많은 도박을 하고 있다. 슈퍼마켓에서 처음 보는 물건을 사는 것부터 대학이나 직장을 선택하는 것까지 불확실성이 없는 인간의 활동은 거의 없다. 그렇기 때문에 위험관리는 매우 중요한 의사결정이다.

도박은 사행성이라는 성격 때문에 정부의 통제를 받는다. 도박은 카지노, 스포츠 배팅, 포커, 로또 등의 종류로 나누는데 2011년 약 3천억 달러였던 전 세계 도박 산업 매출액은 2016년 4천억 달러로 성장했다. 온라인 도박이 가능해졌다는 걸 고려하더라도 도박 산업의 성장세를 보면 사람들은 마냥 위험 기피적이지 않은 것 같다. 2016년 1인당 도박 손해액(단위: 미 달러)은 호주 $1,000, 싱가포르 $900, 아일랜드 $500, 핀란드 $430, 미국 $410 등의 순이다. 반면, 도박 사업자들은 고객으로부터 수익을 챙겼다. 1인당 수익은 마카오 $1,354, 호주 $736, 싱가포르 $446, 필리핀 $404 등이다. 그런데 금융투자와 도박은 모두 수익을 목표로 위험을 감수하는 행위이지만 도박을 장려하는 나라는 없다. 왜일까? 바로 금융투자는 경제의 생산과 직결되기 때문이다. 금융투자는 경제주체의 여유자금을 기업의 생산으로 연결시켜 주지만 도박 수익은 카지노 수익일 뿐 생산성 있는 기업 활동으로 연결된다는 보장이 없다.

출처: casino.org

위험에 대한 성향

위험을 관리하기 위해 사람들이 위험에 대해 보이는 성향의 차이를 먼저 이해해야 한다. 위험 기피부터 살펴보자. 위험이라는 단어가 주는 공포감 때문에 많은 사람들이 자신을 위험 기피적이라고 생각하지만, 위험 기피를 정확하게 이해하지 못한 채 자신을 판단하는 경우가 많다. 위험기피는 어떻게 판단할까?

각각 50%의 확률로 100원을 받거나 100원을 지불해야 하는 게임이 있다고 가정하자. 이 게임으로부터 얼마를 벌 수 있을까? 이 게임을 무한 반복하면 내 호주머니에 얼마가 남을까? 직관적으로, 이길 확률이 절반, 질 확률이 절반이고 이겼을 때와 졌을 때 똑같은 금액을 받거나 지불해야 하므로 결국 0원이 남게 된다. 이 0원을 기댓값이라고 부르는데, 기댓값이 0원인 게임을 **공정한 게임**(fair game)이라고 한다.

이렇게 공정한 게임조차도 할 의사가 없는 사람을 **위험 기피적**(risk averse)이라고 한다. 이 사람이 위험 기피적인 이유는 100원을 잃었을 때 느끼는 고통이 100원을 땄을 때 느끼는 행복보다 크기 때문이다. 이 고통과 행복이 우리가 이미 배운 효용이다. 한계효용이 체감하는 효용함수를 [그림 14-10]에 그려보았다. X축은 부(wealth)의 수준이고 Y축은 효용이다. [그림 14-10]에서 보다시피 현재 부의 수준 0에서 100원을 잃었을 때 감소하는 효용($U(0)-U(-100)$)이 100원을 얻었을 때 증가하는 효용($U(100)-U(0)$)보다 크다.[8] 위험 기피적인 사람은 괜히 게임을 해서 불확실하게 평균적으로 0원을 얻기보다 확실하게 0원을 보유하는 것을 선호하기 때문에 이 게임을 할 이유가 없다. 위험 기피적인 사람의 효용함수는 한계효용이 체감하는 모양을 갖고 있다.

효용함수를 다르게 그리면 어떻게 될까? 한계효용이 체감하지 않는 효용함수 중 가장 간단한 형태는 [그림 14-11]과 같은 직선이다. 이 효용함수를 가지고 있는 사람에게 100원을 잃었을 때의 고통($U(0)-U(-100)$)과 100원을 땄을 때 느끼는 행복($U(100)-U(0)$)은 정확히 일치한다. 이런 사람을 **위험 중립적**(risk neutral)이라고 한다. 위험 중립적인 사람은 게임을 해서 불확실하게 평균적으로 0원을 벌거나 확실하게 0원을 보유하거나 효용의 차이를 느끼지

---

8 편의상 0원이 X축 가운데 있다고 가정하자.

그림 14-10 위험 기피적 투자자의 효용함수

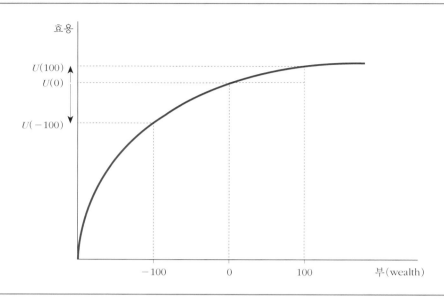

그림 14-11 위험 중립적 투자자의 효용함수

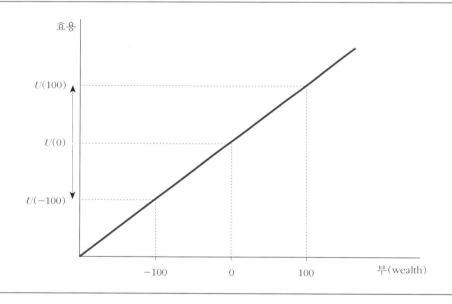

않아 게임을 하든 안 하든 개의치 않는다.

이제 위험 선호적(risk loving)인 사람의 효용함수 모양을 짐작할 수 있을 것이다. 100원을 땄을 때 느끼는 행복이 100원을 잃었을 때 느끼는 고통보다

그림 14-12   위험 선호적 투자자의 효용함수

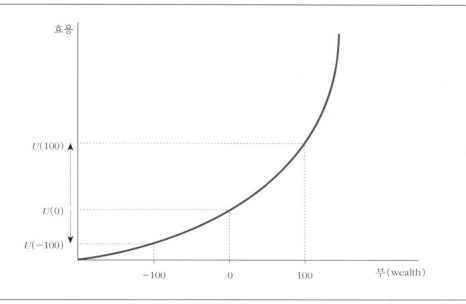

크게 효용함수를 그리면 된다. 위험 선호적인 사람은 공정한 게임을 마다하지 않으며 [그림 14-12]처럼 한계효용은 체감하지 않고 체증한다.

보험

위험 기피적인 사람의 대표적인 위험관리 방법은 보험이다. 보험은 위험을 감수하고 게임을 해서 100원을 딸 수도 있지만 잃었을 때 고통이 너무 크기 때문에 미리 돈을 지불하고 손실될 100원의 일부 내지 전부를 보전 받는 계약이다. 화재보험, 자동차 보험, 사망보험, 의료보험, 여행보험 등 보험의 종류는 다양하다. 대부분의 보험은 자발적으로 가입하는데 정부가 강제하는 보험도 있다. 예를 들어 국민건강보험이나 예금자들이 가입해야 하는 예금보험이다. 이 보험들이 강제적인 이유는 사람들이 보험에 가입하지 않았을 경우 직면해야 할 위험이 개인적으로나 국가적으로 너무 크기 때문이다.

물론 보험을 가입하는 것도 일종의 도박이다. 예를 들어 자동차 보험에 가입하고 무사고 운전을 했으면 괜히 보험에 돈을 썼다는 아쉬움이 든다. 그러나 막상 교통사고가 났을 때는 보험에 가입하길 잘했다고 안도한다. 보험을 판매하는 사람 입장에서도 보험은 도박이다. 그럼 보험가입자는 위험 기

피적이기 때문에 보험에 가입하고 보험회사는 위험 선호적이어서 보험을 판매하는 것일까? 그건 아니다. 매일 교통사고를 일으키는 사람은 거의 없기 때문에 수많은 사람들에게 보험을 판매함으로써 사업을 유지한다. 교통사고를 당해 보험금을 청구하는 가입자는 전체 가입자 중 소수에 불과하다. 그리고 사회 전체의 효율성을 위해서 보험은 긍정적인 역할을 한다. 자동차 보험에 가입한다고 해서 사고위험이 낮아지진 않지만, 수많은 사람들이 함께 보험에 가입하고 사고가 났을 때 손실위험을 공동 부담한다. 이것을 위험공유(risk sharing)라고 부른다.[9] 위험공유는 가입자 한 사람의 사고위험을 전체 가입자들이 조금씩 나눠 부담하는 것으로 위험분산으로 볼 수도 있다.

분산투자

'계란을 한 바구니에 담지 마라'는 격언은 투자에도 위험분산이 응용될 수 있다는 점을 시사한다. 주식시장의 예를 들어보자. 개별기업이나 개별산업이 감수하는 불확실성이 제각각이기 때문에 주가도 다르게 움직인다. 개별기업에만 국한되는 위험을 비체계적 위험(unsystematic risk)이라고 한다. 임직원의 경영능력이나 사업 고유의 불확실성을 비체계적 위험의 예로 들 수 있다. 반대로 체계적 위험(systematic risk)은 개별기업뿐만 아니라 모든 기업에 동시에 영향을 미치는 위험이다. 그 어떤 기업도 피해갈 수 없는 위험인데 경기변동, 인플레이션, 이자율 등 거시경제 불확실성이 대표적인 체계적 위험이다. 투자자의 포트폴리오 전체 위험은 이 두 위험을 더한 값이 된다.

포트폴리오 위험＝비체계적 위험＋체계적 위험

---

9   보험제도가 위험공유의 순기능을 갖고 있음에도 불구하고 역선택(adverse selection)과 도덕적 해이(moral hazard)라는 문제점도 갖고 있다. 자세한 사항은 제6장을 참고하기 바란다.

그림 14-13 분산투자의 효과

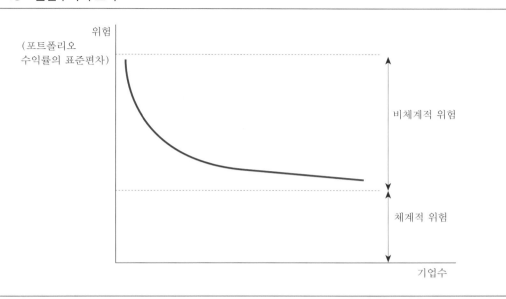

고위험 사업을 하는 기업에 투자하더라도 이와 다른 방향으로 주가가 움직이는 기업이나 산업에 분산투자하면 주가 등락이 서로 상쇄되어 비체계적 위험이 감소한다. 투자기업을 다양화할수록 비체계적 위험은 감소하는데 더 이상 포트폴리오 위험이 감소하지 않을 때까지 다양화하면 된다.[10] 그러나 거시경제적 불확실성 같은 체계적 위험은 모든 기업에 영향을 주어서 분산투자로 상쇄할 수 없다.

5 금융기관

금융시장이 작동하려면 자금을 매개해 줄 중개인이 필요하다. 이 중개인을 '금융기관'이라고 한다. 금융기관은 통상 **예금 금융기관**(depository financial intermediaries)과 **비예금 금융기관**(non-depository financial intermediaries)으로 나

---

10 효율적 시장가설에 의하면 가장 우월한 분산투자는 시장에서 거래되는 모든 주식을 포트폴리오에 포함하여 포트폴리오가 시장 전체를 반영하게 구성하는 것이다.

뉘고, 예금 금융기관은 은행과 비은행 금융기관으로 비예금 금융기관은 금융투자업자, 보험사 등으로 구분한다.

예금 금융기관

대표적으로 은행이 있다. 은행의 주요기능은 수신과 여신이다. 가계로부터 예금을 받는 행위를 수신, 기업에 자금을 대출하는 행위를 여신이라고 한다. 은행은 이 과정에서 예금 이자율과 대출 이자율의 차이로 수익을 낸다. 또 은행은 예금자들에게 수표와 카드를 발행해주어 재화와 서비스 거래를 활성화해준다. 은행의 업무를 파악하기 위해 은행 회계가 어떻게 구성되는지 분석해 보자. 회계학적으로 자산은 부채와 자본의 합이다.

$$자산=부채+자본$$
$$자산-부채=자본$$

자산과 부채 및 자본이 기록된 서류를 재무상태표라고 하는데 위 식에서 보다시피 자산은 부채와 자본의 합과 동일해야 한다. 아래 허나은행의 재무상태표를 보자. 허나은행은 예금을 받기 때문에 항상 부채가 있다. 가계가 예치한 요구불예금 100원이 기록되어 있다. 타 금융기관으로부터 자금이 필요할 때 장·단기로 돈을 빌려 30원의 채무가 있다. 따라서 총부채는 130원이다.

이제 허나은행이 부채를 일으켜 무엇을 했을지 자산을 보면서 파악해보자. 법률로 강제된 지급준비금부터 예치했을 것이다. 30원이다. 기업이나 다른 금융기관에 70원을 빌려줘 장·단기투자도 했다. 나머지는 현금으로 보유 중인데 50원이다. 자산 총계는 150원이다. '자산=부채+자본'의 항등식이 맞아야 하므로 허나은행의 자본금은 20원임을 알 수 있다.

비예금 금융기관

비예금 금융기관은 비은행 예금취급 기관(상호저축은행, 신용조합, 우체국

자산		부채 및 자본	
지급준비금	30	요구불예금	100
장·단기 투자	70	장·단기 채무	30
현금	50	부채	130
		자본	20
총계	150	총계	150

예금), 금융투자업자(투자매매중개업자, 집합투자업자, 투자자문업자), 보험회사 등으로 구분된다. '금융투자업자'라는 용어가 다소 생소하게 들릴 수 있지만 NH투자증권, 삼성증권, KB증권 같이 증권 매매를 중개하는 **증권사**를 생각하면 된다. 집합투자는 펀드를 말한다. 펀드는 2인 이상의 투자자가 모은 금전을 주식, 채권, 부동산, 파생상품 등의 자산에 투입하여 수익을 내는 투자형태다.

금융시장에서 차지하는 거래액으로 **자산관리회사**(asset management company)가 매우 큰 비중을 차지하는데, 우리나라에서는 증권사 등이 이 역할을 담당하고 있다.[11] 이들은 주식·채권 등 증권 판매를 주선하고 거래를 중개하며 대표적으로 **뮤추얼펀드**(mutual funds)[12]같은 상품을 판매한다. 뮤추얼펀드는 증권투자를 목적으로 설립된 회사이며 투자자들은 이 회사의 주식을 매수하여 투자금을 공급한다. 투자금은 자산운용사 펀드매니저가 운용하고 수익을 내어 투자자들에게 돌려준다.

사모펀드(private equity)는 일반 대중이 투자할 수 있는 뮤추얼펀드와 달리 소수의 고액 자산가들이 비공개적으로 조성한 펀드이다. 투자금을 공개적으로 모집하는 공모펀드와 다르게 사적으로 모집하기 때문에 사모라고 부른다.

헤지펀드(hedge funds)는 사모펀드의 일종으로 자산가나 여유자금이 있는 재단, 대학 등의 기관이 조성한 펀드이다.

---

11 본서에서 말하는 자산관리회사는 부실기업의 채권이나 자산을 넘겨받아 관리하는 기관인 '한국자산관리공사'와 구별하여 이해해야 한다.

12 우리나라의 경우 외국과 다르게 뮤추얼펀드보다는 계약형 펀드가 흔하나 경제적 기능은 동일하다.

'헤지'라는 단어는 사전적으로 위험회피를 의미하지만, 역설적으로 상당히 많은 헤지펀드는 고위험 고수익을 추구하는 투자체이다. 예를 들어 버려진 부동산이나 파산 직전의 회사를 사들이는 등 매우 공격적인 투자기법을 사용한다.

벤처캐피탈펀드(venture capital funds)는 창업을 계획하고 있거나 이제 막 창업한 기업에 투자하는 사모펀드이다. 구글 같은 성공한 대기업들도 대부분 창업 초기에 벤처캐피탈의 투자를 받았다. 그러나 신생기업은 투자 결정의 근거가 되는 과거 실적이 없기 때문에 벤처캐피탈의 투자도 위험이 높다.

요약

01 금융시장은 가계, 기업, 정부의 여유자금이 거래되는 시장으로 여유자금을 필요한 사람에게 공급해주는 역할을 한다. 한 경제의 저축은 투자로 연결되는데 그 통로가 바로 금융시장이다.

02 회사의 소유권을 나타내기 위해 회사 이름으로 주주에게 발행하는 증서가 주식이다. 주식은 불확실성이 내재된 기업의 가치를 반영하므로 변동성이 큰 위험자산이다.

03 기업가치 분석을 위해 기업의 재무제표와 미래 전망을 분석하는 방법을 기본적 분석이라고 한다. 과거 주가와 주식거래량 등을 이용해 미래의 가격을 예측할 수 있다고 보고 주가예측을 시도하는 방법을 기술적 분석이라고 한다.

04 자산에 관한 정보가 시장에 도달하자마자 순식간에 퍼져 자산가격에 바로 반영되면 시장은 효율적이라고 한다. 주식시장이 효율적이면 모든 주식은 적정하게 평가되어 있어 주식을 선정하는 데 노력을 들일 필요가 없다.

05 이자율과 대부자금량은 대부자금시장의 수요·공급에 의해 결정된다. 대부자금의 수요·공급은 경제주체의 기대·선호 그리고 정부 정책의 영향을 받는다.

06 수익의 기댓값이 0인 게임을 공정한 게임이라고 한다. 위험 기피적인 사람은 공정한 게임을 할 용의가 없으나, 위험 선호적인 사람은 공정한 게임을 할 용의가 있다.

07 보험은 위험분산과 위험공유의 기능을 갖고 있다.

08 포트폴리오 위험은 비체계적 위험과 체계적 위험으로 구성된다. 비체계적 위험은 분산화를 통해 제거할 수 있지만, 체계적 위험은 제거할 수 없다.

09 금융기관은 은행과 비은행 금융기관으로 구분된다. 은행의 주요업무는 수신과 여신이다. 비은행 금융기관은 비은행 예금취급 기관(상호저축은행, 신용조합, 우체국예금), 금융투자업자(투자매매중개업자, 집합투자업자, 투자자문업자), 보험회사 등이 포함된다.

10 비은행 금융기관 중 자산관리회사, 사모펀드, 헤지펀드, 벤처캐피탈펀드의 역할이 중요해지고 있다.

01 금융의 정의는 (   )이다.

02 금융시장에 상존하는 정보의 비대칭성에 대해 설명하라.

03 1년 뒤에 150원, 2년 뒤에 300원의 현금흐름이 예상될 때, 이자율이 30%로 주어진다면 이 현금흐름의 현재가치는? (소수점 떼고 계산하라.)

04 금융시장의 효율성을 간략히 설명하라.

05 시장이 효율적이면 주식을 거래하여 돈을 벌 수 있는가?

06 대부자금시장에서 공급곡선 이동의 요인을 설명하라.

07 정부의 차입으로 민간투자가 감소하는 현상을 (   )효과라고 한다. 정부가 대부자금시장에서 가계와 기업을 밀어내면 민간투자는 줄어들고 이자율은 상승한다.

08 위험 선호적인 사람의 효용함수를 그리고 설명하라.

09 포트폴리오 위험은 비체계적 위험과 (   )으로 구성되어 있다.

10 자동차 보험의 예를 들어 보험의 경제학적 원리를 설명하라.

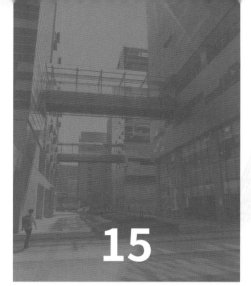
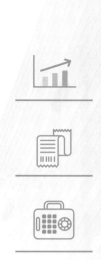

15

개방경제

15

개방경제

2019년 1월 기준 우리나라의 자유무역협정(FTA: free trade agreement) 현황을 살펴보면 미국, 캐나다, 호주, 뉴질랜드, 유럽, 중국 등 국가와는 협정을 체결하였고, 한·중·일 RCEP(regional comprehensive economic partnership)이라 불리는 역내 포괄적 경제 동반자협정 같은 다자간 협정도 협상 중이다.

국제무역은 역사적으로 많은 논란을 일으켜 왔지만, 지속적으로 확대되어 온 것은 근본적인 이점이 있기 때문이다. 이는 바로 거래 자체의 이점이다. 일반적으로 거래가 양방의 동의하에 발생한다는 것은, 이것이 한쪽의 이득이 다른 한쪽의 손해로 상쇄되는 '제로섬(zero-sum)' 사건이 아닌 양방 모두에 유리한 '윈-윈(win-win)' 사건임

그림 15-1 **실질GDP 중 수출·수입 비중**

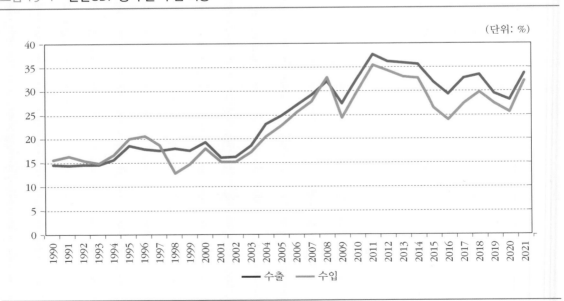

(단위: %)

출처: 한국은행.

을 의미한다. 무역 역시 재화나 서비스가 국경을 넘는다는 사실이 특수할 뿐 호혜적인 거래라는 점에서는 다를 바가 없다.

우리나라도 국제무역의 이점을 누리고 있는 대표적인 국가 중 하나이다. [그림 15-1]의 우리나라의 수출·수입 통계를 보자. 총수출액과 총수입액을 각각 실질GDP로 나눈 값으로 우리나라는 2009-2010년 이후 약 5년간 무역 비중이 감소했지만, 장기적으로 무역 비중은 꾸준히 성장했다. 이번 장에서는 무역을 함으로써 어떤 경제적 이익이 있는지 자본의 국제적 이동에 따라 환율은 어떻게 결정되는지 배워보자.

1 국제무역의 이론적 설명

개방경제 경제학은 국제무역(국가 간 재화와 서비스의 거래)과 국제금융(국가 간 자금의 이동)으로 구성된다. 국가 간 재화와 서비스의 거래가 발생하면서 그에 따라 자금이 이동하므로 수출·수입의 결정 요인을 따지는 국제무역과 환율을 연구하는 국제금융은 동전의 양면과 같다. 만약 모든 국가가 폐쇄경제를 고수하여 국가 간 무역이 없다면 자금의 이동으로 결정되는 환율을 따질 이유도 없을 것이다.

전 세계 200여 개의 국가 중 절대다수 국가는 개방경제체제를 채택하고 있다. 당연히 그만한 경제적 이익이 있기 때문인데 이 이익은 비교우위(comparative advantage)라는 개념으로 설명할 수 있다. 그런데 비교우위는 절대우위(absolute advantage)라는 개념에 대한 이해가 전제되어야 하므로 절대우위를 먼저 배워보자.

절대우위

절대우위론을 처음 주장한 경제학자는 경제학의 아버지로 불리는 아담 스미스다. 그만큼 절대우위는 경제학에서 기초적이고 근본적인 개념이다. 예를 들어, 한국과 중국이 동질적인 반도체와 양복을 생산하지만 노동 생산성

표 15-1 한국과 중국의 노동 생산성

	한국	중국
반도체	8시간	12시간
양복	9시간	6시간
총 가용 노동시간	17시간	18시간

표 15-2 교역 전 한국과 중국의 반도체·양복 소비량

	한국	중국
반도체	1장	1장
양복	1벌	1벌

은 다르다고 가정해보자.[1] 반도체 한 장을 생산하기 위해 한국 노동자는 8시간이 필요하고 중국 노동자는 12시간이 걸린다. 한국의 생산성이 더 높다. 하지만 양복은 중국의 생산성이 월등하다. 한국 노동자는 양복 생산에 9시간을 투입해야 하는데 중국 노동자는 6시간 안에 완성한다. 〈표 15-1〉과 〈표 15-2〉에서 보듯이 현재 양국은 이용 가능한 노동시간(한국 17시간, 중국 18시간)을 반도체와 양복 생산에 나누어 투입하여 각각 1단위씩 생산하고 있다. 무역을 하지 않으면 각 국은 생산한 만큼 소비한다.

한 국가의 절대우위는 다른 국가보다 재화와 서비스를 더 저렴하게 생산할 수 있

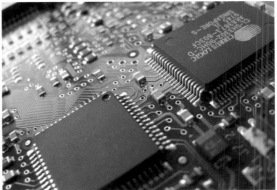

한국의 대표적 수출품인 반도체와 중국의 대표적 수출품인 의류

1　생산성 차이가 자본이나 기술에서 발생해도 동일한 원리가 적용된다.

는 능력이다. 〈표 15-1〉의 예에는 한국은 반도체 생산에 절대우위를, 중국은 양복 생산에 절대우위를 갖고 있다. 또는 한국은 양복에 절대열위를, 중국은 반도체에 절대열위를 갖는다고 말할 수 있다. 만약 한국은 모든 노동시간을 반도체에 집중하고 중국은 양복에 집중한 후, 양국이 반도체와 양복을 교환하면 어떨까? 각자 싸게 만들 수 있는 상품을 전문화(specialization)하고 교역하는 것이다. 무역을 위해서 반도체와 양복의 교환비율이 필요한데 임의로 1:1이라고 하자.

절대우위
다른 국가보다 재화와 서비스를 더 저렴하게 생산할 수 있는 능력

한국은 17시간 노동 전부를 반도체에 투입한다. 한국 노동자에게 반도체 1장 생산을 위해 8시간이 필요하므로 17시간으로 2.125장의 반도체를 생산할 수 있다. 중국 노동자는 6시간에 양복 1벌을 완성하므로 18시간 동안 3벌을 만든다. 한국과 중국이 1:1로 반도체와 양복을 교환하면, 한국은 반도체 1장을 중국에 주고 양복 1벌을 얻어 반도체 1.125장과 양복 1벌을 소비하게 된다. 교역 전 소비량(반도체 1장, 양복 1벌)과 비교해보니 반도체 0.125장이 늘어났다. 중국은 교역을 통해 얼마나 이익을 보았는가? 양복 3벌 중 1벌을 포기하여 2벌 남았고, 양복 1벌을 한국에 주고 반도체를 1장 얻었으니 교역 이전에 비해 양복 1벌만큼 소비량이 늘어났다. 양국 모두 절대우위에 따라 교역하여 이득을 거둔 것이다.

그럼 절대우위의 원인인 생산성 차이는 왜 생기는 것일까? 가장 흔한 원인은 희소자원이다. 그 예로 에너지 자원인 석유나 가스를 보유한 중동이나 다이아몬드 광산을 보유한 아프리카 등 지리적 이점을 가진 나라들이 있다. 바나나 수출국인 필리핀처럼 특정한 작물 재배에 유리한 기후를 가진 경우도 비슷한 경우라고 볼 수 있다. 인구가 풍부한 나라는 노동비용이 저렴하기 때문에 인건비에 기초한 절대우위를 보유하게 된다. 자원, 기후 등의 지리적 유리함이나 노동, 자본, 기술의 생산요소를 생산에 경제적으로 투입할 수 있는 능력이 절대우위의 원인이다.

표 15-3 **교역 후 한국과 중국의 반도체·양복 소비량**

	한국	중국
반도체	1.125장 (0.125장↑)	1장
양복	1벌	2벌 (1벌↑)

절대우위론은 각기 다른 재화와 서비스 생산에 절대우위를 보유한 국가들이 무역을 할 때 적용가능하다. 절대우위론을 따른다면 생산성이 동일한 나라들은 무역을 할 필요가 없다. 또는 극단적으로 모든 재화와 서비스에 절대우위를 가지고 있는 나라는 다른 나라와 무역을 하지 않게 된다. 그러나 전세계 대부분의 국가들이 자유무역체제에서 교역하고 있다. 비교우위는 절대우위가 설명하지 못하는 자유무역체제를 잘 설명해준다.

비교우위

비교우위
다른 국가보다 상대적으로 기회비용이 낮은 산업에 우위를 갖는다는 개념에 기초함

영국의 경제학자 데이비드 리카도는 비교우위론을 통해 모든 국가들에게 무역의 유인이 있다고 주장하였다. 비교우위론에 의하면 한 나라가 다른 나라에 비해 두 상품 모두 절대우위를 갖고 있어도 생산비가 상대적으로 더 낮은 상품에 전문화하여 교역하면 두 국가 모두 이익을 얻을 수 있다. 상대적으로 생산비가 낮다는 말은 기회비용이 낮다는 것을 의미한다. 이번에는 한국이 중국에 비해 반도체와 화장품에 절대우위를 가진다고 가정해보자.

〈표 15-4〉는 반도체와 화장품 각 한 단위 생산에 필요한 노동시간을 표시하고 있고 현재 한국과 중국은 반도체와 화장품을 각각 한 단위씩 생산하여 소비하고 있다. 이제 비교우위의 핵심개념인 기회비용을 계산해보자. 한국에서 반도체 한 장은 화장품 몇 개와 동일한 가치를 가지는가? 반도체 한 장을 만들기 위해 8시간의 노동이 필요한데 이 8시간의 노동을 화장품에 투입하면 몇 개의 화장품을 만들 수 있을까? 화장품 한 개 만드는 데 9

표 15-4 **한국과 중국의 노동 생산성**

	한국	중국
반도체	8시간	12시간
화장품	9시간	10시간
총 가용 노동시간	17시간	22시간

표 15-5 교역 전 한국과 중국의 반도체·화장품 소비량

	한국	중국
반도체	1장	1장
화장품	1개	1개

표 15-6 반도체·화장품의 기회비용

	한국	중국
반도체	0.88개의 화장품	1.2개의 화장품
화장품	1.12장의 반도체	0.83장의 반도체

시간이 필요하므로 8시간의 노동으로 한 개는 만들 수 없고 그보다 적은 0.88(=8/9)개의 화장품을 만들 수 있다. 한국에서 반도체 한 장의 기회비용은 화장품 0.88개이며 이는 화장품 개수로 표현된 반도체 한 장의 가격이다. 다시 말하면, 한국에서 반도체 한 장을 사려면 화장품 0.88개를 내주어야 한다. 같은 방법으로 〈표 15-6〉와 같이 기회비용을 계산할 수 있다.

반도체 가격이 한국에서는 0.88개의 화장품이고 중국에서는 1.2개의 화장품이다. 한국에서 상대적으로 반도체가 싸다. 중국 화장품의 가격은 0.83장의 반도체이고 한국 화장품은 1.12장의 반도체이므로 중국에서 상대적으로 화장품이 싸다. 한국에서 반도체 생산 기회비용이 낮고 중국에서 화장품 생산 기회비용이 낮으므로, 한국은 반도체에 비교우위가 있고 중국은 화장품에 비교우위가 있다.

교역을 위해 한국은 반도체에 전문화하고 중국은 화장품에 전문화한다. 한국은 비교우위에 있는 반도체 생산에 17시간의 노동시간을 모두 투입하고, 중국은 22시간을 전부 화장품에 투입한다. 한국은 반도체 2.125(=17/8)장을 생산하고 중국은 화장품 2.2(=22/10)개를 생산한다. 만약 1:1의 교환비율로 반도체와 화장품을 서로 한 단위씩 교환하면 양국 모두 교역의 혜택을 본다. 〈표 15-7〉이 보여주듯 한국은 2.125장의 반도체에서 한 장을 중국에 주고 화장품 한 개를 받아 반도체 1.125(=2.125-1)장과 화장품 한 개를 소비하게 된다. 중국도 교역 덕분에 반도체 한 장과 화장품 1.2(=2.2-1)개를 소

표 15-7 교역 후 한국과 중국의 반도체·화장품 소비량

	한국	중국
반도체	1.125장 (0.125장↑)	1장
화장품	1개	1.2개 (0.2개↑)

비하게 되었다. 교역 전에 비해 한국은 반도체 0.125장을 중국은 화장품 0.2 개를 추가로 얻어 이익을 보았다.

교역의 조건

비교우위론은 어떤 나라라도 외국과 교역을 통해 이익을 얻을 수 있다는 것을 보여주는데 사실은 한 가지 전제조건이 만족되어야 한다. 바로 적정한 교환비율이다. 위 예시에서는 교환비율을 1:1로 정하였기 때문에 교역의 이익이 발생하였다. 만약 교환비율이 어느 한 나라에게 불리하다면 그 나라는 교역에 참여하지 않을 것이다. 먼저 한국 입장에서 생각해보자. 한국에서 반도체 한 장 가격이 화장품 0.88개이므로 중국이 화장품 0.88개 이상 줄 용의가 있다면 한국은 교역에 응할 것이다. 마찬가지로 중국에서 반도체 가격이 화장품 1.2개이므로 중국도 한국산 반도체 한 장의 대가로 화장품 1.2개보다 적게 지불할 수 있다면 교역을 할 것이다. 즉, 반도체 한 장의 교환비율이 화장품 0.88개보다 크고 1.2보다 작으면 교역은 성사된다. 교환비율을 반대로 화장품 한 개당 반도체 장수로 표시할 수도 있다.

$$화장품\ 0.88개\ <\ 반도체\ 한\ 장\ <\ 화장품\ 1.2개$$
$$반도체\ 0.83장\ <\ 화장품\ 한\ 개\ <\ 반도체\ 1.125장$$

국제무역의 결과

위에 설명한 대로 비교우위에 근거하여 무역을 하면 무역 참여국의 국민이 소비할 수 있는 재화와 서비스가 증가하므로 후생은 증진된다. 그런데 현실에서 한국의 화장품 공장 노동자들과 중국의 반도체 공장 노동자들이 전문화에 따라 각각 반도체와 화장품 생산으로 쉽게 이직할 수 있을지 생각해 볼

표 15-8   한국과 베트남의 휴대폰 연구·개발과 단순조립 생산성

	한국	베트남
연구·개발	8시간	12시간
단순조립	9시간	10시간
총 가용 노동시간	17시간	22시간

필요가 있다. 화장품 공정에 익숙한 한국 노동자가 갑자기 반도체 장비를 작동시키기는 어렵기 때문에 한국 화장품 산업에서 실업이 발생할 가능성이 높다. 중국의 반도체 산업에서도 비슷한 일이 생길 것이다. 또는 중국이 비싼 반도체 가격을 인내하며 반도체 생산성을 개선할 수도 있는데, 너무 빨리 무역을 시작하면 반도체 사업을 포기하게 되어 장기적으로 바람직하지 못한 결과가 초래될 여지도 있다. 즉, 무역은 사회 전체적으로 후생을 증가시키지만 모든 사람을 승자로 만들지 못할 수도 있다.

또한 무역은 산업 내 전문화를 동반한다. 〈표 15-8〉의 숫자들은 휴대폰 산업에서 한국 노동자들과 베트남 노동자들의 가상의 생산성이다. 휴대폰 생산에 투입되는 생산요소 중 조립 같은 단순 작업의 경우 임금이 낮은 베트남 노동자들의 생산성이 높다. 연구·개발은 우리나라 노동자들의 생산성이 높다. 베트남은 휴대폰 조립에 비교우위가 있고 한국은 연구·개발에 비교우위가 있는 것이다. 이렇게 휴대폰 생산과정 별로 생산성 차이가 있을 경우 베트남 노동자들이 조립에 전문화하고 우리나라 노동자들은 연구·개발에 전문화하는 현상이 생겨났다. 양국의 노동자들이 조립품과 연구·개발을 교역하면 산업 전체는 낮은 비용으로 생산이 가능해져 이익을 보기 때문이다. 실제로 삼성전자 휴대폰의 약 절반을 베트남에서 조립한다. 그러나 한국의 단순조립 노동자와 베트남의 연구·개발인력은 실업을 경험하게 될 수 있어 역시 무역으로 모든 사람이 승자가 되지는 못한다.

그럼에도 불구하고, 무역은 사회 전체적으로 이익을 가져다주기 때문에, 전 세계적으로 자유무역체제가 유지되고 있다. 일부 소외되는 인력을 위해 경제를 폐쇄하고 다수가 비싼 값으로 재화와 서비스를 사게 되는 상황을 방치하는 것은 바람직한 선택이 아니기 때문이다.

우리가 소비하는 상품 중 많은 제품들이 산업 내 전문화를 통해 만들어진다. 산업 내 전문화는 '주문자상표 부착'이라 불리는 OEM(Original Equipment Manufacturing)과 '제조자 설계생산'이라 번역하는 ODM(Original Design Manufacturing) 두 가지 방식이 있다. OEM은 주문자가 의뢰한 설계 대로 제조자가 위탁생산하는 방식이다. 예를 들어 애플의 아이폰은 애플이 설계하지만 제조는 대만의 폭스콘이 맡는다. 대부분의 선진국에서 인건비가 높기 때문에 생산비가 저렴한 개발도상국에서 생산을 전문화하는 방식이다. 제조자는 설계기술이 부족하므로 생산에 집중한다. ODM은 제조자가 아예 설계와 생산을 위탁 받는 방식이다. 아모레, LG생활건강, 미샤 등의 화장품 회사는 한국콜마에게 기술개발부터 생산까지 위탁하기도 한다. 역시 전문화가 원인인데, 한국콜마는 설계와 생산에 비교우위가 있지만 유통, 마케팅, 브랜드에 우위가 없기 때문이다.

현실 경제의 이슈 | **무역장벽**

대부분의 국가가 양자 내지는 다자간 무역협정을 통해 자유무역체제를 따르고 있지만, 최대의 무역 국가인 미국조차도 가끔 정치적인 이유로 보호무역을 주장하며 무역장벽

(trade barriers)을 쌓거나 심지어 무역상대국에게 호전적으로 무역전쟁을 벌이기도 한다. 무역장벽의 대표적인 수단은 **관세**(tariff)이다.

예를 들어 특정 산업에 종사하는 유권자의 표를 얻기 위해 수입품에 관세를 부과하기도 한다. 2016년 미국 대통령 선거에 출마한 트럼프는 러스트 벨트(rust belt)라고 불리는 미국 중서부의 몇 개 주에서 압도적인 지지를 받았다. 러스트 벨트는 미시건, 위스콘신, 오하이오, 펜

실베니아 등 과거 미국의 제조업과 중공업의 중심지였던 몇 개의 주를 통칭하는 용어인데, 미국 기업들이 생산설비를 인건비가 저렴한 다른 주나 외국으로 이전하면서 경제가 쇠락한 지역이다. 선거에서 승리한 트럼프는 실제로 보호무역 노선을 펴며 관세를 동원하여 중국을 비롯한 무역상대국과 무역전쟁을 벌였다. 이에 대응하여 중국도 관세인상으로 맞불을 놓았고 무역전쟁은 더 거세졌다. 관세로 수입품 가격을 높인다고 생산성이 낮았던 산업이 살아나기는 어렵다. 시장에서 인위적 개입의 효과가 유지될 수 없기 때문이다. 게다가 무역상대국들도 보복관세를 부과한다. 결과적으로 재화와 서

비스 가격만 오르게 되고 관세를 집행하는 과정에서 행정비용이 발생한다. 더욱이 관세도 조세이므로 경제적 순손실이 초래되어 사회적 후생이 감소한다. 따라서 정치적인 평계로 무역장벽을 쌓는 것은 사회 전체적으로 자국민의 후생을 훼손하는 일이다.

관세부과의 또 다른 목적은 세수확보이다. 특히 개발도상국에서는 납세자들의 조세저항이 심해 조세징수가 쉽지 않다. 수입품에 대한 관세부과는 내국인에게 세금을 걷는 것보다 쉬우므로 개발도상국 정부는 관세의 유혹에 빠지기 쉽다.

때로는 이미 무역협정을 체결한 국가들끼리 관세를 부과하기 어려울 때 관세 이외에 무역장벽을 사용하기도 하는데 이것을 **비관세 장벽**(non-tariff barriers)이라고 한다. 수입품에 대한 수량 제한, 위생규정, 수입허가 등 간접적으로 수입을 어렵게 만드는 조치를 취하기도 한다.

2 국제수지

실제 교역의 결과는 어떨까? 한국은 수출국일까 수입국일까? 한 국가의 무역성과는 수출에서 수입을 뺀 **순수출**(net export)을 보면 알 수 있는 데, 순수출은 **무역수지**(trade balance)라고 부르기도 한다. 그리고 재화와 서비스의 국가 간 이동은 자본의 이동과 더불어 나타나기 때문에 이를 종합적으로 관측할 수 있도록 경상수지와 금융수지를 계산한다.

무역수지
무역수지는 순수출이라 부르기도 하는데 수출에서 수입을 뺀 값

$$순수출(NX) = 무역수지 = 수출(X) - 수입(M)$$

〈표 15-9〉에 나와 있는 우리나라의 대 중국 수출·수입액을 보자. 수출이 수입보다 더 크므로 **무역흑자**(trade surplus)를 거두고 있다. 반대로 중국은 한국을 상대로 **무역적자**(trade deficit)를 기록하고 있다. 중국에서 우리나라로 들어오는 재화와 서비스양보다 우리나라에서 중국으로 나가는 양이 더 많다

표 15-9　주요 무역상대국과의 순수출[2]　　　　　　　　　　단위: 천 달러

연도	수출				수입				순수출			
	중국	미국	베트남	일본	중국	미국	베트남	일본	중국	미국	베트남	일본
2021년	162,913	95,902	56,728,532	30,062	138,628	73,213	23,966	54,642	24,285	22,689	56,704,566	−24,580
2020년	132,565	74,116	48,510,572	25,098	108,885	57,492	20,579	46,023	23,681	16,624	48,489,993	−20,925
2019년	136,203	73,344	48,177,749	28,420	107,229	61,879	21,072	47,581	28,974	11,465	48,156,677	−19,161
2018년	162,125	72,720	48,622,098	30,529	106,489	58,868	19,643	54,604	55,636	13,852	48,602,455	−24,075
2017년	142,120	68,610	47,753,839	26,816	97,860	50,749	16,177	55,125	44,260	17,860	47,737,662	−28,309
2016년	124,433	66,462	32,630,457	24,355	86,980	43,216	12,495	47,467	37,453	23,246	32,617,962	−23,112
2015년	137,124	69,832	27,770,750	25,577	90,250	44,024	9,805	45,854	46,874	25,808	27,760,945	−20,277
2014년	145,288	70,285	22,351,690	32,184	90,082	45,283	7,990	53,768	55,205	25,002	22,343,700	−21,585
2013년	145,869	62,052	21,087,582	34,662	83,053	41,512	7,175	60,029	62,817	20,541	21,080,407	−25,367
2012년	134,323	58,525	15,945,975	38,796	80,785	43,341	5,719	64,363	53,538	15,184	15,940,256	−25,567
2011년	134,185	56,208	13,464,922	39,680	86,432	44,569	5,084	68,320	47,753	11,639	13,459,838	−28,640
2010년	116,838	49,816	9,652,073	28,176	71,574	40,403	3,331	64,296	45,264	9,413	9,648,742	−36,120
2009년	86,703	37,650	7,149,477	21,771	54,246	29,039	2,370	49,428	32,457	8,610	7,147,107	−27,657

출처: 무역협회

국제자본이동
국가 간 자본의 이동은
무역수지뿐만 아니라 요
소수입과 이전수입에서
도 발생

는 뜻이다. 우리나라가 중국에게 재화와 서비스를 더 많이 팔았으니 돈의 흐름으로 봐도 우리나라가 흑자를 보고 있어야 한다. 그런데 국가 간 자본의 이동은 무역수지뿐만 아니라 외국으로부터 요소수입(factor income)과 이전수입(transfers)에서도 발생하므로 이 두 가지도 확인해야 한다.

예를 들어 우리나라 거주자가 중국에 부동산, 주식, 채권 등 자산을 보유

2　지난 2009년부터 2021년 사이에 우리나라의 주요 무역상대국인 중국, 미국, 베트남, 일본과의 순수출 자료이다. 우리나라는 중국, 미국, 베트남을 상대로 무역수지 흑자를 보고 있고 일본과는 적자를 보고 있다. 중국이 가장 큰 규모로 우리 상품을 사고 있는 반면 일본은 꾸준히 우리에게 상품을 팔고 있다. 베트남과의 교역 규모는 최근에 급성장하였다.

하면 임대료, 배당금, 이자 등의 수입을 받는데 이것을 요소수입이라고 한다. 즉, 해외에 위치한 국내 거주자 소유의 자본으로부터 발생하는 수입이다.[3] 또한, 국내 거주자의 인적자본으로부터 발생한 수입도 요소수입이다. 국내 거주자가 중국에 위치한 중국기업에게 자문이나 용역의 형태로 인적자본을 제공한 대가로 받은 수입이 이에 해당한다.

이전수입은 외국 거주자나 외국 정부가 국내 거주자에게 대가 없이 제공한 선물이다. 중국에 취업한 가족이 우리나라로 생활비를 보내주거나 중국 정부가 무상으로 우리나라에게 제공한 지원금이 여기에 포함된다. 요약하면 외국에서 들어오는 소득은 세 가지로 구분된다.

1. 수출
2. 요소수입
3. 이전수입

반대로 외국에 지급하는 소득은 수입, 외국 거주자에게 지출한 요소지출, 외국 거주자에게 지급한 이전지출이다.

1. 수입
2. 요소지출
3. 이전지출

이 세 가지 소득 및 지출의 차액의 합은 외국과의 거래 때문에 발생한 총소득·총지출의 순액이 되는데 이것을 **경상수지**(current account)라고 부른다.

경상수지
순수출, 순요소수입, 순이전수입

$$순수출 = 수출 - 수입$$
$$순요소수입 = 요소수입 - 요소지출$$
$$순이전수입 = 이전수입 - 이전지출$$

---

3 요소수입은 국내 거주자가 외국에 보유한 자산의 금액이 아니고 보유한 자산으로부터 발생한 수입이다.

표 15-10 **주요국의 경상수지**[4]　　　　　　　　　　　　　　　　　　　　단위: 백만 달러

	한국	중국	일본	영국	미국
2005	12,209	132,378	170,123	−51,769	−749,230
2006	2,095	231,843	174,673	−85,755	−816,642
2007	10,473	353,183	211,736	−117,102	−736,554
2008	1,753	420,569	142,116	−116,910	−696,526
2009	33,088	243,257	145,678	−75,394	−379,736
2010	27,951	237,810	220,888	−72,121	−432,002
2011	16,638	136,097	129,597	−48,099	−455,297
2012	48,791	215,392	60,117	−89,046	−418,112
2013	77,259	148,204	46,379	−133,261	−339,455
2014	83,030	236,047	36,351	−157,495	−369,978
2015	105,119	293,022	136,472	−148,708	−408,447
2016	97,924	191,337	197,049	−149,574	−396,219
2017	75,231	188,676	203,169	−96,879	−361,018
2018	77,467	24,131	177,269	−116,992	−439,851
2019	59,676	102,910	176,610	−80,779	−445,955
2020	75,902	248,836	147,948	−87,814	−619,702
2021	88,302	317,301	157,743	−62,941	−846,354

출처: 한국은행

$$경상수지 = 순수출 + 순요소수입 + 순이전수입$$

금융수지

경상수지와 반대 부호로 기록되어 경상수지를 상쇄하도록 정의된 회계 처리 항목

마지막으로 **금융수지**는 경상수지와 반대 부호로 기록되어 경상수지를 상쇄하도록 정의된 회계 처리 항목이다.

$$경상수지 + 금융수지 = 0$$
$$경상수지 = -금융수지$$

4　우리나라, 일본, 중국은 전통적으로 경상수지 흑자국이고 미국과 영국은 적자국이다.

그림 15-2 국제수지 위계표

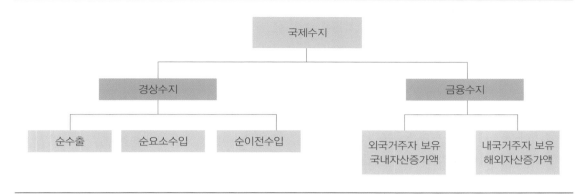

반도체 수출로 다시 돌아가자. 예를 들어 우리나라가 중국에 반도체를 수출하여 1,000위안을 받았다. 요소수입과 이전수입 거래가 없다면 1,000위안은 오로지 대 중국 수출이 수입보다 커서 우리나라에 무역흑자로 발생한 금액이다. 국내 반도체 생산자는 1,000위안으로 뭘 할 수 있을까? 중국에 있는 부동산, 주식, 채권 같은 자산을 살 수 있다. **금융수지는 외국 거주자가 보유한 국내자산의 증가액에서 내국 거주자가 보유한 해외자산 증가액 뺀 금액으로 봐도 된다.**

금융수지 = 외국 거주자 보유 국내자산 증가액
－내국 거주자 보유 해외자산 증가액

중국 거주자가 보유한 한국 내 자산이 0이라고 가정하면 우리나라 거주자의 중국자산 증가가 1,000위안이 발생했으니 금융수지는 －1,000위안이다. 경상수지 흑자 1,000위안과 합하면 0이 된다. 계약에 따라 중국의 반도체 수입업자가 우리나라 반도체 생산자에게 반도체 대금을 한국 원화로 지불해야 할지라도, 중국 위안화를 원화로 바꿔서 지불하게 되므로 1,000위안이 중국에서 빠져나와 효과는 동일하다.

위 설명을 종합하면 국제수지의 구성요소를 [그림 15-2]의 위계표로 요약할 수 있다.

1980년대 초반 미국 정부는 경기침체에 대한 대응으로 재정적자를 일으켜 확장재정을 실시했다. 미국 정부는 재정적자를 메우기 위해 대규모로 국채를 발행하였는데, 이미 인플레이션 압력 때문에 연준이 금리를 인상하고 있던 중이라 시중에 자금 수요가 폭발적으로 증가하였다. 뿐만 아니라 미국의 고금리를 좇아 국제금융시장의 미 달러화 투자수요도 높아졌고 달러화까지 절상되어 미국산 수출품의 표시가격이 상승하였다. 결과적으로 경상수지 적자마저 늘어났다. 이렇게 재정적자와 경상수지 적자가 동시에 발생하는 현상을 쌍둥이 적자라고 한다.

미국의 쌍둥이 적자는 1998년 재정이 흑자로 돌아설 때까지 장기간 지속되었고 2000년대에 들어서면서 감세 정책, 경기침체, 전쟁으로 인한 국방비 증가 등의 이유로 재정이 다시 악화되었다.

매체에서 재정적자나 경상수지 적자에 대한 부정적인 정치적 수사(rhetoric)를 자주 볼 수 있다. 그러나 적자가 반드시 나쁜 것은 아니다. 때로 정책목표를 구현하기 위해 정부는 재정적자를 일으킬 수도 있고 생산요소 생산성에 따라 경상수지 적자가 확대될 수도 있다. 균형재정이나 무역균형을 부르짖는 정치인들이 많지만 이는 현실과 괴리가 큰 주장일 때가 많다. 특히, 국가 간 무역수지가 균형인 경우는 거의 찾아보기 어렵다.

숨고르기

우리는 무역 때문에 가격이 싼 재화와 서비스를 소비할 수 있을 뿐만 아니라 국가 간 기술이전의 혜택도 보고 있다. 무역을 통해 기술이 기술 선진국에서 기술 후진국으로 전달되어 후진국의 생산성을 촉진한다. 국가 간 기술이전의 형태는 몇 가지가 있는데 가  장 기초적인 방법은 **역설계**(reverse engineering)다. 역설계는 기술 후진국의 생산자가 선진국의 제품을 분해하여 기술을 습득하는 방식이다. 다른 방법은 선진국의 생산자가 후진국 생산자에게 생산기술의 사용을 허가하는 **라이선싱**(licensing)이다. 라이선스를 받은 후진국 생산자는 라이선스 기술을 사용하면서 자신의 생산기술을 개선한다. 선진국 생산자가 후진국에서 직접 생산하는 **외국인직접투자**(foreign direct investment)도 흔히 볼 수 있는 기술이전 방식이다. 기술이전이 외국인직접투자의 목적은 아니지만 불가피하게 투자 과정에서 기술이 이전되어 후진국의 생산성 향상에 기여하기도 한다.

명목환율

국제무역과 더불어 개방경제체제의 또 다른 구성요소는 국제금융이다. 국가 간에 재화와 서비스뿐만 아니라 자금도 이동하기 때문이다. 상품 거래와 자산거래를 위한 지불수단으로 화폐가 필요한데, 대부분의 국가들은 독립적인 통화를 보유하고 있어 한 통화와 다른 통화의 교환비율이 중요한 변수가 된다. 두 통화의 교환비율을 **명목환율**(nominal exchange rate)이라고 한다.

명목환율
두 통화의 교환비율

우리나라에서는 미 1달러와 동일한 가치의 원화를 원/달러 환율로 정의하고 있다. 외환시장에서 원/달러 환율이 1,000원으로 고시되어 있으면 현재 시장에서 1달러의 원화 가치는 1,000원이므로 1달러 대 1,000원의 비율로 교환되고 있다는 뜻이다. 시간이 지나 원/달러 환율이 1,100으로 바뀌었다면 원화 대비 달러의 가치가 올라간 것이다. 이렇게 환율이 오르면 1달러를 사기 위해 더 많은 원화가 필요하기 때문에 환율이 상승하면 원화 가치는 내려가고 달러화 가치는 올

대부분의 국가는 고유한 통화를 보유하고 있다.

라간다. 환율이 오르면 원화는 달러화 대비 **절하**(depreciation)되고 환율이 내리면 **절상**(appreciation)됐다고 표현한다.

환율의 변동
환율이 오르면 원화는 달러화 대비 '절하'로, 환율이 내리면 '절상'으로 표현

그럼 반대로 1원을 달러로 표시해도 될까? 일부 국가에서는 자국 통화 1단위를 외국통화 가치로 표시하기도 한다. 환율을 표시할 때 두 가지 방법이 사용되고 있어 주의가 필요하다. 첫 번째 방법은 우리나라와 대부분의 국가가 채택하고 있는 **자국통화표시**(direct quotation)이고 두 번째는 **외국통화표시**(indirect quotation)인데 후자는 대표적으로 유럽, 호주, 뉴질랜드 등에서 쓰이고 있다.

$$s = \frac{\text{자국통화}}{\text{외국 통화 1단위}}$$

자국통화표시를 채택하면 명목환율(s)은 자국통화를 외국통화 1단위로 나눈 값으로 표시한다. 예를 들어, 원/달러 명목환율이 1,000이면 아래와 같이 표시한다.

$$s = \frac{1,000원}{1달러} = 1,000원$$

외국통화표시를 채택하면 자국통화 1단위와 동등한 외국통화의 양을 표시하기 때문에 명목환율은 s의 역수이다. 원/달러 명목환율 1,000원을 달러/원 환율로 표시하면 0.001, 즉 0.1센트이다. 이 경우 명목환율의 움직임은 자국통화표시환율과 정반대로 해석해야 한다. 환율이 오르면 원화는 달러화 대비 절상한 것이고, 환율이 내리면 절하한 것이다.

$$\frac{1}{s} = \frac{1달러}{1,000원} = 0.001달러 = 0.1센트$$

외환시장

외환시장
각국의 통화가 거래되는 시장

고정환율제도
정부가 외환시장에 개입하여 일정한 수준에서 환율을 유지하는 제도

변동환율제도
정부의 개입 없이 외환의 수요 · 공급에 의해 환율이 결정되는 제도

각국의 통화가 거래되는 시장을 **외환시장**(foreign exchange market)이라고 한다. 외환의 가격인 환율은 수요와 공급에 의해 결정된다. 그러나 어떤 국가들은 외환 수요·공급에 개입하기도 한다. 중국이 대표적인 예이다. [그림 15-3]은 미 달러화 대 중국 위안화 환율인데 2005년까지 고정되어 있다. 중국 정부가 외환 수요·공급을 인위적으로 조절한 결과이다. 2005년 중국이 고정환율을 포기하여 달러/위안 환율은 오르기 시작하다 2008년부터 몇 년간 또 고정된다. 다시 중국 정부의 개입이 의심되는 기간이다. 그러나 외환개입은 오래가지 못하고 2010년부터 환율은 또 움직이기 시작한다. 이렇게 정부가 외환시장에 개입하여 일정한 수준에서 환율을 유지하는 제도를 **고정환율제도**(fixed exchange rate system)라고 한다. 반면에 정부의 개입 없이 외환의 수요·공급에 의해 환율이 결정되는 제도를 **변동환율제도**(flexible exchange rate system)라고 한다. [그림 15-4]에 우리나라 원/달러 환율 그래프를 보자. 고정된 구간이 없다. 그러나 우리나라가 항상 변동환율제도를 채택한 것은 아니다. 우리 외환시장은 1980년대 초반까지 한국은행의 고시환율을 기준으로

그림 15-3　달러/위안 환율

1 중국 위안화 =

0.14 미국 달러

11월 20일 오전 9:52 UTC · 면책조항

| 1 | 중국 위안화 ▾ |
| 0.14 | 미국 달러 ▾ |

출처: 구글

그림 15-4　우리나라 원/달러 환율

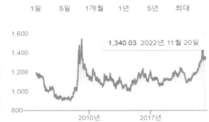

1 미국 달러 =

1,340.03 대한민국 원

11월 20일 오전 9:18 UTC · 면책조항

| 1 | 미국 달러 ▾ |
| 1340.03 | 대한민국 원 ▾ |

출처: 구글

관리하면서 사실상 고정환율제도로 운영되었다. 그 이후 점차적으로 환율 변동폭을 철폐하면서 변동환율제도로 바뀌 나갔다. 마지막으로 정부가 소극적으로 개입하는 경우를 **관리변동환율제도**(managed flexible exchange rate)라고 하는데 고정환율제도와 변동환율제도 중간에 위치한 제도이다.

변동환율제도를 가정하고 외환시장의 수요·공급 곡선을 생각해보자. [그림 15-5]처럼 달러화 시장의 수요곡선은 우하향한다. 왜 그럴까? 달러화가 절상되면 미국상품의 원화 가격이 오른다. 미국상품은

그림 15-5   외환수요곡선

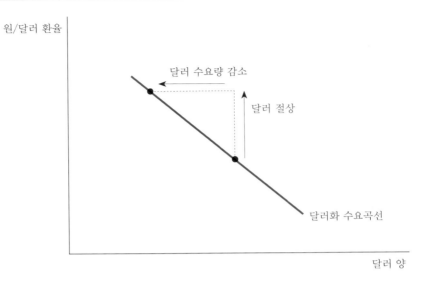

그림 15-6   외환공급곡선

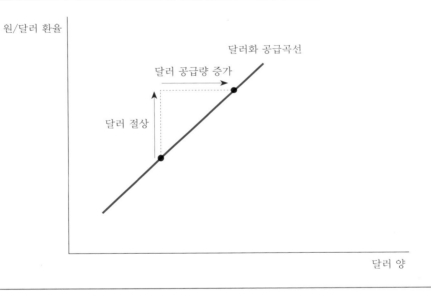

15-7]에 묘사되어 있다. 그리고 달러 수요·공급곡선은 국가 간 이자율 차이 때문에 이동한다. 예를 들어, [그림 15-8]처럼 한국은행이 금리를 인상하여 미국보다 한국의 이자율이 높아진다면 한국의 금리를 좇아 국제자본이 유입

그림 15-7   외환시장의 균형

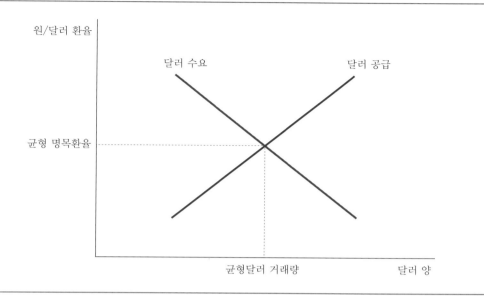

그림 15-8   외환공급의 증가

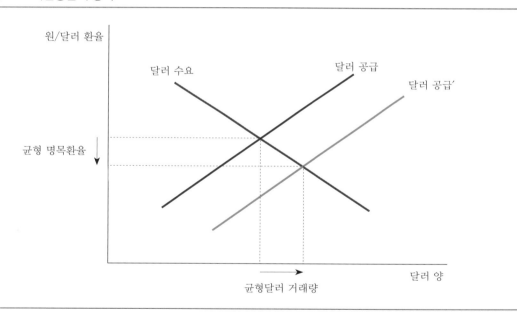

될 것이다. 이 과정에서 미국인들은 달러화를 팔고 원화를 사므로 달러 공급
곡선은 오른쪽으로 이동하여 명목환율은 하락한다. 반대로 [그림 15-9]처럼
한국의 금리가 미국보다 낮아진다면 명목환율은 상승하는데 미국에 투자하기

그림 15-9   외환수요의 증가

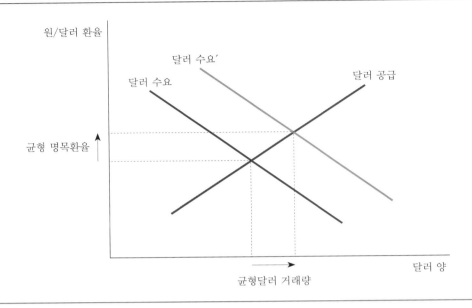

위해 원화를 달러화로 바꾸고자 하는 투자자들이 늘어 달러 수요곡선이 오른쪽으로 이동하기 때문이다.

 현실 경제의 이슈 | **환율 전쟁**

왜 일부 국가는 고정환율제도나 관리변동환율제도를 채택해 외환시장에 개입하려는 것일까? 자국 통화의 평가절하나 평가절상으로 이익을 볼 수 있기 때문이다. 예를 들어, 중국 정부는 외환시장에서 지속적으로 미 달러화를 사고 위안화를 팔아 위안화를 절하한 적이 있다. 위안화의 절하는 외환시장에서 달러화 대비 위안이 싸졌다는 뜻이다. 그럼 미국인들은 1달러를 예전보다 더 많은 위안으로 바꿀 수 있다. 이 위안으로 미국인들은 더 많은 중국상품을 살 수 있게 되어 중국의 대미 수출은 증가한다. 반대로 중국인에게 미국상품은 비싸져 중국의 수입

은 감소한다. 결과적으로 위안화의 평가절하를 통해 중국은 무역수지 흑자를 유지하거나 개선할 수 있게 된다. 이 밖에 일본, 대만, 한국 등도 자국 통화의 평가절하로 무역수지 이익을 보았다고 알려져 있다. 2000년대 미국은 대규모 경상수지적자와 국제금융위기 때문에 엄청난 양의 달러화를 시장에 풀었다. 그 결과 많은 국가들의 통화가 달러화 대비 절상되었고 이 국가들은 외환시장에 개입하여 자국 통화의 절상을 방어하였다. 이렇게 국제사회에서 자국의 환율을 방어하기 위해 각축전이 전개되자 수출경쟁력이 약해진 개발도상국들은 불만을 표시하였다. 대

표적으로 2010년 브라질의 재무상 귀도 만테가 (Guido Mantega)는 '환율 전쟁'이 터졌다고 선언하며 외환시장에 개입하는 국가들을 비판하였다.

경우에 따라 자국통화의 절상을 위해 개입하는 국가도 있다. 바로 외국인에게 대규모로 달러화 채권을 발행한 국가들이다. 자국의 통화가 절상되면 만기 때 달러로 갚아야 할 돈이 줄어든다. 원/달러 환율이 ₩1,000일 때 우리나라 기업이 미국 은행으로부터 무이자로 $100를 빌렸다고 하자. 환율이 변하지 않으면 만기 때 ₩100,000을 갚아야 한다. 환율이 ₩900이 되면 ₩90,000만 갚으면 된다. 그러나 일반적으로 미국처럼 기축통화를 보유하지 않은 국가가 자국통화의 평가절상을 유지하는 것은 평가절하를 유지하는 것보다 어렵다. 인플레이션을 감수하고 자국통화를 계속 발행하여 미 달러화를 계속 매입하면 평가절하가 유지되지만, 평가절상을 위해서는 자국통화를 사고 발행권도 없는 미 달러화를 계속 팔아야 하기 때문이다.

브라질의 재무상 귀도 만테가(Guido Mantega)

사진 출처: 위키피디아

실질환율

개방경제체제에서 대부분의 재화와 서비스는 국제시장에서 거래된다. 각 국가에서 생산된 재화와 서비스가 국제시장에 나가면 어떤 요인이 그 수요를 결정할까? 소비자는 재화와 서비스 가격을 달러 같은 단일 통화로 표시하고 가격을 비교한다. 이 가격비교에는 명목환율이 먼저 영향을 줄 것이다. 원산지 가격도 중요하다. 만약 각 국가의 재화와 서비스의 원산지 가격이 고정되어 있다면 오로지 명목환율만이 수요를 결정한다. 그러나 원산지 물가가 변하면 명목환율로는 어느 나라의 상품이 비싼지 판단할 수 없다. 결국, 명목환율과 국가 간 물가 차이가 수출·수입품의 수요를 결정하므로 명목환율에 우리나라와 외국의 물가를 반영한 값이 수요의 지표이다. 이 값을 **실질환율** (real exchange rate)이라고 부른다.

예를 들어, 기능과 디자인이 동일한 스마트폰이 한국과 미국에서 생산된다고 하자. 국제시장에서 소비자는 한국산 스마트폰의 달러화 가격과 미국산

실질환율
실질환율이 높을수록 우리나라의 수출은 증가, 수입은 감소

스마트폰의 달러화 가격을 비교해 더 저렴한 상품을 선택한다. 이해를 돕기 위해 이 상품의 두 달러화 가격으로 분수를 만들어 보자. 아래 스마트폰의 달러화 가격 비율이 1보다 크(작으)면 미국산 스마트폰이 한국산보다 비싸므로 한국산 스마트폰 수요가 증가(감소)하고 미국산 스마트폰 수요는 감소(증가)한다.

$$\frac{\text{미국산 스마트폰의 달러화 가격}}{\text{한국산 스마트폰의 달러화 가격}}$$

미국산 스마트폰의 원산지 가격은 달러화 가격이다. 한국산 스마트폰의 원산지 가격은 원화로 표시되므로 한국산 스마트폰의 달러화 가격은 원산지 가격을 명목환율(s)로 나눈 값이다. 위 분수의 분모에 명목환율을 넣으면, 명목환율에 미국산 스마트폰의 달러화 가격을 곱하고 한국산 스마트폰의 원산지 가격으로 나눈 값이 된다.

$$\frac{\text{미국산 스마트폰의 달러화 가격}}{\text{한국산 스마트폰의 달러화 가격}}$$

$$= \frac{\text{미국산 스마트폰의 달러화 가격}}{\text{한국산 스마트폰의 원화 가격}/s}$$

$$= \frac{\text{미국산 스마트폰의 달러화 가격}}{\text{한국산 스마트폰의 원화 가격}}$$

국제시장에서 상품의 수요를 결정하는 이 분수 값은 결국 달러 가격으로 본 우리나라 상품과 외국 상품의 상대가격이기도 하고 명목환율에 원산지 가격을 분수로 만들어 곱한 값이기도 하다. 물가지수를 만들어 이 분수값을 일반화할 수 있다. 양국의 동일한 재화와 서비스 묶음의 원산지 물가를 분수로 만들고 명목환율을 곱한다. 이 값이 바로 실질환율(r)이다. 실질환율 공식을 보면 우리나라가 생산한 상품이 국제시장에서 선택을 받기 위해 명목환율이 상승하여야 할 뿐만 아니라 해외 원산지 가격보다 국내 원산지 가격이 낮아야 함을 알 수 있다. 즉, 실질환율이 높을수록 우리나라의 수출은 늘고 수입은 줄게 된다.

$$r = \frac{\text{해외가격} \times s}{\text{국내가격}}$$

이제 총수요가 소비, 투자, 정부지출, 순수출(수출−수입)로 구성되어 있다는 사실을 떠올려 보자. 총수요도 실질환율의 영향을 받는다는 걸 알 수 있다. 실질환율이 상승하면 순수출 증가로 총수요가 확대되어 생산과 고용이 늘게 된다. 반대로 원화 절상이나 해외상품 대비 우리 상품의 가격상승은 실질환율 하락을 초래하여 총수요 감소로 돌아온다.

$$Y = C + I + G + (X - M)$$

1945년 12월 27일 국제통화기금(IMF)이 형성되었다. IMF는 그 1년 전인 1944년 미국 브레튼 우즈에서 열린 국제연합(UN) 회의에서 제2차 세계대전 후의 국제 통화 체계 안정을 위해 설립이 결정된 기구였다. 국제 통화 체계의 안정을 통해 교역을 촉진하고 지속 가능한 성장을 도모하여 전세계의 실업과 빈곤을 줄인다는 것이 IMF 설립 대의였다. 교역 촉진을 위한 여건을 조성하는 첫 번째 국제 공식 기구의 탄생이었다. 세계화의 기치가 본격적으로 내걸린 것이다.

IMF 출범과 함께 결정된 중요한 내용은 크게 두 가지였다. 달러 중심의 고정환율제와 국제 수지에 곤란을 겪는 국가에 대한 대출 제도이다. 브레튼 우즈 회의에서는 미국 달러의 가치를 금 1온스(약 31.1그램)당 35달러로 정하고, 달러를 중심으로 환율을 고정했다. 이전에도 각 나라에서 금을 기준으로 자국 통화의 가치를 설정하고 이를 바탕으로 환율이 결정되긴 했다. 하지만 이 때는 각국 정부가 금을 보유하면서 자국 통화를 금으로 교환해 주었다면 브레튼 우즈 결정 이후에는 사실상 달러만 금으로 교환되는 것이 보장되고 다른 나라들은 교역 지급 수단으로 달러를 보유하기 시작했다. 달러 기축통화 시대가 열린 것이다.

출범 당시 29개국으로 시작해 1년 만에 39개국으로 늘어난 IMF 회원국은 브레튼 우즈 회의 당시 합의한 고정 환율에서 10%까지는 자국 화폐 가치를 조정할 수 있었다. 하지만 10%를 초과해서 조정하려면 IMF의 허가를 받아야 했다. IMF의 의사 결정권은 각국이 출연한 자본금을 바탕으로 회원국에 주어지는데, IMF 출범부터 지금까지 가장 큰 의결권을 갖는 나라는 미국이다. 어떤 나라가 환율을 크게 조정하려면 국제 수지 불균형을 근본적으로 해소하기 위해 환율 조정이 불가피하다는 근거가 필요했다. IMF는 이러한 판단을 위해 평소 회원국들에 다양한 경제 정보를 요구해 분석하고 공유해 왔다. 고정 환율제는 1971년 미국이 달러를 금으로 교환해 주는 것을 거부하면서 붕괴되었지만, IMF의 역할은 환율 유지에서 회원국의 거시경제 전반에 대한 감시로 바뀌면서 오히려 확대되었다.

IMF의 또 다른 중요한 역할은 국제 거래에서 지급 결제 자금이 부족한 회원국에 대출해 주는 것이다. 어떤 나라가 외국에 돈을 갚지 못하는 상황이 교역 위축으로 악화되지 않으려면 환율이 조정될 때까지 시간을 벌어줄 자금이 필요했다. 이러한 국제적 대출의 필요성에 공감대가 있었지만 구체적 운영 방식에 대해서는 IMF 출범 전부터 상반된 견해가 있었다. 당시 가장 강력한 채권 국가였던 미국은 IMF가 일반적인 은행과 다를 바 없이 운영되길 원했다. 즉, 확실한 대출 상환을 우선시했다. 그러나 영국은 협동조합에 가까운 기구를 구상하고 있었다. 회원국이 경제적 어려움을 넘길 수 있는 도움을 제공하는 데에 중점을 두고자 했던 것이다. 결국 IMF의 대출 제도는 최대 의결권을 가진 미국의 의도에 가깝게 설계되었다.

IMF의 대출 제도는 70년이 넘는 기간 동안 많은 변화를 겪어 왔다. 그러나 빌려준 돈은 반드시 받아낸다는 IMF의 기본 입장에 변함이 없었기 때문에 대출의 조건은 까다롭다 못해 가혹하다는 비판을 받아왔다. 특히 국제 금융 시장이 크게 성장해 왔음에도 불구하고 IMF에서 돈을 빌려야 하는 상황이면 해당국의 신용은 이미 땅에 떨어진 후일 것이기 때문에 IMF 입장에서는 '구조 조정'을 통해 돈을 만들어 갚게끔 압박하는 것이 중요하다. 구조 조정에는 재정 긴축, 시장 개방, 민영화 등의 내용이 포함될 수 있는데, 구체적인 조건은 해당국의 상황에 따라 정해진다. 1997년 12월 우리나라는 그렇게 IMF로부터 조건부 대출을 받았다. 약 3년 반에 걸쳐 총 195억 달러를 모두 상환해 버리긴 했지만, 그 시절을 겪은 사람들이 기억하는 IMF는 결코 우호적인 것일 수 없었다.

IMF의 탄생과 함께 꾸준히 달려온 세계화는 지금 큰 장애를 만났다. 2016년 6월 영국이 유럽연합으로부터의 탈퇴를 결정했고 11월에는 미국에서 자유 무역에의 제동을 공공연히 내세운 트럼프가 대통령으로 당선됐다. 사실 세계화에 대한 비판은 어제 오늘 일이 아니다. 경제학계에서도 세계화가 과연 IMF의 설립 대의처럼 실업과 빈곤을 줄이는지에 대해 첨예한 논쟁이 있어 왔다. 세계화에 대한 반감이 왜 올해 이렇게 분출했는가는 설명할 수 없을지 모른다. 그러나 그 반감이 정치적 임계치를 넘은 데에는 자주권 박탈에 대한 불만이 깔려 있다. 세계화의 물결 속에 정부든 개인이든 스스로 결정할 수 있는 것들이 점점 줄어드는 경험을 했다. 우리나라는 1997년 외환위기 때 IMF의 조건을 무력하게 받아들였고, 영국은 유럽연합 차원의 이민정책으로 이민자 유입이 급증하는 것을 지켜볼 수밖에 없었다.

세계화의 또 다른 반감 요소는 경제적 소외다. 세계화를 지지하는 쪽의 가장 강력한 논거는 교역에 참가하는 각 나라가 얻는 이득 규모가 손실 규모보다는 크다는 경제학적 이론과 연구들이다. 하지만 이 논거가 사실이어도 현실에서는 손실을 봤다고 느끼는 사람이 이득을 봤다고 느끼는 사람보다 많아지고 있다. 두 사실이 공존하는 상황은 명확하다. 큰 이득이 비교적 소수에게 돌아가고 그보다는 작은 손실이 다수에게 공유되는 것이다. 경제학에 칼도-힉스 기준이라는 것이 있다. 상황이 변할 때 발생한 이득이 손실을 보전하고도 남을 정도라면 그 바뀐 상황을 '개선'이라고 평가할 수 있다는 잣대이다. 하지만 그 넘치는 이득이 손실을 실제로 보전하지 않는다면 '개선'된 상황도 정치적 대가를 치를 수밖에 없다.

우리나라는 세계화를 거부하기에는 경제 규모가 작고 수출이 중요하다. 그렇다면 세계화 이득의 공유 방법에 대해 더 적극적으로 모색해야 한다. 시한폭탄처럼 언젠가는 터져버릴 가능성이 다분하기 때문이다.

01 한 국가의 절대우위는 다른 국가보다 재화와 서비스를 더 저렴하게 생산할 수 있는 능력이다.

02 비교우위론에 의하면 한 나라가 다른 나라에 비해 두 상품 모두 절대우위를 갖고 있어도 생산비가 상대적으로 더 낮은 상품에 전문화하여 교역하면 두 국가 모두 이익을 얻을 수 있다.

03 무역은 사회 전체적으로 후생을 증가시키지만 모든 사람을 승자로 만들지 못할 수도 있다. 무역장벽의 수단으로 관세와 수입품에 대한 수량 제한, 위생규정, 수입허가 등의 비관세 조치가 사용된다.

04 경상수지는 순수출(무역수지), 순요소수입, 순이전수입으로 구성된다.

05 두 통화의 교환비율을 명목환율이라고 한다. 환율표시방법에는 자국통화표시와 외국통화표가 있다. 자국통화표시를 따를 때 환율이 오르면 외국통화는 절상되고 환율이 떨어지면 절하된다.

06 환율제도는 고정환율제도, 변동환율제도, 관리변동환율제도로 나눌 수 있다.

07 명목환율은 외환 수요·공급에 의해 결정되고 외환 수요·공급은 국가 간 이자율 차이에 영향을 받는다.

08 명목환율에 우리나라와 외국의 물가를 반영한 값이 실질환율이다. 순수출은 궁극적으로 실질환율에 따라 움직인다.

01 비교우위론을 간략히 설명하라.

02 한국과 중국은 자동차 1대와 철강 1톤을 생산하는데 노동 생산성과 소비량은
    아래와 같다. 국제시장에서 자동차와 철강의 교환비율이 1톤=1대라고 가정하고
    어느 국가가 절대우위과 비교우위를 가지는지 설명하고 교역 후 소비량을 구
    하라.

표 1   노동 생산성

	한국	중국
자동차	7	10
철강	6	20
총 가용 노동시간	13시간	30시간

표 2   소비량

	한국	중국
자동차	1대	1대
철강	1톤	1톤

03 경상수지의 구성요소를 열거하라.

04 한 국가가 국제무역을 통해 경제를 개방했을 때 무역이 산업 별 고용에 가져올
    수 있는 효과를 설명하라.

05 재정적자와 경상수지 적자가 동시에 발생하는 현상을 (   )라고 한다.

06 국제무역으로 인해 국가 간 기술이전이 가능해졌다. 기술이전의 세 가지 종류
    를 열거하라.

07 고정환율제도와 변동환율제도를 비교하여 설명하라.

08 연초에 한 외국인 투자자가 1 달러를 1,500원/달러 환율에 원화로 환전하여 한국주식에 투자해 1년 동안 연 5%의 수익을 얻었다. 연말에 1,000원/달러에 다시 달러로 환전했다고 하자. 총 수익률은 얼마인가?

09 원/달러 명목환율이 상승하고 우리나라 수출품의 국내 가격이 해외 가격에 비해 높아졌다. 총수요에 미치는 영향을 설명하라.

10 한국은행이 금리 인상을 결정하여 미국 금리보다 국내 금리가 높아질 때 외환시장의 균형을 설명하라.

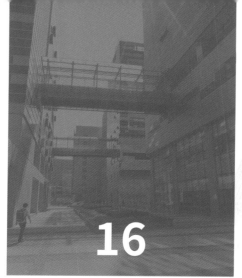
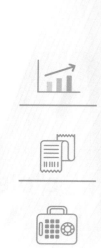

16

데이터와 경제학

1. 계량경제학
2. 통계학의 기본개념
3. 선형회귀분석

16

데이터와 경제학

행복과 돈의 관계는 흥미로운 주제이다. 소득이 어느 수준을 넘으면 소득과 행복의 관계는 미미해진다는 '이스털린의 역설'이나 '레이어드 가설'이 정설처럼 자리 잡고 있었다. 그러나 소득이 늘 때 행복 수준도 올라간다는 연구 결과도 나오고 있다. 어느 주장이 맞는 것일까? 통계 데이터는 '시계열 데이터', '횡단면 데이터', '패널 데이터' 세 가지 종류로 나눌 수 있는데 사용한 데이터의 종류에 따라 다른 결론을 얻고 있다. 시계열은 시간에 따라 일정 기간 동안 관측된 데이터이고 횡단면은 특정 시점에 표본 단위로 관측된 데이터이다. 패널은 시간에 따라 다수의 표본 단위를 관측해서 얻어진 데이터로 시계열과 횡단면의 특성을 동시에 가지고 있다.

일정 수준의 소득에 도달하면 소득과 행복의 관계는 약해진다는 주장은 한 국가의 1인당 소득 수준과 그 국가의 평균 행복지수 사이의 관계를 분석한 결과에 근거한다. 이 주장은 소득이 이미 많이 오른 선진국의 시계열 데이터를 살펴보니 시간에 따라 소득이 늘어도 행복지수가 올라가지 않는다는 것이다. 궁극적으로 소득에 대해 어떤 '만족점'이 있어서 소득이 만족점 이상으로 올라가더라도 더 이상 행복해지지 않는다는 결론이다. 반면에 소득이 늘 때 행복 수준도 올라간다는 두 번째 주장은 시계열 데이터와 횡단면 데이터의 특성을 다 가지고 있는 패널 데이터 분석 기법을 사용한 점이 다르다. 시간에 따라서 관찰했을 때 국가의 평균소득과 평균 행복지수가 무관한 것처럼 보이지만 국가별로 여러 명의 개인 소득과 행복지수를 시간에 따라 관찰하면 두 변수의 관계가 발견된다. 패널 데이터 결과는 한 국가의 평균소득과 행복의 관계보다는 개인이 자신의 소득을 다른 사람과 비교할 때 느끼는 행복의 차이가 중요하다는 점을 시사한다. 이렇게 그럴듯해 보이는 가설도 데이터를 통해 검증했을 때 타당성을 얻게 된다. 제16장은 경제학에서 데이터를 이용하는 방법론들을 소개한다.

데이터는 우리말로 '자료'라고 번역하는데 이 단어의 사전적 정의는 의미 있는 정보를 담고 있는 값이다. 데이터는 기온, 강수량, 습도 등 우리 주변에서 쉽게 접할 수 있는 것부터 사람의 성격이나 경험 등 직접적으로 관측이나 측정이 불가능한 것들도 있다. 계산기술과 데이터 저장기술의 발달로 가용 데이터의 양과 종류는 급격히 늘어나고 있다.

특히 경제 데이터는 정부와 기업의 의사결정에 유용하게 사용되기 때문에 경제 데이터 분석기법이 많은 관심을 받고 있다.

경제학과 데이터는 밀접한 관계를 갖고 있다. 경제이론은 경제변수 간의 관계에 대한 가설인데, 경제이론의 타당성을 확인하기 위해 가장 많이 사용하는 방법이 데이터를 통한 실증분석이다. 어떤 경제이론이 데이터를 잘 설명하면 그 이론은 타당하다고 판단한다. 반대로 이론의 시사점과 데이터가 일치하지 않으면 이론에 오류가 없는지 검토할 필요가 있다. 또는 데이터에 측정오류가 발생할 수도 있어 데이터를 점검해야 할 수도 있다. 이렇게 데이터를 이용하여 경제현상이나 경제이론을 연구하는 경제학 분야를 **계량경제학**(econometrics)이라고 한다. 계량경제학은 데이터를 다루므로 통계적인 방법에 의존한다.

계량경제학의 적용 범위는 매우 넓어 경제현상이나 경제이론을 검증하는 데만 그치지 않는다. 예를 들어 선거운동비용이 실제 득표력에 얼마나 영향을 미치는지, 프로 운동선수에게 지불한 연봉이 팀 우승에 얼마나 공헌하는지를 분석하는데 사용되는 등 경영학, 행정학, 사회학, 정치학 등 다양한 사회과학 분야에서 이용된다.

데이터
의미 있는 정보를 담고 있는 값

계량경제학과 스포츠

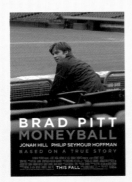

머니볼 포스터
출처: 위키피디아

머니볼(Moneyball)은 브래드 피트(Brad Pitt)와 조나 힐(Jonah Hill)이 출연한 영화다. 머니볼은 미국 메이저 리그 야구팀 오클랜드 애슬레틱스(the Oakland Athletics)가 1997년 최하위권 팀에서 5년 만에 리그 1위로 팀으로 탈바꿈한 과정을 영화화한 작품이다. 애슬레틱스는 리그에서 가장 가난한 구단 중에 하나였다. 성적이 좋은 선수들을 영입할 돈이 없었기 때문에 애슬레틱스가 성적을 개선할 수 있을 거라고 믿는 사람은 거의 없었다. 그러나 새로 취임한 빌리 빈(Billy Beane) 단장은 선수기용에 통계적 기법을 도입하기로 하고, 빈 단장의 지시를 받은 폴 드포데스타(Paul DePodesta) 분석관은 통계 분석을 적용하여 애슬레틱스의 성적은 급격히 개선된다. 스포츠광이었던 폴 드포데스타는 하버드대 경제학과를 졸업하여 통계에 익숙한 분석가였다. 이 둘은 통계분석을 통해 타율이나 구속 같은 전통적인 수치보다 장타율과 출루율 등이 팀 승률에 더 큰 영향을 미친다는 것을 발견했다. 타율이 좋은 타자와 볼이 빠른 투수는 비싸기만 하지 생각만큼 승리에 기여하지 못했다는 것이다.

결국 애슬레틱스는 2002년 리그 1위를 차지했는데, 이때 선수들의 총연봉은 4천만 달러였다. 당시 메이저 리그 최고 부자 구단인 뉴욕 양키스의 총연봉 지출액은 무려 1억2천만 달러였다.

영화 머니볼의 배우 조나 힐(왼쪽)과 실제인물 폴 드포데스타(오른쪽)
출처: 위키피디아

데이터의 종류

데이터는 '시계열(time series) 데이터', '횡단면(cross sectional) 데이터', '패널(panel) 데이터' 세 가지로 분류된다.

■ 시계열

  시간에 따라 일정 기간 동안 관측된 데이터이다. GDP, 인플레이션, 주가, 이자율 등 다수의 거시경제 변수가 시계열 데이터로 집계된다. [그림 16-1]

그림 16-1   서울특별시의 지역내총생산(시계열)

(단위: 조)

년도	서울특별시
2005	281
2006	292
2007	310
2008	317
2009	322
2010	333
2011	344
2012	349
2013	354
2014	360
2015	370
2016	381
2017	390
2018	404
2019	414
2020	418

출처: 통계청

그림 16-2   2000년에서 2015년까지 서울특별시의 지역내총생산

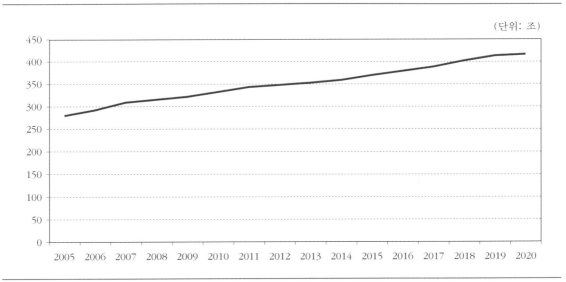

출처: 통계청

은 엑셀 파일에 표시된 서울특별시의 지역내총생산이다. 지역내총생산(Gross Regional Domestic Product)은 한 국가 내에 각 지역의 GDP다. [그림 16-2]는 2005년부터 2020년까지 서울특별시의 지역내총생산을 관측한 시계열 데이터 그래프이다. 시계열 데이터 그래프의 x축은 시간을 나타내고 y축은 데이터의 측정단위다.

■ 횡단면

특정 시점에 표본 단위로 관측된 데이터이다. 예를 들어, 2020년 시도 단

그림 16-3 **시도 별 지역내총생산(횡단면)**

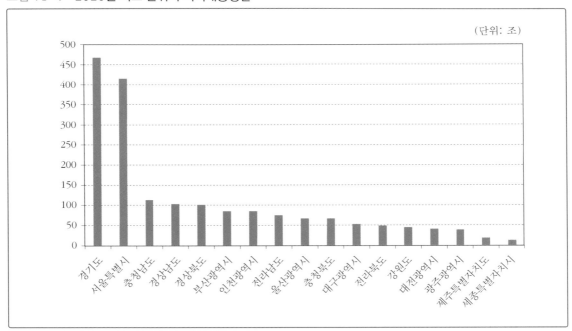

그림 16-4 **2020년 시도 단위의 지역내총생산**

출처: 통계청

필요한 만큼 배우는 경제학

그림 16-5　2000년부터 2020년까지 시도 별 지역내총생산(패널)

(단위: 조)

	B	C	D	E	F	G	H	I	J	K	L	M	N	O	P	Q	R
1	경기도	서울특별시	충청남도	경상남도	경상북도	부산광역시	인천광역시	전라남도	울산광역시	충청북도	대구광역시	전라북도	강원도	대전광역시	광주광역시	제주특별자치	세종특별자
2	223	281	67	76	75	63	57	56	62	33	39	34	30	28	25	11	-
3	243	292	72	80	77	65	60	58	63	36	40	36	32	29	26	11	-
4	256	310	76	85	84	69	65	61	66	39	42	38	33	30	27	11	-
5	268	317	81	90	86	71	64	62	64	38	43	39	34	30	28	11	-
6	274	322	83	93	86	68	63	62	63	40	41	40	34	31	27	12	-
7	301	333	92	98	92	72	69	68	66	44	44	42	35	33	30	12	-
8	314	344	99	101	94	74	71	67	72	46	46	43	36	34	31	13	-
9	328	349	99	104	95	76	73	67	72	48	47	44	37	35	32	14	-
10	346	354	97	104	99	77	75	68	72	50	49	46	38	35	33	15	7
11	362	360	100	105	106	80	79	68	72	52	50	47	40	36	34	16	9
12	382	370	101	107	103	83	80	69	73	55	52	47	41	37	35	17	9
13	400	381	105	107	106	84	82	70	73	58	52	47	42	38	36	18	10
14	426	390	110	107	104	85	86	71	73	62	53	48	44	39	36	19	10
15	452	404	111	107	103	87	86	73	71	66	54	48	45	39	38	19	10
16	462	414	112	109	104	89	88	75	72	67	55	50	46	41	40	19	11
17	470	418	113	103	101	86	85	75	67	66	54	49	45	41	40	18	12

출처: 통계청

그림 16-6　2000년부터 2020년까지 시도 별 지역내총생산

(단위: 조)

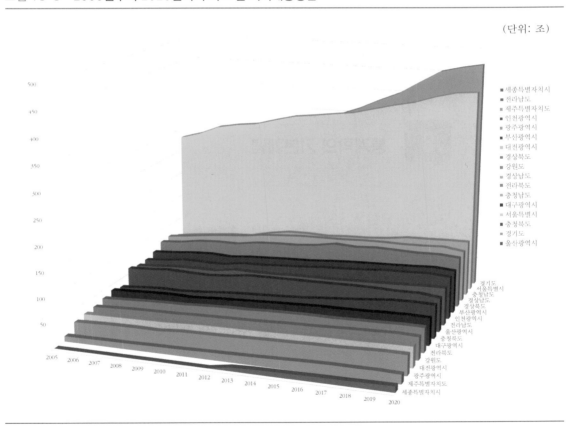

출처: 통계청

위의 지역내총생산, 2018년 한국 거래소 상장기업의 영업이익, 2019년 1학기 경제학원론 수강생들의 기말시험 점수 등이 횡단면 데이터다. 2015년 시도 단위의 지역내총생산을 엑셀 파일에 나타내면 [그림 16-3]과 같다. 횡단면 데이터를 사용한 [그림 16-4]의 그래프에서는 시계열 데이터를 사용한 [그림 16-2]와는 달리 x축에 시간이 표시되지 않는다.

■ 패널

시간에 따라 표본 단위별로 관측된 데이터이다. 패널 데이터는 엑셀 파일에서 보면 시계열 데이터와 횡단면 데이터를 합쳐 놓은 형태를 띤다 ([그림 16-5]). 예를 들어, 시도별 지역내총생산을 시간에 따라 관찰하여 수집하면 패널 데이터가 된다. [그림 16-6]은 각 시도별 지역내총생산을 2005년부터 2020년까지 관찰하여 그래프로 나타낸 그림이다. 각 시도의 시계열 데이터를 합쳐 놓았다고 볼 수도 있고, 각 년도의 시도 별 횡단면 데이터를 합쳐 놓았다고도 볼 수 있다. 패널 데이터는 횡단면 단위 사이에 차이뿐만 아니라 각 횡단면의 시간에 따른 변화량도 관찰할 수 있게 해준다.

2　　**통계학의 기본개념**

모집단과 표본

모집단
우리가 정보를 얻고자 하는 대상의 전체집합

　　모집단(population)은 우리가 정보를 얻고자 하는 대상의 전체집합이다. 예를 들어, 우리대학 학생들의 평균 신장에 대한 정보가 필요하다고 하자. 우리대학 학생 전체가 모집단이다. 그러나 모집단의 크기가 방대하기 때문에 모집단에 대한 정보를 쉽게 얻을 수 없다. 우리대학 학생들의 평균 신장을 알기 위해 수천 명의 학생을 모두 조사하는 것은 비용이 많이 들뿐만 아니라 불가능할 수도 있다. 따라서 모집단의 특성을 잘 반영한 일부를 수집한다. 이 모집단의 일부를 **표본**(sample)이라고 한다. 모든 학생을 조사하기보다는 특정 학년, 성별, 출신 지역 등에 치우치지 않은 표본을 수집하고 그 표본으로부터 평균 신장을 계산한다.

만약 2019년 3월 4일에 경제학원론 강의를 들으러 온 학생 50명을 무작위로 선택하여 표본으로 사용한다면 이 표본은 어떤 종류의 데이터일까? 2019년 3월 4일이라는 특정한 시점에 학생이라는 표본 단위로 수집되었으므로 횡단면 데이터이다.

모수와 추정량

우리는 왜 평균 신장을 구하려고 한 것일까? **평균**(mean)이 모집단을 대표하는 **중심값**(central value)으로 간주되기 때문이다. 예를 들어, 과 잠바를 주문할 때 한 사이즈만 주문할 수 있다면 가장 많은 학생들에게 맞는 사이즈로 주문하는 게 경제적이다. 평균은 모집단인 전체 학생의 대표 사이즈에 대한 정보를 제공해준다. 모집단의 평균을 모평균이라고 한다. 역시 우리대학 학생들의 체형을 전부 조사하기는 어렵기 때문에 표본평균을 사용한다. 평균을 구할 때 가장 흔히 쓰는 방법은 산술평균과 기하평균이고 공식은 아래와 같다. x_i는 관측치 i를 나타내고 n은 표본의 수를 나타내는 기호이다.

$$\text{산술평균: } \frac{1}{n}\sum_{i=1}^{n}x_i = \frac{x_1+x_2+\cdots+x_n}{n}$$

$$\text{기하평균: } \left(\prod_{i=1}^{n}x_i\right) = (x_1 \times x_2 \times x_3 \times \cdots \times x_n)^{1/n}$$

모평균처럼 모집단의 특성을 설명하는 값을 **모수**(parameter)라고 하고 표본을 이용해 모수를 추정하는 방법을 **추정량**(estimator)이라고 한다. 쉽게 말하면, 모수는 우리가 알고자 하지만 관측이 불가능한 **참값**(true value)이고 추정량은 모수에 대한 정보를 표본으로부터 얻어내는 수단이다. 예를 들어, 모평균은 모수이고 산술평균과 기하평균은 모평균의 추정량이다. 모평균의 경우 산술평균과 기하평균 두 개의 추정량을 예로 들었다. 이렇듯 단일 모수에 대하여 다수의 추정량이 존재하기도 한다. 그럼 산술평균과 기하평균은 중 어떤 추정량을 써야할까? 이는 경우에 따라 다르다. 이렇게 어떤 추정량이 모수의 성격을 더 잘 반영하는지 수학적으로 밝혀내는 일이 계량경제학자들

모수와 추정량
모수는 모집단의 특성을 설명하는 값. 추정량은 표본을 이용해 모수를 추정하는 방법

이 하는 연구 중 하나이다.

　　보통 계량경제학자들은 수학기호를 써서 모평균을 μ로 표본평균을 $\bar{x}$로 표시한다. 그러나 중심값으로 평균만 있는 것은 아니다. 주어진 값들을 크기 순서대로 정렬했을 때 중앙에 위치하는 값인 중앙값(median)이나 주어진 값 중 가장 빈번하게 나타나는 최빈값(mode)을 중심값으로 쓸 수 있다.

중심값
평균, 중앙값, 최빈값을

　　모집단을 대표하는 값으로 중심값과 더불어 변화값을 들 수 있다. 변화값은 모집단이 퍼져있거나 흩어져 있는 정도를 나타내는데 변화값으로 분산(variance)을 가장 많이 사용한다. 그런데 모집단을 위한 분산공식과 표본을 위한 분산공식이 약간 다르기 때문에 유의해야 한다. 분산 역시 수학기호를 써서 모분산은 σ^2로 표본분산은 s^2로 종종 표현한다. 아래 공식에서 N은 모집단의 개체수를 나타내는 기호인데, 모집단의 크기와 표본의 크기가 다를 수 있으므로 표본의 수 n과 구별하여 써야 한다.

$$-\text{모분산}:\ \sigma^2 = \frac{1}{N}\sum_{i=1}^{N}(x_i-\mu_x)^2 = \frac{(x_1-\mu_x)^2+(x_2-\mu_x)^2+\cdots+(x_n-\mu_x)^2}{N}$$

$$-\text{표본분산}:\ s^2 = \frac{1}{n-1}\sum_{i=1}^{N}(x_i-\bar{x})^2 = \frac{(x_1-\bar{x})^2+(x_2-\bar{x})^2+\cdots+(x_n-\bar{x})^2}{n-1}$$

확률분포

　　모집단은 어떻게 생겼을까? 우리대학 학생들의 체격이 큰 편인지, 작은 편인지, 학생들 체격이 비슷한지, 체격이 큰 학생들과 작은 학생들이 골고루 섞여 있는지, 궁금하지 않은가? 모집단의 모습을 알면 이 질문들에 답할 수 있다.

　　학생들의 신장이 체격을 잘 반영한다고 가정하고 생각해보자. 모집단의 모습을 의미 있게 표현해야 모집단에 대한 유용한 정보가 눈에 들어온다. 예를 들어 학생들의 신장을 이름 순서대로 나열한다고 쓸모 있는 정보가 보이는 건 아니다. 대신, 우리대학 학생 수가 5000(=N)명이라고 가정하고 cm 단위로 학생들의 키를 나열해보자.

$$모집단(x_i) = 160,\ 170,\ 178,\ 170,\ 170,\ 156,\ 158,\ 142,\ \dots$$

관측치가 5000개이므로 지면이 부족하다. 역시 모집단을 사용하는 것은 비경제적이다. 이번에는 무작위로 12개 관측치가 포함된 표본을 뽑자.

$$표본(x_i) = 160,\ 170,\ 178,\ 170,\ 170,\ 156,\ 158,\ 142,\ 192,\ 160,\ 170,\ 165$$

표본을 자세히 보니 어떤 값은 자주 관측되고 어떤 값은 자주 관측되지 않았다. 170은 네 번 관측되었고 156, 158, 192 등은 한번 나타났다. 관측치의 빈도를 기준으로 표본을 표현해보면 어떨까? 그러기 위해서 관측치를 분류해야 한다. 〈표 16-1〉에 10cm 단위로 관측치를 분류해 도수분포표를 만들어 보았다.

〈표 16-1〉은 각 신장 구간에 몇 명의 학생이 나타났는지 보여준다. 빈도의 합은 12이다. 예를 들어, 170-179cm 구간의 빈도는 5이다. 이 구간에 속하는 학생이 5명으로 가장 높은 빈도다. 이 빈도는 어떤 정보를 줄까? 바로 확률이다. 우리대학 학생 중 한 명을 무작위로 뽑았을 때 그 학생의 신장이 170-179cm 사이에 있을 확률이 42%($= \dfrac{5}{12}$)이라는 뜻이다. 이제 히스토그램을 그려보자. [그림 16-7]의 히스토그램은 신장 구간에 걸친 빈도를 막대그래프로 보여준다. 확률에 대한 정보를 직관적으로 볼 수 있다.

만약 신장 구간을 10cm보다 더 좁게 만들면 히스토그램은 어떻게 될까?

표 16-1 **신장의 도수분포표**

신장	빈도	상대빈도
140-149	1	0.08
150-159	2	0.17
160-169	3	0.25
170-179	5	0.42
180-189	0	0.00
190-199	1	0.08
총합	12	1

그림 16-7　히스토그램

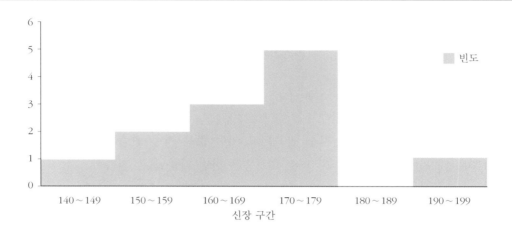

그림 16-8　표본 구간을 줄인 히스토그램

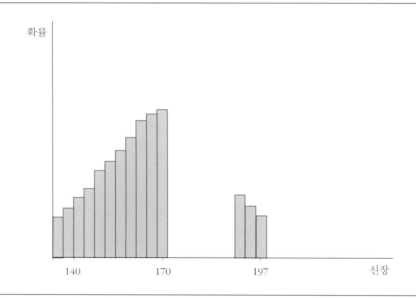

[그림 16-8]처럼 막대가 좁아진다. 상상이 허락하는 한 가장 좁게 만들어 막대 끝을 연결하면 [그림 16-9]와 같은 부드러운 곡선이 나타난다. 이 곡선을 **확률분포**라고 한다. 그리고 확률분포 그래프 y축에 빈도가 아닌 확률을 표기한다.

　확률분포를 평균과 분산과 같이 사용하면 모집단 또는 표본에 대해 더 자

그림 16-9 확률분포

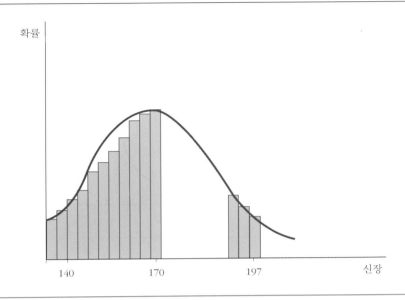

세히 알 수 있다. 우리 표본의 평균과 분산을 계산해보자.

$$표본 = 160,\ 170,\ 178,\ 170,\ 170,\ 156,\ 158,\ 142,\ 192,\ 160,\ 170,\ 165$$

$$\bar{x} = \frac{1}{n}\sum_{k=1}^{n} x_n = \frac{160 + 170 + \cdots + 165}{10} = 165.91$$

$$s^2 = \frac{1}{n-1}\sum_{i=1}^{n}(x_i - \bar{x})^2$$

$$= \frac{(160 - 165.91)^2 + (170 - 165.91)^2 + \cdots + (165 - 165.91)^2}{10 - 1} = 154.26$$

표본평균이 165.91cm이다. 가급적 이 신장에 맞는 과 잠바를 준비해야겠다. 표본분산은 154.26인데, 이 수치로 분산의 크기를 판단하기 어렵다. 그러나 다른 학교 표본분산과 비교할 수 있다면 이러한 판단이 가능하다. 우리학교 표본분산이 크다면 우리학교 학생들 신장의 다양성이 상대적으로 크다는 뜻이다. 예를 들어 우리학교 표본에 여학생들과 체격이 큰 농구부 학생들이 많이 포함되어 있을 수 있다.

그러나 평균과 분산은 확률분포처럼 데이터가 어디에 모여 있는지 또는

그림 16-10 평균은 같고 분산이 다른 사례(왼쪽), 분산은 같고 평균이 다른 사례(오른쪽)

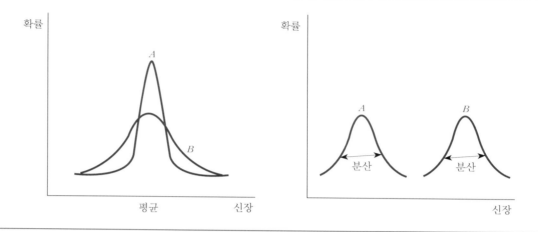

얼마나 흩어져 있는지 전체적인 설명을 해주지 못한다. [그림 16-10]의 사례처럼 평균과 분산이 같은 분포라도 분포의 모양과 위치는 전혀 다를 수 있다. 각 사례에서 분포A와 분포B는 평균이나 분산이 같지만 모양과 위치가 다르다. 따라서 데이터의 평균·분산뿐만 아니라 확률분포도 꼭 확인해야 한다.

숨고르기

　　2012년부터 2017년까지 수집된 통계청 데이터에 의하면 우리나라의 20대 평균 신장은 167.78cm이다. 성별로는 남자 신장이 173.84cm이고 여자 신장은 161.46cm로 남자가 10cm이상 크다. 평균 신장은 지역별로도 차이를 보인다. 서울은 167.15cm이지만 울산은 169.06cm, 강원도 169.37cm로 서울보다 2cm 가량 크다. 반면 제주도의 평균 신장은 166.48cm로 전국에서 가장 작다.

다양한 확률분포

[그림 16-11~16]은 데이터에 따라 확률분포의 모습이 다르다는 것을 보여준다. (출처: galtonboard.com) [그림 16-11]은 미국 프로농구리그(NBA) 선수들의 신장 데이터이다. 왼쪽에 꼬리가 길고 오른쪽이 두터운 걸로 봐서 키가 큰 선수들이 많이 관찰된 걸 알 수 있다. [그림 16-12]는 전 세계적으로 거래되는 여섯 개 기업의 주가 수익률이다. 저마다 분포의 위치가 틀리고 모양도 다르다. 수익률 분포가 마이너스 영역에 많이 나타나는 주식은 투자자들이 선호하지 않는다. 수익률 분포가 넓게 퍼져있는 주식은 위험이 큰 주식이다.

데이터에 따라 분포는 다양하게 나타난다. 그런데 통계학자들은 자주 나타나는 분포가 있다는 것을 발견했다. 정규분포(normal

distribution)라고 불리는 이 분포는 [그림 16-13]처럼 중앙값의 확률이 제일 높아 언덕 모양이고 좌우가 대칭인 특징이 있다. [그림 16-13]에 주사위를 두 번 던져 나올 수 있는 모든 경우의 수의 확률이 그려져 있는데 정규분포의 한 예이다. [그림 16-14]는 사람의 혈압(최저혈압과 최고혈압) 데이터 분포인데 정규분포와 매우 흡사하다.

그림 16-11 **미국 프로농구 선수들의 키**

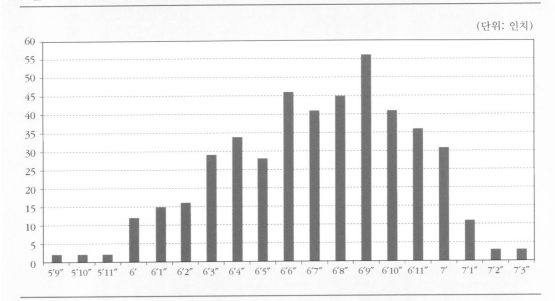

(단위: 인치)

그림 16-12 주가 수익률

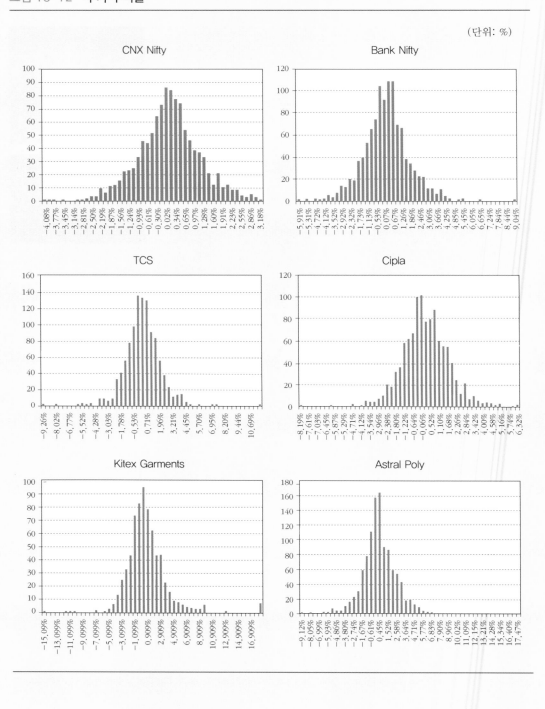

(단위: %)

필요한 만큼 배우는 경제학

그림 16-13　주사위를 두 번 던져서 나올 수 있는 모든 경우의 수의 확률분포

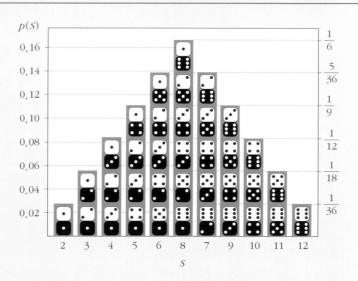

그림 16-14　사람의 혈압 확률분포

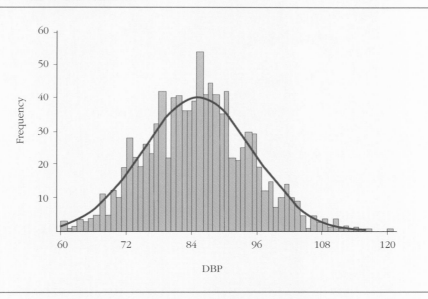

변수 간의 관계

상관관계
두 변수의 상관관계에
대한 모수는 공분산과
상관계수

경제학자들에게는 평균, 분산 같은 단일 모수뿐만 아니라 변수 간의 관계를 밝혀내는 것이 중요할 때가 많다. 어떤 모수들이 변수들 간의 관계를 말해줄까? 변수 간의 관계를 **상관관계**라고 한다. 관심변수가 x와 y 두 개일 때 가장 많이 쓰이는 상관관계 모수는 **공분산**(covariance)과 **상관계수**(correlation coefficient)이다.

공분산은 x와 y가 같이 움직이는지, 같이 움직인다면 같은 방향으로 움직이는지 다른 방향으로 움직이는지 측정한다. x와 y 중 하나가 상승할 때, 나머지 하나도 상승하면 공분산은 양(+)의 부호를 갖는다. 반대로 하나가 상승할 때 나머지 하나가 하락하면 음(−)의 부호를 갖는다. 같이 움직이지 않는다면 공분산은 0이다.

모집단의 공분산:

$$\sigma_{x,y} = \frac{1}{N}\sum_{i=1}^{N}(x_i - \mu_x)(y_i - \mu_y)$$

$$= \frac{(x_1 - \mu_x)(y_1 - \mu_y) + (x_2 - \mu_x)(y_2 - \mu_y) + \cdots + (x_N - \mu_x)(y_N - \mu_y)}{N}$$

표본의 공분산:

$$s_{x,y} = \frac{1}{n-1}\sum_{i=1}^{n}(x_i - \overline{x})(y_i - \overline{y})$$

$$= \frac{(x_1 - \overline{x})(y_1 - \overline{y}) + (x_2 - \overline{x})(y_2 - \overline{y}) + \cdots + (x_n - \overline{x})(y_n - \overline{y})}{n-1}$$

그런데 변수마다 측정단위가 다르므로 공분산의 해석에는 어려움이 있다. 예를 들어 '조' 단위의 화폐가치를 갖는 변수들을 사용하면 단위 때문에 공분산이 아주 크게 나올 수 있는데 그렇다고 해서 상관관계가 꼭 강한 건 아닐 수도 있다. 반대로 측정 단위가 cm인 변수들의 공분산이 작게 나올 때 상관

그림 16-15   산포도와 상관계수

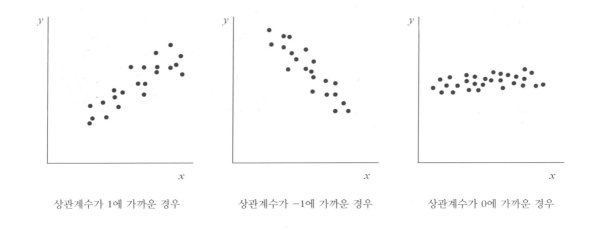

상관계수가 1에 가까운 경우   상관계수가 −1에 가까운 경우   상관계수가 0에 가까운 경우

관계가 약하다고 단정할 수 없다.

그래서 상관계수를 같이 사용한다. 상관계수는 단위가 표준화된 척도이다. −1부터 +1까지 계산되도록 설계되어 있어 상관의 방향과 정도를 쉽게 해석할 수 있다. 상관계수가 +1(−1)이면 두 변수가 완벽하게 양(음)의 상관을 갖고 있다는 뜻이다.

$$\text{모집단의 상관계수: } r_{x,\,y} = \frac{\sigma_{x,\,y}}{\sigma_x \sigma_y}$$

$$\text{표본의 상관계수: } r_{x,\,y} = \frac{s_{x,\,y}}{s_x s_y}$$

 ## 상관관계와 인과관계

 일부 연구에 의하면 소득이 높을수록 행복 수준이 높다. 하지만 이것이 반드시 소득이 높으면 행복하다는 것을 의미하지는 않는다. 언뜻 헷갈리는 이러한 표현의 차이는 상관관계와 인과관계의 차이 때문에 생긴다.

상관관계(correlation)는 한 변수가 증가하거나 감소함에 따라 다른 변수가 같은 방향이나 반대 방향으로 증감할 때 성립한다. 두 변수가 같이 증가하거나 감소하면 양(+)의 상관관계, 두 변수가 반대 방향으로 움직이면 음(−)의

상관관계가 있다고 한다. 인과관계(causality)란 두 개의 사실이 원인과 결과의 관계에 있을 때를 말한다. 요즘은 컴퓨터의 발달에 힘입어 인과관계 규명에 데이터를 많이 활용하는데, 문제는 데이터 분석에서 밝힐 수 있는 것은 상관관계뿐이라는 것이다.

소득이 높은 가계일수록 행복지수가 높은 것이 통계적으로 확인되었을 뿐, 어떤 가계들이 소득이 높기 때문에 더 행복하다고 결론 낸 것은 아니다. 물론 누군가 '소득이 높으면 행복하다'고 추측한다면, 일단 소득과 행복 수준이 양의 상관관계에 있는지 검증해야 하는 것은 맞다. 인과관계에 있는 변수들에 상관관계가 없을 리 없기 때문이다. 하지만, 양의 상관관계를 확인했다고 해서 소득이 높으면 행복하다고 주장할 수 있는 것은 아니다.

상관관계만으로 인과관계를 유추하는 것이 옳지 않은 예를 보자. 인구 10만 명당 경찰 수가 많을수록 범죄 건수가 많은 통계가 나온 적이 있다. 이러한 상관관계에서 '경찰이 많으면 범죄가 더 많이 발생한다'라고 유추하거나, 더 나아가 '범죄를 줄이려면 경찰 수를 줄여야 한다'고 주장한다면 잘못일 것이다. 오히려 범죄율이 높아서 더 많은 경찰이 그 지역에 배치되었을 것이라 추측하는 것이 타당하다.

상관관계가 인과관계와 무관한 경우도 종종 있다. 예를 들어, 연간 맥주 소비량과 영아 사망률 추이를 보면 음의 상관관계가 나타난다. 하지만 '맥주를 많이 마시면 영아 사망률이 감소한다'거나 '영아 사망률이 감소하면 맥주 소비가 증가한다'라고 유추하는 것 모두 타당하지 않다. 이 경우에는 두 가지 현상을 동시에 설명할 수 있는 제 3의 원인, 가령 1인당 국민 소득의 증가 같은 것을 탐구해야 한다.

인과관계 추론이 중요한 이유는, 어떤 문제를 해결하기 위해서는 원인을 알아야 하는 경우가 많기 때문이다. 하지만 복잡한 사회에서 인과관계가 분명한 경우는 흔치 않다. 데이터를 통해 상관관계를 확인하는 것이 도움이 되지만, 오히려 엉뚱한 인과관계를 유추할 위험도 없지 않다. 중요한 것은 데이터로 뒷받침되는 것처럼 보이는 다른 사람의 인과관계 주장에 쉽게 휘둘리지 않는 것이다.

필요한 만큼 배우는 경제학

선형회귀분석

상관계수가 변수들이 같이 움직인다는 것은 보여주지만 어떤 변수가 어떤 변수에 영향을 주는지 알려 주지 못한다. 정작 중요한 것은 인과관계다. 예를 들어, 제16장에서 통화정책의 결과로 이자율이 움직이면 자산의 가격도 움직인다고 배웠다. 이자율 변화가 자산가격의 변화를 일으켜 이자율과 자산가격 사이에 인과관계가 존재한다. 우리가 이 이론을 통계적으로 검증해야 한다면 상관계수로는 부족하다. 이럴 때 **선형회귀분석**(linear regression)을 사용한다.

회귀분석은 계량경제학의 가장 기본적인 방법론인데 변수 사이에 인과관계를 가정하고 표본으로부터 인과관계에 대한 정보를 알아내는 분석수단이다. 예를 들어 화장품 광고비가 매출에 영향을 준다는 가설을 검증한다고 하자.

광고비는 매출에 영향을 주므로 독립변수(independent variable)이고 매출은 광고비의 영향을 받으므로 종속변수(dependent variable)이다. 이 관계를 선형 수식으로 쓰면 아래와 같다. 매출과 광고비 단위는 만 원이라고 하자.

$$매출 = \alpha + \beta$$

이 수식을 가설로 받아들임으로써 우리는 '광고비 → 매출'의 인과성을 설정한다. α는 광고비 지출이 0원일 때 예상되는 매출액이고 β는 광고비가 만 원 증가했을 때 예상되는 매출의 변화량이다. 매출에 영향을 미치는 요인이 광고비 외에 더 있다면 독립변수를 추가하면 된다.

그럼 '광고비 → 매출' 가설의 타당성을 검증하는데 중요한 정보인 α와 β는 어떻게 알아낼까? 미지의 α와 β의 값을 표본을 수집해 데이터로부터 알

선형회귀분석
계량경제학의 가장 기본적인 방법론. 변수 사이에 인과관계를 가정하고 표본으로부터 인과관계에 대한 정보를 알아내는 분석수단

그림 16-16　화장품 광고비와 매출 데이터의 산포도

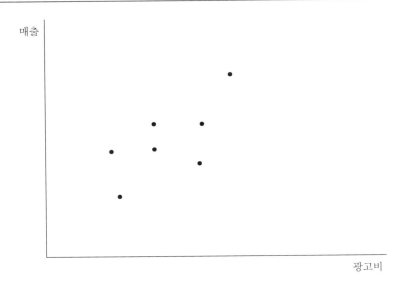

그림 16-17　데이터를 잘 설명하는 회귀선

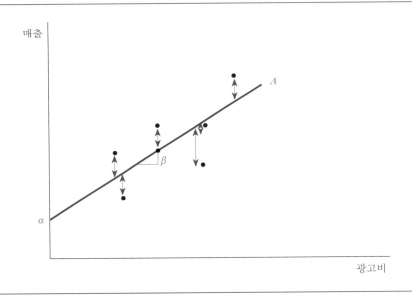

아내야 한다. 즉 α와 β는 모수이고 데이터로부터 α와 β의 추정량을 구한다.

[그림 16-16]의 산포도를 보니 y절편이 양수이고 x와 y는 양의 상관을 갖는 것으로 보인다. 이것은 α와 β의 값이 양의 부호를 갖는다는 것을 시사

그림 16-18 데이터를 잘 설명하지 못하는 회귀선

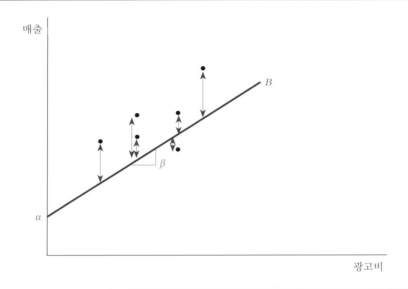

하기 때문에 중요한 정보이다. α와 β를 추정한다는 것은 회귀식의 y절편(α)과 기울기(β)를 정하는 것과 같다. [그림 16-16]의 빈 공간에 양의 상관을 가지는 수많은 추정선을 그릴 수 있다. [그림 16-17]과 [그림 16-18]에 두 개의 후보 추정선을 그려 보았다. 여러분은 A선과 B선 중 어떤 선을 선택하겠는가? A선이 나아 보인다. 각 관측치와 A선 사이에 거리가 B선보다 더 짧기 때문이다. 각 관측치와 추정선 사이의 거리의 합이 가장 작은 선을 선택하면 데이터와 잘 일치되는 추정량을 구할 수 있다.[1] 이런 방식으로 α와 β를 추정하는 방법을 **최소자승법**(Ordinary Least Square)이라고 한다. 최소자승법을 매출–광고비 데이터에 적용하였더니 $\alpha=200$ $\beta=300$을 구했다고 가정하자. 이 추정값은 광고비를 전혀 쓰지 않더라도 200만 원의 매출을 예상할 수 있으며 광고비를 만 원 증가시킬 때마다 30만 원의 매출증대를 기대할 수 있다는 걸 의미한다.

---

1 각 관측치와 추정선 사이의 거리를 계산할 때 산술적으로 양(+)과 음(−)의 부호를 가진 값이 나올 수 있으므로 각 값의 제곱을 취한다.

선형회귀분석과 인과관계

회귀분석이 있으므로 상관계수는 쓸모없는 것인가? 그렇지 않다. 상관계수는 선형회귀분석을 실행하기 전에 변수들 사이에 관계가 있음을 시사해줌으로써 기초단서를 제공한다. 그리고 회귀분석모형은 변수간의 인과관계를 가정하고 데이터를 연구하는 분석 방법이다. 회귀추정결과가 경제이론이 시사하는 가설과 일치하면 변수간의 인과관계가 성립한다는 상당한 증거가 있고 반대로 회귀추정결과가 가설과 일치하지 않으면 인과관계는 성립하지 않을 가능성이 높은 것으로 간주한다.

회귀분석모형에서 인과관계는 경제이론에서 도출된 가정이다. 회귀추정결과가 인과관계와 일치하게 나왔다면 인과관계의 가정이 타당하다고 볼 수 있지만 회귀추정결과가 인과관계 판단의 완벽한 수단이라고 맹신하면 안 된다. 예를 들어 휴가철이 오면 많은 사람들이 해외 항공권을 예약한다. 회귀분석에서 해외 항공권 매출을 x 변수로, 항공권 구입 시점에서 휴가철까지 남은 기간을 y 변수로 채택하고, 음의 부호를 갖는 β가 추정되었다고 해서 두 변수 사이에 인과관계를 주장하는 것은 옳지 않다. 사람들이 해외 항공권을 예약한다고 휴가가 오는 것은 아니기 때문이다.

현실 경제의 이슈 | **행복과 소득의 관계**

소득이 어느 수준을 넘으면 소득과 행복의 관계는 미미해진다는 '이스털린의 역설'이나 '레이어드 가설'로 돌아가 보자. 이 이론들은 소득이 이미 많이 오른 선진국의 시계열 데이터를 살펴보니 시간에 따라 소득이 늘어도 행복지수가 올라가지 않는다는 것이다. [그림 16-21]은 미국인들의 평균 행복지수(average happiness)와 일인당 실질소득(real income per capita)의 시계열 그래프이다. 실질소득은 70년대부터 꾸준히 증가하는 데 반해 행복지수는 별로 변하지 않는다. 이 두 변수의 상관계수는 0에 가깝다. 최

소자승법으로 회귀모형을 추정해도 기울기(β) 값이 역시 0으로 나온다. 다른 선진국도 결과는 비슷하다고 한다. 이것만 본다면 '이스털린의 역설'이나 '레이어드 가설'이 맞다고 볼 수 있다.

그러나 패널 데이터를 사용한 연구는 다른 결과를 제시하고 있다. 패널 연구는 국가별 일인당 소득 수준과 평균 행복지수가 아닌 각 국가 내 개개인의 소득과 행복을 시간에 따라 수집한 데이터를 사용했다. [그림 16-22]를 보자. Countryt_0, Countryt_1, Countryt_2의 타원은 한 국가의 각 시점 t_0, t_1, t_2의 시계열 관측치이다.

그림 16-21　미국인들의 평균 행복지수와 일인당 실질소득 (시계열)

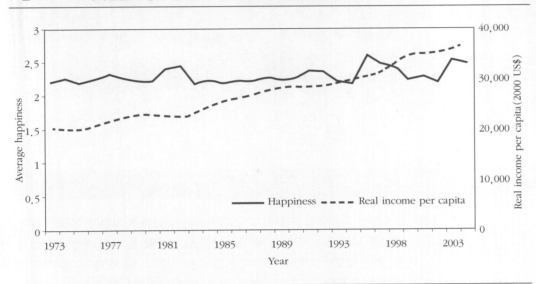

출처: Clark, A.E., Frijters, P. and Shields, M.A., 2008. Relative income, happiness, and utility: An explanation for the Easterlin paradox and other puzzles. Journal of Economic literature, 46(1), pp.95−144.

그림 16-22　미국인들의 평균 행복지수와 일인당 실질소득 (패널)

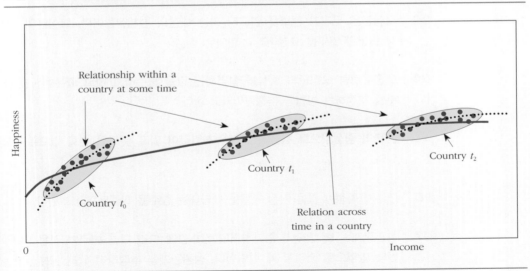

출처: Clark, A.E., Frijters, P. and Shields, M.A., 2008. Relative income, happiness, and utility: An explanation for the Easterlin paradox and other puzzles. Journal of Economic literature, 46(1), pp.95−144.

시간에 따라 소득이 올라도 평균 행복지수는 크게 오르지 않는 게 보인다. 타원 안에 점들은 각 시점에 수많은 개인의 소득과 평균 행복지수의 관측치이다. 각 시점마다 국가 차원이 아닌 개인 차원에서 보면 소득과 행복이 양의 상관관계를 갖는 것이 보인다. 이렇게 패널 데이터를 사용한 경우 남들과 자기의 소득을 비교할 때 행복의 차이를 느낀다는 결과가 도출 되기도 한다.

요약

01 데이터는 우리말로 자료라고 번역하는데 이 단어의 사전적 정의는 의미 있는 정보를 담고 있는 값이다. 데이터는 기온, 강수량 등 우리 주변에서 쉽게 접할 수 있는 것부터 사람의 성격이나 경험 등 직접적으로 관측이나 측정이 불가능한 것들도 있다.

02 데이터는 시계열 데이터, 횡단면 데이터, 패널 데이터, 세 가지 종류로 분류한다.

03 모집단은 우리가 정보를 얻고자 하는 대상의 전체집합이다. 모집단의 특성을 잘 반영한 일부를 표본이라고 한다.

04 모평균처럼 모집단의 특성을 설명하는 값을 모수라고 하고 표본을 이용해 모수를 추정하는 방법을 추정량이라고 한다.

05 분포의 중심값으로 평균, 중앙값, 최빈값이 있고 분포의 변화 값으로 분산이 있다.

06 변수가 특정한 값을 가질 확률을 나타내는 함수를 확률분포라고 한다.

07 상관관계는 한 변수가 증가하거나 감소함에 따라 다른 변수가 같은 방향이나 반대 방향으로 증감할 때 성립한다. 상관관계를 추정하기 위해 공분산과 상관계수를 사용한다.

08 선형회귀분석은 변수 사이에 인과관계를 가정하고 표본으로부터 인과관계에 대한 정보를 알아내는 분석수단이다.

필요한 만큼 배우는 경제학

01 데이터의 종류 세 가지를 열거하라.

02 2000년에 우리학교를 졸업한 모든 졸업생들의 연간소득을 올해까지 수집했다. 이는 어떤 종류의 데이터인가?

03 중심값 세 가지를 열거하라.

04 정규분포의 특징을 간략히 설명하라.

05 아래 표는 A, B의 표본이다. 표본평균과 공분산을 구하라.

A	1	3	7	9
B	3	16	10	3

06 상관관계와 인과관계는 어떻게 다른가?

07 상관계수에 대한 다음의 설명 중 옳은 것만 고르면?

가. 상관계수는 항상 −1과 1 사이에 있다.
나. 상관관계는 인과관계이다.
다. 상관계수가 −1이라면 두 변수의 좌표가 항상 음의 기울기를 가지는 직선상에 있다.
라. 인과관계를 규정할 수 있다면 상관관계는 필요 없다.

08 우리 마을의 경찰관 수와 범죄율 데이터를 이용해 아래 회귀모형을 추정하였다. 값이 0보다 크다면 경찰관 수를 늘렸을 때 범죄율이 증가한다고 해석할 수 있다. 이 외의 해석은 불가능한가?

09 다음 표를 보고 각 변수의 분산, 공분산, 상관계수를 구하고 어떠한 선형관계가 있는지 구하라. (두 번째 소수점 자리까지 반올림하라.)

Y	X
5	6
7	2
9	4
12	2
10	5
13	3
16	6
16	20

10 최소자승법의 원리를 간략히 설명하라.

필요한 만큼 배우는 경제학

필요한 만큼 배우는 경제학

저자 소개

민세진(閔世珍) 교수는 서울대학교 경제학과를 졸업하고 미국 University of California, Los Angeles에서 경제학 석사, 박사 학위를 받았다. 삼성금융연구소를 거쳐 2007년부터 동국대학교 경제학과에 재직하면서 경제학개론, 미시경제원론, 재정학, 금융산업의 이해 등을 가르쳐 왔다. 사회 구성원의 합리적 의사 결정을 위한 경제학 지식 전파에 진심인 민 교수는 다양한 언론 매체를 통해 경제학적 시각을 대중적으로 풀어내는 노력을 해오고 있다. 그중에는 한국경제신문에 100회 연재된 『민세진 교수의 경제학톡』, 『경제포커스』, 중앙일보 주말판의 『민세진 칼럼』, 국민일보의 『경제시평』과 Youtube 채널 '경제사회TV'의 『권남훈·민세진의 경제이야기』가 있다. 가족과 보내는 시간을 최우선으로 여기며 일과 가정 사이에서 줄타기하듯 항상 분투하지만 걷고 사색하는 시간을 통해 숨통을 틔우고 있다. 진정한 환경 친화적 삶에 대해 고민하고 실천하려고 노력한다.

지인엽 교수는 서강대학교와 Latrobe University로부터 각각 경제학사와 법학사를 취득하였으며 University of Sydney 경제학 석사과정에서 공부한 후 University of New South Wales에서 경제학 박사 학위를 받았다. Australian National University 사법연수원을 졸업하고 법무법인 광장에서 변호사 수습과정을 거쳤다. 박사 학위를 받은 후 Monash University 재무학과에서 재무경제학을 가르쳤고 지금은 동국대학교 경제학과에서 경제학개론, 거시경제학, 금융경제학을 가르치고 있다. 산수보다 피아노를 먼저 배웠고 지금은 라이브 바에서 전자기타를 연주하기도 한다. 단 하루도 Eric Clapton, Joe Pass, Al Di Meola, ACDC, Deep Purple, Guns N Roses의 음악을 듣지 않은 날이 없을 정도로 음악 애호가이다.

개정판
필요한 만큼 배우는 경제학

2020년 1월 6일	초판 발행
2023년 2월 25일	개정판 발행

저 자 민 세 진 · 지 인 엽
발 행 인 배 효 선

발행처 　 도서출판 法 文 社

주 소 10881 경기도 파주시 회동길 37-29
등 록 1957년 12월 12일 / 제2-76호(윤)
TEL (031) 955-6500~6 FAX (031) 955-6525
e-mail (영업) bms@bobmunsa.co.kr
　　　 (편집) edit66@bobmunsa.co.kr
홈페이지 http://www.bobmunsa.co.kr

조 판 (주) 성 지 이 디 피

정가 30,000원 　 ISBN 978-89-18-91385-8